금융이슈로 읽는
글로벌 경제

금융이슈로 읽는 글로벌 경제

2015년 4월 20일 초판 1쇄 발행
2020년 4월 30일 초판 4쇄 발행

지 은 이 | 김용덕
펴 낸 곳 | 삼성경제연구소
펴 낸 이 | 차문중
출판등록 | 제1991-000067호
등록일자 | 1991년 10월 12일
주   소 | 서울특별시 서초구 서초대로74길 4(서초동) 삼성생명서초타워 30층
전   화 | 02-3780-8153(기획), 02-3780-8084(마케팅)
팩   스 | 02-3780-8152
이 메 일 | seribook@samsung.com

ⓒ 김용덕 2015
ISBN | 978-89-7633-465-7 93320

삼성경제연구소 도서정보는 이렇게도 보실 수 있습니다.
홈페이지(http://www.seri.org) → SERI 북 → SERI가 만든 책

금융이슈로 읽는 글로벌 경제

◦ 김용덕 지음 ◦

반복되는 위기 속
반드시 알아야 할
쟁점들

삼성경제연구소

이 책은 지난 6년간 저자의 '국제금융론' 강의 내용을 정리하여 학생들이 글로벌 경제와 금융의 현실을 이해하는 데 도움을 주기 위해 펴내게 되었다. 33년간 한국경제와 국제금융의 정책 현장에서 얻은 저자의 경험과 지식을 바탕으로 글로벌 경제와 금융에 대해 주요 이슈별로 정리하였다. 강의를 준비하는 과정은 저자에게 항상 긴장과 설렘을 가져다주었고, 정책 현장을 떠난 저자에게 글로벌 경제와 금융시장의 움직임을 계속 공부할 수 있는 좋은 기회가 되었다. 학생들에게도 저자의 국제금융론 강의가 세계경제와 금융의 현장에서 벌어지는 주요 이슈들을 집중적으로 공부하고 토론할 수 있는 좋은 기회가 되었을 것으로 생각한다.

학기 초에는 용어조차 생경해하고 어려워하던 학생들이 학기 말이 되면 복잡하고 어려운 세계경제와 국제금융 현안에 대해 전문가 못지않게 자료를 작성하여 발표하고 토론하는 수준으로 발전했다. 이러한 모습을 보면서 학생들의 글로벌 경제 현실에 대한 높은 관심과 열정에 놀라움을 금치 못하고 동시에 큰 보람도 느끼게 된다.

지난 6~7년간 글로벌 금융위기 극복을 위해 G20 정상회의를 중심으로 전 세계가 많은 노력을 기울이고 있음에도 위기가 장기화되면서 세계경제와 국제금융시장은 아직도 혼돈의 와중에서 벗어나지 못하고 있다. 이 책은 2008년 글로벌 금융위기 이후 상황을 중심으로 지난 수년간 G20 정상회의에서 논의하고 있는 주요 이슈들을 집중적으로 다루고 있다. 그리고 1973년 브레턴우즈체제 붕괴 이후 수십 년간 국제금융계의 주요 현안이 되어온 과제들도 주제별로 정리했으며, 이에 대한 저자의 견해도 담았다. 특히 1997년 아시아 외환위기로부터 2008년 글로벌 금융위기까지 저자가 재정경제부, 금융감독위원회 및 금융감독원, 대통령 경제비서실 등에 근무하면서 국내외 경제 및 금융정책과 관련하여 직접 참여하여 겪은 주요 사건과 업무 성과들도 단편적으로 소개하고 있다.

여기에는 1997년 11월 말에서 12월 초 우리나라가 IMF 긴급자금 지원을 요청할 당시 김영삼 대통령이 클린턴 미국 대통령과 하시모토 일본 총리에게 지원을 요청하던 사건, IMF체제하에서 자유변동환율제 정착과 외환시장 안정을 위해 당시 재정경제부와 한국은행이 심혈을 기울이던 과정, 외환수급의 장기균형 방안의 일환으로 한국투자공사(KIC) 설립을 기획했던 일 등이 담겨 있다. 그리고 2008년 글로벌 금융위기 발생에 앞서 2006년부터 2008년 초 사이 우리나라의 금융시장과 집값 안정을 위해 추진했던 참여정부의 DTI, LTV 제도 등 거시건전성정책의 시행 과정과 그 성과 등이 담겨 있다. 이러한 업무들은 당시 여러 훌륭한 선배들의 지도를 받으며 동료 그리고 유능한 후배들과 함께 이루었던 것들로서 나름대로 성과가 있었다면 모두 이분들의 공로라고 할 수 있다.

이 책이 경제경영학을 공부하는 학생들과 글로벌 경제와 국제금융 현실에 관심이 있는 분들에게 다소나마 유용한 길잡이 역할을 할 수 있다면 큰 보람이 아닐 수 없겠다.

여러 가지로 어려운 여건 속에서도 이 책의 출간을 결정해주신 정기영 삼성경제연구소 소장님에게 감사드린다. 이 책은 삼성경제연구소 이유경 팀장과 출판팀 여러분의 전문적 편집과 많은 노고가 없었다면 햇빛을 볼 수 없었을 것이다. 그리고 이승우 전 한국예금보험공사 사장, 윤용로 전 외환은행장, 최종구 전 금융감독원 수석부원장, 한국금융연구원 신용상 박사의 귀중한 의견도 큰 도움이 되었다. 마지막으로 책 초고 정리에 도움을 준 2013학년 1학기 국제금융론 강의 수강생 김민정 양, 이정운 군, 원종성 군, 좌행운 군과 관련 자료를 제공해준 기획재정부, 금융위원회 관계자에게도 고마운 마음을 전한다.

이 책은 2007년 《아시아외환위기와 신국제금융체제》, 2010년 《반복되는 금융위기-두 개의 위기, 하나의 교훈》에 이어 저자가 세 번째 발간하는 국제금융 관련 전문서이다. 이 책은 저자의 이전 두 저서에 최근 진행 상황을 반영하여 내용을 보완하고, 주요 이슈별로 편집하여 독자들이 선택하여 읽을 수 있도록 만들었음을 밝혀둔다.
　끝으로, 이 책을 어머님 영전에 바친다.

2015년 4월
저자 김용덕

PART 1. 위기의 세계경제

제1강 글로벌 금융위기는 세계경제질서를 어떻게 변화시켰는가?

PART 2. 글로벌 경제와 금융의 쟁점들

PART 3. 한국경제의 길

1762년 설립되어 230여 년의 역사를 지닌 영국 6위의 베어링은행은
싱가포르 지점에 근무하던 닉 리슨(Nick Leeson)이라는 28세 직원의
무모한 파생상품 투자로 큰 손실을 입고 1995년 단돈 1파운드에 네
덜란드 ING그룹에 인수되었다. 세계 최대 헤지펀드인 미국의 롱텀캐
피털매니지먼트(LTCM: Long-Term Capital Management)도 1998년 러시
아의 모라토리엄 선언으로 막대한 손실을 입고 미국정부의 구제금융
지원에도 불구하고 2000년 결국 파산하고 말았다.

우리나라에서만 해도 1997년 외환위기 직후 100여 년의 역사를
지닌 5대 시중은행이 모두 간판을 내리고 사라졌다. 조흥, 제일, 한
일, 상업, 서울은행이 그들이다. 조흥은행은 신한은행에 합병되고, 제
일은행은 외국계에 넘어가 SC은행이 되었다. 서울은행은 하나은행에
합병되고, 상업은행과 한일은행은 우리은행으로 통합되었다.

그런가 하면 2008년 금융위기 때에는 약 100~150년의 역사를 가
진 미국 1~5위의 투자은행 중 메릴린치(Merrill Lynch), 리먼브러더스
(Lehman Brothers), 베어스턴스(Bear Stearns)가 무너졌다. 국제금융의
현장이 얼마나 냉엄한지 보여주는 사례들이다.

하지만 이러한 전례 없는 위기 속에서도 다른 회사보다 조금 먼
저 위기를 감지하고 대응한 미국의 골드만삭스(Goldman Sachs)나 모

건스탠리(Morgan Stanley)는 살아남았다. 금융위기가 진행되는 최근에도 일부 대형 헤지펀드들은 오히려 막대한 투자수익을 올리고 있다. 2013년 한 해 헤지펀드 매니저 중 최고 소득자는 소로스펀드매니지먼트(Soros Fund Management)의 조지 소로스(George Soros)로, 40억 달러를 벌어들였다. 우리 돈으로 무려 4조 원이 넘는 금액이다. 2013년 한 해 영국의 TCI(The Children's Investment Fund Management)는 47%의 수익을 올렸고, 미국의 웨일록캐피털매니지먼트(Whale Rock Capital Management)는 53%의 수익을 올렸다.

이와 같이 국제금융시장은 도전과 기회의 공간이면서 동시에 약육강식의 냉엄한 법칙이 지배하는 야생의 정글과도 같다. 나름대로 규칙도 있고 심판도 존재하지만, 조금만 벗어나면 마치 정해진 트랙도, 규칙 위반을 알리는 휘슬도 없이 출발점도 제각각인 야생마들의 경주장과 비슷해진다. 결승점만 존재할 뿐 승률도, 상금 배분도 제멋대로이다. 크고 작은 함정과 위험이 도사리고 있는 시장에서 살아남아 패자의 쓴잔이 아니라 승자의 축배를 들이켜기 위해서는 과거의 성공과 시장 실패의 역사를 잘 배우고 거기에서 교훈을 얻어야 한다.

1997년 아시아 외환위기 발생으로 한국을 비롯한 많은 아시아 국가들과 신흥국들이 어려움을 겪었다. 그 후 4~5년 동안 금융위기의 재발을 방지하기 위해 G7과 G20을 중심으로 새로운 국제금융질서를 수립하기 위한 국제적 논의가 활발하게 진행되었다. 그러나 아시아 외환위기 발생 10여 년 만인 2008년 세계금융의 중심지인 미국 월스트리트에서 글로벌 금융위기가 발발했다. 그 후 벌써 6년이 넘는 세월이 흘렀지만 세계경제는 아직 위기에서 완전히 벗어나지 못하고 있다. 위기 이전의 상태를 회복하지 못했을 뿐만 아니라 아직도 위기에서 언제쯤 벗어날지 알 수 없는 상황이다.

최근 미국이 위기에서 벗어나는 조짐을 보이고 있지만, 유럽은 위기가 진행 중에 있어 자칫 '일본의 잃어버린 20년'과 같은 장기불황에 빠질지도 모른다는 우려를 하고 있다. 일본은 아베노믹스(Abenomics)에도 불구하고 아직 경기회복의 확실한 실마리를 잡지 못하고 있다. 위기 이후 세계경제를 받쳐온 중국 등 브릭스(BRICS) 경제도 산적한 과제를 안고 비틀거리고 있다.

이러한 상황 속에서 G20을 비롯한 전 세계 국가들은 글로벌 금융위기에 대한 대응책으로 돈을 푸는 방법을 선택했다. 유동성공급으로 주식과 채권 등 금융자산가격은 위기 이전 수준을 회복하고 사상 최고치를 기록하고 있지만, 경제의 동력인 소비와 투자가 살아나지 않아 실물경제는 여전히 침체 상태에 머물러 있다. 불황으로 세금이 걷히지 않으니 위기 이후 악화된 재정 상황은 개선되지 않고, 일자리가 새로 늘어나지 않으니 실업률은 여전히 고공행진을 하고 있다. 특히 청년들은 학교를 졸업해도 마땅한 일자리를 구하지 못하고, 전 세계적으로 부의 양극화 현상은 날로 심화되어 사회적 갈등도 증폭되고 있다.

지난 20~30년간 중국의 설비투자 증가로 인해 전 세계 제조업 생산능력은 공급과잉 상태에 이르렀다. 그러나 글로벌 금융위기 이후 세계적인 양적완화정책과 중국의 구조조정 지연으로 생산능력 조정은 쉽게 일어나지 않고 있다. 정보화, 기계화, 자동화로 제조업의 한계고용 능력은 계속 떨어지고 있다. 핌코(PIMCO)의 최고경영자(CEO)를 지낸 모하메드 엘에리언(Mohamed El-Erian)은 2008년 펴낸 《새로운 부의 탄생(When markets collide)》에서 2008년 금융위기 이전의 고성장·고부채 시대를 '올드노멀'이라고 한다면, 금융위기 이후 부채 축소를 통한 구조적 저성장시대는 '뉴노멀(new normal)' 시대라고 했다. 과거 고부채, 고소비, 고투자, 고수익, 고성장이라는 '5고 현상'이 바야흐로 저부채, 저소비, 저투자, 저수익, 저성장이라는 '신 5저 시대'로 변화되었다.

한국은 지난 50~60년간 경제개발과 민주화를 동시에 성공적으로 이루어낸 국가이다. 그러나 이제 불안한 세계경제와 국제금융시장 상황, 한국 산업의 근간인 제조업에 대한 외부로부터의 도전, 부의 양극화와 중산층의 감소, 저출산·고령화와 청년실업, 전투적 노사관계와 사회적 갈등 등 내부 문제로 인해 몸살을 앓고 있다. 새로운 성장동력을 찾아내지 못하고 기존의 경제운용 프레임 속에서 경제가 제자리걸음을 하고 있어 앞날이 매우 불투명하다. 그동안 조선, 철강, 전자, 석유화학, 자동차 등 많은 분야에서 강소국 지위를 누리고 있었지만 이제 중국의 물량공세와 기술추격, 일본 엔화의 약세, 산유국의 유화산업 진출 등으로 한국경제가 어려움을 겪고 있다. 나아가 극심한 정치적 분열과 갈등, 반목으로 국력이 분열되어 모든 경제주체의 역량과 국력을 하나로 엮어내지 못하고 있다.

이 책은 먼저 현재 진행 중인 글로벌 금융위기의 발생과 진행 상황, 반복되는 위기의 원인과 교훈, 그리고 위기 이후 세계경제질서의 변화 등 총론적 내용으로 시작된다. 여기에서는 현재 진행 중인 유로존 위기의 본질과 유로존의 미래에 대해서도 알아보고, 세계경제와 국제금융계 앞에 남겨진 과제에 대해 살펴본다.

제2강에서는 2008년 글로벌 금융위기를 초래한 자산버블의 배경인 과잉유동성과 1990년대 초 이후 각국이 채택하여 시행해온 중앙은행의 인플레이션 타깃팅(inflation targeting) 통화정책의 한계와 그 대안에 대한 국제적 논의를 소개한다. 제3강에서는 1980년대 이후 일본, 독일, 중국 등 주요 대미 수출국과 미국 사이에서 확대되어온 글로벌 불균형의 추이와 금융위기 간 관계를 분석한다. 또한 글로벌 불균형의 원인과 지속 여부, 그리고 이를 해소하기 위한 G20 정상회의의 논의 현황과 전망에 대해서도 살펴본다.

제4강에서는 1973년 브레턴우즈체제 붕괴 이후 반복되는 금융위기의 주요 원인인 국제환율제도의 변천과 환율제도에 관한 선진국과 개도국 간의 입장, 바람직한 환율제도와 관련한 국제적 논의, 그리고 국제환율제도의 앞날에 대해 살펴본다. 위기 이후 등장한 '위기의 팍스 달러리움(pax dollarium)',[1] 기축통화로서의 중국 위안화와 유로화의 전망, 그리고 IMF의 특별인출권(SDR: Special Drawing Rights) 논쟁과 함께 최근 미국과 중국 간 통화전쟁에 대해서도 알아본다. 한국 환율제도의 변천, 아시아 외환위기 이후 한국의 자유변동환율제 정착 과정, 한국 환율정책에 대한 고찰, 그리고 원화 국제화의 필요성과 한계, 그 전망에 대해서도 다루고 있다.

---

1 권순우 (2007. 10. 15). "팍스 달러리움의 미래: 진단과 전망". 삼성경제연구소 참조.

제5강에서는 오늘날 글로벌 금융시장 발전의 토대가 된 자본자유화의 순기능과 함께 빈번한 자본이동으로 인한 금융시장 불안 등 역기능에 대해 분석하고, 바람직한 자본자유화와 그 순서에 대해 다룬다. 특히 G20 정상회의 등 국제적으로 공감대가 형성되고 있는 한시적 자본통제에 대한 논의와 그 내용, 대외채무 관리와 적정 외환보유액 수준 및 그 관리 문제 등을 다루고 있다. 한국의 자본자유화와 금융시장 불안 문제, 금융시장 안정을 위한 외환부문 건전성 관리정책과 대외채무 관리에 대해서도 살펴본다. 아울러 적정 외환보유액에 관한 논쟁, 한국의 적정 외환보유액 수준에 대해서도 분석해본다. 그리고 지난 십수 년간 여러 나라에서 설립하여 운용하고 있는 국부펀드(sovereign wealth fund)의 글로벌 동향과 전망, 우리나라 국부펀드인 한국투자공사(KIC)의 설립 배경과 현황에 대해서도 살펴본다.

제6강에서는 국제금융시장 혁신의 산물이면서 동시에 금융위기 촉발에 상당한 역할을 해온 헤지펀드와 장외파생상품, 그림자금융의 실체와 거기에 숨겨진 기회와 위험, 그리고 이들을 규제하기 위한 국제적 논의와 한국의 현황에 대해 설명한다. 1980년대 이후 금융자율화와 규제 완화, 금융혁신의 산물로 탄생하고 발전해온 헤지펀드, 장외파생상품, 그림자금융은 금융의 꽃이지만 독이 있다. 금융규제감독의 사각지대에서 규제차익을 노리면서 성장해온 신종금융은 이제 규제의 틀 속으로 들어오고 있다. 그러면 앞으로 신종금융으로 인한 금융시장 불안은 발생하지 않을 것인지, 그리고 신종금융은 정부 감독의 눈을 피해 어떻게 진화해나갈 것인지 의문이다.

제7강에서는 금융위기 이후 G20 정상회의에서 위기의 재발을 막기 위해 추진 중인 '금융규제감독 개혁' 논의를 주요 이슈별로 소개한다. 시장의 자율능력을 중시하고 정부의 감시를 소홀히 했던 과거의 시장 중심적인 금융규제감독체제에 대한 전면 개편이 추진되고 있다. 은행 등 금융회사의 손실흡수 능력과 건전성을 강화하기 위한 감독규제 강화가 그 주요 내용이다. 위기 시 은행의 손실흡수 능력을 제고하기 위해 은행자본금과 손실충당금 규정을 대폭 강화하고, 새롭게 유동성비율과 레버리지비율 규제를 도입했다. 금융위기 시 파급 효과가 큰 대형 금융회사에 대해서는 더 엄격한 규제와 함께 위기 시 질서 있는 정리방안도 마련하도록 했다. 그 외에도 금융회사 임직원의 과도한 위험추구 행위를 방지하기 위해 지나친 성과 위주의 보상체계를 장기적 보상 시스템으로 개편하고, 위기 시 공적자금 투입을 최소화하기 위해 논의한 은행세 도입 문제도 다루고 있다.

급변하는 국제경제 환경 속에서 세계는 글로벌화와 함께 지역 블록화가 동시에 진행되고 있다. 미주는 미국이 중심이 된 북미자유무역협정(NAFTA), 유럽은 유럽연합(EU)으로 통합되었지만, 아시아는 한중일을 포함한 지역경제 협력체가 결성되어 있지 않다. 1997년 아시아 외환위기 이후 비로소 지역금융안정을 위한 ASEAN+3(한중일) 프레임워크가 출범했다. 이후 아시아 역내 위기 발생 시 상호 자금지원을 위한 치앙마이 이니셔티브(CMI: Chiang Mai Initiative)가 출범하고 역내 자본을 활용하기 위한 아시아채권시장이니셔티브(ABMI: Asian Bond Markets Initiative)가 출범하는 등 가시적인 성과가 나타나고 있다. 이런 와중에 미국이 중심이 된 환태평양경제동반자협정(TPP: Trans -Pacific Partnership), 중국이 제안한 동아시아자유무역협정(EAFTA: East Asia Free Trade Agreement), ASEAN 및 일본이 제안한 동아시아포괄적경제파트너십(CEPEA: Comprehensive Economic Partnership for East Asia) 등이 동시다발적으로 추진되고 있다. 특히 TPP는 동아시아에서 무섭게 팽창하고 있는 중국을 견제하기 위한 미국의 동아시아 전략의 일환으로 해석하는 시각도 있다. 그렇다면 앞으로 동아시아 경제통합은 과연 가능한 꿈인가? 여기에 장애요인은 무엇인가? 제8강에서는 이러한 질문에 답하며 동아시아 지역협력에서 한국의 위치와 역할은 무엇인지 알아본다.

마지막으로 제9강과 제10강에서는 한국경제와 금융이 안고 있는 문제를 정리해본다. 지난 60년간 눈부신 발전을 해온 한국경제의 성장 동력은 무엇이었는지, 성장과정에서 겪은 한국경제의 3대 사건에 대해 살펴본다. 그리고 현재 개방경제체제인 한국경제가 안고 있는 장단기 구조적 과제들과 그 원인, 앞으로 한국경제가 가야 할 길에 대해 고민해본다. 아울러 경제성장 과정에서 한국금융의 역할, 현주소, 앞으로 한국금융의 미래와 금융선진화에 대한 저자의 생각과 해법을 제시하고 있다.

　이 책은 글로벌 경제와 금융에 대해 주요 이슈별로 현재 진행 중인 상황과 국제적 논의에 대해 분석·정리하고 있다. 가능하면 논리적 연관성을 찾아 순서를 배열하려고 했으나 과제별로 접근하다 보니 처음부터 끝까지 연역적이나 귀납적인 체제로 구성되어 있지는 않다. 따라서 독자들은 관심 있는 주제별로 선택하여 읽어나가도 별 무리는 없을 것으로 본다.

PART 1
위기의 세계경제

글로벌 금융위기는
세계경제질서를
어떻게 변화시켰는가?

✔

글로벌 금융위기, 언제까지 지속될 것인가?

글로벌 금융위기가 미칠 국제적 영향은 무엇이고 그에 따라 세계경제질서는 어떻게 변화할 것인가?

최근 유럽 재정위기와 유로화의 미래는 어떠한가?

유로존, 붕괴될 것인가? 유지될 것인가?

미국 중심 경제질서, 흔들리나?

국제금융질서의 해결사, 미국의 역량과 한계는 어디까지인가?

아베노믹스, 성공할 것인가?

중국경제, 미국의 대체세력인가?

남겨진 과제, 위기 재발을 방지하기 위해 무엇을 해야 할 것인가?

01

글로벌 금융위기의
발생과 확산

2008년 9월 15일, 미국 4대 투자은행인 리먼브러더스의 파산보호
신청을 기점으로 글로벌 금융위기가 본격화되었다. 1997년 아시아
외환위기 이후 10여 년 만에 다시 대규모 금융위기가 발생한 것이다.
2007년 초부터 드러나기 시작한 미국 서브프라임 대출 부실 사태가
4대 투자은행인 리먼브러더스의 파산으로까지 파급되면서 금융위기
의 파고가 전 세계를 덮쳤다.

∷ 글로벌 금융위기의 전개

사실, 미국 금융시장의 부실은 이미 2007년 초부터 드러나기 시작했
다. 이때부터 2008년 3월 중순까지 모기지 대출 부실은 모기지전문
회사에서 투자은행 등 대형 금융회사로 확산되어 금융시장에 유동
성 리스크가 발생하고 있었다. 2007년 2월 HSBC 미국 모기지사업
부문의 대규모 손실이 드러났고, 이어 4월 초에는 미국 내 최대 모기

지회사인 뉴센트리파이낸셜(New Century Financial Corp.)이 파산 상태에 이르렀다.

미국의 경제침체 및 글로벌 유동성 축소에 대한 우려로 국제금융시장의 불안도 크게 증폭되었다. 2007년 6월 21일에는 미국의 대형 투자은행인 베어스턴스 소속 헤지펀드가 파산 위기에 처하고, 8월 9일에는 BNP파리바(BNP Paribas) 산하 3개 펀드의 환매중단 사태가 발생했다. 베어스턴스 소속 헤지펀드 사건이 발생한 이후 7월 초부터 이미 언론과 시장에는 신용위축(credit squeeze), 신용경색(credit crunch), 신용위기(credit crisis)라는 단어가 등장하기 시작했다. 서브프라임 모기지 연체 사태가 아직 대규모로 본격화하지 않았음에도 금융시장에 큰 충격이 발생한 것이다. 이는 투자은행, 보험회사, 헤지펀드 등이 부채를 동원해 서브프라임 모기지를 기초자산으로 한 유동화증권에 과도하게 투자한 상황에서 기초자산에 대한 부실 우려가 이러한 구조화채권시장을 급격히 위축시켰기 때문이다.

이런 상황에서 2007년 8월 초 G7 중앙은행 총재들은 "필요 시 중앙은행들이 공조해 시장에 적정 유동성을 공급하겠다"라는 공동성명을 발표했다. G7 중앙은행 총재들이 공동으로 시장에 개입 의사를 밝히는 것은 매우 이례적인 일이었다. 이는 그만큼 국제금융시장의 자금사정이 어렵다는 것을 알리는 계기가 되었다. 이 발표 직후 금융시장 금리와 주가변동지수(VIX: Chicago Board Options Exchange Volatility Index)[1]가 크게 상승했고, 자금시장의 유동성 상황을 나타

---

1 시카고 옵션거래소(CBOE)에 상장된 S&P 500 지수 옵션의 향후 30일간 변동성에 대한 투자자들의 기대를 수치로 산출한 지표이다. 일명 '공포지수'라고도 불린다.

내는 단기금리인 'LIBOR-OIS 스프레드'[2]도 평상시 10bp 수준에서 50bp까지 치솟았다.

G7 중앙은행 총재들의 발표 직후인 2007년 8월 9일과 10일 양일 간 주요국 주가지수는 폭락했다. 미국 다우지수는 -3.1%, 영국 FTSE 지수는 -5.6%, 일본 니케이225지수는 -1.6%, 한국 코스피지수는 -3.9% 각각 하락했다. 또 주식시장 위험지표인 VIX는 32%나 상승했고, 신흥시장채권지수(EMBI+: Emerging Market Bond Index+)[3]도 13bp 상승하는 등 국제금융시장은 극도의 혼란에 빠졌다.

미국뉴욕연방준비은행(Federal Reserve Bank of New York)은 2007년 8월 9일부터 16일 사이 880억 달러의 자금을 환매조건부채권(RP: Repurchase Agreement) 매입 형태로 금융시장에 공급했고, 유럽중앙은행(ECB)은 8월 9일부터 14일 사이 2,800억 달러를 투입했다. 일본중앙은행(BOJ)은 노무라증권 등 대형 금융회사의 서브프라임 채권투자 손실에 따른 시장 불안을 진정시키기 위해 1조 6,000억 엔 (135억 달러 상당)을 공급했고, 스위스중앙은행(SNB)은 약 20억 달러, 호주중앙은행(RBA)은 42억 달러, 싱가포르통화청(MAS)은 약 10억 달러를 긴급 지원했다.

---

2 3개월 LIBOR − 3개월 OIS(Overnight Indexed Swap). LIBOR−OIS 스프레드는 LIBOR금리와 OIS금리의 차이로 자금시장에서의 신용위험과 유동성 상황을 보여주는 지표로, 주로 미국에서 사용된다. OIS금리는 변동금리인 1일 연방금리의 평균값(스와프 기간)과 고정금리 (OIS금리)를 교환하는 이자율스와프로, 연방금리에 대한 미래 기대수준을 의미한다. OIS금리는 원금교환 없이 이자율만을 교환하기 때문에 신용위험이 낮은 것으로 평가된다. 따라서 LIBOR−OIS 스프레드 확대는 은행 간 자금시장에서의 신용위험 증가를 의미한다.
3 JP모건이 발표하는 신흥시장국 채권의 가산금리 가중평균치로, 신흥시장국가 채권투자에 대한 위험도를 나타낸다. 1990년대 이후 아시아, 아프리카 국가들에 대한 투자 비중이 높아져 남미국가들 위주로 편성된 기존 EMBI에서 남미 비중을 줄이고 아시아, 아프리카의 가중치를 높여 지수화했다.

2007년 9월 중순에는 영국의 주요 은행 중 하나인 노던록(Northern Rock)이 유동성 위기에 몰려 예금 집단인출 사태가 발생했다. 10월 들어서는 서브프라임 모기지 투자 손실의 여파로 미국 씨티그룹(Citigroup) 등 대형 금융회사의 실적 악화가 이어지면서 이들 기관의 금융 부실이 드러나고 금융경색은 더욱 심화되었다. 다소 안정되던 금리와 VIX도 다시 상승하였다. 2007년 말을 지나면서 소강 상태를 보이던 국제금융시장은 2008년 3월 16일 유동성 위기에 몰린 미국 5대 투자은행 베어스턴스가 미국의 공적자금 지원을 받으며 JP모건체이스(JP Morgan Chase)에 매각되면서 다시 불안해지기 시작했다.

이를 기점으로 2008년 3월 중순부터 9월 중순 기간은 레버리지비율이 높은 금융회사의 손실이 급증할 것이라는 우려가 확대되면서 신용경색이 더욱 심화된 시기라고 할 수 있다. 우선 미국의 채권보증회사인 암박(Ambac: American Municipal Bond Assurance Corporation)과 MBIA(Municipal Bond Insurance Association) 등 모노라인 회사[4]들의 부실이 드러나기 시작했다. 신용등급이 낮은 서브프라임 대출을 기초자산으로 한 담보부증권 등에도 대규모 보증을 제공했다가 이들이 부실화됨에 따라 동반 부실 사태에 직면한 것이다.

2008년 7월 15일에는 미국의 대표적 양대 공적 모기지 대출회사

---

4 기업이나 지방정부 등이 채권을 발행할 때 지급보증을 해줌으로써 높은 신용등급을 받을 수 있도록 지원하는 것을 전문으로 하는 채권보증회사로, 채권발행사가 부도를 내더라도 채권 원금과 이자를 제때에 지급해준다. 이들은 금융채권 보증업무만 한다고 해서 '모노라인(monoline)'이라 불리며, 부동산과 같은 각종 재산이나 재해 등과 관련한 위험까지도 보증해주는 기관은 '멀티플라인(multiplelines)'이라고 한다. 2007년 말부터 불거진 서브프라임 모기지 사태는 모노라인의 부실 문제로까지 확산되어 금융시장의 새로운 뇌관이 되었다. 부채담보부증권(CDO: Collateralized Debt Obligations) 등 서브프라임 모기지 관련 채권들이 부실화되자 이들 파생상품에 보증을 선 모노라인이 대신 빚을 갚아주게 되었고, 이 과정에서 손실이 쌓이면서 결국 모노라인의 신용등급 하락으로 이어졌다(한경 경제용어사전).

인 패니메이(Fannie Mae)와 프레디맥(Freddie Mac)의 자본금 부족 문제가 드러나면서 미국 신용평가회사 무디스(Moody's)가 이들의 신용등급을 하향 조정한다. 곧이어 미국정부는 이들 회사의 국유화를 선언하게 된다.

결국 2008년 9월 15일 미국 4대 투자은행인 리먼브러더스가 파산 보호를 신청했다. 다음 날 미국은 세계 최대 보험회사인 AIG를 정부가 인수하기로 하고, 연방준비제도위원회(FRB: Board of Governors of the Federal Reserve System)는 총 1,525억 달러의 구제금융을 지원하기로 결정했다. 그때만 해도 150년의 역사를 가진 미국의 초대형 은행 리먼브러더스가 부도나리라곤 상상하지도 못했다. 리먼 사태 불과 6개월 전인 2008년 3월 미국 5대 투자은행인 베어스턴스가 유동성 부족으로 JP모건체이스에 매각될 때만 해도 시장은 서브프라임 모기지 부실로 인한 미국 금융시장의 불안이 어떤 형태로든 수습될 것으로 기대하고 있었다.

그러나 베어스턴스의 경우와는 달리 리먼브러더스가 부도 처리되자 시장은 순간 거대한 충격과 혼란에 빠졌다. 주가, 환율, 금리, VIX, 신용부도스와프(CDS: Credit Default Swap)[5] 금리 등 시장의 각종 지표는 최악의 상태를 나타냈다. 미국의 다우지수를 비롯한 전 세계 주가가 일시에 폭락하고, 각국의 금리는 크게 뛰어오르며 환율은 요동쳤다.

전 세계 금융시장의 유동성이 급격히 고갈되어 높은 금리를 제시하

---

5 기업이나 국가의 부도위험을 헤지할 수 있는 파생상품의 하나로, 일정한 보증료(프리미엄, 수수료)를 내고 CDS를 사면 관련 채권이 부도났을 경우 투자금액을 돌려받을 수 있다. 부도 위험을 회피(헤지)할 수 있는 것이다. 반면 CDS를 판매하는 금융사는 수수료(프리미엄) 수입을 얻는다. 이 수수료는 해당 채권의 부도 확률이 높으면 비싸고, 반대로 낮으면 싸다. CDS 프리미엄을 보면 국가나 기업의 부도 확률을 시장에서 어느 정도로 보고 있는지 알 수 있다.

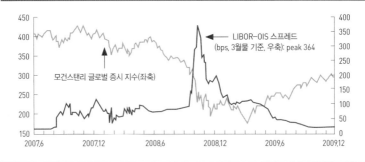

그림 1-1 글로벌 금융위기 초기 주요 금융시장지표(2007년 6월~2009년 말)

모건스탠리 글로벌 증시 지수(좌축)

LIBOR-OIS 스프레드
(bps, 3월물 기준, 우축): peak 364

자료: BIS

고도 돈을 구하기 어려운 신용경색 상태가 발생했다. 많은 기업과 은행들이 단기유동성을 구하지 못해 부도 위기에 몰리고, 국제금융시장은 패닉 상태에 빠져들었다.

2008년 10월 말에서 2009년 3월 중순 동안에는 서브프라임 모기지 사태로 인한 금융위기가 실물경제로 전이되었다. 금융시장의 극심한 자금경색으로 많은 금융회사와 기업이 도산하고 여러 국가가 유동성 위기에 직면했다. 전 세계는 1930년대 초 대공황 이후 최대의 경제위기로 내몰리는 듯했다. 각국 언론과 경제전문가들은 연일 비관적인 시나리오를 쏟아냈다. 실제로 대부분 선진국의 경제성장률과 수출입 실적은 마이너스를 기록했고, 나라마다 실업자가 넘쳐나면서 극도의 불안이 전 세계 시장을 엄습했다.[6]

이런 위기의식 속에서 2008년 11월 15일, 당시 미국 대통령 조지

---

6 글로벌 금융위기로 인해 2008년 전 세계 주가(MSCI지수)는 42%나 하락했다. 미국 씨티은행 주식 시가총액은 2007년 말 2,250억 달러에서 2009년 6월 말 160억 달러로 14분의 1로 떨어졌다. 전 세계 금융회사의 금융 부실은 약 2.2조 달러에 이른 것으로 IMF는 발표했다. 2009년 선진국의 실질 GDP 성장률은 −3.4%를 기록했으며, 전 세계 실업자도 3,000만 명 이상 발생한 것으로 IMF와 국제노동기구(ILO)는 추정했다.

W. 부시는 워싱턴에서 G20 정상회의[7]를 소집했다. 이 자리에서 정상들은 세계경제와 금융시장이 당면한 위기를 타개하기 위해 신속하고 과감한 긴급조치를 취하기로 합의했다. 즉 ① 금융 시스템을 안정시키기 위해 열정적 노력을 지속하고 그 외 필요한 모든 조치를 취하며, ② 국내 상황에 적절하도록 필요한 통화정책적 지원을 하고, ③ 내수를 신속히 부양하기 위해 필요한 재정부양 조치를 취하기로 했다.

이 결의에 따라 G20 중앙은행들은 기준금리를 거의 제로 수준으로 대폭 인하했다. 주요국들의 금리 인하폭은 대략 4~6%p에 이른다. 이와 같이 대부분의 중앙은행 기준금리가 단기간에 거의 제로 금리 수준까지 떨어진 것은 유례가 없던 일이었다.[8] 또 각국은 G20 정상회의 결의에 따라 경기부양을 위한 재정지출을 과감하게 단행했다. IMF 자료에 의하면 위기 이후 2008년부터 2010년까지 G20 각국이 취하기로 한 경기부양규모는 각국 GDP 대비 2~4%이고, 최대 6%에까지 이른다. 미국, 일본, 독일, 호주, 캐나다 등 주요 국가들은 4~5% 수준이고 한국, 중국, 러시아 등은 6% 수준에 이른다.

각국 정부는 금융회사의 부실채권을 인수해주고, 부실금융회사들이 자금을 조달할 수 있도록 지급보증을 해주며, 자본금이 잠식된

---

7 G20 정상회의는 본래 1997년 아시아 외환위기 발생 후 위기 수습과 재발 방지를 목적으로 G7 국가와 주요 개발도상국 재무장관 및 중앙은행 총재가 멤버로 참석하는 회의체로 출범했다. 제1차 회의는 1999년 12월 독일 베를린에서 열렸다. 2008년 9월 리먼 사태 이후 부시 대통령은 긴박한 위기 상황에 대처하기 위한 국제적 협의체로서 G20체제(framework)가 적당하다고 보고, 기존의 재무장관회의를 정상회의로 격상시킨 것이다.

8 미국은 위기 이전인 2007년 8월 5.25%에서 2008년 말까지 10차례에 걸쳐 0.25%까지 5%p 인하하고, 영국은 6.75%에서 2009년 초까지 9차례에 걸쳐 0.5%까지 6.25%p 인하했다. EU도 위기 직전 4.25%에서 2009년 상반기까지 7차례에 걸쳐 1%까지 낮췄다. 한국도 위기 직전 5.25%에서 2009년 초까지 6차례에 걸쳐 2%까지 인하했고, 중국도 7.5%에서 2009년 초까지 5차례에 걸쳐 5.25%까지 낮췄다.

그림 1-2 주요국 2008~2010년 경기부양규모 비교

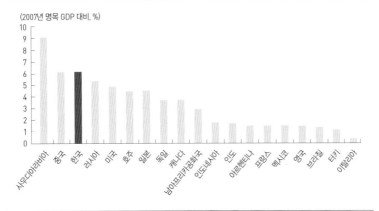

(2007년 명목 GDP 대비, %)

자료: IMF

회사에는 자본금을 확충해주는 등 다양하게 지원했다. 급속히 냉각되는 실물경제 회복을 위해서 재정을 대폭 풀어 공공사업도 확대했다. 일자리를 만들고 생산과 소비를 진작시키기 위해 재정지출을 확대한 것이다.

G20 정상회의의 적극적인 대응으로 글로벌 금융시장 안정과 세계경기 회복세가 예상보다 빠르게 진행되었다. 금융시장에 유동성 경색이 풀리면서 2009년 2/4분기부터는 금리, 주가, 환율 등 주요 금융지표가 안정을 되찾기 시작했다. 2009년 하반기 들어서는 실물경제지표도 개선되면서 경기도 차츰 회복되기 시작했다. 당초 예상과 우려에 비해서는 훨씬 빠르게 국제금융시장과 세계경제가 안정궤도로 돌아선 것이다. 그러나 이런 정상화는 금융위기를 불러온 금융시장의 근본적 문제나 취약점이 해결되어서라기보다는 G20 정상들의 과감한 유동성공급과 재정투입정책 공조에 의한 것이었다.

2009년부터 2010년 사이 각국이 막대한 재정자금을 쏟아부은

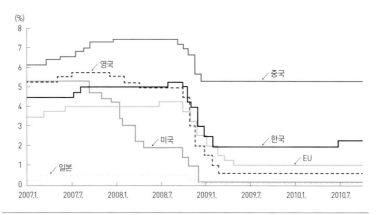

자료: Bloomberg

탓에 재정 상황이 튼튼하지 못했던 일부 국가들에서 문제가 발생하기 시작했다. 재정적자가 GDP 대비 10%에 육박하고 국가채무도 GDP의 100%가 넘어서는 나라들이 나타나기 시작했다. 2009년 말부터 대외부채가 많고 재정 상황이 부실한 일부 동유럽 국가와 두바이 등이 국제금융시장의 우려를 불러일으키더니, 2010년 들어서는 그리스, 포르투갈, 스페인, 이탈리아 등 남유럽 PIIGS 국가[9]로 위기가 번졌다. 이들 국가들의 재정적자와 국가채무가 심각한 수준에 이르렀다는 소문이 나돌면서 이들 국가의 국채가 시장에서 외면받기 시작한 것이다.

2010년 초 그리스가 재정 상황 악화와 유동성 부족으로 국채 차환발행이 어려워지면서 유로존(Eurozone) 재정위기가 발발했고, 이후 남유럽 여러 국가로 위기가 전이되었다. EU와 IMF 등이 나서서 이들

---

9 PIIGS란 포르투갈, 아일랜드, 이탈리아, 그리스, 스페인을 뜻한다.

금융시장 자금경색이 한창 진행되던 2008년 8월 초 뉴욕 타임스퀘어에 위치한 리먼브러더스 본사에서 한국 산업은행과 리먼브러더스 경영진은 인수협상을 진행하고 있었다. 리먼브러더스 지분 25%를 산업은행이 직접 매입하고, 나머지 25%는 시장에서 매입하여 실질적으로 리먼브러더스를 인수하는 조건의 매입협상이었다.

산업은행은 당시 시가보다 월등히 높은 가격을 제시했으나 중국의 시틱증권과도 협상을 진행하고 있던 리먼의 딕 펄드(Dick Fuld) 사장은 인수가격을 더 높게 받기 위해 제안을 거부했다. 그 후 산업은행은 다시 인수가격을 높여 제시했으나 협상이 지연되었다. 이후 시장 불안이 증폭되면서 리먼브러더스의 주가가 계속 하락하고 협상은 결국 결렬되었다.

리먼브러더스 매각협상이 실패하자 미국 재무부는 마지막 수단으로 리먼브러더스를 뱅크오브아메리카에 인수시키려고 했으나, 뱅크오브아메리카는 리먼브러더스의 부실자산에 대한 정부의 지급보증을 요구했다. 그러나 당시 행크 폴슨(Hank Paulson) 미 재무장관은 이런 요구를 수용하지 않았다. 리먼브러더스는 티모시 가이트너(Timothy Geithner) 당시 뉴욕 FRB 총재도 찾아갔으나, 가이트너 총재는 자리를 피하고 만나주지 않았다.

리먼브러더스는 최후의 수단으로 조지 W. 부시 대통령에게 매달리기로 했다. 밤 8시 30분 긴급이사회를 개최, 리먼브러더스의 임원 중 부시 대통령의 조카인 조지 워커 4세를 통해 백악관과 접촉을 시도했다. 리먼브러더스의 경영진 모두는 한밤중에 조지 워커의 백악관 전화 연결을 목이 빠지게 바라보고 있었다.

조지 워커: "아, 백악관이죠? 전 부시 대통령 조카입니다. 대통령 직통 전화를 연결해주세요."

교환원: "잠깐 기다려보세요……. 죄송합니다. 지금 대통령께서 전화 연결이 되지 않습니다."

"⋯⋯뚜⋯⋯뚜⋯⋯뚜⋯⋯"

최후의 시도도 무산되고 2008년 9월 15일 월요일 새벽, 미국 최고의 파산 전문 변호사 하비 밀러(Harvey Miller)가 미국 역사상 가장 큰 파산 사건이 될 리먼브러더스 파산을 법원에 신청하게 된다. 이리하여 무려 6,600억 달러에 달하는 빚을 안고 있던 리먼브러더스의 파산 사건이 발생했다. 이는 미국 금융역사상 최대의 파산으로 월스트리트뿐만 아니라 전 세계에 금융위기를 불러오는 핵폭탄이 되었다.

당시 한국 산업은행의 리먼브러더스 인수 시도가 미수에 그쳐서 다행이지, 만약에 성사되어 빚투성이 리먼브러더스를 인수했더라면 한국 GDP의 약 60%에 해당하는 초대형 부실금융회사를 껴안고 한국경제 전체가 침몰했을지도 모른다. 참으로 아찔한 순간이 아닐 수 없었다.

자료: 이 글은 리먼브러더스가 파산할 당시 임원이었던 로렌스 맥도날드(Lawrence G. Mcdonald)의 책 《상식의 실패(A Colossal Failure of Common Sense)》 일부를 발췌한 것이다.

국가의 위기 해결을 위해 많은 노력을 기울였으나, 아직도 유로존 위기가 완전히 해결되지 못하고 세계경제와 국제금융시장 불안이 지속되고 있다.

∷ 아시아로의 위기 전이

2008년 9월 미국발 금융위기는 전 세계로 확산되었다. 특히 위기 발생과 아무런 관계가 없는 아시아도 위기의 진원지 못지않은 피해를 입었다. 금융위기 발생 직후 유동성 부족에 처했던 국제투자자들이 아시아 등 신흥국에 투자했던 자금을 급속히 회수하기 시작했다. 모든 나라의 주가가 폭락하고 환율이 급등했다. 이들의 급격한 자금 회수는 신흥국 금융시장 혼란과 외환시장 유동성 부족 사태를 불러왔다. 외화자금 부족으로 한국을 비롯한 일부 국가들은 외화유동성 위기까지 겪었다.

이와 같이 미국의 금융위기가 빠른 속도로 전 세계 그리고 아시아 신흥국으로 전이될 수 있었던 것은 전 세계 금융시장이 하나로 통합되어 있었기 때문이다. 특히 아시아 국가들은 대부분 1997년 외환위기 때 자본자유화, 외환자유화 및 자유변동환율제를 채택하여 국제금융시장과 하나로 엮여 있었다. 금융위기는 실물 부문으로 전이되어 특히 수출의존도가 높은 아시아 국가들에 큰 타격을 주었다. 위기 직후 전 세계 경기가 급속히 냉각되어 교역량이 대폭 줄어들자 아시아 각국은 경제성장률이 하락하고 실업이 늘어나는 등 큰 어려움을 겪었다.

∷ 한국의 상황

2008년 9월 위기 발생 직후 전 세계가 공포에 휩싸이고 아시아 국가 금융시장이 어려워지자 한국에 대한 우려가 등장하기 시작했다. 위기가 한창이던 2008년 10월부터 11월 사이 주요 외신들은 한국에 대해 매우 비관적인 기사를 쓰기 시작했다.

영국의 《파이낸셜타임스》는 "침몰하는 듯한 한국(A sinking feeling in South Korea)"이라는 제하에 "한국이 아시아에서 금융위기 감염 우려가 가장 높다"라고 보도했으며,《이코노미스트》는 '도미노 이론(Domino Theory)'이라는 기사에서 "한국의 단기외채, 은행의 높은 예대비율 수준을 볼 때 17개 신흥국 중 한국이 세 번째로 위험하다"라고 지적했다.《로이터통신》은 "달러 유동성 경색으로 은행과 기업이 외채상환

능력을 상실할 위험에 처했다"라고 했고,《월스트리트저널》은 "아이슬란드의 채무불이행 위기가 고조되고 있는 상황에서 아시아 국가 중 아이슬란드와 유사한 상황에 처할 가능성이 가장 큰 국가가 한국이다"라고 비관적인 논평을 했다. 이는 1997년 아시아 외환위기 당시 가장 심각한 위기를 맞았던 한국에 대한 일종의 트라우마 현상이거나, 비교적 잘나갔던 '한국경제 때리기'의 일단이라고도 볼 수 있다.

아무튼 금융위기 초기에 한국은 수출이 급감하고 이러한 부정적 외신 보도 등으로 인해 외화자금 확보가 어려워지면서 심각한 경기 침체와 금융위기감에 빠져들었다. 환율은 위기 직전 달러당 1,090원대에서 2009년 3월 2일 최고 1,570.30원까지 상승하고, 한국 종합주가지수(KOSPI)도 2007년 10월 31일 고점 2,063.83에서 2008년 10월 24일 938.75까지 하락해 반토막이 났다. 국가신용위험 프리미엄도 크게 상승했다. 신용부도스와프(CDS) 프리미엄 5년물이 위기 발생 이전 116 수준에서 2008년 10월 27일 699까지 사상 최고로 급등했다. 한국정부의 외화표시채권(외평채) 5년물 가산금리도 IMF 외환위기 당시 최고점인 600bp보다 더 높게 상승해 799bp를 기록했다.

한국에 금융위기 우려가 있다는 외신보도 등으로 국가신인도가 하락하면서 외국인 주식자금뿐만 아니라 은행들의 단기외화부채도 대거 회수되어 이들 은행은 외화자금을 구하지 못해 유동성 위기에 직면했다. 2008년 4/4분기에만 418억 달러의 외화자금이 유출되었다. 그대로 방치하면 은행들이 외화자금 부족으로 부도가 나고 또다시 외환위기를 겪을지도 모르는 상황에 처했다. 이에 정부는 1997년

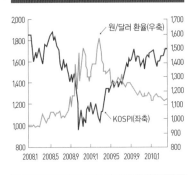

그림 1-4 한국 주가 및 환율 추이

자료: 국제금융센터

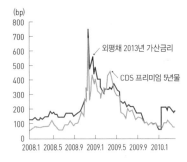

그림 1-5 한국 국가신용위험 프리미엄 추이

주: 2010년 초 외평채 가산금리의 급등은 기준채권 변경
    에 의한 것
자료: 국제금융센터

외환위기 이후 처음으로 외환보유액을 풀고, 미국과 통화스와프 계약을 체결하여 조달한 외화자금을 은행에 지원하고 외환시장에도 공급했다.[10] 신속하고 과감한 재정금융완화정책도 추진되었다. 한국은행은 금리를 인하하고, 정부는 대규모 추가경정예산을 편성하여 경기를 부양했다.[11]

2009년 중반 들어 국제금융시장의 자금경색이 풀리면서 2009년 하반기에는 주가, 환율 등 우리 금융시장의 지표들도 위기 이전 수준을 회복했다. CDS 프리미엄과 외평채 가산금리도 안정세를 되찾았다. 한때 각각 699bp, 799bp까지 상승했던 CDS 프리미엄과 외평채 가산금리는 2009년 8월 말에는 138bp, 205bp로 회복되었다.

---

10 2008년 10월부터 12월까지 3개월간 270억 달러의 외환보유액을 풀었고, 2008년 12월 수출입은행이 조달한 외자 82억 달러를 수출입금융으로 기업체에 지원했다. 또 2008년 12월부터 2009년 1월까지 한미 통화스와프를 통해 조달한 외화자금 164억 달러도 지원했다. 총 516억 달러를 지원하여 급박한 외화유동성 위기를 넘긴 것이다.

11 2008년 말 정부는 경기를 안정시키기 위해 긴급 재정금융안정 조치를 마련했다. 2008년 말 11조 원의 수정예산과 2009년 28조 4,000억 원의 추경예산을 편성하여 경제안정 시책을 집중적으로 추진하였다.

02
유럽 재정위기와
유로존의 미래

∷ 유럽 재정위기 발생과 그 원인

유럽 재정위기는 2008년 금융위기가 발단이라고 할 수 있다. 2008년 미국발 금융위기가 금융시장 및 무역통로를 통해 유럽으로 전이되어 유럽 재정위기가 발생한 것이다.

2008년 11월 15일 제1차 G20 정상회의 결의에 따라 2009년부터 2010년까지 유럽 각국도 대규모 경기부양책을 실시했다. EU는 '유럽 경제회복계획(European Economic Recovery Plan)'을 수립, 대규모 경기부양책을 실시했다. 그 결과 유럽 국가들의 재정건전성이 크게 악화되었다. 각국의 경기침체로 세수는 감소하고 재량적 재정지출 및 재정의 자동안정화 장치(automatic stabilizers or built-in stabilizers)[12]로

---

12 경기침체나 호황 시 정부가 개입하지 않아도 비례적인 소득세, 실업보험 지급, 사회보장 이전 지출 등 자동적으로 경기 변동폭을 줄이고 경제를 안정시키는 재정의 기능을 말한다.

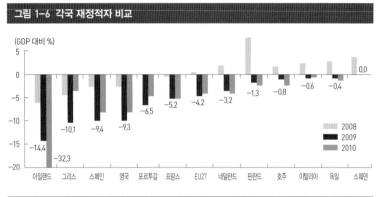

그림 1-6 각국 재정적자 비교

(GDP 대비 %)

- 아일랜드: −14.4
- 그리스: −32.3
- 스페인: −10.1
- 영국: −9.4
- 포르투갈: −9.3
- 프랑스: −6.5
- EU27: −5.2
- 네덜란드: −4.2
- 핀란드: −3.2
- 호주: −1.3
- 이탈리아: −0.8
- 독일: −0.6
- 스웨덴: −0.4, 0.0

범례: 2008, 2009, 2010

자료: 강유덕 (2012. 6. 7). "유럽 재정위기의 추이와 해결방향". 대외경제정책연구원.

GDP의 6%에 해당하는 재정적자가 발생했다. 금융회사 채권에 대한 정부의 지급보증 등을 포함할 경우, EU GDP의 약 16.5%에 해당하는 재정부담이 발생했다.

금융위기를 극복하는 과정에서 각국이 재정적자를 GDP의 3% 이내로 유지하고, 국가채무를 60% 이내로 억제하기로 한 EU안정성장협약(SGP: Stability and Growth Pact)의 약속을 포기할 수밖에 없게 된 것이다. 그 결과 2009년 이후 재정이 취약한 남유럽 국가들의 재정적자가 대폭 증가하여 아일랜드, 그리스, 포르투갈, 스페인, 이탈리아 등 이른바 PIIGS의 재정적자는 2010년 GDP의 6~10%대에 이르렀다. 국가채무도 계속 증가하여 2011년에는 GDP 대비 60~150%대에 이르게 되었다(그리스 158%, 이탈리아 120%, 아일랜드 112%, 포르투갈 102%, 스페인 68% 등).

이렇게 재정 상태가 악화되자 이들 국가들의 국채이자율이 대폭 상승했다. 먼저 그리스 국채에 대한 수요가 줄어들면서 2010년 1/4분기 들어 10년 만기 국채이자율이 8%를 넘어섰다. 이들 국가들의 경

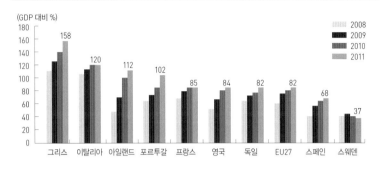

자료: 강유덕 (2012. 6. 7). "유럽 재정위기의 추이와 해결방향". 대외경제정책연구원.

제성장률이나 재정 상황을 볼 때 8%를 넘는 국채이자율은 감당할 수 없는 수준이었다. 국채이자율이 8.5%에 이르고 빚을 갚을 수 없게 되자 그리스는 2010년 5월 2일 IMF에 구제금융을 신청했다. 10년물 국채이자율이 8.1%에 달한 아일랜드 역시 2010년 11월 21일 IMF에 구제금융을 신청했다. 연이어 포르투갈도 2011년 4월 6일 구제금융을 신청했는데, 당시 포르투갈의 국채이자율은 8.8%에 이르렀다.

유로존[13] 출범 이후 구조적으로 잠재되어 있던 위기의 불씨가 밖으로 드러난 것이다. 경제 펀더멘털이 서로 다른 국가들에 적용된 통화통합은 역내 거시경제 불균형을 증폭시켰다.

1999년 도입된 단일통화 유로(euro)와 통합중앙은행인 ECB제도에 의해 유로존은 동일한 기준금리와 환율이 적용된다. 단일통화 도

---

13 유로를 통화로 사용하는 국가나 지역을 일컫는 말로, ECB가 이 지역 내의 통화정책 책임을 맡고 있다. 1998년 11개의 EU 회원국이 모여 통화 단일화에 대한 규범을 마련했고, 1999년 1월 1일 유로화의 공식적인 도입과 함께 유로존이 탄생했다. 현재 19개 회원국에 약 3억 2,000만 명이 넘는 사람들이 유로존에 속해 있다.

입 이전에는 이탈리아, 포르투갈, 스페인 등과 독일은 5%p에 달하는 높은 금리 차이가 있었다. 그리스의 경우 10%p 이상의 높은 금리 격차가 존재했다. 그러나 단일통화를 사용하면서 모든 유로존 국가는 동일한 금리를 적용받게 되었다. 이에 따라 남유럽 국가들은 비교적 낮은 금리로 자금을 조달할 수 있게 되었고, 이를 통해 재정적자를 쉽게 메우고 국내지출도 늘려 경제에 거품이 발생하게 되었다.

경제 펀더멘털이 서로 다른 국가가 단일통화를 사용함으로써 같은 환율이 적용되고, 이에 따라 각 나라들의 실질환율에 영향을 미쳤다. 2008년 독일의 실질환율은 유로화 도입 시기인 1999년 대비 약 15% 가까이 절하된 데 비해, 재정위기에 빠진 이탈리아, 아일랜드, 스페인 등의 실질환율은 약 10~20% 절상되었다. 특히 그리스는 2008년까지 20% 이상 절상되었다. 본래 남유럽 국가들(PIIGS)은 북유럽 국가들(독일, 네덜란드 등)에 비해 산업구조와 산업경쟁력 측면에서 상당한 격차가 있었다. 더욱이 거품경제로 인한 물가와 임금상승, 그리고 실질환율의 절상은 경쟁력이 취약한 PIIGS 국가의 수출경쟁력을 더욱 악화시켜 국제수지 불균형을 증가시켰다. 이들 국가의 적자는 해외차입으로 메꾸어졌다.

유로존은 단일통화와 동일한 기준금리, 하나의 환율로 묶여 있었지만 재정정책은 비교적 느슨한 규제로 되어 있었다. EU안정성장협약이 있었지만 이를 강제하거나 위반할 때 제재할 적절한 수단은 없었다. 따라서 이들 중 일부는 심각한 재정적자나 국제수지 적자에도 불구하고 이런 불균형을 해소하기 위해 금리나 환율정책을 사용할 수 없었다. 특히 경상수지 적자가 지속적으로 누적되고 있었지만 환율조정을 통해 이런 적자를 해소할 수 없었다. 낮은 금리와 단일 환율체제에서 이들 국가의 방만한 재성 운용은 계속되었나. 특히 금융위기 이후 G20 정상 결의에 따라 각국이 재정완화정책을 추진하다 보니 재정적자가 더 늘어나고 국가부채도 증가한 것이다.

∷ EU 정상회의의 위기대응

금융안전망 설립

2010년 5월 그리스 위기가 진행될 때 EU 정상들은 유럽재정안정메커니즘(EFSM: European Financial Stability Mechanism)[14]과 유럽재정안정기금(EFSF: European Financial Stability Facility)[15] 설립에 합의했다. 이 두 기구는 그리스 등 유로존 재정위기 국가에 자금을 지원함으로써 유로 지역의 안정을 도모하기 위해 2013년 6월까지 한시적인 기구로 설립되었다. EFSM은 EU 예산으로 만들어진 기구이고, EFSF는 일종의 특수목적회사(SPC)로서 국제채권시장에서 유로존 회원국의 보증하에 채권을 발행하여 위기국에 지원하는 기구이다.[16]

---

14 본래 경상수지 적자 등 유동성 위기를 겪는 비유로존 회원국을 지원하기 위해 600억 유로규모의 EU 예산으로 만들어진 기구로, 위기 이후 600억 유로를 증액하고 유로존 회원국으로 지원을 확대하여 아일랜드에 225억 유로, 포르투갈에 260억 유로를 지원했다. 이 기구는 EFSF와 함께 ESM으로 통합되었다.

15 EU가 재정위기에 빠진 회원국에 구제금융을 지원하기 위해 설립한 비상기금. 2010년 초 그리스를 포함한 PIIGS 국가들의 재정위기가 다른 유럽 국가로 번지는 것을 막기 위해 2010년 5월 9일 EU 27개국이 브뤼셀에서 결성했으며, 기금규모는 4,400억 유로이다. 2011년 하반기부터 그리스 등의 PIIGS 국가들의 재정위기가 다시 불거지자 2011년 10월 27일 EU 정상회담에서 이 규모를 1조 유로로 확대하기로 합의했다(한경 경제용어사전).

16 채권 발행한도는 4,400억 유로이고, 당초 대출한도는 2,500억 유로로 한정했으나 2011년 11월 4,400억 유로로 확대하였다. 가용자원규모도 2,500억 유로에서 1조 유로까지 확대하기로 하였다.

표 1-1 유로존 국가들을 위한 지역금융기구

	그리스에 대한 유로존의 정부 간 지원	EFSM	EFSF	ESM
법적 제도적 특징	정부 간 협정	EU 메커니즘	유로존 국가 소유 특수목적회사	정부 간 조직
자본금 구조	없음(정부 간 대출)	EU 예산에 의해 보증	유로존 국가들의 보증과 초과보증	800억 유로의 납입자본(6,200억 유로의 요구불 자본)
금융 지원 한도와 지원약정	800억 유로 상한 (800억 유로 지원 약정)	600억 유로 지원 상한(225억 유로는 아일랜드, 260억 유로는 포르투갈에 지원)	4,400억 유로(177억 유로는 아일랜드, 260억 유로는 포르투갈에 지원)	5,000억 유로
지원 수단	대출	대출	• 은행자본 확충 • 예방적 지원 • 대출, 발행·유통 시장에서 채권 구입	대출, 발행시장에서 채권 구입
만기	지급 이후 7년 반 뒤 상환	2013년 6월 말까지 존재	2013년 6월 말까지 존재, 그러나 모든 잔여채권이 회수 될 때까지 기능함	2013년 7월 이후 기능하는 한시적 기구
민간투자 분담 원칙과 채권자 우선순위	없음	없음(채권자 우선 순위는 IMF, EFSM 의 순위임)	1차 EFSF는 손실 부담 없음, 2차 EFSF부터는 민간 투자가 약 20%의 손실 부담(채권자 우선순위는 IMF, EFSF와 민간투자 자 순)	손실부담 있음(채권자 우선순위는 IMF, EFSF, 민간투 자자 순)
주요 의사 결정 기구	유로그룹	유럽재무장관이사회(ECOFIN), 유럽 위원회(European Commission) 제 안에 대한 가중 다수결 표결	유로그룹과 EFSF 이사회	유로그룹과 ESM 이사회 및 운영회

자료: ECB (2011, 7), Monthly Bulletin; 한국은행

위기가 상기화되자 EU는 2010년 10월 영구석 구제금융기구인 유럽안정화기구(ESM: European Stability Mechanism)를 설립하기로 하였다. 이 기구는 2012년 9월 5,000억 유로로 출범하였고, 2013년 6월부터는 4,400억 유로의 EFSF를 통합하여 약 1조 유로의 거대 기구로 확대되었으며, EFSM도 통합하였다. EFSF와 EFSM을 대체하는 유럽판 IMF인 ESM은 2013년 7월부터 가동되었다.

EU 재정정책 개혁: 신재정협약 체결

2011년 12월 EU 정상회의는 유럽 재정위기 해결을 위해 각국의 재정상황에 대한 감시와 제재를 강화하는 신재정협약(New Fiscal Compact)[17]에 합의했다. 그리고 2012년 3월 2일 영국과 체코를 제외한 EU 25개국 정상이 신재정협약에 서명하고 정부 간 협약으로 발효되었다. 신재정협약은 유로 사용 국가들의 재정규율을 강화시키기 위한 조치로서 1997년 유로존 국가들 간 안정성장협약을 강화시킨 것이다. 가장 중요한 내용으로는 회원국의 건전재정 유지 의무를 헌법 또는 이와 동등한 수준의 효력을 가진 국내법에 법제화하도록 하고, 재정적자에 대한 규칙을 어겼을 경우 자동적으로 제재조치가 발동된다는 것 등을 꼽을 수 있다. 아울러 신재정협약을 비준한 국가가 아니면 ESM으로부터 자금을 지원받을 수 없기 때문에, 예상치 못한 대내외적 충격 등으로 금융재정위기가 재발했을 때 EU 차원의 재정안전망

---

17 '황금률(Golden Rule)'이라고도 하며, 공식 명칭은 경제통화연합의 안정, 조정 및 지배구조 협약(Treaty on Stability, Coordination and Governance in the Economic and Monetary Union)이다. EU 각국은 흑자 또는 균형예산을 목표로 하고, 기존의 안정성장협약(SGP)을 준수하기로 하는 것이다. 그리고 재정적자가 GDP의 3%를 초과하면 EU 차원의 일정한 제재조치(EDF: Excessive Deficit Procedure)를 취하기로 했다.

의 보호를 받기 위해서는 반드시 비준을 완료해야 하는 것이다.

신재정협약 제정에는 독일의 역할이 결정적이었다. 독일은 유로존 재정위기 초창기부터 구제금융 제공을 위해서 조약 개정이 필요하다고 주장했다. 2010년 6월 유로존 회원국 중 가장 먼저 재정수지 건전화법을 제정[18]해 2015년부터 시행 예정이다. 독일은 2011년 2월에는 유로존 국가 모두가 재정적자 상한선을 법제화할 것을 제안, 2011년 12월 신재정협약 초안의 마련을 주도했고, 2012년 3월 영국과 체코를 제외한 EU 25개국이 최종안에 서명하기에 이른 것이다.

신재정협약은 회원국에 대한 EU의 재정감독 기능과 재정정책조정 기능을 대폭 강화한 것이며, 신재정협약과 ESM이 연계되어 운용됨으로써 사실상 '재정이전 연합'[19]이 어느 정도 구축된 것으로 이해될 수 있다. 따라서 신재정협약과 ESM의 구축으로 요약되는 유로존의 위기대응책은 비록 유로존 국가의 재정정책이 완전히 통합하는 데까지 이르지는 못했지만, 강제력을 가진 재정정책 가이드라인을 제시하고 항구적인 재정 안전망을 수립함으로써 적어도 준재정연합의 수준에 도달한 것으로 평가할 수도 있다.[20]

유로존은 2012년 6월에는 심각한 유럽 경기침체와 실업 문제를 해결하기 위한 경기활성화 대책도 시행하기로 했다. 즉 EU GDP의 약 1%에 해당하는 1,200억 유로 상당의 성장정책(Compact for Growth &

---

18 독일 연방정부의 재정적자가 2015년까지 GDP 대비 0.35%, 지방정부는 2019년까지 균형재정을 달성하도록 되어 있다.

19 재정이 취약한 남유럽 국가들의 국채를 EFSF나 ESM이 발행시장에서 매입해주거나, 이들을 위해 유럽연합 공동의 유로본드를 발행하여 사실상 재정이전이 이루어지는 것을 말한다. 위기 이후 남유럽 국가들이 북유럽 국가들에 요구한 사항이다.

20 최진우 (2012). "글로벌 금융위기, 유로존 재정위기, 유럽통합의 심화". 《한국과 국제정치》 28권 1호. 경남대학교 극동문제연구소. pp. 67~69 참조.

Jobs)을 실시하였다.

금융 개혁

2012년 6월 정상회의에서는 유로 지역 은행들의 파산을 막기 위해 ESM이 은행에 직접 대출을 하고, EFSF와 ESM이 유통시장에서 국채를 직접 매입할 수 있도록 조치하였다. EU 역내 은행 부실과 금융위기 확산에 대응하기 위해 EU 단일은행감독기구와 예금보장기구 설립을 포함하는 은행동맹(Banking Union)을 추진하기로 하였다.

금융위기 재발 방지를 위한 유로존 금융개혁의 구체적 내용은 다음과 같다.[21]

첫째, 단일은행감독기구(SSM: Single Supervisory Mechanism)가 설립되었다. 2013년 9월 기구 설립이 결정되고, 2014년 11월 3일 출범했다. 유로존 내 모든 은행들에 대한 감독권을 개별국가가 아닌 ECB에 통합하는 메커니즘이다. 거시건전성, 자기자본, 유동성 조달 등 전반적인 은행감독권이 SSM에 주어진다.

위기 상황에서 경제구조에 미치는 파급 효과가 큰 130개 대형 은행들이 ECB 관리하에 우선 들어가며 나머지 6,000여 개 은행들은 상황에 따라 감독권한이 ECB로 이관된다. 유로화를 사용하지 않는 EU 회원국은 해당국가 정책당국과 ECB가 공조하는 형태로 SSM에 참여할 수 있다.

둘째, 2014년 4월에는 단일정리체제(SRM: Single Resolution Mechanism) 도입이 결정됐다. SRM은 부실은행이 발생할 경우 구제금융 집행 여

---

21 한범호 (2014. 10. 29). "유럽 금융스트레스 감소와 은행동맹". 신한금융투자 참조.

부와 은행 회생안을 결정하는 권한을 지니게 되며 2015년 1월부터 업무가 개시되었다. 뱅크런 방지 장치도 추가됐다. SRM 시행과 함께 유로존 예금자는 1인당 10만 유로(1억 4,000만 원)까지 보장을 받게 된다.

셋째, 위 구제금융을 지원하기 위한 단일정리기금(SRF: Single Resolution Fund)이 신설된다. 유럽의회는 향후 8년간 550억 유로규모의 중앙기금 구성을 목표로 하고 있다. 납세자 부담을 최소화하기 위해 2016년부터 유로존 회원국들은 자국 은행들에 일정한 세금을 부과할 전망이다.

이상의 조치들은 공통적으로 개별은행과 국가 간의 위기 연결고리를 차단하는 효과가 있다. 객관적인 감독기구가 출범하는 만큼 금융위기 재발 가능성을 낮출 수 있으며, 위기 상황에서 유연한 대처도 가능하게 되었다. 궁극적으로는 금융위기 이후 도입 필요성이 끊임없이 제기됐던 은행동맹으로의 진전이 이루어지고 있는 것이다.

ECB의 금융시장 안정대책: 유동성공급

유로존 재정위기로 인한 경기침체와 금융시장 위기를 해결하기 위해서는 1차적으로 정부의 재정지출이 매우 중요하다. 그러나 이미 대부분 유로존 국가들의 재정 상황이 악화되어 재정지출은 한계에 도달하였다. 따라서 금융시장 경색과 경기부양을 위해서는 통화정책이 유일한 수단이나 다름없었다. 이에 2010년 이후 유로존 위기해소를 위해 ECB가 적극 나서게 되었다.

첫째, 증권시장 국채매입 프로그램(SMP: Securities Market Programme)[22]의 시행이다. 2010년 5월 그리스 국채위기 이후 ECB는 일부 남유럽 국가의 부도를 막고 금융시장을 안정시키기 위해 유로화표시 국채 등을 매입하는 SMP를 마련하여 실시하였다.

둘째, 기준금리 인하 조치이다. ECB는 2011년 11월 유럽의 경기 침체 위험에 대처하여 기준금리를 1.5%에서 1.25%로 인하하였다. 이후에도 경기회복세가 좀처럼 개선될 기미를 보이지 않자 2014년 9월 4일까지 총 8차례에 걸쳐 기준금리를 사실상 제로 금리 수준인 0.05%까지 내렸다. 은행들이 ECB에 자금을 예치할 때 지불하는 예치금리도 2014년 6월 6일 사상 최초로 마이너스 0.1%까지 인하한 데 이어 2014년 9월 4일 기준금리 인하 시 마이너스 0.2%로 추가 인하하였다.

셋째, 장기대출 프로그램(LTRO: Long Term Refinancing Operations)[23]의 시행이다. 이는 급격히 위축되는 은행대출을 회복시키고 시장의 단기 유동성 경색을 완화하기 위해 ECB가 유럽 시중은행들에 1%의 저금리로 3년간 장기자금을 대출해주는 제도이다.

넷째, 무제한 국채매입 조치(OMT: Outright Monetary Transactions)[24]이다. 유럽의 재정위기가 쉽게 진정되지 않고 스페인, 이탈리아로 확산될 기미를 보이자 ECB는 2012년 8월 정책회의에서 기존의 SMP보다 더 강력한 무제한 국채매입 조치를 단행하겠다고 발표하였다.

---

22 발행시장이 아닌 유통시장에서 국채 등을 매입하는 정책으로, 2012년 무제한 국채매입 조치 (OMT)로 대체되기까지 약 2,090억 유로의 유동성을 공급한 것으로 알려졌다.

23 2011년 12월 21일 ECB는 1차 LTRO를 통해 523개 유럽 은행에 4,890억 유로를 1% 저금리로 제공했고, 2012년 2월 29일 2차 LTRO를 통해 5,000억 유로 안팎의 자금을 공급했다. 즉 2차례에 걸쳐 약 1조 유로의 LTRO 자금을 은행들에 대출해주었다.

24 2012년 9월 6일 ECB는 기존의 SMP를 대체할 새로운 OMT를 발표했다. 해당국이 재정 및 경제개혁 추진을 이행하는 조건으로 ECB가 유통시장에서 단기국채를 무제한 매입할 수 있도록 한 조치이다.

이 조치 발표 이후 심리적 안정 효과로 유럽의 유동성 위험은 상당히 완화되고 있다. 그러나 독일 등 ECB의 무제한 국채매입에 반대하는 국가들과 찬성하는 국가들 간의 대립이 지속되는 가운데 그간 독일 헌법재판소 등에서 ESM의 설립 문제와 ECB의 무제한 국채매입에 대한 재판이 진행되어왔다.[25] 2014년 2월 7일 독일 헌법재판소는 OMT에 대해서 ECB의 회원국에 대한 재정지원을 금지한 규정 위반이라고 하면서, EU 내 최고사법기관인 유럽사법재판소(ECJ)에 최종판단을 맡기기로 하였다. 2015년 1월 14일 ECJ 법무담당은 OMT가 발행시장이 아닌 유통시장을 통한 매입과 같은 일정한 조건을 충족한다면 적법하다고 발표하였다.

이 발표에 이어 2015년 1월 22일 ECB는 EU 지역의 디플레이션을 막기 위해 미국의 양적완화와 같은 유로존 국가의 국채를 매입하는 양적완화에 나서기로 했다. 마리오 드라기(Mario Draghi) ECB 총재는 ECB 통화정책회의에서 "오는 3월부터 매달 600억 유로규모의 국채를 사들일 것"이라고 발표했다.[26] 양적완화는 2016년 9월까지 계속될 계획으로 규모는 1조 1,400억 유로에 달할 전망이다. 이 같은 규

---

25 2012년 9월 12일 독일 헌법재판소는 유로존(유로화 사용 18개국) 상설 구제기금인 ESM에 대해 반(反)유로 진영과 시민단체 등이 낸 비준정지 가처분신청을 기각하고, 2014년 3월 18일에는 독일 정부의 재원 분담을 최종 승인했다.

26 ECB는 2015년 3월부터 유로존 19개 회원국 국채뿐 아니라 유로존에 있는 대행기관(agencies)이나 국제적·초국적 기관(institutions)의 채권을 매입하기 시작해 적어도 2016년 9월까지 1조 1,400억 유로를 시중에 공급한다. 매입 대상채권은 2014년부터 사들이기 시작한 자산담보부증권(ABS), 커버드본드를 포함해 2~3년 만기물의 각종 채권을 망라한다. ECB는 각 회원국 중앙은행이 ECB 자본출자액규모별로 채권을 사들이되 전체의 12%에 이르는 유로존 기관채권은 회원국 전체가 위험을 분담하도록 하고, 나머지는 각 회원국이 자체 부담하도록 했다. ECB는 이들 매입 자산의 8%를 자체 보유함으로써 손실 발생 시 20% 수준에서 회원국이 위험을 분담하는 효과가 있다.

모는 미국 FRB가 실시한 3차 양적완화(QE3) 1조 6,300억 달러에 버금가는 규모로 예상을 뛰어넘는 파격적인 수준이다.

ECB의 이 같은 경기부양책은 디플레이션 상황에 빠진 유럽경제를 살려보겠다는 고육책이다. 드라기 총재는 "물가상승률 2% 달성이라는 중기목표에 따라 양적완화를 시행할 것"이라고 덧붙였다. 목표를 달성하지 못하면 2016년 9월 이후에도 추가 유동성공급이 계속될 수 있다고 시사한 것으로 분석된다. 2014년 12월 유로존 소비자 물가 상승률이 -0.2%까지 떨어지고, 2014년 11월 실업률이 11.5%를 기록하는 등 유로존의 경제 상황이 심각한 수준이기 때문에 ECB가 예상보다 공격적인 경기부양책을 마련한 것으로 보인다.

부실 유럽 은행에 대한 자본 확충

유럽은행감독청(EBA: European Banking Authority)은 2011년 하반기 유럽 은행부문의 신뢰 회복을 위해 BIS 자기자본비율[27]을 9%로 맞추기 위한 자본 재확충 프로그램을 가동했다. 이후 EU는 유로권 은행들에 대한 자산건전성 심사(스트레스 테스트)를 2010년, 2011년에 걸쳐 실시하여 자본금이 취약한 은행에 대해서는 자본금 확충을 권고했다.

2010년 7월 1차 스트레스 테스트에서는 조사대상 91개 은행(전체 금융자산 기준 55% 해당) 가운데 7개 은행이 탈락했으며 35억 유로의

---

27 자기자본비율(自己資本比率, capital adequacy ratio)은 BIS가 일반은행에 권고하는 자기자본비율 수치이다. BIS에서는 자기자본비율의 8% 이상을 안정, 합격권으로 보고 있다. 자기자본비율은 자기자본을 총자산으로 나눠 구하는데, 총자산을 산정할 때는 투자대상별 신용도에 따라 위험가중치를 부여한다. 예컨대 정부 발행 채권은 위험가중치 0%, 주택담보대출은 50%이다. 8%를 밑돌면 해외에서의 차입과 유가증권 발행이 불가능해지는 등 이른바 '부실은행' 취급을 받는다.

자본 확충이 요구되었다. 그리고 2011년 7월 2차 스트레스 테스트에서는 총 90개 은행(전체 금융자산 기준 65% 해당) 중 8개 은행이 탈락했고 자본 확충은 25억 유로였다. 당시 남유럽 재정위기가 고조된 시기였지만 이탈리아, 아일랜드, 포르투갈 은행들이 모두 테스트를 통과한 점에 비판이 제기됐다. 결과적으로 테스트 신뢰도가 약해졌다.

2014년 10월 26일 유로존 130개 은행(전체 금융자산 기준 80% 해당)을 대상으로 한 3차 스트레스 테스트 결과 25개 은행이 기준에 미달되어 95억 유로의 자본 확충이 요구되었다. 이는 과거 1~2차 스트레스 테스트 때보다 탈락 은행 수와 충당금 액수가 모두 증가했다. 그러나 시장에서는 이 같은 결과가 오히려 향후 유로존 금융시장 신뢰가 개선되는 효과를 가져올 것으로 분석하고 있다.

남유럽 주요국의 구제금융 신청을 겪으면서 금융회사들의 건전성이 개선됐음도 긍정적이다. 리스크가중자산비율이 2010년 37%에서 32%로 낮아졌고, 기본자기자본비율도 2010년 12%에서 16%로 개선된 것이다.

∷ 유로존의 미래 시나리오

2010년 이후 유럽 재정위기가 한창 진행 중이던 때 EU와 유로존이 붕괴될 것이라는 비관적 의견이 팽배했다. EU 정상회의를 필두로 한 다양한 위기 해결 대책 시행으로 유럽 금융시장은 2012년 9월 이후 급박한 위기에서는 벗어나기 시작했다. 그러나 SSM 설립을 결의하는 등 진일보한 조치에도 불구하고 시장에서는 유로존이 당면하고 있는 여러 가지 근본적 문제 해결에는 아직 난관이 많다는 평가를 하고 있었다.

그러면 유로존은 장차 어떻게 될 것인가?

첫째, 유로체제가 와해될 것이라는 시나리오이다. 독일 등 북유럽 국가들이 재정위기를 겪고 있는 남유럽 국가들의 위기 해결을 위한 재정이전 요구를 수용할 수 없고, 이들 재정 취약국들이 부도 사태를 맞아 결국 유로체제는 붕괴될 것이라는 전망이다.

둘째, 유로체제가 붕괴되지는 않더라도 그리스 등 재정이 취약한 국가들이 결국 유로체제에서 이탈하고, 독일 등 재정이 튼튼한 북유럽 국가들 중심으로 유로체제가 분할될 것이라는 시나리오이다.

셋째, 유로존 국가들이 EU 정상회의 결의에 따른 재정건전화 시책 등을 이행하여 결국 남유럽 국가들의 재정적자와 국가채무 및 금융 부실 문제를 해결하고 유로체제가 유지될 것이라는 시나리오이다.

EU 차원의 다양한 노력으로 시장이 안정을 되찾으면서 최근에는 유로체제 붕괴와 같은 최악의 비관적 전망은 많이 사라졌다. 그럼에도 불구하고 유로존과 EU의 미래에 대해서는 아직도 불안이 완전히 가시지 않고 있다. 특히 2010년 국가채무 재조정에도 불구하고 그리스의 경제 상황은 확실히 개선되지 않고 있고, 2015년 1월 25일 치러진 그리스의 총선에서 야당인 시리자(Syriza)가 압승을 거두면서 그리스의 유로존 탈퇴를 뜻하는 '그렉시트(Grexit)'에 대한 우려가 다시 등장하였다.

그러면 그리스가 유로존에서 탈퇴하고 나아가 유로존이 무너지는 사태까지 발생할 것인가? 이에 대한 대답은 간단치 않다. 그러나 지난 4~5년간 유럽 재정위기 진행과 그 수습과정, 그리고 지난 50~60년간 유럽 지도자와 정부 당국자들이 현재의 EU에 이르기까지 쌓아온 지역협력의 역사를 돌아보면 유로존과 EU가 쉽게 붕괴되지는 않을 것으로 유추할 수 있다. 유럽은 제2차 세계대전 이후 '하나의 유럽'이라는 유럽통합의 꿈을 이루기 위해 부단히 노력해왔다. 1952년 유럽석탄철강공동체(ECSC: European Coal & Steel Community)[28] 설립으로부터 출발하여 1, 2차 석유파동 이후 '스네이크제도(snake system)'의 실패, 영국과 이탈리아의 유럽통화제도 탈퇴 등 어려움에도 불구하고 오늘날 단일통화 시스템과 EU 구성에 성공한 것이다.

유로존과 EU는 이렇게 오랜 기간의 성공과 실패 위에 세워진 탑이다. 그러므로 EU의 어느 지도자도 이를 쉽게 포기할 수 없을 것이다. 현재 유로존은 향후 유럽 전체의 경제통합과 정치통합까지 포괄하는 하나의 유럽으로 가는 중요한 협력의 결정체이다. 따라서 지금 유로존이 일부라도 무너진다면 지난 60여 년에 걸친 유럽협력의 결과가 큰 상처를 입게 된다. 이는 현재 유럽 각국의 정상들에게도 돌이킬 수 없는 정치적 부담이 될 것이다.

그러면 두 번째 시나리오의 가능성은 어떠한가? 유로존은 기본적으로 경제 펀더멘털이 상이한 국가들이 다수 포함되어 있다. 특히 남유럽 국가들은 거시경제와 재정 상태가 매우 취약하다. 취약한 남유럽 국가들의 파산을 막기 위해 현재의 유로존이 동원하고 있는 여러 가지 지원 대책들이 한계에 도달하고, 독일 등 유로존 경제 강국들이 이로 인한 직간접적인 부담을 감당할 수 없는 상황에 이르면 현재의 상황을 계속 이어갈 수 없을지도 모른다. 특히 그리스와 같은 일

---

28 유럽에 석탄과 철강의 단일시장을 설정하고 생산, 가격경쟁, 노동조건 등을 회원국이 공동 관리하기 위한 목적에서 1952년 8월에 발족했다.

부 국가에 초강경 정권이 들어서 유로존 탈퇴라는 극단적 선택을 하게 될 수도 있을 것이다.

그러나 현실적으로 그리스가 유로존을 스스로 탈퇴하기는 쉽지 않을 것이다. 만약 그리스가 유로존을 탈퇴하고 독자적인 통화를 갖게 되면 먼저 환율이 폭등하고, 국가채무 부담이 반대로 폭증하여 그리스의 국가부도는 피할 수 없게 되기 때문에 초강경 세력이 정권을 잡더라도 취하기 어려운 선택이다.

나아가 EU 차원에서도 그리스 탈퇴로 인해 입을 피해가 감당하기 어려울 것이다. 그리스 혼자의 유로존 탈퇴에 그치지 않고 재정이 취약한 다른 유로존 국가들로 불똥이 튀게 될 것이다. 즉 이들도 언젠가 유로존에서 탈퇴할 가능성이 있기 때문에 국가신인도가 하락하고 이들의 국채 수요가 크게 줄어들 것이다. 그렇게 되면 유로존 붕괴는 시간 문제이다. 따라서 유로존 차원에서 어느 한 나라도 쉽게 탈퇴시키기 어렵다.

사실 출범 초기 유로존 국가 구성이 다소 성급하지 않았나 하는 느낌을 지울 수 없다. 초기에 예상보다 순조로운 출발로 인해 현재와 같은 위기가 닥쳤을 때 벌어질 상황을 심각하게 고려하지 못하고 산업구조와 경쟁력, 재정 상황이 크게 다른 그리스 등 일부 남유럽 국가들을 유로존에 대거 포함시켰다. 지금이라도 재정이 취약한 일부 국가를 배제할 수 있다면 현재 유로존의 불확실성이 조기 해소되고, 유럽 위기가 보다 용이하게 해결될 수도 있지 않을까 생각할 수도 있다. 그런데도 불구하고 유럽 정상들은 그런 해법보다는 이 사태를 어떻게 해서든 해결하기 위해 부단한 노력을 경주하고 있는 것은 위에 설명한 바와 같이 후폭풍이 감당하기 어렵기 때문일 것이다.

그렇다면 남아 있는 대안은 하나이다. 어떠한 형태로든지 현재의 위기를 해결해나갈 수밖에 없을 것이다. 그렇기 때문에 지금까지 독일 등 유로존 주도국들은 그리스 등 남유럽 재정취약국들의 부채를 일부 탕감해주고 구제금융을 제공하면서, 위기에서 벗어나게 해주기 위해 안간힘을 쏟고 있는 것이다. IMF 이외에 ESM 등 유럽 차원의 별도 구제금융기구를 설립하고, 유럽 은행통합과 재정통합을 위한 구체적인 과제들을 실천해나가고 있는 것이다. 이러한 과정을 통해 유로존 위기가 해결된다면 결과적으로 유럽통합이 더 공고화되고 앞당겨질 수도 있을 것이다.

이 과정에서 모럴해저드를 방지하기 위해 그리스 등 구제금융 수혜국들에 강도 높은 구조조정 프로그램 이행을 요구하고 있다. 이로 인해 전 국민이 고통을 겪고 있는 그리스 등은 개혁 피로감 또한 심각할 것이다. 그러므로 그리스 총선에서 새로 집권한 시리자당은 그리스 구조조정의 강도를 완화하기 위해 채무 재조정 등을 시도하고 있다. 비록 그리스 정부의 반발로 구조조정 강도를 약간 완화할 수 있을지는 모르나, 전면적인 구조조정 완화는 쉽지 않을 것이다.

앞으로 EU가 현재의 위기를 딛고 일어서 하나의 유럽이라는 목표를 실현하기 위해서는 EU 정상들의 신속한 결단과 과감한 노력이 필요하다. 통화통합을 넘어 현재 진행 중인 금융통합을 성공적으로 마무리하고, 통합 재정조정 시스템 구축과 유로존 단일형태의 유로채권[29] 발행 등 재정통합까지 이루어야 경제통합이 완성되었다고 할 것이다.

---

29 유로채권은 유로존 19개 회원국 공동발행 채권을 말한다. 유로채권은 유로존 전체 국가의 신용을 바탕으로 발행되기 때문에 저신용국에는 낮은 이자율로 자금조달이 가능해져 고신용국으로부터 저신용국으로 재정이전이 발생하는 효과가 있다.

03
반복되는 금융위기의
원인과 교훈

∷ 글로벌 금융위기의 근본 원인

2008년 금융위기의 근본 원인은 크게 세 가지로 요약해볼 수 있다.

첫째, 2001년 이후 금융시장의 과잉유동성이다. 미국을 비롯한 주요 선진국들의 저금리, 양적완화정책과 미국의 재정적자와 경상적자 쌍둥이적자의 지속 및 중국 등 경상수지 흑자국과 미국 간 글로벌 불균형(global imbalance)[30]으로 빚어진 과잉유동성이 부동산 등 자산시장 거품을 일으킨 것이다. 금융위기의 단초를 제공한 미국 서브프라임 모기지 사태는 2000년 미국의 닷컴버블(dot.com bubble)[31]붕괴 시 시행된 FRB의 초저금리정책과 부동산 경기에 지나치게 의존한

---

30 글로벌 경상수지 흑자와 적자의 합/세계 GDP의 합.

31 닷컴버블이란 1995년부터 2000년 초에 걸쳐 IT 관련 벤처기업과 기존 IT기업 주가가 급속히 상승한 시기에 발생한 거품경제 현상을 말한다. 이 시기에 흔히 닷컴기업이라 불리는 인터넷 기반 기업이 다수 설립되었으나 많은 경우 실패로 끝났다.

미국을 비롯한 선진 각국 정부의 경제정책으로부터 비롯되었다.

2000년 이른바 닷컴버블이 붕괴되고 미국경기가 급속히 냉각되자 당시 앨런 그린스펀(Alan Greenspan) 미 FRB 의장은 저금리정책을 비롯한 금융완화정책을 폈다. 미국의 금리인하는 2000년 5월부터 시작해 2003년 6월까지 12차례에 걸쳐 이뤄졌으며, 기준금리가 6.5%에서 사상 최저인 1%까지 내려가게 되었다.

저금리 여파로 시장의 유동성은 급격하게 증가하고 부동산가격은 급등하면서 부동산 버블이 형성되기 시작했다.[32] 미 행정부의 부동산 경기를 통한 경기부양 및 전 미국 가구의 자가 보유정책[33]과 미 연방준비제도(Fed)의 저금리정책이 맞물리면서 신용등급이 낮은 저소득층을 대상으로 한 서브프라임 모기지가 증가했다. 초저금리와 풍부한 유동성, 집값 상승에 대한 기대감 등에 힘입어 모기지 대출 수요는 급증하였다.[34]

미국의 투자은행들은 새로운 수익원으로 부동산대출채권을 증권화하여 시장에 대량으로 공급하기 시작했다. 서브프라임 모기지를 기초자산으로 한 유동화증권도 함께 증가했다. 당시 미국에는

---

32 2000년대 초 미국의 부동산가격 상승에 대해 연방준비제도(Fed)의 저금리정책 때문에 발생한 것이 아니라 이미 1990년대 후반부터 부동산가격이 상승하기 시작했고, 이를 글로벌 불균형 현상으로 인해 전 세계적인 유동성이 증가했기 때문으로 설명하는 측도 있다.

33 클린턴 정부는 저소득계층 및 소수 인종을 위한 자가 소유 확대정책(national homeownership strategy)을 계획하여 1994년 이후 6년 이내 미국의 주택보유율을 역사상 가장 높은 수준으로 상향시키고자 하였다. 이를 위해 주택거래 비용의 축소, 공공자금공급의 확대, 보유비용 감소를 위한 금융기술 발전 도모, 공급증가를 위한 규제 개혁, 저소득층 주택소유 환경 개선 등을 추진했다.

34 미국 모기지 금융시장에서 서브프라임 등급이 차지하는 비중은 2002년 말 3.4%에서 2006년 말 13.7%로 급상승했다. 또한 서브프라임 모기지를 기초자산으로 한 자산유동화증권(ABS: Asset Backed Securities)이나 모기지유동화증권(MBS: Mortgage Backed Securities) 등 유동화증권도 크게 증가하였다.

LTV(담보인정비율)나 DTI(총부채상환비율)와 같은 정부의 부동산대출 규제가 없었기 때문에 위기 직전 금융회사들의 부동산대출 LTV가 80~100%에 이를 정도로 과잉대출이 일어났다.

한편 2000년대 들어 대폭 확대된 글로벌 불균형 현상도 과잉유동성에 일조했다. 이는 주로 미국의 장기 재정수지·경상수지 적자와 중국 등 대미 수출국·산유국의 흑자로부터 비롯되었다.[35] 흑자국의 외환보유액은 다시 미국 등 선진국 국공채나 금융상품에 투자되어 부동산시장과 금융시장으로 흘러들고 이에 따라 유동성 증가와 부동산 거품을 키우게 된 것이다.[36]

과잉유동성으로 인한 인플레이션 압력을 염려한 FRB는 2004년 6월부터 2006년 6월까지 17차례에 걸쳐 기준금리를 1%에서 5.25%로 대폭 인상했다. 금리인상으로 이자부담이 높아지면서 집값이 하락하고 이로 인해 서브프라임 모기지 연체가 늘어나면서[37] 금융회사들은 커다란 손실을 입게 된다. 이와 같은 서브프라임 모기지 부실은 모기지 전문금융회사와 다른 금융회사에도 심각한 손실을 안겨주었다.

이러한 현상은 다른 선진국에서도 비슷하게 일어났다. 영국과 EU 등 주요 선진국의 정책금리도 2001년부터 급속하게 인하되어 2004년 다시 인상되기 시작할 때까지 약 3~4년간 대부분 1~2%의

---

35 미국의 경상수지 적자는 2001년 GDP 대비 −3.9%에서 2007년 −5.2%로 확대되었고, 중국의 경상수지 흑자는 2001년 GDP 대비 1.3%에서 2007년 11%로 증가했다.

36 IMF가 추산한 주요국의 M2 기준 글로벌 유동성은 2000년 4조 5,000억 달러에서 2009년 9조 2,000억 달러로 증가했다.

37 서브프라임 모기지 부실률은 2007년 3월 말 약 14%, 연체금액은 1,800억 달러에 이르게 되었다.

그림 1-8 주요 국가의 정책금리 추이

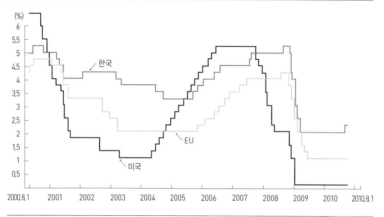

자료: 본드웹 프라임플러스

초저금리 상태를 유지했다. 이들 국가들도 2004년부터 정책금리를 가파르게 인상하기 시작하자 가계의 대출부담이 가중되고 대출이 부실화되기 시작했다. 금융회사의 건전성이 악화되고 부동산 관련 파생상품 손실도 확대되었다.

결국 2008년 9월 15일 미국의 리먼브러더스 파산보호 신청을 계기로 미국발 금융위기가 곧바로 다른 국가로 전이되어 글로벌 금융위기로 비화된 것이다. 유럽으로 전이된 금융위기는 과도한 재정적자와 누적된 국가채무로 허덕이는 남유럽 국가들의 국가신인도를 하락시켜 2010년 그리스를 필두로 유럽 재정위기로 번져나갔다. 2010년 그리스를 필두로 발생한 남유럽 재정위기도 방만한 재정집행으로 인한 과잉유동성과 이로 인한 국가부채의 증가가 국가신인도를 하락시켜 국가부도 위기에 처하게 만든 것이다.

둘째, 금융회사들의 무모한 대출과 투자활동이다. 금융회사들은 시장의 풍부한 유동성을 배경으로 수익 극대화를 위해 레버리지(leverage)를 최대한 늘리는 영업 수법[38]을 취해왔다. 또한 첨단 금융기법을 활용하여 복잡한 파생상품을 개발해냈다. 특히 부동산담보대출 채권을 기초자산으로 한 증권화 상품을 대량 발행하여 유통시켰다. 대형 투자은행들은 자산유동화증권(ABS: Asset Backed Securities) 또는 모기지유동화증권(MBS: Mortgage Backed Securities)을 통해 자기 자산을 유동화시키고, 이들 1차 유동화증권을 기초자산으로 하여 2차 증권화 상품인 부채담보부증권(CDO: Collateralized Debt Obligations) 또는 대출채권담보부증권(CLO: Collateralized Loan Obligations) 상품들도 개발하여 유통시켰다.[39]

과도한 증권화 현상과 지나친 차입금융 및 CDS 활용, 그리고 구조화 상품에 대한 부정확한 신용평가 등이 위기의 도화선이 된 것이다. 뿐만 아니라 자본시장과 외환시장에서의 투자자들의 공매도 등 과도한 투기적 거래와 금융시장에 만연한 시장 참여자들의 도덕적 해이와 군집행동, 쏠림현상도 위기 발생의 중요한 역할을 했다.

미국의 서브프라임 대출은 2002년 약 2조 달러대에서 2006년에는 6조~7조 달러대로 불과 4년 만에 3~4배 증가했다. 미국 모기지 시장에서 서브프라임 등급이 차지하는 비중은 2002년 말 3.4%에 불과했으나 2006년 말 13.7%로 급상승했다. 부동산대출채권을 기초자산으로 하는 ABS 잔액도 2001년 약 1조 달러에서 2007년 3조

---

38 개인이나 금융회사 등 기업이 차입금 등 타인의 자본을 지렛대처럼 이용하여 자기자본이익률을 높이는 방법. 즉 작은 자본금에도 불구하고 빚을 많이 내서 투자함으로써 높은 수익을 올리는 부채경영 방식이다.

39 재증권화 상품 중 부실위험이 높은 자산은 따로 분류하여 신용부도스와프(CDS)를 통해 신용보강을 한 다음 매각하거나, 대형 투자은행들이 직접 인수해 자회사 형태로 세운 구조화투자회사(SIVs)로 이전하는 방법을 취했다. 자회사로 이전된 위험자산은 모회사의 대차대조표에는 나타나지 않게 된다.

달러 수준으로 증가했다. 이러한 금융상품의 부도위험을 인수해 보장하는 CDS 시장도 급속히 커졌다. 2003년까지 수조 달러에 불과하던 CDS규모가 2007년에는 60조 달러로 증가한 것이다.

셋째, 정부의 감독 역량 부족과 방만한 재정 운용을 꼽을 수 있다. 1980년대 이후 세계적으로 '작은 정부, 큰 시장'을 추구하는 '신자유주의' 바람이 불었다. 시장에 대한 과도한 믿음은 지나친 금융규제 완화와 금융의 글로벌화를 불러왔다. 특히 규제 완화로 규제 사각지대(regulatory arbitrage)[40]가 많이 생기고 이에 대한 리스크 관리 부재와 효과적 감독체계 미흡으로 인해 자산유동화로 인한 위험은 재생산, 증폭되고 레버리지는 급증했다. 건전한 시장 감시자로서의 당국의 역할이 작동되지 않을 정도로 시장 감시기능이 망가진 상태에서 글로벌 금융위기는 발생했고, 그 극복과정에서 지나친 재정팽창으로 인해 국가부채는 증대했다. 재정이 취약한 남유럽 국가 등은 방만한 거시경제 운용으로 국가신인도가 급락하여 유럽 재정위기로 비화되었다.

금융위기 직후 전 세계적으로 감독당국에 대한 책임론이 강하게 대두되었다. 그러나 미 의회 증언에서 앨런 그린스펀 전 FRB 의장은 리스크 관리에 대한 시장의 자율규제 책임을 들어 자신의 저금리정책과 유동성 관리 실패에 대한 비난의 화살을 피해나갔다.

---

40 금융감독이나 규제의 대상에서 벗어나 있는 금융상품이나 시장을 말한다. 대표적인 것이 헤지펀드, 장외파생상품, 그림자금융 등이다.

∷ 금융위기의 본질과 교훈, 그리고 근본 해법

자본주의 시장경제체제에서 금융위기는 반복해서 발생하고 있다. 비교적 최근 발생한 1997년 아시아 외환위기는 단기외채 관리 부실에서 발생한 외채위기이고, 2008년 글로벌 금융위기는 유동성 관리와 주택담보대출의 관리 실패에서 비롯된 은행위기이다. 그리고 2010년 발생한 유럽 재정위기는 정부의 방만한 재정 운용과 국가채무 증가로 발생한 재정위기이다. 이러한 위기는 정부의 잘못된 정책, 시장의 실패, 당국의 감독 역량 부족이 어우러져서 발생한다. 지금까지 금융위기의 형태는 서로 다를지라도 그 본질은 다르지 않다.

그러면 위기의 본질은 무엇인가? 금융위기의 본질은 바로 우리 인간의 '탐욕(greed)'과 '부주의(carelessness)' 그리고 '망각(forgetfulness)'이다. 금융위기는 예외 없이 높은 수익을 추구하려는 인간의 탐욕에서 시작되며, 여기서 비롯되는 위험에 대한 부주의로부터 발생한다. 위기를 당하고 나면 그 원인을 분석하고 대책을 세우지만, 일정 기간이 지나면 그 쓰라린 경험과 교훈을 망각하고 다시 같은 실수를 반복한다. 이것이 바로 반복되는 금융위기의 근본 원인이다.

그러면 위기의 근본 해법은 무엇인가? 위기의 본질이 바로 탐욕과 부주의, 망각이기 때문에 그 근본 해법은 바로 우리 인간의 '조심과 경계(vigilance)'이다. 정부는 각종 거시경제정책과 금융, 통화, 재정정책을 시행하는 과정에서 시장에 과잉유동성이 지속되지 않도록 세심한 주의를 기울여야 한다.

시장은 무모한 대출과 투자가 만연하지 않도록 적절한 자체 리스크 관리 시스템을 갖추고, 충분한 자본과 유동성을 확보해 건전성과 지속성을 유지해야 한다. 그리고 지나치게 단기적인 시각이 아닌 장기적으로 지속가능하고 건실한 성장을 목표로 영업해야 한다.

금융감독당국은 금융시장의 건전성 감시자로서 역량을 강화해 실시간으로 국내외 시장 동향을 모니터링하고 금융 시스템이 건전하게 유지될 수 있도록 모든 노력을 해야 한다. 개별 금융회사의 건전성뿐만 아니라 시장 전체의 건전성이 훼손되지 않고, 시스템 리스크가 발생하지 않게 성실한 파수꾼의 자세가 요구된다. 효율적인 거시건전성 감독체계를 구축하고 사전적, 선제적인 감독 역량을 갖춰야 한다.

그리고 글로벌 금융위기를 극복하는 과정에서 지나치게 늘어난 시장의 초과유동성을 적절한 시기에 회수하고, 재정이 악화된 국가들은 적정 수준의 경제 회복을 저해하지 않으면서도, 재정건전성을 회복할 수 있는 균형된 노력이 필요하다.

표 1-2 최근의 위기 비교

	글로벌 금융위기	아시아 외환위기	유로발 재정위기
공통점: 정책, 시장, 감독 실패			
• 정책 – 과잉유동성	저금리 정책	외자도입	적자재정
– 지나친 자율화와 규제 완화	∨	∨	∨
• 시장 – 무모한 대출과 투자	∨	∨	∨
– 도덕적 해이와 쏠림현상	∨	∨	∨
– 버블의 생성과 붕괴	∨	∨	∨
• 정책당국 – 감독 역량 부족	∨	∨	∨
차이점: 위기의 형태	은행위기	외채위기	재정위기
교훈 → 조심과 경계			

• 정책   – 과잉유동성 및 과대 외채, 재정적자 경계
• 시장   – 적절한 리스크 관리와 건전성 유지
• 정책당국 – 거시건전성 감독체계 구축
          – 사전적, 선제적 역량 강화
          – 지속가능한 재정건전성 확보			

자료: 김용덕 (2010), 《반복되는 금융위기》, 삼성경제연구소.

04

글로벌 금융위기의 함의와
세계경제질서 변화

2008년 발생하여 지금까지 지속되고 있는 금융위기가 세계경제와 금융시장에 주는 함의는 무엇이고, 앞으로 세계경제질서에는 어떠한 변화가 도래할 것인지 살펴보자.

첫째, 시장만능주의적 신자유주의 세계경제질서의 변화이다.

1970년대 말 이후 신자유주의 사조는 자본주의 세계경제를 이끌어가는 새로운 패러다임으로 등장했다. 1980년대 초 영국 대처 수상의 '작은 정부론', 미국 레이건 대통령의 '레이거노믹스'로 대표되는 신자유주의는 경제가 활력을 잃어가던 미국과 영국 등 서구 선진국에서 시작되어 IMF, OECD 등 국제기구들에 의해 전 세계로 퍼져나갔다.

신자유주의는 정부의 역할을 축소하고 시장의 자율을 최대한 보장하는 사상이다. 정부의 역할을 축소하고 시장의 역할을 키우기 위해 각종 규제를 제거하고 긴축재정, 공공지출 삭감, 기간산업 민영화,

무역자유화와 개인의 사유재산권 보호 등을 내세웠다. 금융 측면에서는 시장개방, 금리자유화, 변동환율제, 자본자유화, 외국인투자 등 자유화정책과 각종 금융규제 완화가 주축을 이룬다. 1989년 미 국제경제연구소(IIE)의 존 윌리엄슨(John Williamson)이 제3세계 발전 전략으로 제시한 '워싱턴 컨센서스(Washington Consensus)'도 큰 틀에서 신자유주의와 궤를 같이하고 있다. 미국식 신자유주의를 제3세계 발전 전략으로 제시하고, IMF와 세계은행(World Bank) 등 국제기구를 통해 전파해왔다.

이러한 신자유주의적 자본주의체제는 1980년대와 1990년대 선진국경제의 활력을 회복하는 데 적지 않은 기여를 했다. 공공부문의 비효율성으로 인한 경제적 비용을 제거하고 시장의 혁신과 역동성으로 세계경제 회복에도 상당한 효과를 발휘했다. 그러나 지나친 규제 완화로 정부의 시장 감시기능이 마비되면서 글로벌 금융위기가 발생하게 된 것이다. 2008년 금융위기는 이런 규제 완화와 시장 중심적인 신자유주의적 국제경제 패러다임이 과연 세계경제의 지속가능한 발전과 국제금융시장 안정을 위해 타당한지 근본적 의문을 제시하는 계기를 마련해주었다.

2008년 금융위기 과정에서 금융자본의 무모한 탐욕과 부조리, 막대한 공적자금의 투입으로 인한 재정파탄, 신자유주의적 질서가 가져온 소득 양극화와 심각한 청년실업 등 몰(沒)인간적 자본주의 사조의 한계와 문제점들이 드러났다. 2010년 뉴욕 월스트리트에서 일어나 세계 여러 나라로 번진 '월스트리트를 점령하라(Occupy Wall Street)!' 시위는 사상 초유의 금융위기를 초래한 거대 금융회사와 경영진의 부도덕성에 경종을 울리고 탐욕적 시장자본주의를 비판하는 사건이었다.

이미 2008년 금융위기 이전부터 현대 자본주의의 문제점을 지적하면서 새로운 자본주의 패러다임을 모색하는 시도가 등장했다. 이른바 '따뜻한 자본주의' 또는 '자본주의 4.0' 등이 그것이다. 금융위기 이후에는 G20 정상회의를 중심으로 시장의 자율을 제한하고 정부의 규제와 통제를 강화하는 금융감독규제 시스템 강화방안이 대폭 추진되고 있다. 2008년 위기의 원인인 정부의 금융감독규제 사각지대를 제거하고 금융회사의 건전 영업을 강화하기 위한 제도 개선이 주요 논의 과제이다.

글로벌 금융위기 이전에는 신자유주의적 경제정책을 기반으로 한 자유무역과 규제 완화 환경에서 높은 성장과 투자, 높은 수익률 등을 추구하는 것이 현대 자본주의 시장경제의 표준이었다. 그러나 위기 이후 정부, 가계, 기업의 광범위한 디레버리징(deleveraging)이 이루어지면서 이제는 저성장, 저소득, 저수익률 등 3저 현상이 새로운 표준이 되고 있다. 위기 이후 벌써 7년째 세계경제와 금융시장이 안정을 회복하지 못하고 있으며, 시장의 위기 트라우마가 투자와 소비의 위축을 가져오면서 저성장, 저소득, 저물가 기조가 지속되고 전 세계가 디플레이션 위험에 직면해 있다. 이제 바야흐로 3저로 대변되는 뉴노멀(new normal)⁴¹ 시대가 도래한 것이다. 세계경제와 금융시장이 한동안 2007년 이전과 같은 호시절을 맞이하기는 어려울 것으로 예상된다.

---

41 IT거품이 꺼진 2003년 미국 벤처캐피털리스트 로저 맥나미(Roger McNamee)가 처음으로 사용했다. 이후 금융위기가 발생한 2008년 세계 최대의 채권펀드 핌코의 최고경영자(CEO)였던 모하메드 엘에리언(Mohamed A. El-Erian)이 자신의 저서에서 글로벌 금융위기 이후 경제를 '뉴노멀(뉴애브노멀)'이라고 표현하면서 널리 알려지기 시작했다.

둘째, 국제경제질서의 변화이다. 과거 냉전체제 해체 이후 세계경제는 미국을 중심으로 한 이른바 '일극체제(uni-polar)'로 유지되어왔다. 미국은 세계 최강의 경제력과 군사력을 바탕으로 지구촌 곳곳에서 발생하는 각종 정치, 경제, 외교, 군사 현안뿐만 아니라 인도적 문제들까지 조정하는 최종 해결사 역할을 수행해왔다. 그간 빈번하게 발생한 금융위기도 미국이 결국 개입하여 IMF를 통해 해결해온 것이다. 이같이 미국의 역할은 절대적이었다.

그러나 미국경제의 대외경쟁력이 하락함에 따라 경상수지 적자가 누적되고 재정적자도 크게 늘어나면서 미국의 힘은 약화되기 시작했다. 미국의 쌍둥이적자가 해외로부터의 자본유입으로 메워지면서 글로벌 불균형 현상도 심화되었고, 미국의 위상도 많이 훼손되었다. 지난 수십 년간 일본, 중국을 비롯한 아시아 국가들과 러시아, 중동 등 자원 부국이 막대한 대미 무역흑자를 배경으로 부를 축적하고, 이 자금이 다시 미국으로 환류되어 미국경제가 유지되고 있다.

이제 세계경제질서는 미국 중심의 일극체제에서 '다극체제(multi-polar)' 시대로 나아가고 있다. 미국 이외에도 EU, 중국, 러시아, 중동, BRICS(중국과 브라질, 러시아, 인도, 남아프리카공화국), ASEAN+3(한중일) 등 여러 세력들이 세계경제질서의 전면에 등장하고 있다.

아시아태평양 지역에도 다양한 지역협력체제가 등장했다. 1989년 출범한 아시아태평양경제협력체(APEC: Asia Pacific Economic Cooperation)[42]

---

42 아시아태평양경제의 지속적 성장과 공동체 형성에 기여하기 위해 1989년 형성된 경제협력체. 1989년 11월 호주 캔버라에서 첫 각료회의가 개최되었고, 1993년 시애틀에서 첫 번째 APEC 정상회의가 개최되었다. 무역·투자 자유화 및 원활화와 경제기술협력을 통한 역내 경제성장 및 발전이 주목적이다. 현재 한국을 비롯하여 중국, 미국, 일본 등 21개국이 회원국이다.

이외에도 1997년 아시아 외환위기 이후 ASEAN+3(한중일), 동아시아 정상회의(EAS: East Asia Summit) 등이 출범하여 가동 중이다. 최근에는 중국이 급부상하여 주변국과 갈등이 고조되자 미국이 주도하는 동아시아 외교, 군사협력이 강화되면서 미국 중심의 아시아태평양 지역 경제협력체제 구축 움직임도 진행되고 있다. 이른바 환태평양경제동반자협정(TPP: Trans-Pacific Partnership)이 그것이다. 미국은 TPP를 통해 환태평양자유무역협정(TPFTA)을 속도감 있게 추진하고 있다. 이는 중국의 급성장을 견제하고 이 지역 국가들과의 자유무역협정을 통한 교역 증진과 경제통합을 동시에 겨냥하고 있다. 그간 산유국이 모여 있는 중동 지역에 최고 중점을 두던 미국의 대외 외교군사정책의 초점이 아시아로 이동 중이다. 오바마 대통령도 동아시아 진출 확대를 미국의 아시아태평양 재개입정책(re-engagement policy)의 일환이라고 언급한 바 있다.

앞으로 국제경제질서가 어떠한 방향으로 전개될지는 정확하게 예측하기 어렵다. 그러나 그간 미국 중심으로 움직이던 세계경제질서가 미국 주도의 미주연합(NAFTA), EU, 그리고 중국을 비롯한 아시아권으로 크게 3등분되어 협력과 균형을 이루어나가는 형국이 되지 않을까 예상된다. 동시에 거대 경제세력으로 떠오른 개발도상국 그룹 BRICS가 새로운 축으로 부상해나갈 것으로 예상된다.

그러나 이러한 미국의 취약점과 세계경제질서의 변화 움직임에도 불구하고 당분간 미국을 대체하여 세계를 이끌어갈 만한 세력이 등장하기는 어렵다. 미국과 같은 슈퍼파워가 당분간 나오기 어렵다는 것이 세계경제의 더 큰 불확실성이다.

셋째, IMF 중심의 브레턴우즈체제의 한계와 미래 문제이다. 브레턴우즈체제는 1944년 '세계경제의 지속적인 성장'과 '국제금융통화질서의 안정'을 목표로 IMF와 세계은행을 실무기구로 하여 출범했다. 하지만 1971년 미국달러의 '금 태환 정지' 조치 이후 반복적으로 발생하는 금융위기의 예방과 국제통화질서 안정이라는 당초의 목적을 제대로 수행하지 못했다. 1970년대 이후 금융·외환위기가 주기적, 반복적으로 발생하고 있지만 IMF는 이에 대해 근본적인 해결책을 제시하지 못하고 있다. 이는 IMF가 '세계 중앙은행의 중앙은행' 기능과 국제금융체제의 '최종 대부자(lender of last resorts)'로서의 역할을 제대로 수행하지 못하고 있다는 증거이다.

특히 2008년 이후 금융위기 과정에서 IMF가 과연 선제적으로 어떠한 역할을 했는지, 그리고 사후 수습대책도 과거 위기 때와 일관성이 있었는지 의문이다. 1997년 아시아 외환위기 당시 IMF는 위기 국가들에 엄중한 책임을 묻는(bail-in) 정책을 주문했다. 고금리와 긴축재정, 강도 높은 금융기업 구조조정정책을 요구한 것이다. 무분별한 대출과 투자행위를 저지른 금융회사와 기업들은 가차 없이 폐쇄, 퇴출시키도록 요구했다. 그러나 2008년 위기에서 선진국들은 위기의 책임이 있는 부실금융회사에 공적자금을 지원하여 구제(bail-out)하는 정책을 추진했고 IMF는 이를 지지해왔다. 이것은 분명히 과거 신흥국에 적용했던 IMF 처방과는 일관성을 결여한 정책이다. 이러한 관점에서 1997년 아시아 외환위기 이후 IMF체제의 한계 및 문제점과 함께 IMF 중심의 국제금융체제에 대한 개편론이 계속 제기되어왔다.

그러면 IMF체제의 한계는 무엇인가? 첫째, IMF 재원 부족 문제이다. 즉 IMF 재원만으로는 최근 발생하는 대형 위기에 적절히 대응할수 없게 되었다. 글로벌 금융위기가 발생하기 직전 IMF의 가용재원은 2,500억 달러에 불과했으나, 2008년 글로벌 금융위기 이후 IMF 증자를 통해 3,600억 달러로 늘어났다. 그러나 위기 당시 미국이 투입한 부실금융회사 지원자금과 남유럽 국가 재정위기 때 EU 차원의 구제금융만 해도 수조 달러에 이르는 수준이다. IMF 재원 한계를 벗어난 것이다. 그리고 2010년 10월 서울 G20 정상회의 때 IMF 재원을 7,200억 달러로 2배 확대하고, 신흥국의 지분을 늘리는 대신 미국과 유럽을 포함한 선진국의 지분을 줄이기로 합의했으나 미국 의회가 반대하면서 아직 실현되지 않고 있다.

둘째, IMF 지배구조의 정당성 문제이다. IMF 이사회 투표권이 선진국에 지나치게 높게 배정되어 개도국들의 경제적 위상을 적절히 반영하지 못하고 있다. 1980년대 이후 개도국 경제력이 급속히 신장되었음에도 불구하고 아직도 초창기 선진국 위주의 투표권 배분이 크게 개선되지 못함으로써 IMF 의사결정에 정당성이 결여되고 있는 것이다. 특히 IMF는 주요 안건에 대해 85% 찬성을 요하는 절대다수 결제도를 운용하고 있는데, 미국의 IMF 지분(quota)이 2014년 말 현재 17.69%이기 때문에 미국이 주요 안건에 대해 절대적 영향력을 행사할 수밖에 없다. 사실상 미국에 거부권이 주어지고 있는 것이다. 이것도 중국 등 많은 개도국들이 IMF 지배구조에 대해 문제를 제기하고 있는 주요 이유 중 하나이다.

셋째, IMF의 정책 역량 부족 문제이다. IMF는 금융위기가 발생하기 이전에 적절한 사전 경고나 정책 권고로 위기를 미연에 방지해야 한다. 그럼에도 실제로는 위기를 사전에 감지하고 대처하기보다는 위기가 발생한 후에야 구제금융 지원과 구조조정 프로그램을 통해 수습하는 역할에만 급급해오고 있다.

넷째, IMF 자금지원이 위기국가에 불러오는 이른바 '낙인 효과 (stigma effect)' 문제이다. 이 때문에 위기에 직면한 많은 국가들이 IMF 자금지원을 기피한다. 일단 IMF 구제금융을 받게 되면 위기국가로 낙인찍혀 시장으로부터 철저히 외면받기 때문에 가급적 IMF 자금지원을 받지 않으려는 것이다. 그리고 일단 구제금융을 받으면 혹독한 구조조정을 해야 하기 때문에 이를 거부하는 경향이 높고, 이것이 위기를 더 증폭시키는 요인이 된다.

이러한 이유로 IMF의 기능과 역할을 보완하고 금융위기에 효과적으로 대처할 수 있는 새로운 국제금융체제 구축 논의가 지속되어왔다. IMF 무용론이나 폐지론 같은 강경론부터, 현실적으로 뚜렷한 대안이 없기 때문에 대폭 개편으로 IMF 역할과 기능을 보강해야 한다는 논의들까지 다양하다. 그러나 현실적으로 조만간 IMF를 대체할 새로운 국제금융기구를 창설하는 것은 어려운 과제이다. 당분간 근본적인 해답이 없기 때문에 신흥시장국의 IMF 지분 확대, 재원 확충, IMF 역량 강화 등 기존 IMF체제가 당면하고 있는 여러 가지 문제점들을 단계적으로 해결해나갈 수밖에 없다.

이러한 배경에서 지역적으로 IMF체제를 보완하기 위한 다양한 노력들이 이루어지고 있다. EU는 단일중앙은행(ECB) 구축에 이어 2010년 유럽 재정위기 과정에서 IMF 자금으로 부족하자 유럽 자체의 금융안정기금인 EFSF, EFSM을 설치하여 운용하였고, 2012년 7월에는 유럽판 IMF인 ESM을 출범시켰다. 아시아 역시 아시아판 국제통화체제 모색을 위해 치앙마이 이니셔티브(CMI: Chiang Mai Initiative), 치앙마이 이니셔티브 다자화(CMIM: CMI Multi-lateralization) 체제 구축, 아시아채권시장이니셔티브(ABMI: Asian Bond Markets

Initiative) 및 아시아 통화협력 강화 등 동아시아 지역협력체제 구축을 모색해나가고 있다. 이들 지역기구들은 금융위기가 발생했을 때 새로운 '최종 국제대부자(new system for international lender of last resorts)'로서 IMF와 협력적이고 보완적인 관계를 수행할 것이다.

2014년 7월에는 중국 등 BRICS 국가들이 중심이 되어 신개발은행(New Development Bank)[43] 설립에 최종 합의했다. 중국 등은 이를 통해 달러화 중심의 현 국제금융체제에 대한 변화를 시도하는 한편, 미국과 G7 중심의 국제금융질서와 세계경제구도에 도전장을 던지고 있는 것으로 보인다. 그러나 이러한 움직임이 현재 미국과 G7 중심의 질서를 얼마나 변화시킬 수 있을지는 미지수이다. 이는 결국 이들이 미국의 역할을 대체할 만한 새로운 세계경제와 국제금융질서 유지의 리더로서 얼마나 역량과 능력을 구비할 수 있느냐의 문제인데, 당분간 이를 기대하기는 쉽지 않다고 보기 때문이다.

특히 최근 중국 주도로 설립이 진행되고 있는 아시아인프라투자은행(AIIB)은 앞서 언급한 미국 중심의 일극체제와 브레턴우즈체제의 변화를 상징적으로 보여주고 있다.

---

43 2014년 7월 15~16일 브라질에서 열린 BRICS 정상회의는 자본금 1,000억 달러규모의 개발은행 설립과 1,000억 달러규모의 통화 풀(pool)을 조성하기로 합의했다. 초기에는 100억 달러규모의 자본금과 400억 달러 상당의 보증으로 출범하여 1,000억 달러까지 규모를 키우기로 했다.

05
글로벌 금융위기가 남긴
과제

2008년 금융위기 이후 급격한 경기침체를 완화하기 위해 G20 정상회의 주도하에 세계 각국은 신속하고 과감한 재정금융완화정책을 집행했다. 그 결과 위기 초기에 우려했던 대공황 사태는 발생하지 않았다. G20은 동시에 금융위기 재발을 방지하기 위해 글로벌 금융 시스템 강화를 추진하고 있다. 그러면 앞으로 글로벌 금융 시스템이 보강되어 금융위기가 재발하지 않을 것인가? 이에 대한 대답은 매우 회의적이다. 아직도 세계경제와 국제금융계가 많은 현안을 안고 있고, G20의 금융감독규제 강화방안 또한 완전하다고 할 수 없기 때문이다.

첫째, 세계경기의 회복 및 금융시장 안정과 주요국의 재정건전성 회복이 과제이다. 2008년 위기가 발생한 지 벌써 6년이 지났지만 세계경제의 불확실성은 여전하고 확실한 대책 역시 마땅치 않다. 세계경제는 위기에서 완전히 벗어나지 못한 상태이다. 미국 경기가 다소 회복 기미를 보이고 있지만 유로존 재정위기는 아직도 진행형이다.

이로 인해 세계경제와 금융시장의 불안은 지속되고 있다.

위기가 쉽게 해결되지 않으면서 세계경제가 장기불황에 빠질 우려도 제기되고 있다. 각국이 양적완화정책을 통해 유동성을 대폭 풀고 있지만 기업의 투자와 소비로 연결되지 않고, 경제가 살아나지 않으니 세수도 늘어나지 않고 있다. 세수가 늘지 않는데 위기대응 과정에서 악화된 주요 국가들의 재정건전성을 어떻게 회복하고 국가채무를 줄일 수 있을지 대책이 없다. 과다 채무국들의 재정건전성이 회복되지 않으면 재정부문에서 위기가 다시 발생할 수도 있고, 재정이 부실한 상태에서 대형 위기가 재발할 경우 대응수단이 마땅치 않아 위기수습이 더욱 어려워질 수도 있다.

둘째는 각국의 양적완화정책으로 인한 과잉유동성 회수와 단기투기성 자금의 빈번한 이동에 대한 대책이다. 위기 이후 세계 각국의 저금리와 양적완화정책으로 글로벌 유동성이 과잉 상태에 있다. 단기 투기성 자금의 빈번한 이동으로 전 세계 금융시장의 변동성도 높아졌다. 풍부한 유동성을 배경으로 미국 다우지수와 S&P 500 지수를 비롯한 전 세계 주가와 금융자산가격만이 사상 최고치를 기록하고 있다. 최근에는 오히려 주식시장 버블을 염려할 정도이다.

그러나 이제 미국을 시작으로 양적완화정책이 종료되고 기준금리 인상 등 긴축이 시작되면 단기유동성이 크게 움직일 가능성이 높다. 이로 인한 신흥국 금융시장 불안은 계속되고, 위기 재발 가능성도 상존하고 있다. 그럼에도 아직 투기자금의 이동에 대한 범국가적이고 체계적인 상시 감시체제와 관리 시스템 등 글로벌 차원의 대응에 대한 마땅한 대책은 마련되지 않고 있다.

셋째, 글로벌 불균형의 해소 문제이다. 이번 위기의 주요 원인인 과잉유동성은 1990년 초 이후 지속된 주요국의 저금리정책뿐만 아니라 미국의 경상수지 적자와 중국 및 산유국들의 흑자로 빚어진 글로벌 불균형도 주요 요인이다. 안정적이고 지속가능한 세계경제를 위해서는 글로벌 불균형의 해소가 주요 과제이지만 이 또한 당분간 획기적인 해결방안을 찾기는 쉽지 않다.

2009년 9월 미국 피츠버그에서 열린 제3차 G20 정상회의 당시 미국의 제안으로 글로벌 불균형 해소가 주요 과제로 채택되고 중국 위안화의 절상 이슈가 함께 제기되었다. 미국은 글로벌 불균형 해소를 위해서는 중국 위안화 등 과소평가되어 있는 국가들의 통화가치 절상이 필요하다고 주장했다. 그러나 중국과 독일 등 흑자국들이 반대하면서 미국의 주장은 받아들여지지 않았다.

근본적으로 미국 등 적자국은 소비를 줄이고 수출을 늘려야 하며, 이를 위해 재정적자와 가계부채를 줄이는 정책을 추진해야 할 것이다. 중국과 독일, 일본 등 흑자국은 내수를 진작시키고 대신 수출의 존도를 줄이는 정책을 펴야 한다. 그러나 현실적으로 미국이 당장 소비를 줄이거나, 중국 등이 수출보다 내수를 획기적으로 늘리는 정책을 선택하는 것을 기대하기도 쉽지 않다. 결국 세계경제와 국제금융시장의 주요 불안 요인의 하나인 글로벌 불균형 문제도 조만간 시정되기는 어려울 전망이다.

넷째, 불안정한 국제환율제도와 IMF 중심의 국제통화 시스템 개편 문제이다. 1997년 아시아 외환위기 이후 국제환율제도 개편에 관한 논의가 있었고, 2008년 금융위기 이후에도 위안화 절상 등 환율 운용에 대한 G20 차원의 논의가 있었으나 국제환율제도의 개편에는 뚜렷한 결실이 없었다. 보다 안정적인 국제무역과 국제금융질서 확보를 위해서는 앞으로 전 세계가 믿고 신뢰할 수 있는 국제환율제도의 창출이나 각국의 투명한 환율 운용이 절실히 요구된다.

그리고 국제통화질서를 보다 안정적으로 유지하고, 반복되는 외환 금융위기에 적절히 대응하기 위해서는 세계경제와 금융질서 안정을 책임지고 있는 IMF의 기능과 역량을 획기적으로 제고해야 한다. 현재 경제력에 비해 과소 배분되어 있는 IMF의 신흥국 지분을 이들의 경제력에 맞게 조정하여 IMF 지배구조와 의사결정의 정당성을 확보해야 한다. 그리고 갈수록 대형화되는 위기에 대응하는 능력을 키우기 위해 IMF의 재원을 대폭 보강하고, IMF의 사전적 위기대응 역량과 사후적 처리능력을 향상시켜야 한다.

다섯째, 거시 금융감독체계 보강 및 국제공조체제 구축 문제이다. 2008년 위기 이후 G20 중심으로 거시건전성 제고를 위한 금융감독 규제 시스템 개선과 금융감독의 국제공조체제 구축을 위한 논의가 계속되고 있다. 그러나 시간이 지나면서 금융개혁에 대한 동력은 약화되기 쉽다. 금융위기 완화, 대형 금융회사의 정상화 등에 따라 금융규제 개혁 동력이 차츰 약화되는 추세이다. 선진국 대형 금융회사의 로비와 신흥국들의 규제에 대한 소극적 태도 등과 맞물려 일부 과제는 합의와 이행이 지연되고 있다.

앞으로 각국의 재정금융 등 거시정책과 금리, 환율, 주가, 자산가격 등 미시적 가격정책 그리고 금융감독당국의 건전성 감독정책 간에 유기적 협조와 정책조합이 이루어지도록 정책당국 간의 협력과 조정이 필요하다. 한 나라나 지역의 금융위기가 순식간에 전 세계로 번지는 개방경제체제에서의 위기 속성을 감안하여 위기에 대한 상시 국제공조 시스템을 구축하는 일도 시급하다.

PART 2

글로벌 경제와
금융의 쟁점들

어떻게 통화정책을
운용할 것인가?

과잉유동성과 인플레이션 타깃팅

금융위기의 원인, 과잉유동성은 어디서 비롯되었나?

인플레이션 타깃팅 위주의 통화정책은 타당한가?

글로벌 유동성 관리의 한계와 대안은 무엇인가?

부동산 등 자산버블을 통화정책으로 어떻게 제어할 것인가?

통화정책과 거시건전성 감독의 관계는?

한국의 금융위기 관리 시스템, 적정한가?

2000년대 중반 한국의 집값 상승과 과잉유동성 관리 사례에서 살펴야 할 점은?

정부와 한국은행의 위기 관리 기능, 그 권한과 책임은 무엇인가?

한국은행의 통화정책과 금융안정 기능, 어떻게 조화시킬 것인가?

주요 선진국들의 비전통적 통화정책, 그 효과와 문제점은 무엇인가?

01
통화정책 책임론의 배경

2001년 이후 미국 등 선진국의 저금리정책에 따른 과도한 신용창출과 자산가격 상승이 이번 금융위기의 주요 원인이라는 분석에는 별 이론이 없다. 위기 발생 직후 미국 의회를 비롯해 많은 전문가들이 과도한 신용창출을 방치한 앨런 그린스펀 전 미 FRB 의장의 통화정책에 대한 책임론을 거론했다. 그린스펀 의장 역시 미국 의회 증언에서 과잉유동성으로 인한 문제를 시인했다. 다만 "시장이 자율규제를 할 것으로 생각했기 때문에 정지신호를 보낼 필요를 느끼지 못했다"라면서 유동성 관리에 관한 책임을 개별 금융회사에 미루었다.

1990년대 이후 전 세계적 저물가, 저금리 현상의 장기화로 유동성이 급증하고 금융부동화 현상이 심화되면서 서브프라임 모기지 사태와 같은 심각한 금융위기 위험이 배태되고 있었다. 저물가 현상은 정보통신 기술 발전과 기업혁신에 따른 생산성 향상과 더불어 저임금 노동력을 바탕으로 세계의 생산 기지화가 된 중국의 '차이나 효과(China Effect)'가 크게 기여했다. 이렇게 물가가 상대적으로 낮은 수준에 안정될 수 있었기 때문에 각국 중앙은행이 장기간에 걸쳐 저금리정책을 유지할 수 있었던 것이다.

여기에 중앙은행의 물가안정목표 위주의 통화정책, 즉 인플레이션 타깃팅(IT: Inflation Targeting, 물가안정목표제)[1]은 세계적인 금융규제 완화 및 금융혁신과 어우러져 걷잡을 수 없이 늘어나는 금융회사의 신용창출과 유동성 증가를 제어하지 못했다. 통화정책 목표를 물가를 안정시키는 데 집중하고, 통화정책수단도 양적지표인 통화량 조절보다는 가격지표인 단기금리 통제를 활용하다 보니 소비자물가와 직접 관련이 없는 자산가격 상승에 대해서는 소극적이거나 방관적인 태도를 취했다. 이러한 통화정책 운용으로 2000년대 중반 이후 미국을 비롯한 주요 국가들에 자산버블이 발생했다는 비판이 제기되었다.

따라서 인플레이션 타깃팅 위주 통화정책의 의의와 위기 이전 과잉유동성 형성 간의 관계 및 위기 이후 중앙은행 통화정책 개편론 등에 대해 살펴보아야 할 필요가 있다. 이와 함께 2004년부터 2007년 사이 참여정부 시절 한국의 집값 상승과 과잉유동성 간의 관계, 한국은행의 인플레이션 타깃팅 위주 통화정책의 문제점, 2006년 11월 이후 시행한 정부의 DTI, LTV 등 유동성 관리와 금융안정대책의 실시배경, 그리고 효과 등에 대해 살펴보자. 그리고 금융위기 이후 양적완화정책으로 크게 증가한 글로벌 유동성과 향후 양적완화정책을 축소할 때 예상되는 문제점들에 대해 검토해보자.

---

1 신용상 (2008. 6). "유동성 및 자산가격을 반영한 통화정책 운용방식 개편에 관한 최근 논의". 한국금융연구원 참조; 김병기, 송승주 (2010. 11). "인플레이션 타게팅에 관한 최근 논의". 한국은행 참조.

02
인플레이션 타깃팅의
의의와 문제점

'인플레이션 타깃팅'이란 중앙은행이 일정 기간 달성해야 할 물가상승률 목표를 사전에 제시하고, 주로 정책금리를 조정하여 이를 직접 달성하려고 하는 통화정책 운용방식이다. 1989년 뉴질랜드에서 처음 도입되어 캐나다, 영국, 스웨덴, 한국, 브라질, 멕시코 등 전 세계 26개국에서 시행되고 있으며, 기존의 통화량 및 환율목표제를 대체하는 새로운 통화정책 시스템으로 각광을 받아왔다.

인플레이션 타깃팅의 주요 특징은 ① 명시적인 물가상승률 목표 범위 및 달성기간 공표, ② 물가목표 달성을 중앙은행의 최우선 정책과제로 설정, ③ 중앙은행과 시장의 커뮤니케이션을 통해 투명성 확보, ④ 중앙은행의 정책수행에 대한 책임성 강화로 정리된다.

2008년 금융위기 이전에는 중앙은행이 물가안정과 경제성장, 또는 금융안정과 같은 복수의 정책목표를 추구하다 보면 서로 상반된 목표로 인해 통화정책의 효과가 불확실할 수 있으므로 통화당국의 목표를 물가안정에 집중하는 인플레이션 타깃팅 방식이 결과적으로 물가와 경제안정에 더 기여할 수 있는 것으로 평가되어왔다. 실제로 1990년대 초 이래 세계경제가 저물가하에서의 고성장(Great Moderation)을 지속한 것은 생산성 향상, 세계화의 진전에 따른 경쟁 심화뿐 아니라 중앙은행의 통화정책 목표를 물가안정에 두고 운용하는 물가안정목표제에도 크게 기인하는 것으로 평가되고 있다. 물가안정목표제의 성공적인 운용으로 경제주체의 기대인플레이션이 낮은 수준에 안착되면서 외생적 충격이 인플레이션에 미치는 영향이 줄어들고 그 결과 인플레이션 및 경기 변동성이 뚜렷이 축소되었다는 것이다.[2]

따라서 인플레이션 타깃팅은 그 명시적 도입 여부와 상관없이 2000년대 이후 주요국 중앙은행의 통화정책체계에 상당히 큰 영향을 미쳤다. 미 연방준비은행, ECB 등 인플레이션 타깃팅을 명시적으로 채택하지 않은 주요 중앙은행들도 기준금리 조정을 주요 통화정책수단으로 활용하고, 시장과의 소통을 통해 통화정책 효과를 달성하는 인플레이션 타깃팅의 특징적 요소를 대부분 도입하여 통화정책을 수행해왔다.[3]

이미 설명한 바와 같이 금융위기 이후 중앙은행이 물가안정에만 주력한 나머지 자산가격 버블에 적절히 대응하지 못했다는 비판과 함께 인플레이션 타깃팅에 대한 전면 수정론이 등장했다. 중앙은행의 통화정책이 단순히 기준금리 조정을 통한 물가안정에만 머물러서

2 강환구, 장정식 (2011. 1). "물가안정목표제하에서의 금융안정 도모방안", 한국은행, p. 1 참조.
3 김병기, 송승주 (2010. 11). "인플레이션 타게팅에 관한 최근 논의", 한국은행, p. 5 참조.

는 안 되고, 통화량이나 자산가격 움직임 능도 송합석으로 감안하여 자산가격 버블과 금융시장 불안에 대처해야 한다는 것이다. 그러나 금융위기는 인플레이션 타깃팅 때문이 아니라 글로벌 불균형으로 인한 유동성 과잉, 금융회사들의 단기업적 위주의 성과보상으로 인한 무모한 자산 부풀리기 경쟁과 이를 적절히 감시하지 못한 금융감독제도의 허술함 때문이라는 반론도 있다.

2008년 금융위기 이후 선진국들이 위기 탈출을 위해 이자율을 제로 수준에 가깝게 인하했음에도 불구하고 대부분의 나라가 유동상 함정에 빠져 투자와 소비가 늘지 않아, 이자율을 이용한 인플레이션 관리가 더 이상 효력을 발휘하기 어려운 상황이 되었다. 정상적인 상황에서 잘 작동하던 통화정책 운용방식이 더 이상 과거와 같이 작동하지 않게 됨에 따라 중앙은행이 직접 시장에 유동성을 공급하는 비전통적 정책수단까지 동원되었다. 또한 물가안정이 금융안정을 확보하지 못하는 상황을 맞이하자 기존 통화정책체계에 대한 수정과 대안을 요구하고 중앙은행이 금융안정과 거시건전성 감독 기능도 수행하도록 해야 한다는 주장이 대두되었다.

금융위기와 관련하여 중앙은행의 역할과 인플레이션 타깃팅에 비판적인 측과 이에 대해 중앙은행의 역할과 기능을 옹호하려는 중앙은행 측 사이에 주장이 대립되었다. 인플레이션 타깃팅의 유효성에 대한 의문이 제기되고 금융위기가 장기간 지속됨에 따라 전문가들은 인플레이션 타깃팅을 대체할 통화정책 운용체제를 모색해오고 있다.

03
전통적
중앙은행 통화정책의 한계

전통적인 중앙은행 통화정책은 주로 신용창출 기능을 가진 예금은행을 대상으로 하는 기준금리 조정, 지급준비율제도와 공개시장 조작수단을 통해 집행되어왔다. 그러나 금융혁신을 통한 금융권 간 칸막이 해소와 금융자유화의 진전과 함께 신용창출에서 비은행 금융회사들의 역할과 비중이 크게 확대되었다. 은행 이외의 비은행 금융회사들이 금융시장에서 차지하는 비중이 커지고 사실상 이들도 신용창출 기능을 수행함에 따라 기존의 중앙은행 통화정책에 한계가 드러나게 되었다.

첫째, 주요국 일반 가계의 금융업권별 부채 비중이 변화하였다. 1980년대부터 2000년대 중반까지 약 25년간 미국 가계의 금융업권별 부채 비중 변동 추이를 보면, 1980년대에는 연평균 11.9%에 그쳤던 비은행권에 대한 부채 비중이 1990년대에는 22.1%, 2005년에는 26.9%까지 빠르게 증가했다. 캐나다, 일본, 호주, 네덜란드 등의 가계

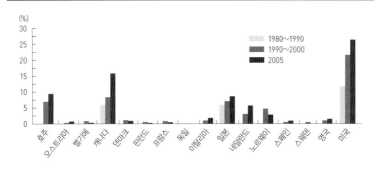

그림 2-1 주요국 가계의 비은행권 부채 비중 추이

(%)

- 1980~1990
- 1990~2000
- 2005

자료: IMF (2008), World Economic Outlook

도 부채 비중이 빠르게 상승하고 있는 것으로 나타났다.[4, 5]

둘째, 전체 금융자산 중 은행권의 비중이 감소하고 있다. 주요국의 전체 금융자산 중 은행권이 차지하고 있는 비중 및 은행예금 비중은 점차 감소하고 있다. 특히 전체 금융자산에서 차지하는 은행권 보유 비중은 다음에서 보는 바와 같이 1980년대 이후 감소세를 시현해 왔다.

- 미국: 1980년 31.7% → 1990년 24% → 2000년 17.8% → 2007년 18.1%
- 일본: 1980년 62.2% → 1990년 57.6% → 2000년 51.3% → 2007년 51.2%
- 한국: 1980년 67.2% → 1990년 42.7% → 2000년 42.2% → 2007년 41.7%

---

4 신용상 (2008. 6). "유동성 및 자산가격을 반영한 통화정책 운용방식 개편에 관한 최근 논의". 한국금융연구원 참조.

5 한국 가계의 경우에는 이와는 달리 외환위기 이전 비금융권 부채가 기형적으로 비대했으나, 외환위기 이후 은행 중심으로 금융권이 재편되면서 오히려 은행 부채 비중이 증가했다. 가계 부채에서 비은행권이 차지하는 비중은 2000년 55.5%에서 2007년 42.3%로 감소했고, 2011년에 46.8%를 차지하면서 다시 서서히 증가하고 있다. 선진국에 비하면 여전히 비은행권이 차지하는 비중이 높다.

셋째, 전체 금융자산 중 예금은행의 비중도 감소하였다. 전체 금융자산에서 예금은행의 예금이 차지하는 비중도 대체로 감소하는 추세를 보였다.

- 미국: 1980년 32.4%→1990년 39.2%→2000년 34.5%→2007년 36.4%
- 일본: 1980년 21.9%→1990년 20.9%→2000년 25.3%→2007년 13.2%
- 한국: 1980년 21.9%→1990년 19%→2000년 31.7%→2007년 19.2%

이는 예금은행을 주 대상으로 하는 중앙은행의 통화정책이 금융권 전반에 미칠 수 있는 영향력이 약화되고 있음을 의미한다. 각국 중앙은행이 예금은행을 대상으로 하는 신용 및 통화조절 능력이 크게 약화되면서 기존의 중앙은행 통화정책만으로 경제 내의 전체 유동성을 적절히 조절하기가 어려워졌다. 결국 부동산 등 자산가격의 과도한 상승에 대한 중앙은행 통화정책의 통제력도 약화되었으며, 현재의 통화정책 운용방식으로 전반적인 금융안정을 달성하는 것이 점점 어려워지고 있다.

04
다양한
통화정책 수정론의 대두

2008년 금융위기 이후 IMF와 주요국을 중심으로 진행된 통화정책 운용체제 개편 논의에 대해 살펴보자. 중앙은행의 통화정책이 기존의 물가안정에만 집중되어서는 안 되고, 시중유동성의 조절과 부동산 등 자산가격의 거품 제거 등 금융시장 안정 기능도 수행하도록 하기 위해 다양한 통화정책 수정론이 논의되었다.

첫째, 은행권과 비은행권을 포괄한 금융부문 전체, 나아가 국민경제 전체의 신용 및 유동성을 관리할 수 있는 방향으로 통화정책 운용방식을 재설계해야 한다는 주장이다. 현행 은행예금 중심의 지급준비 시스템을 통해서는 중앙은행이 증권회사나 보험회사 등 비은행 금융회사의 지급준비금을 직접적으로 통제할 수 없다. 대안으로 ECB의 '2축(two pillars) 접근방식'[6]과 '자산지급준비제도(ABRR:

---

6 ECB의 '2축 접근방식'은 통화정책 결정을 위한 분석도구로서 2개의 축을 활용하는데, 제1축인 경제분석은 단기 및 중기적으로 물가에 영향을 주는 실물경제 상황을 점검하고 제2축인 통화분석은 중장기적으로 물가에 영향을 주는 통화 및 유동성 상황을 점검한다.

Asset-Based Reserve Requirement)', '명목소득 타깃팅(Nominal Income Targeting)제도', '자산가격을 포함한 물가지수 개편방안' 등이 있다.

ECB의 두 가지 목표 접근방식은 물가안정과 금융안정을 모두 달성하기 위한 방안으로 최우선적으로는 '물가안정', 차선으로는 '높은 수준의 고용과 안정적 경제성장' 달성을 목표로 하고 있다. ECB는 금융위기 이전부터 단기적으로 물가에 영향을 주는 실물경제 상황을 분석하여 활용하는 제1축과 중장기적으로 물가에 영향을 미치는 통화 및 유동성 상황을 분석·활용하는 제2축 방식을 함께 운용해왔다.

유럽학계 일부에서는 ECB의 2축 접근방식에 대해 물가안정수단으로 금리를 중시하는 통화정책에서 통화량 변수를 함께 고려하다 보면 중앙은행의 주 기능인 물가안정 목표에 대한 혼란과 금융시장의 신뢰 저하를 초래할 수 있다는 비판도 제기되어왔다. 그러나 글로벌 금융위기 이후 자산가격 불안이 문제가 되면서 통화정책에서 통화와 유동성을 중시하면서도 고용과 경제안정을 동시에 고려하는 ECB의 2축체계를 옹호하는 입장이 다시 주목을 받게 된 것이다.

둘째, 자산지급준비제도(ABRR)는 비은행권을 포함한 모든 금융회사가 보유하는 자산에 대해 중앙은행이 일정 비율의 지급준비금을 부과하도록 하는 제도이다. 자본시장 발전과 함께 은행예금 비중이 줄어듦에 따라 은행에만 초점을 맞추고 있는 기존 중앙은행 지급준비제도가 시중유동성 관리 측면에서 유효성이 크게 약화되었다고 보고 있다. 제2금융권을 포함한 모든 금융회사 보유 자산에 대해 중앙은행 지급준비금을 부과하게 되면 제2금융권까지 통화정책의 파급기관으로서의 역할을 수행하게 되어 통화정책의 유효성이 크게 향상된다고 주장한다.

또한 ABRR은 금융회사의 자산에 부과되는 지급준비율을 자산 유형별로 차등 적용하여 리스크가 큰 부문에 더 높은 지급준비금을 부과하면 특정 부문에 과도하게 유동성이 쏠리거나 버블이 발생하는 것을 방지할 수 있으며, 중앙은행의 이러한 통화정책을 통해 선별적 자원 배분도 가능하다는 장점이 있다고 주장한다. 그러나 비은행 금융회사에 대한 금융감독이 이원화되어 불필요한 비용이 발생하고 오히려 감독책임을 분산시킨다는 반론도 있다.

셋째, 최근 시장통화주의자들(market monetarist)[7]이 제안하는 것이 명목소득 타깃팅제도이다. 이들은 인플레이션 타깃팅이 물가안정에 집착함으로써 거시경제 전체의 안정이라는 통화정책의 궁극적인 목표를 달성할 수 없고, 따라서 가격과 성장을 동시에 고려할 수 있는 명목소득을 통화정책 지표로 삼는 것이 더욱 바람직하다고 주장한다.

그러나 명목소득 타깃팅을 실제로 운용하기 위해서는 GDP나 국민총소득(GNI) 등 소득 총량지표에 대한 시장 예측치가 필요한데, 이러한 예측치는 실제 시장에서 형성되지 않아 운용상 어려움이 있다는 주장도 있다. 따라서 명목소득 타깃팅이 인플레이션 타깃팅을 대체할 것인가에 대해서는 아직 회의적인 시각이 지배적이다.

---

7 화폐공급이 경제활동의 중요한 결정 요인이라고 주장하는 경제사상의 한 학파로서 미국의 경제학자 밀턴 프리드먼(Milton Friedman)이 대표적 학자이다. 프리드먼과 지지자들은 오랜 기간 지배적이었던 케인스 학파와는 매우 상이한 거시경제 이론 및 정책을 주창했다. 통화주의 이론의 토대가 되는 것은 'MV = PQ'라고 표시되는 교환방정식이다. 여기서 M은 화폐공급이고, V는 화폐의 회전속도, 즉 1년 동안에 평균적인 화폐량이 재화나 용역에 지출되는 횟수를 가리킨다. P는 재화와 용역의 평균 물가 수준, Q는 생산된 재화와 용역의 양을 가리킨다. 고정적이고 예측 가능한 V하에서 화폐공급이 증가할 때 P가 상대적으로 고정적이면 Q가 증가하고, 생산된 재화와 용역의 양이 증가하지 않으면 P가 상승한다고 예상한다.

넷째, 물가지수 개편론은 물가지수 산정의 기준이 되는 물가에 주택가격 등 자산가격을 구성항목으로 명확하게 포함하거나, 중앙은행이 다른 감독수단을 동원해 자산가격 변동에 적극적으로 대응해야 한다는 견해이다. 현재도 각국의 물가지수 산정에 임대료는 포함되어 있으나, 집값이나 부동산가격은 포함되어 있지 않다. 특히 한국과 같이 자가 보유가 일반화된 경우에 임대료만 물가지수에 포함하는 것은 더욱 문제이다.

그간 인플레이션 타깃팅에서의 통화정책은 중앙은행이 물가안정에 영향을 미치는 경우 이외에는 자산가격 변동에 대응하지 않는다는 비개입정책이 기본이었다. 그러나 미국 서브프라임 모기지 부실 사태를 계기로 유동성과 자산가격 변동을 명백하게 통화정책에 반영해야 한다는 주장이 다시 힘을 받게 되었다. 금융위기 발생 이후 IMF를 중심으로 주택가격을 비롯한 자산가격 변동을 경제성장과 인플레이션 등 거시경제 리스크를 평가하는 데 반드시 고려해야 할 핵심 요소로 포함시켜야 한다는 주장이 힘을 받았다. 특히 2008년 IMF는 주택담보대출 시장이 상대적으로 발달한 국가의 경우, 중앙은행은 금융안정 차원에서 주택가격의 변화를 보다 명백한 형태로 통화정책에 반영해야 한다고 주장하였다.

예를 들어 부동산이나 주식 등 특정 자산시장이 과열 양상을 보이는 경우, 해당 자산에 대한 금융회사들의 투자나 보유에 대해 지급준비율 인상 등으로 자산가격 상승을 통제해야 시스템 리스크를 사전에 방지할 수 있다는 것이다. 이러한 주장에는 물가안정목표가 되는 물가지수의 구성항목으로 집값 등 자산가격을 포함하여 중앙은행이 자산가격 변동에 적극적으로 대처해야 한다는 견해가 포함된다. 그러나 일부에서는 중앙은행이 자산가격 거품 발생 여부를 객관적으로 확인하기 어렵고, 이미 지적한 바와 같이 자산가격 거품을 억제하기 위해 지나치게 통화를 긴축하면 예측하지 못한 상황이 일어날 수 있다는 비판도 여전히 있다.

통화정책과 자산가격 간의 관계, 자산가격 거품을 일으키는 시중 유동성 관리를 통화정책으로 어떻게 다룰 것인지, 통화정책의 목표와 수단을 어떻게 개편할 것인지 심도 있는 연구와 검토가 필요하다고 본다. 또한 유동성으로 인해 야기되는 금융 시스템 리스크를 효과적으로 통제, 관리하기 위한 통화정책과 거시건전성 금융감독정책 간 공조방안도 필요하다.

최근 일부 학계에서는 중앙은행이 물가안정뿐만 아니라 금융안정 기능까지 수행하는 것이 바람직하다는 주장이 제기되고 있다. 즉, 물가안정과 함께 금융안정을 중앙은행의 정책목표로 설정하는 것이 바람직하다는 것이다. 우리나라도 2011년 9월 한국은행법 개정 시 총칙에 "한국은행은 통화신용정책을 수립함에 있어 금융안정에 유의하여야 한다"라는 조항을 신설하였다. 그러나 중앙은행이 통화정책을 통해 금융안정 기능을 수행하는 데에는 여러 가지 해결해야 할 문제가 있다. 자산가격 버블에 관한 적기 평가 및 대응수단에 한계가 있고 잘못하면 중앙은행 고유의 물가안정 목표와 우선순위가 바뀌어 두 가지 목표를 모두 제대로 수행하지 못할 수도 있다.

따라서 금융안정은 거시경제를 담당하는 정부 부처와 금융건전성을 감독하는 금융감독기관, 그리고 중앙은행이 긴밀한 협조관계를 이루어 합동으로 수행하는 것이 바람직하다 하겠다. 이러한 인식 하에 2008년 금융위기 이후 미국에서는 금융 시스템 안정에 위협이

되는 리스크 요인을 사전에 파악하여 대응할 수 있도록 범정부 차원의 금융안정협의회(FSOC: Financial Stability Oversight Council)를 신설하였다.

FSOC는 재무부 장관을 위원장으로 하고 FRB 의장, 증권거래위원회(SEC) 위원장, 상품선물거래위원회(CFTC) 위원장, 통화감독청(OCC) 청장, 연방예금보험공사(FDIC) 사장, 연방주택금융청(FHFA) 청장, 소비자보호청 청장 등 9명의 위원으로 구성했다. 미국의 금융안정 기능과 관련된 모든 기관이 참여하여 시스템적으로 중요한 대형 금융회사 및 금융거래에 대한 통합 관리를 수행토록 하고 있다. 그리고 FSOC의 일원으로 참여하는 FRB는 대형 금융회사의 위기 시 자금지원 등 사실상 사후수습 업무를 담당하게 되는 점을 고려, FRB가 통화정책 이외에 시스템적으로 중요한 대형 금융회사에 대한 통합감독 및 비은행 금융회사 등에 대한 평시 감시감독 기능도 수행하도록 하였다. 이어서 영국과 EU 등에서도 시스템적이고 체제적 위험에 대처하여 거시건전성 감독을 강화하기 위해 미국과 유사한 범정부적 통합 감독체계를 구축했다.

우리나라에서도 금융안정을 위한 정부 관련 부처가 협의체를 운용해오고 있다. 현재 우리나라의 금융안정에 관한 정책은 여러 기관들이 담당하며 책임이 분산돼 있다. 기획재정부는 거시경제 총괄 조정과 국제금융정책을, 금융위원회는 국내금융정책을, 금융감독원은 금융감독을, 한국은행은 금리통화정책을 맡고 있다. 이처럼 정책기능이 분산되어 있기 때문에 신속하고 책임 있게 대처하기가 어렵다. 따라서 그간에는 세계경제나 국제금융시장에 급박한 상황이 닥쳤을 때 이들 기관장이 함께 협의를 진행하는 이른바 청와대 '경제금융상황점검회의'[8] (별칭, 서별관회의)가 운영되어왔다. 하지만 이 회의는 관련 부처 간 비공식적 정책협의로서 회의도 현안이 있을 때마다 비정기적으로 개최되고, 그 법적 근거도 없어 권한과 책임 소재가 명확하지 않다.

2008년 금융위기 이후 정부가 비공식 정책협의체인 서별관회의를 '금융상황점검회의'로 공식화했지만 여전히 법적 근거가 있는 조직은 아니다. 과거에 이 회의의 법적 근거를 마련하고 그 권한과 책임을 명확히 하려는 검토가 있었지만 아직 구체화되지 않고 있다. 앞으로 우리나라도 평시 위기 관리의 기능 및 권한과 책임을 명확히 하고, 위기 발생 시 정부의 대응을 효율화하기 위해 미국의 FSOC와 같은 금융안정협의기구를 공식화하는 것이 바람직할 것으로 본다.

---

8 통상 이 회의는 경제부총리 또는 기획재정부 장관이 주재하고 금융위원장 및 금융감독원장, 한국은행 총재, 청와대 경제수석이 고정멤버로 참석하며, 안건에 따라 다른 부처 장관이나 고위관리가 참석한다.

05

2000년대 중반 한국의 집값 상승과
과잉유동성 관리 사례
(한국의 DTI와 LTV를 중심으로)

2006년 하반기 집값과 금융시장 안정을 위해 참여정부는 총부채상환비율(DTI: Debt-to-income ratio)[9]과 담보인정비율(LTV: Loan-to-value ratio)[10] 등 부동산담보대출 억제와 시중유동성 관리, 단기외채 유입억제 대책 등 금융부동산시장 안정 조치를 시행했다.

특히 2006년 11월 이후 DTI, LTV 규제를 대폭 강화하고, 아파트 담보대출을 1인당 1채로 제한하는 등 부동산가격 안정 대책을 시행한 결과, 은행을 비롯한 금융회사들의 부동산대출 증가에 제동이 걸리고 집값도 안정 기조로 돌아서게 되었다. 그 효과로 우리 은행들의 부동산담보대출은 미국이나 유럽 등 금융선진국에 비해 훨씬 낮은

---

9 (해당 주택담보대출의 연간 원리금 상환액 + 기타 부채의 연간 이자 상환액) / 연소득.
  총소득에서 주택담보대출의 연간 원리금 상환액과 기타 부채의 연간 이자 상환액을 합한 금액이 차지하는 비율이다.
10 주택을 담보로 대출을 해줄 때 적용하는 담보가치 대비 최대 대출가능한도.

수준에 머물게 되었다. 따라서 2008년 글로벌 금융위기 이후에도 주택가격 하락으로 인한 은행부실이 크게 증가하지 않았고, 은행들의 정상적인 금융지원 활동이 가능했다. 이로 인해 한국이 금융위기를 조기에 극복할 수 있었다고 평가되고 있다.

G20 정상회의에서 한국은 위기 이전 시행한 DTI와 LTV 규제를 금융위기 예방을 위한 성공적 금융건전성 유지정책 사례로 홍보하였다고 한다. 2005~2006년 집값 상승기에 부동산담보대출을 억제하기 위해 한국정부가 시행했던 DTI와 LTV를 비롯한 유동성 관리 대책이 실제로 한국경제가 글로벌 금융위기를 비교적 조기에 극복하고 경기회복을 앞당길 수 있었던 주요 정책의 하나였음이 입증된 것이다.

당시 한국의 부동산 등 자산가격 상승과 시중유동성 관계, 그리고 2006년 후반 들어 과잉유동성 증가 억제를 위해 정부가 시행했던 대책들과 그 효과에 대해 살펴보자. 그리고 당시 통화정책의 역할과 유효성 등에 대해서도 알아보자.

❖ 풍부한 시중유동성과 부동산가격의 급등

참여정부는 2004년부터 수도권 및 대도시 집값과 부동산가격 상승으로 인해 야당과 언론 등으로부터 집중적인 비판을 받았다. 정부는 집값을 잡기 위해 다주택자에 대한 양도소득세 중과세와 종합부동산세 도입, 부동산 실명거래 및 등기 등 거래 투명화 조치, 대규모 아파트단지 개발계획 발표 등 유례없는 부동산종합대책을 연이어 추진하였다.

그럼에도 불구하고 부동산투기 열풍은 꺾이지 않고 2006년 11월까지 계속 집값이 상승하자 당시 정부는 큰 정치적 부담을 안고 있었다.

2004년까지 비교적 안정세를 보이던 집값은 2005년부터 가파른 상승세를 보이기 시작했다. 주택가격은 2005년 전국 기준으로 4.0%, 서울 지역은 6.3%(수도권 5.1%) 상승하였고, 강남 11구는 9.4%나 올랐다. 정부의 연이은 부동산종합대책[11]에도 불구하고 이듬해인 2006년에는 연초부터 집값이 폭등하기 시작하여 전국 기준으로 11.6%, 서울은 18.9%(수도권 20.3%), 강남 11구는 무려 22.7%나 올랐다.

자고 일어나면 이튿날 다시 집값이 오르게 되자 많은 사람들이 금융회사에서 돈을 빌려 아파트에 투자하는 현상이 벌어졌다. 은행들은 아파트를 담보로 주택구입자들에게 계속 돈을 빌려주었다. 은행 대출을 받아 아파트를 사고, 다시 구입한 아파트를 담보로 대출을 받아 다른 아파트를 사는 투기세력들이 등장했다. 강남 지역에서는 한 사람이 이런 방식으로 아파트나 연립주택 여러 채를 사들인 경우도 언론에 연일 보도될 지경에 이르렀다.

이렇게 2005년 이후 부동산가격이 급등한 것은 1998년 이후 외환위기를 극복하는 데 힘을 쏟느라 정부가 택지조성 사업 등을 제대로 추진하지 못하여 주택공급이 원활하지 못했던 것이 원인 중 하나라고 생각된다. 그러나 무엇보다도 당시 시중에 유동성이 풍부했고, 이를 배경으로 은행들이 주택담보대출을 계속 늘려왔기 때문에 주

---

11 2003년 '10.29 대책', 2005년 '8.31 대책', 2006년 '3.30 대책' 등이다. 주로 부동산거래 투명성 제고를 위한 실거래가 신고제 및 실거래가 등기부 기재 의무화 조치, 조세부담의 형평성 제고를 위한 양도세 강화 및 종합부동산세 부과 조치, 공급확대를 위한 택지조성 및 주택건설 대책 등이다.

표 2-1 한국 주택가격 변동률

(전기 대비, %)

| | 2005년 | 2006년 | | | | | | | | | 2007년 | | | | |
		8월	9월	10월	11월	12월	12.4	12.11	12.18	12.25	1.1	1.8	1.15	1.22	1.29
전국	4.0	11.6	0.2	0.5	1.3	3.1	1.9	0.5	0.5	0.3	0.2	0.2	0.2	0.2	0.1	0.0
수도권	5.1	20.3	0.5	0.8	2.3	5.4	3.2	0.8	0.8	0.5	0.4	0.3	0.3	0.3	0.1	0.1
서울	6.3	18.9	0.4	0.8	2.0	4.8	3.0	0.7	0.6	0.4	0.3	0.3	0.3	0.3	0.1	0.0

자료: 건설교통부

택에 대한 가수요와 투기수요까지 가세한 것이 주요 원인이라고 분석할 수 있다. 일단 대출을 받아서라도 집을 사면 집값이 계속 올라 은행이자와 세금을 부담하고도 더 많은 차익을 얻을 수 있었기 때문이었다. 즉 시중의 과잉유동성으로 인한 주택가격 상승이 주택수요를 부추기고, 주택수요가 늘어나면서 다시 주택담보대출이 증가하고, 대출 증가는 다시 시중유동성을 증가시켜 주택가격을 재상승시키는 악순환 고리가 형성된 것이다.

그러면 당시 시중유동성 상황은 어떠했는지 살펴보자. 1997년 외환위기가 극복된 이후에도 저금리 기조가 지속되고, 경상수지와 자본수지 흑자가 계속되면서 2004년 말 이후 국내부문 및 해외부문에서 본원통화가 빠른 속도로 증가하였다. 2004년 말 38.8조 원에 머무르던 본원통화는 2005년 말 43.2조 원으로 늘어났다.

시중에 풀린 돈이 기업 시설확충 등 마땅한 투자처를 찾지 못하면서 2003년 이후 시중에 단기부동자금[12]이 크게 증가했다. 이러한 단

---

12 저축은행, 머니마켓펀드(MMF), 종합자산관리계좌(CMA), 발행어음, 요구불예금, 정기예금(6개월 미만), 수시입출금식 예금(MMDA), 시장성수신(CD+표지어음+RP), 단기채권형펀드, 고객예탁금 등 금융사에 맡겨진 1년 미만의 수신성 자금을 모두 합친 것이다.

표 2-2 본원통화 및 국제수지 변화 추이

	2000년	2001년	2002년	2003년	2004년	2005년	2006년
본원통화(조 원)	28.2	32.8	38.0	40.7	38.8	43.2	38.0
국외부문	110.2	131.4	141.2	181.5	202.8	207.5	214.7
국내부문	−82.0	−98.6	−103.2	−140.8	−164.0	−164.2	−176.7
경상수지(억 달러)	122.5	80.3	53.9	119.5	281.7	149.8	59.5
자본수지(억 달러)	121.1	−33.9	62.5	139.1	75.9	47.6	131.5

주: 2006년 국제수지는 11월까지 누계, 본원통화는 10월 말 잔
자료: 한국은행

기유동성은 2002년 말 415조 원에서 2006년 9월 말 약 528.8조 원
으로 증가했다.[13] 이렇게 증가한 유동성이 주로 주택담보대출을 비롯
한 가계대출 등을 통해 부동산시장으로 유입되면서 주택가격이 대
폭 상승하게 된 것이다.

한국금융연구원의 신용상 박사 분석[14]에 따르면 이렇게 풀린 통화
량이 회수되지 않은 상태에서 시중유동성이 실물경제에 비해 상대
적으로 빠르게 증가함으로써 2004년 4/4분기 이후부터는 통화량 증
가율이 명목 GDP 성장률을 크게 상회하기 시작한 것으로 나타나고
있다(그림 2-2 참조). 그리고 2005년 초 이후 시중의 유동성 증가율과
당시 주택투자 수익률이 정확하게 정(+)의 상관관계를 보이고 있음을
알 수 있다(그림 2-3 참조).

그의 분석에 의하면 과잉유동성 추정에서도 통화량 증가율이 대
체로 2005년 1/4분기부터 증가세로 전환되어 3/4분기 이후 지속적

---

13 단기유동성 증감 추이: 2002년 말 415.4조 원 → 2003년 말 472.5조 원 → 2004년 말 515.9조
원 → 2006년 9월 말 528.8조 원
14 신용상 (2007. 1). "주요 금융부실 문제 관련 정부 정책대응에 대한 평가". 한국금융연구원 참조.

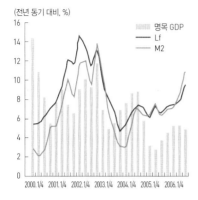

그림 2-2 유동성 및 GDP 증가율 추이

(전년 동기 대비, %)

명목 GDP
Lf
M2

자료: 한국은행; 신용상 (2007. 1)

그림 2-3 주택가격 상승률 추이

(%)

서울 주택투자 수익률
전국 주택투자 수익률

자료: 한국은행; 신용상 (2007. 1)

으로 적정 수준을 상회하는 것으로 나타났다.[15]

한국은행은 2005년 이후 2005년 10월, 12월, 2006년 2월, 6월, 8월 등 5차례 콜금리 목표를 0.25%p씩 인상하였는데, 결과적으로 과잉유동성을 줄이는 데 성공적이었다고 평가하기는 어렵다고 보고 있다. 즉 정책대응 시의성 측면에서는 과잉유동성의 징후가 2005년 1/4분기 이후 나타난 점을 고려한다면 2005년 10월부터 시작된 금리인상은 선제적 대응 차원에서는 상당히 늦었던 것으로 평가하고 있다.

정책대응의 강도 및 속도 측면에서도 2005년 10월 이후 한국은행의 금리인상 주기는 2개월, 2개월, 4개월, 2개월로 인상속도가 느렸다고 평가한다. 특히 2006년 2~6월까지 4개월 동안에는 금리가 동

---

15 시중유동성 지표의 하나인 통화유통량((현금통화 × 요구불예금 회전율) + (예금은행 종별예금 × 예금은행 종별 회전율))은 2005년 4/4분기 전년 동기 대비 23.6% 증가한 이후 지속적으로 두 자릿수 증가율을 보였다.

그림 2-4 정책금리 추이

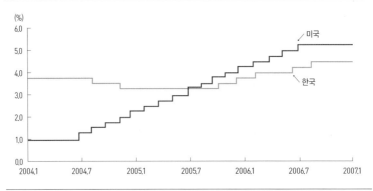

자료: 한국은행; 신용상 (2007. 1)

결되면서 유동성이 크게 확대되는 환경을 조성하고, 2006년 8월 이후에는 금리안정에 대한 기대가 자리를 잡으면서 유동성 확대가 가속화되었다고 한다.

당시 한국은행의 분석에 따르더라도 민간대출 1% 증가 시 집값은 0.38% 상승하며, 당 분기의 주택가격 변동률은 당 분기에서 다음 분기의 주택담보대출 증가율과 가장 높은 상관계수(0.82~0.83)를 보이고 있어 동행의 성격이 강한 것으로 나타났다.[16]

당시 시중 과잉유동성으로 인한 금리인상 압력에도 불구하고 한국은행이 다소 소극적으로 대응할 수밖에 없었던 것은 전 세계적인 인플레이션 압력이 축소되고 있는 상황에서 한국은행의 인플레이션 타깃팅 통화정책의 물가목표(핵심물가 2.5~3.5%)가 지나치게 높게 책정되어 있었다는 분석이 제기되었다. 즉 중국 효과 등으로 전 세계 물가 수준이 낮게 유지되고 있던 상황에서 많은 중앙은행들이 채택하

---

16 한국은행 (2006. 7). "부동산가격 변동과 통화정책적 대응". 조사통계월보 참조.

표 2-3 은행 외화차입과 외화대출 추이

(억 달러)

	2004년	2005년	2006년(1~10월)
은행 단기외화 차입	32	60	381
외화대출	14	49	162

자료: 재정경제부

고 있던 '인플레이션 타깃팅' 중심의 통화정책이 적정 물가 수준을 높게 책정함으로써 시중유동성을 적절하게 관리하지 못했다는 평가가 나오고 있는 것이다.

그리고 2004년 이후 금융회사의 단기외화차입 확대도 부동산시장의 유동성 증가에 상당 부분 기여했다고 할 수 있다. 2004년 이후 선박수출 호조를 배경으로 수출업체를 중심으로 한 선물환거래가 대폭 증가하면서 은행의 단기차입이 크게 증가했다. 은행 단기외화차입이 2004년 32억 달러에서 2005년 60억 달러, 2006년 1~10월에는 무려 381억 달러로 늘어났다.

이와 함께 은행의 외화대출도 2004년 14억 달러에서 2005년 49억 달러, 2006년 1월에서 10월 사이에는 162억 달러로 증가하였다. 이렇게 늘어난 은행의 외화차입과 외화대출이 시중유동성 증가에 상당 부분 기여한 것으로 평가된다. 또한 당시 행정중심복합도시, 행복도시, 기업도시 등 정부의 국가균형발전계획 추진 과정에서 풀린 토지보상자금도 부동산가격 상승에 일조한 것으로 보인다.[17] 부동산 재투자 성향이 높은 토지보상자금이 서울과 수도권 지역에 지

---

17 당시 건설교통부에 따르면 2003~2005년간 약 37.4조 원, 2006년 23.6조 원의 토지보상비가 지급된 것으로 추정된다.

표 2-4 부동산담보대출 증가 추이

(조 원, %)

	2003년	2004년	2005년	2006년 1~11월	2006년 11월 말(잔액)
은행권 증감	21.1(16.1)	17.5(11.5)	20.4(11.9)	24.9(13.1)	215.1
제2금융권 증감	–	–	6.1(13.0)	5.2(9.4)	60.7
계	–	–	26.5	30.1	275.8

주: 괄호 안은 전년 말 대비 증감률, 제2금융권-보험, 저축은행, 상호금융, 새마을금고, 여신전문금융회사
자료: 금융감독원

속적으로 유입되어 부동산시장 불안을 더욱 확산시킨 것으로 보인다.

이와 같이 저금리와 국제수지 흑자, 은행의 단기외화차입과 외화대출 증가, 토지보상자금의 부동산시장 유입 등이 집값 상승을 촉발시킨 것이다. 그러나 당시 집값 상승에 영향을 미친 가장 주요한 직접적 요인은 은행 등 금융회사의 부동산담보대출 증가인 것으로 분석되고 있다. 금융감독원에 따르면 2004~2006년 기간 동안 부동산담보대출이 크게 증가하였다. 부동산담보대출은 2004년 17.5조, 2005년 26.5조 원이 증가한 데 이어, 2006년 1~11월 동안에는 30.1조 원이나 증가해 2006년 11월 말에는 275.8조 원에 달했다.

∷ 당시 부동산 대책의 한계와 유동성 규제 대책의 시행

2005년 이후 정부의 부동산 대책은 주로 부동산거래 투명화와 조세를 통한 투기적 차익 환수, 택지조성과 주택건설 등 공급대책에 초점이 맞추어져 있었다. 그러나 주택공급은 택지지정에서부터 기반시설조성과 건설 착수 및 분양까지 최소 3~4년이 소요되기 때문에 당장 급박한 주택가격 상승을 잠재우는 데에는 한계가 있다. 그리고 부동

산 실거래가 도입이나 중과세 대책도 집값이 계속 오르는 상황에서는 투기를 억제하는 수단으로는 역부족이었다.

2005년 이후 정부가 부동산담보대출비율 규제인 LTV를 도입하여 시행하고 있었지만, 여러 가지 예외조치[18]가 인정되고 있어 규제의 실효성이 높지 않았다. DTI제도도 6억 원 초과 아파트에만 적용하고, 적용 지역도 강남 3구 등 투기지역으로 한정되어 있어서 서울 인근과 수도권으로 확산되는 집값 상승을 억제하는 데에는 별 효과를 발휘하지 못하고 있었다. 또한 동일 차주에 대한 여러 채의 아파트담보 대출 제한도 투기지역에 한정하는 등 허점이 많았다.

참여정부는 2006년 11월이 되어서야 집값 상승을 억제하기 위해서는 금융회사의 대출 억제가 필요하다는 판단을 하고 각종 유동성 규제 대책을 시행하게 되었다.[19] 노무현 대통령은 임기 내내 부동산 가격 상승으로 많은 어려움을 겪으면서 과거 문민정부 말 외환위기 발생, 국민의 정부 말 신용카드 사태 발생으로 인해 후임 정부가 커다란 정치적 부담을 안았던 점에 비추어 자신의 임기 이후 이런 부담을 후임 정부에 넘기지 않기 위해 고심하고 있었다.

그러기 위해서는 임기 후반 금융시장의 안정적 관리가 무엇보다 중요하다는 사실을 인식하고, 금융위기의 원인인 시중의 과잉유동성

---

18 은행·보험사의 아파트담보대출에 대한 LTV 예외 적용: 만기 10년 초과 및 6억 원 초과 아파트 담보대출/거치기간 1년 미만이면서 중도상환 수수료가 있는 원리금분할상환 방식의 경우에 대해서는 LTV 60%를 예외 적용.

19 2006년 11월 노무현 대통령은 저자를 경제보좌관에 임명하면서 정권 말기 금융과 부동산시장을 철저히 관리하여 차기 정부가 어려움에 처하는 일이 없도록 관리해달라고 당부했다. 노무현 대통령의 이 같은 지시에 따라 금융 및 부동산시장 안정을 위한 관계부처 장관급 대책위원회와 경제보좌관이 주재하는 관계부처 합동 고위 상황점검회의를 구성하여 운영하게 되었다. DTI, LTV 규제 등을 통한 정부의 강력한 대출 억제와 각종 유동성 억제 대책으로 2006년 말부터 부동산가격은 급속히 안정되고 외환시장과 환율 불안도 감소하기 시작했다.

과 단기외채를 적절히 관리하는 것을 참여정부 말기 최우선 정책과
제의 하나로 삼고 추진하도록 했던 것이다.

참여정부는 2006년 11월 경제부총리와 금융감독위원장, 한국은
행총재, 청와대 경제보좌관으로 '금융안정협의회'를 구성하고 '금융
및 부동산시장 안정을 위한 종합대책'을 수립하여 본격적으로 추진
하게 되었다. 경제보좌관실에 재정경제부, 금융감독위원회, 금융감
독원, 건설교통부, 한국은행 고위간부로 구성된 '금융부동산시장 상
황점검회의'를 설치하고 유동성 관리 및 부동산담보대출 억제 대책
을 강도 높게 추진해나갔다. DTI, LTV 규제와 시중유동성 축소를
위한 한국은행 통화정책, 단기외화자금 차입 억제 조치 등 거시건전
성과 대외유동성 관리 대책을 경제보좌관실이 중심이 되어 관계부
처와 합동으로 시행했다.

부동산담보대출 억제

2006년 11월 20일부터 LTV와 DTI 규제를 강화하고, 11월 27일부터
는 금융회사들의 대출모집인 등록제도를 시행하도록 하였다. 종전에
강남 등 투기지역에만 적용하던 DTI 40% 규제를 서울 전 지역과 인
천광역시, 경기도 등 수도권 투기과열지구까지 확대 적용하였다.

그리고 은행과 보험회사 담보대출에 허용하던 LTV 규제 관련 예외
를 모두 폐지하였다. 즉 만기 10년 초과 및 6억 원 초과 아파트에 대
한 담보대출과 거치기간 1년 미만이면서 중도상환 수수료가 있는 원
리금분할상환 방식의 경우에 대해 인정하던 LTV 60% 예외 적용을
없애고, LTV 규제도 담보가격의 60%에서 40%로 인하하였다. 그리
고 비은행 금융회사에 대해서 60~70%까지 인정해주던 LTV를 50%

로 인하했다. 그리고 다주택 보유자에 대한 주택담보대출 규제를 강화하기로 했다. 2007년 1월 11일에는 한 사람이 2건 이상의 투기지역 아파트담보대출을 받고 있는 경우 만기도래 시 모두 1건으로 축소하도록 하였다. 과거에는 동일 차주에 대해 3건 이상의 아파트담보대출까지도 허용되고 있었다.

동시에 정부의 DTI, LTV 강화에도 불구하고 이를 제대로 지키지 않고 주택담보대출을 계속하던 은행의 일부 불법, 위규 관행을 바로잡기 위하여 금융감독원으로 하여금 일제 점검을 실시하여 제재조치를 취하도록 했다. 아울러 주택담보대출 등 가계대출에 대한 대손충당금 적립 기준도 강화하였다. 이 조치로 은행들이 가계대출 부문에서 8,000억 원 정도의 충당금을 추가로 적립해야 했다. 또한 금융회사들이 주택담보대출에 대해 주택신용보증기금에 출연하는 출연료율을 2007년 1/4분기부터 인상하여 주택담보대출에 대한 금융회사의 추가적 부담을 부과하였다.

시중유동성 축소를 위한 통화 및 외환 관리정책

위와 같은 금융회사에 대한 부동산담보대출 규제와 함께 시중유동성 축소를 위한 통화정책 및 외환 관리도 대폭 강화해나가기로 하였다.

첫째, 한국은행은 2006년 12월 23일, 은행의 원화 및 외화 단기수신 지급준비율을 인상하였다. 원화수신의 경우 평균 3.0%를 3.8%로 인상하고, 외화수신의 경우 평균 3.6%를 4.8%로 인상하였다.[20] 이

---

20 이 조치로 인한 은행의 필요지급준비금 증가액은 원화 4.8조 원, 외화 2.6억 달러 수준으로, 최대 106.3조 원의 통화량(M2)이 감소될 것으로 한국은행은 추정했다.

어서 2007년 1월 1일부터는 중소기업 지원을 위한 한국은행의 총액 한도대출을 감축하였다. 당시 한국은행은 총 9.6조 원의 한도 중 약 1.6조 원을 감축하기로 한 것이다.

둘째, 금융회사들의 단기외화자금 차입 축소를 유도하고 관련 규제를 강화하였다. 신용보증기금과 기술신용보증기금에 대한 출연이 면제되었던 금융기관 외화대출에 대해서도 대출액의 0.4%까지 출연금을 부과하기로 했다. 이를 통해 외화대출 금리인상을 유도하여 외화대출과 단기외화자금 차입을 억제하는 효과를 기대한 것이다.

셋째, 시중 과잉유동성의 해외 유출을 촉진하기 위해 해외 직간접투자를 활성화하는 대책도 추진하였다. 국내투자자의 해외펀드투자를 촉진하는 방안을 추진하고, 투자신탁회사의 해외주식투자에서 발생한 양도차익(capital gains)에 대하여 비과세 조치를 취했다.[21]

:: 유동성 관리 종합대책의 효과와 평가

2006년 11월부터 정부의 강도 높은 유동성 관리 종합대책을 시행한 이후 불과 2~3개월 만에 은행대출 증가세가 꺾이면서, 계속 상승하던 주택 매매가격과 전세가도 급속하게 안정세로 돌아섰다.

이 조치를 시행한 이후 은행권 주택담보대출 증가는 2006년 10월 월간 2조 7,583억 원에서 11월 5조 4,408억 원으로 월간 최고치를 기록한 후, 12월에는 3조 1,323억 원, 2007년 1월에는 7,460억 원에

---

21 국내주식투자에 대한 양도차익 분배금에 대해서는 비과세하면서 해외주식투자에서 발생한 양도차익에 대해서는 소득세를 과세(14% 원천징수)하고 있었다. 해외주식 양도차익 비과세는 3년 후 다시 과세로 전환되었다.

표2-5 참여정부 시기 주택담보대출 및 주택가격 동향과 대출 억제정책 효과

(대출: 은행권, 억 원 / 상승률: 전기 대비 %)

	2005년	2006년				2007년			
			10월	11월	12월	1월	2월	3월	4월 9일
주택담보 대출 증가	202,607	280,961	27,583	54,408	31,323	7,460	4,079	425	−935
주택가격 상승률									
전국	4.0	11.6	1.3	3.1	1.9	0.9	0.4	0.2	−0.02
서울	6.3	18.9	2.0	4.8	3.0	1.5	0.4	0.4	0.0
강남 11구	9.4	22.7	1.2	5.4	2.2	1.1	0.2	0.2	−0.3

자료: 건설교통부

달해 1조 원 밑으로 내려간 후, 2월에는 4,079억 원, 3월에는 불과 425억 원으로 감소했다.

이에 따라 월간 주택가격 상승률도 2006년 11월을 정점으로 급속한 하향세를 나타냈다. 월간 주택가격 상승률은 2006년 11월 전국 기준 3.1%, 서울 기준 4.8%, 강남 11구 기준 5.4%로 최고치를 기록한 이후 4개월 후인 2007년 3월에는 전국 0.2%, 서울 0.4%, 강남 11구 0.2%로 하락하였다. 그리고 4월 9일 주간에는 마침내 주택가격이 하락세로 돌아서게 되었다.

이 같은 결과를 보고 노무현 대통령은 유동성 증가가 집값 상승의 주된 요인임에도 초기에 이러한 사실을 간과했음을 공식 석상에서 언급하면서, 결국 임기 내에 유동성 관리 대책을 통해 금융건전성과 부동산시장 안정을 기하게 된 점을 매우 다행스럽게 생각하였다.[22]

---

22 '참여정부 4주년 기념 국정과제위원회 합동심포지엄' 특강(2007년 1월 31일) 중 노무현 대통령은 "참여정부가 조금 놓친 것이 있습니다. 실제로 수출이 많아져서 유동성이 풍부해졌는데, 유동성 관리를 잘못한 게 사실입니다. 과거에도 유동성이 증가했을 때 집값이 많이 상승했습니다"라고 하였다.

2008년 말 글로벌 금융위기 발발에도 불구하고 한국의 은행들이 대출을 줄이지 않고 지속함으로써 다른 국가들에 비해 금융위기를 조기에 극복할 수 있었던 것은 바로 이러한 참여정부 후반기의 거시건전성 강화정책의 효과 때문이라고 평가할 수 있다. 2006년 하반기 정부가 부동산대출 억제를 위해 DTI, LTV 대책을 시행하자 은행권에서는 정부의 지나친 금융규제라는 불평도 많았으나, 글로벌 금융위기 발생 이후 우리나라가 이 대책을 미리 시행했던 것이 매우 다행스러웠다는 평가를 하고 있다.

앞서 말했듯이 2008년 금융위기 이후 미국에서도 금융안정을 강화하기 위해 재무부 장관을 위원장으로 하고 주요 금융감독기관장들이 모두 참여하는 범정부 차원의 금융안정협의회(FSOC)를 신설하였다. 금융안정을 위해서는 FRB의 통화정책을 통한 유동성 관리만으로는 불충분하고, 각 분야별 금융감독기관이 함께 참여하여 거시건전성을 유지할 필요가 있기 때문에 도입한 제도이다. 영국과 EU 등에서도 미국과 유사한 범정부적 통합 감독체계를 구축하였다.

결국 중앙은행의 인플레이션 타깃팅 위주의 통화정책으로 과잉유동성을 관리하는 데에는 한계가 있기 때문에 향후 통화정책의 역할과 방식에 대한 논의와 연구가 필요하다. 그리고 유동성 관리와 함께 금융회사의 건전성과 시스템 안정을 기하기 위해서는 중앙은행뿐만 아니라 정부의 거시경제 주무부처, 금융감독기관들로 구성되는 종합적이고 공식적인 관리체제를 구축하여 대응하는 것이 바람직하다고 본다.

06
글로벌 금융위기 이후
비전통적인 통화정책의 실행

2008년 금융위기 이후 미국, EU, 일본 등 주요국 중앙은행들은 경기회복과 금융시장 안정을 위해 기준금리를 제로 수준으로 인하하고 부실금융회사 지원 등 다양한 방법으로 시중에 유동성을 공급했다. 그럼에도 불구하고 경기가 회복되지 않고 금융시장 불안이 지속되자 미국 FRB 등 주요국 중앙은행들은 전례가 없는 대규모 금융완화정책을 시행했다.

　전통적인 통화정책 목표와 달리 실업률, 시장금리 수준, 일정 수준의 물가상승 등 비전통적인 통화정책 목표를 설정하고 중앙은행의 중장기 국공채나 담보부채권 매입, 민간은행 직접 대출, 은행자본금 투입 등과 같은 정책으로 유동성을 시중에 공급했다. 2008년 이후 미국 FRB의 3차례에 걸친 양적완화(QE: Quantitative Easing)[23]와 ECB의 장기대출 프로그램(LTRO), 아베노믹스(Abenomics)[24]에 의한 BOJ의 대규모 유동성공급 등이 바로 그것이다.

미국 FRB는 금융위기 이후 1, 2차 양적완화에 이어 2012년 12월에는 미국 실업률이 6.5% 이하로 떨어지고 물가상승률이 2.5% 선에서 관리되는 수준에서 기존의 초저금리정책을 유지하고, 장기채권 매입 등을 통해 시장에 직접 통화를 대량공급하는 3차 양적완화정책을 시행했다. BOJ 또한 2013년 4월 이후 물가상승률이 2% 수준이 될 때까지 화폐공급량을 연간 60조~70조 엔씩 확대하는 양적완화정책을 시행하는 등 기존과 다른 통화정책 목표를 설정하여 시행 중이다. ECB는 2012년 8월부터 EU 국채시장 안정을 위해 2차례에 걸쳐 LTRO를 시행하고, 2015년 1월 22일에는 EU 지역의 디플레이션을 막기 위해 미국의 양적완화와 같은 유로존 국가의 국채를 매입하는 양적완화정책인 무제한 국채매입 조치(OMT)의 실행을 발표했다.[25] 앞에서 설명한 바와 같이 ECB는 2015년 3월부터 2016년 9월까지 매달 600억 유로씩 총 1조 1,400억 유로의 국채를 매입하기로 했다.

주요국 중앙은행의 금리인하와 국채매입 등 비전통적인 통화정

---

23 금리인하를 통한 경기부양 효과가 한계에 부딪혔을 때 중앙은행이 국채매입 등을 통해 유동성을 시중에 직접 공급하는 정책을 말한다. 금리중시 통화정책을 시행하는 중앙은행이 정책 금리가 0%에 근접하거나, 다른 이유로 시장경제의 흐름을 정책금리로 조절할 수 없는 이른바 유동성 함정 상황에서 유동성을 충분히 공급하기 위한 정책이다. 중앙은행은 채권이나 다른 자산을 사들임으로써 이자율을 낮추지 않고도 돈의 흐름을 늘리게 된다.
  미국의 양적완화를 통한 유동성공급: 1차(2008년 12월~2010년 3월) 1조 7,000억 달러, 2차(2010년 11월~2011년 6월) 6,000억 달러 투입, 3차(2012년 9월~2014년 10월) 매달 850억 달러 채권 매입. 3차 양적완화는 2014년 10월 종료되었다.
24 일본 총리 아베 신조가 2012년부터 시행한 경제정책으로, 과감한 금융완화와 재정지출 확대, 경제성장 전략을 주내용으로 하고 있다. 디플레이션 탈출과 참의원 선거 승리, 장기집권 기반 구축을 목표로 한다. 2013년 1월부터 매달 13조 엔규모의 국채매입을 실시하고 물가상 승률 목표치도 2%로 상향 조정하는 등 양적완화를 강화했다.
25 LTRO와 OMT에 대해서는 제1강의 각주 23번과 24번을 참조하라.

책으로 주요국 본원통화공급이 크게 늘어났다. 이로 인해 FRB, ECB, BOJ가 공급한 본원통화(M1)는 2007년 말 2조 9,000억 달러에서 2013년 6월 말 6조 6,000억 달러로 3조 7,000억 달러(120.1%)나 증가했다.[26] 2013년 6월 말 미국, 유로존, 일본의 광의통화(M2)[27]는 34조 2,000억 달러로, 2007년 말 28조 4,000억 달러에 비해 약 6조 달러가 늘었다.

미국 등 주요 선진국의 양적완화정책으로 지난 수년간 전 세계 주가나 채권가격이 실물부문의 회복보다 훨씬 높게 상승하여 사상 최고가 행진을 하고 있다. 그리고 선진국의 풍부한 유동성이 신흥국으로 흘러들어 신흥국 주가 등 자산가격에도 거품이 많이 형성된 상황이다. 양적완화 조치가 주요국들의 금융시장 안정과 세계경제 침체를 막기 위해 불가피한 선택이었다고 하더라도 이들이 앞으로 통화정책 기조를 바꾸어 시장에 공급된 과잉유동성을 회수하고 금리도 점진적으로 인상하면 많은 혼란이 예상된다.

EU와 일본은 아직 경기가 회복세를 보이지 않고 있어 양적완화정책을 상당 기간 지속할 것으로 예상되지만, 미국은 이미 2014년 10월에 지난 2012년 9월부터 실시해온 FRB의 3차 양적완화정책을 중지한다고 발표했다. FRB가 2015년 중반부터 금리인상을 시작할

26

	2007년 말(A)	2008년 말	2009년 말	2010년 말	2011년 말	2012년 말	2013년 6월(B)	증감률(B/A)
미국(조 달러)	0.8	1.7	2.0	2.0	2.6	2.7	3.2	288.3%
일본(조 엔)	96.0	101.3	105.8	109.5	125.1	138.5	173.1	80.4%
유로존(조 유로)	0.8	1.1	1.0	1.0	1.3	1.6	1.3	48.8%
합계(조 달러)	2.9	4.4	4.7	4.8	5.9	6.4	6.6	120.1%

자료: 금융감독원

27 본원통화와 예금은행 예금통화의 합. 현금, 결제성 예금, 만기 2년 미만 정기예적금, 실적배당형 상품, 금융채, 시장성 상품 등을 말한다.

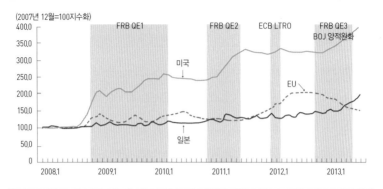

그림 2-5 주요국 본원통화(M1) 추이

(2007년 12월=100지수화)

자료: 금융감독원

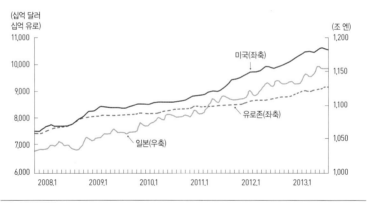

그림 2-6 주요국 광의통화(M2) 추이

(십억 달러
십억 유로)

(조 엔)

자료: 금융감독원

것인지 관심이 모아지고 있다. 미국의 양적완화가 종료되면서 벌써 신흥국으로부터 자금이 빠져나가고 주요국 통화의 대미달러 환율이 상승하는 등 국제금융시장 불안 현상이 증폭되고 있다. 미국을 시작으로 통화정책 기조가 바뀌면서 그간 방만하게 풀린 글로벌 유동성이 국제금융시장 불안을 야기하고 있는 것이다.

특히 앞으로 국제수지 적자가 크고 대외부채가 많으며 외환보유액이 충분하지 않은 신흥국들은 자칫 외환위기를 겪을 수도 있다. 우선 그간의 선진국 양적완화정책으로 상승한 주식과 채권가격이 급격하게 조정을 받으면서 금융시장의 불안이 심각해질 수 있다. 미국 등 선진국의 통화정책 정상화 시기와 강도가 앞으로 세계경제와 국제금융시장의 가장 큰 불확실성으로 등장한 마당에 이들의 정책집행이 초미의 관심사가 되었다.

한국도 이러한 불확실성에 대비하여 세심한 모니터링과 거시건전성 유지를 통해 실물경제와 금융시장 안정을 유지하기 위한 면밀한 대책이 어느 때보다 필요하다고 하겠다.

글로벌 불균형의
해소방안은 무엇인가?

글로벌 재조정 논의

글로벌 불균형과 금융위기의 관계는?

글로벌 불균형은 관리될 수 있는가?

G20의 글로벌 재조정 합의, 그 실효성과 전망은?

G2의 실상과 허상, 중국의 성공모델은 지속가능한가?

위안화의 경직적 운용이 세계경제, 미국, 아시아에 미치는 영향은?

한국의 대외수지 흑자는 지속가능한가?

01

글로벌 불균형의
원인과 전개

'글로벌 불균형(global imbalance)'은 상품과 서비스 및 자본의 이동이 특정 국가 또는 지역에 편중되면서 국가 또는 지역 간에 경상수지 및 자본수지 등 대외자산 포지션의 격차가 확대되는 것을 의미한다. 그중에서도 특히 문제가 되는 것은 경상수지의 흑자와 적자폭 확대이다. 이러한 글로벌 불균형은 1980년대 중반 이후 경제 개방화, 무역 및 자본자유화가 진전되면서 주요 수입국인 미국과 주요 수출국인 독일, 일본, 중국 등 아시아 국가, 주요 산유국 간의 경상수지 불균형 현상이 심화되면서 나타났고, 미국의 대외수지가 대폭 악화된 1990년대 이후 크게 부각되었다.

글로벌 불균형이 금융위기의 주요 원인으로 지목되면서 '글로벌 재조정(global rebalancing)'이 2009년 이후 G20 정상회의의 주요 의제로 등장했다.

글로벌 불균형은 1980년 이후 3차례에 걸쳐 크게 확대되는 모습

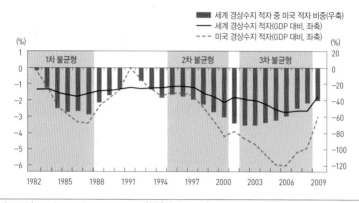

그림 3-1 글로벌 불균형 추이

세계 경상수지 적자 중 미국 적자 비중(우축)
세계 경상수지 적자(GDP 대비, 좌축)
미국 경상수지 적자(GDP 대비, 좌축)

자료: IMF (2010, 4), World Economic Outlook; 한국은행 자료 재인용

을 보였다. 첫 번째 확대기는 1980년대 초부터 1987년 사이이다. 이 때는 미국과 일본, 독일 등 선진국 간의 무역에서 불균형이 발생했다. 이 기간 중 미국의 GDP 대비 경상적자는 0.2%에서 3.4%로, 미국의 경상적자가 세계 전체 적자에서 차지하는 비중은 3.5%에서 무려 57.5%로 확대되었다.

이로 인한 문제가 심각해지자 미국과 일본, 독일, 영국, 프랑스 등 G5 선진국은 1985년 9월 22일 '플라자 합의(Plaza Accord)'와 1987년 2월 22일 '루브르 합의(Louvre Accord)'를 통해 주요국 환율과 거시경제정책을 직접 조정하게 된다. 1985년 플라자 합의 이후 1년 만에 미국달러 대비 일본 엔화는 57.1%, 독일 마르크화는 43%, 프랑스 프랑화는 36.2%, 영국 파운드화는 7.2% 절상되었다. 미국달러화 가치 하락과 거시경제정책 조정의 영향으로 미국의 경상수지 적자는 1987년 이후 개선되기 시작하여 1991년에는 소폭 흑자로 돌아서게 되었다.

두 번째 확대기는 1995년부터 2000년 사이이다. 이 시기 글로벌 불균형은 미국을 중심으로 다시 확대되기 시작했다. 미국의 GDP 대비 경상적자는 1.6%에서 4.2%로, 미국의 적자가 세계 전체에서 차지하는 비중은 35.8%에서 61.1%로 커지며, 1차 시기보다 불균형이 더 심화된 모습을 보였다. 이는 1998년 이후 주로 중국 등 아시아 국가들과 산유국들의 대미 무역흑자규모가 급증한 데 따른 것이다. 특히 이때는 국제자본이동이 증가하며 흑자국의 여유자금이 미국으로 환류되면서 경상수지 불균형이 고착화되기 시작했다.

세 번째 확대기는 2000년대 들어서이다. 2001년 미국의 닷컴버블 붕괴와 경기둔화로 일시 축소되었던 미국의 경상수지 적자가 다시 늘어나고, 글로벌 불균형도 확대되었다. 미국과 일부 유럽 국가들은 경상수지 적자국, 중국과 산유국 등은 흑자국가가 되어 글로벌 차원의 현상으로 고착되었다. 미국의 GDP 대비 경상수지 적자는 2001년 3.9%에서 2006년 6%로 확대되었다. 반면에 2000년대 들어 중국의 경상수지는 대폭 흑자를 시현했다. 중국의 GDP 대비 경상수지 흑자는 2001년 1.3%에서 2007년 11%로 크게 증가했다.

글로벌 불균형으로 발생한 주요 대미 수출국들의 대규모 경상수지 흑자는 신흥 수출국들과 산유국들의 달러화 유동성을 크게 확대시켰다. 흑자국 중심으로 외환보유액이 크게 증가하여 전 세계 외환보유액은 2000년 말 1조 9,000억 달러에서 2012년 말 10조 9,000억 달러로 약 10년 동안 5.7배나 증가했다. 신흥국 및 개도국의 외환보유액은 2000년에는 7,000억 달러로서 전체의 36.8%에 불과했으나, 2012년 말에는 7조 2,000억 달러로 전체의 66.1%에 이르렀다. 특히 상위 10개국(중국, 일본, 러시아, 스위스, 대만, 브라질, 한국, 홍콩, 인도, 독일)이 그중 약 70%를 점유했다.

글로벌 불균형을 통해 늘어난 달러 유동성은 상대적으로 안전한 투자처인 미국이나 유럽 선진국의 국공채매입 등을 통해 선진 금융시장으로 환류되어 미국 등 선진국의 경상수지 적자를 보전하고 금융시장 유동성을 증가시켰다. 이 자금은 선진국 금융회사와 투자자들의 손을 거쳐 다시 신흥국 자금시장이나 주식시장, 외환시장에 투자되어 이들 시장의 유동성을 증가시키고, 막대한 투자수익을 올리고 있다.

02

글로벌 불균형의 확대와 지속,
그리고 해소

:: 불균형의 확대 원인[1]

글로벌 불균형의 확대 원인은 '미국 이외 지역에서 찾는 견해'와 '미국에서 찾는 견해'로 나눌 수 있다.

미국 이외 지역에서 찾는 견해는 중국 등 동아시아 주요 대미 수출국들의 ① 고환율정책, ② 미국자산에 대한 글로벌 선호 현상, ③ 경상수지 흑자국들의 국내투자 부진 등을 불균형 확대의 원인으로 든다. 고환율정책에서 원인을 찾는 측은 중국 등 주요 대미 수출국들이 의도적으로 자국 통화가치를 낮게 유지하거나 고정환율제를 고수하면서 글로벌 불균형이 심화되었다고 주장한다. 이들 국가가 환율을 인위적으로 높게 유지해 수출을 촉진하는 전략을 추진함으로써 막대한 경상수지 흑자를 축적했다는 것이다.

---

1 김용덕 (2010), 《반복되는 금융위기》, 삼성경제연구소, p. 313~318 참조.

미국자산 선호 현상이 원인이라는 측은 외환보유액을 안전한 미국채권에 투자하려는 이들 흑자국 중앙은행들이 미국자산에 투자했고, 이것이 미국달러화 가치를 높여 글로벌 불균형을 더욱 심화시켰다고 주장한다.

경상수지 흑자국의 국내투자 부진에서 원인을 찾는 측은 중국을 비롯한 흑자국들이 내수보다는 수출에 과도하게 의존하는 정책을 취함으로써 국내투자가 부진하고, 그 결과 흑자가 쌓여 글로벌 불균형을 초래했다고 본다. 특히 1990년대 후반 이후 중국 등 아시아 국가 및 산유국들의 저축 증가와 투자 부진으로 저축과 투자의 갭이 플러스로 전환되면서 글로벌 저축 과잉을 주도했다고 보는 것이다.

다음으로, 미국에서 불균형 확대의 원인을 찾는 견해는 ① 미국경제의 과소비로 저축이 부족해지고, ② 정부의 재정적자가 누적되면서 미국의 경상수지 적자가 증가하여 글로벌 불균형이 발생했다는 시각이다.

2000년대 초 이후 미국의 과소비는 미국의 주가 상승과 부동산 가격 상승으로 미국 가계의 부(富)와 기대소득이 함께 늘어나면서 개인 소비가 증가했기 때문으로 설명하고 있다. 주가가 상승한 것은 미국의 기업 기대수익률이 높았기 때문이고, 주택가격이 급등한 것은 2000년 초 IT 주가 버블이 붕괴된 이후 미국 FRB의 금리인하와 부동산 경기부양 정책 때문이다. 소비가 늘어남에 따라 미국의 개인저축률은 1990년 7%대에서 2005년에는 -0.4%까지 하락했다. 과도한 소비로 인한 경상수지 적자는 해외로부터 다시 자본유입을 통해 보전하면서 내수 주도의 성장전략을 유지해온 것이다. 특히 미국은 수입의 소득탄력성이 수출의 소득탄력성을 크게 상회해 경제성장에

따라 자동적으로 경상수지 적자가 증가하는 구조이다.[2]

　미국의 재정수지도 2000년 IT 산업 버블이 붕괴된 이후 경기부양을 위한 미국정부의 감세정책과 2001년 9·11 테러 이후 국방비 지출 증가 등으로 적자가 심화되었다. 2002년 재정수지가 적자로 전환된 후[3] 적자규모는 지속적으로 확대되어 2004년에는 4,127억 달러로 GDP의 3.5% 수준에 이르렀다. 이후 미국정부의 재정적자 감축 노력으로 적자가 차츰 감소하여 2007년에는 GDP 대비 1.2% 수준(1,607억 달러)으로 축소되었다. 그러나 2008년 글로벌 금융위기 이후 재정적자가 다시 GDP 대비 3.2%(4,586억 달러)로 크게 증가하고, 2009년에는 GDP의 무려 10.1%(1조 4,000억 달러)로 확대되었다.

　그러나 글로벌 불균형의 원인을 미국에서 찾는 견해에 대한 반론도 있다. 하버드 대학의 리처드 쿠퍼(Richard N. Cooper) 교수는 해외의 미국자산에 대한 선호 현상은 1990년대 이래 미국경제의 높은 실질생산성 증가율에 기인한다면서, 해외의 투자자금이 높은 수익률을 좇아 지속적으로 미국으로 유입되었기 때문에 글로벌 불균형이 발생했다고 주장했다.

　또한 미국 재정적자를 경상수지 적자의 원인으로 볼 수 없다는 주장도 있다. 즉 1998~2001년 미국의 재정수지 흑자기에도 대규모 경상수지 적자를 기록했다는 점을 들어 미국의 재정적자가 글로벌 불균형의 원인이 아니라는 주장이다. 그리고 재정적자가 커지면 민간부문 구축 효과(crowding-out effect)로 민간부문의 소비 및 투자 지

---

2 '미국 수입의 국내 소득탄력성은 2.29, 수출의 해외 소득탄력성은 1.62로 추정하고 있다. 미국과 교역상대국 간 성장률 격차가 없더라도 경상수지 적자가 구조적으로 발생하고 있는 것이다.
3 2002년 미국 재정적자는 −1,578억 달러(GDP 대비 −1.5%)이다.

출이 위축되어 경상수지가 오히려 개선될 가능성이 있기 때문에 미국의 재정적자가 경상적자를 키웠다고 하기는 어렵다는 것이다.

아울러 미국의 낮은 저축률도 경상적자의 원인이 아니라는 주장도 있다. 즉 교육비, 연구개발(R&D) 지출 등 미국경제의 지식기반화투자를 저축에 포함할 경우 미국의 저축률은 낮은 수준이 아니며,[4] 민간저축률의 구조적 하락이 경상수지 적자에 미치는 영향도 크지 않다고 분석했다.[5]

:: 불균형의 지속 여부

우선, 지속가능하다는 견해가 있다. 대표적인 것이 상호의존 혜택론이다. 미국은 국제수지 적자를 통해 달러 유동성을 공급하고, 대미 수출국인 흑자국들은 미국에 수출하여 달러를 벌어들임으로써 국제 간 무역에서 서로 혜택을 누렸는데 불균형은 이와 같이 상호의존 혜택을 공유하는 과정에서 나타난 현상이므로 상당 기간 지속될 수 있다고 주장한다.

글로벌 불균형은 1990년대 이전 1차 불균형 확대 시에는 적자국인 미국과 흑자국인 일본, 독일 간에 나타났고, 1990년대 이후에는 미국과 아시아 및 산유국들 간에 발생했다. 즉 미국 주변국들은 자국 통화가치를 낮게 유지함으로써 수출의존형 경제성장을 추진할 수

---

4 Cooper, R. (2005). "The Sustainability of the U.S. External Deficit", CESifo Forum, Vol 6(Spring), 2005, pp. 3~7.

5 Haussmann, Ricardo and Federico Sturzenegger (2005). "U.S. and Global Imbalances: Can Dark Matter Prevent a Big Bang?", Working Paper, Kennedy School of Government, November.

있고 이를 통해 획득한 잉여저축을 미국달러 자산에 투자하는 반면, 미국은 이들에게 수출시장을 제공하는 대신 주변국으로부터 유입된 자본으로 경상적자와 재정적자, 쌍둥이적자를 보전하고 소비 중심의 성장을 지속하고 있다는 것이다.

이들은 세계경제 불균형을 미국의 재정적자와 민간차입 증가 때문이 아니라 미국의 높은 투자수익률과 다른 나라의 투자기회 축소에 따라 나타난 자연스러운 결과로 해석한다. 특히 미국경제는 여전히 강건한 데다 미국달러표시 금융자산이 수익성 및 안정성 면에서 다른 투자자산보다 우수하므로 앞으로도 미국으로의 자본유입이 지속될 것이고, 따라서 급격한 자본유출 가능성은 희박하다고 주장했다.

반면 글로벌 불균형의 조정 가능성이 높다는 측에서는 다음과 같은 시나리오를 제시하고 있다.

첫째 시나리오는 '경착륙 가능성'이다. 현 수준의 경상수지 적자가 지속될 경우 미국의 대외채무가 계속 늘어나 미국경제가 감내하기 어려운 수준에 이르고, 무역적자를 보전하기 위해 외국자본을 유입하는 데에도 한계가 있다는 것이다. 즉 현재의 불균형은 지속될 수 없고, 따라서 경착륙 가능성이 높다는 주장이다. 여기에서는 미국달러화 약세에 따른 손실위험 등을 감안할 때 중국 등 자본수출국들이 미국달러화 자산보유를 계속 증가시켜나가기는 어려울 것으로 본다. 따라서 대미 자본유입이 일시에 급격히 감소할 가능성을 배제할 수 없으며, 이 때문에 미국달러화 가치가 대폭 하락하고 장기금리가 상승하며 주식 및 주택가격도 하락하여 전 세계 금융시장이 혼란에 빠지고 미국과 세계경제 성장도 급격히 둔화될 위험이 있다고 주장한다.

이들은 세계자본시장의 통합화가 미국의 경상수지 적자 보전을 용이하게 하여 글로벌 불균형의 조정을 오히려 지연시킬 수 있다고 주장하기도 한다. 일각에서는 미국이 주로 단기해외자금을 조달해 해외직접투자 등 장기로 운용하고 있으므로 경상수지 흑자국의 대미 투자가 감소할 경우 미국경제가 대외채무의 만기불일치 위험에 노출될 가능성도 제기하고 있다.

실물부문을 통한 충격을 보면 우선 급격한 불균형 조정에 따른 미국의 수입수요 감소가 아시아 국가의 실물부문에 미치는 부정적 영향은 금융부문보다 더 심각할 수 있다. 미국의 경상수지 적자 축소는 미국의 수입수요 감소와 아시아 국가의 수출 급감으로 연결될 것이다. 이 때문에 각국이 받는 영향은 대미 수출이 GDP에서 차지하는 비중에 따라 달라질 것이나, 대미 의존도가 높을수록 그리고 실효환율 변동폭이 클수록 미국의 수입수요 감소에 따른 타격은 커질 것으로 예상된다.

두 번째 시나리오는 '연착륙 가능성'이다. 미국 연방준비은행 등은 경착륙 우려는 지나친 것이며, 세계 경상수지 불균형은 큰 경제적 충격 없이 점진적으로 조정될 수 있을 것으로 본다. 이 견해에 따르면 미국경제의 성장잠재력과 발달된 금융시장, 기축통화로서 미국달러화의 지위, 금융의 세계화 등을 감안할 때 미국으로의 외국자본 유입이 급격히 감소될 가능성은 높지 않다는 것이다.

향후 중국 등 개도국의 노령인구 증가에 따라 저축률이 하락하고 이들 국가의 금융산업이 발전하거나 일본과 유럽 경기가 회복세로 전환되면 글로벌 불균형도 점차적으로 개선되어 연착륙 요인으로 작용할 것이라고 주장한다. 앞으로 중국도 금융이 발전하면 가계가 부동산 및 내구재 구입과 교육비 소요자금 등을 좀 더 쉽게 조달할 수 있어 국내소비가 증가하고, 고용보험·건강보험·연금·공공주택 등에 대한 재정지출이 확대되면 자연스럽게 저축이 감소할 것이라는 주장이다. 특히 일본과 유로 지역의 경기회복세가 본격화하여 소비 및 투자가 증가할 경우, 미국은 경기침체 우려 없이 경상수지 적자 조정이 가능할 수도 있다는 것이다.

∷ 불균형의 해소방안

글로벌 불균형을 해소하는 방안으로는 환율조정론, 소비조정론, 그리고 국제공조론 등이 제시되어왔다.

첫째, 환율조정론은 미국의 경상적자를 해소하기 위해서는 달러화 약세를 통해 각국과의 수출입가격을 조정해야 하며, 특히 아시아 국가 통화에 대한 달러화 가치가 절하되어야 한다고 주장한다. 미국 프린스턴 대학의 폴 크루그먼(Paul Krugman) 교수는 미국의 대외수지 적자가 계속 확대될 수는 없다고 하면서 달러 가치의 하락만이 미국 대외수지 적자를 수정할 수 있고, 그렇게 해야 달러의 기축통화로서의 지위도 유지될 것이라고 하였다. 미국 모건스탠리의 전 수석 이코노미스트 스티븐 로치(Steven Roach)는 1980년대 미국의 경상적자가 GDP 대비 3.5%에 달했을 때 달러화의 실질가치는 약 30% 하락했으나, 2002년 이후 적자가 커졌음에도 불구하고 달러 가치 하락은 그 절반에 불과하기 때문에 최소 15%의 추가적 가치 하락이 필요하다고 언급한 바 있다. 또한 금융위기 이후 미국 피터슨국제경제연구소(PIIE: Peterson Institute for International Economics) 전 소장인 프레드 버그스텐(C. Fred Bergsten)은 달러화는 최소 10% 정도 고평가되어 있다고 하면서, 위안화 등 아시아 국가들의 집단적 통화가치 절상이 이루어져야 한다고 주장하였다.

그러나 이러한 환율조정에 의한 경상적자 축소 효과가 별로 크지 않을 것이라고 주장하는 학자들도 있다. 즉, 미국달러화의 절하에 따른 경상수지 적자 감소 효과는 1980년대에는 어느 정도 확인되지만 1990년대에는 달러 약세의 경상수지 개선 효과가 뚜렷하지 않다는 것이다. 1980년대 달러 약세 효과가 크게 나타난 것은 1985년 플라자 합의 이후 전 세계적인 금융완화, 특히 루브르 합의 이후 독일과 일본의 완화적 통화정책으로 주요국의 수입이 크게 늘어난 효과가 가세했기 때문이라고 한다. 1990년대 이후에는 독보적인 가격경쟁력을 가진 중국 등 개도국으로부터 수입 비중이 확대되고 미국 수입구조의 가격탄력성도 낮아서 달러 약세에 의한 미국의 경상수지 개선 효과는 낮다고 주장한다.[6] 따라서 오늘날 달러 가치의 변동이 경상수지를 조정하는 효과는 작고, 오히려 경상수지 불균형이 환율 변동을 가져온다고 한다.

특히 대미 수출신흥국들은 환율조정으로 불균형을 해결하는 데에는 한계가 있다고 주장한다. 즉, 게임이론에 등장하는 죄수의 딜레마(prisoner's dilemma) 현상처럼 자국의 수출경쟁력이 하락하는 위험을 무릅쓰고, 어느 한 국가가 주도적으로 자국 통화의 절상을 받아들일 가능성은 낮다는 것이다. 또한 대미 수출기업들이 미국 내 시

---

6 예를 들면 위안화가 5% 절상될 때 미국의 대중 무역수지 개선 효과는 대중 무역액의 1% 남짓하다는 분석도 있다.

장점유율이 하락할 것을 우려해 달러 가치의 하락, 즉 자국 통화가치가 올라간 만큼 수출가격을 올리지 않는 이른바 '불완전 가격전가(incomplete pass-through) 현상' 등이 발생할 수 있기 때문에 달러화 약세가 미국 경상수지를 개선하는 데에 미치는 영향도 제한적이라는 주장이다.

둘째, 소비조정론은 미국의 경상적자가 미국의 재정적자, 민간저축 부족 등 과잉소비에서 비롯되고 있으므로 이를 근본적으로 치유하는 것이 해결책이라는 주장이다. 즉 미국은 과도한 소비를 줄이는 한편, 미국의 급격한 소비감소에 따른 파급 효과를 완화하기 위해 일본, 중국, EU 등 다른 주요 국가들이 자국의 내수 부양으로 미국의 역할을 보완할 필요가 있다는 것이다.

셋째, 국제공조나 당사국 간의 원활한 정책 공조가 필요하다는 주장이다. 미국은 재정건전화 및 국내저축 증대에 주력하며, 아시아 신흥국 등 흑자국은 환율을 적절히 절상하고 변동성을 확대하는 한편 내수를 진작시킴으로써 미국의 대외수요가 감소하는 충격을 흡수해야 한다는 것이다. 아울러 유럽 및 일본은 구조개혁 및 내수를 진작함으로써 성장을 촉진하여 세계경제에 대한 책임을 공동 부담하자는 내용이다. 즉 미국의 급격한 소비조정이나 신흥국의 과도한 환율조정과 같은 급격한 조정이 추진될 경우에 나타날 위험을 감안하여 관련국이 공동으로 노력해야 한다는 데 공감대가 형성되고 있다.

03
글로벌 금융위기 이후
불균형 추이와 G20의 개선 논의

:: 위기 이후 글로벌 불균형의 완화[7]

불균형 완화에 대한 엇갈린 평가

글로벌 금융위기 이후 중국과 미국을 중심으로 경상수지 불균형이 완화되는 모습을 보이고 있다. 2007년 중국은 GDP 대비 10.1%에 달했던 경상수지 흑자가 2011년 2.8%로 줄었고, 미국의 경상수지 적자는 2007년 GDP 대비 5.1%에서 2011년 3.2%로 줄어들었다. IMF는 이러한 추세가 당분간 지속될 것으로 전망했다.

글로벌 금융위기 이후 이러한 개선에 대해 중국 등 흑자국은 위기 이후 흑자국들의 경제구조가 내수 위주로 바뀌면서 일어나는 '구조적 변화'임을 강조하며 세계경제가 균형성장으로 이행 중이라고 해석

---

7 기획재정부 (2012. 5. 9). "최근 G20의 글로벌 불균형 논의 동향 및 전망" 참조.

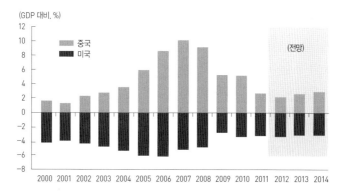

그림 3-2 미국과 중국의 경상수지 추이

(GDP 대비, %)

중국
미국

(전망)

2000 2001 2002 2003 2004 2005 2006 2007 2008 2009 2010 2011 2012 2013 2014

자료: IMF database

하고 있다. 반면 미국 등 적자국은 이는 글로벌 금융위기 이후 세계 경제 침체와 교역 감소로 인한 '경기적 요인'에 주로 기인하므로, 추가적 글로벌 불균형 시정을 위한 구조적 개혁 노력이 지속되어야 한다고 주장하고 있다. 이는 미국이 차제에 흑자국들의 환율 유연성 제고와 소비확대 등을 통해 흑자국의 경상수지 흑자 축소를 가속화하기 위한 것으로 보인다.

먼저 일시적이고 경기적 요인이라는 주장을 살펴보자. 최근 불균형 완화는 선진국 경기침체가 원인이라는 설이다. 즉 위기 이후 미국 가계의 부채감소(디레버리징) 현상과 유럽 재정위기 등에 따른 세계 경기위축으로 글로벌 수요가 감소했기 때문이라는 것이다.

일본도 2011년 31년 만에 처음 무역적자(2.5조 엔)를 기록했지만, 이것도 일본대지진으로 인한 일시적 요인에 주로 기인한다는 것이다. 즉 지진으로 인한 생산 차질로 일본의 주력 수출상품인 자동차·전기전자부문의 수출이 감소하고, 원전 가동 중단과 화력발전 확대로

인해 원유·LNG 등 에너지 수입이 증가한 것이 일본 무역적자의 주 원인으로 보고 있다.[8]

2008년 이후 중국의 무역흑자가 감소한 것도 위기 이후 경제성장률 둔화에 대응하기 위해 사회간접자본 및 주택건설 투자를 일시적으로 확대한 중국의 단기경기부양책에 기인한다고 보고 있다.[9] 이러한 투자는 국내 소비보다 수입 집약적이므로 무역흑자 감소 요인으로 작용하게 된다고 본다.

다음으로 구조적 요인에 의한 것이라는 주장을 살펴보자.

위기 이후 중국 등 주요 흑자국들이 수출보다 내수 위주로 구조적 개혁을 추진한 결과라고 설명하고 있다. 즉 이들이 내수 확대에 적극 나서면서 내수의 성장기여도가 높아지고, 순수출의 기여도는 낮아졌다고 주장한다. 실제 중국과 독일의 순수출의 성장기여도는 2011년과 2012년 각각 마이너스로 전환된 점을 강조하고 있다. 중국은 2011년 전국인민대회 이후 '소비 중심의 내수확대'로 경제정책 패러다임을 전환하고, 소비를 진작시키기 위해 구조적 감세 조치와 함께 임금인상, 사회보장제도 개혁 등을 적극적으로 추진하고 있다고 주장한다.

그리고 흑자국의 환율절상도 구조적 조정 요인으로 들고 있다. 위기 이후 중국의 위안화가 상당폭 절상되고, 위안화의 환율변동폭이 확대되는 등 유연성이 제고된 것도 중국의 경상수지 흑자가 감소하

---

8 2011년 일본의 수출 감소율 2.7% 중 자동차부문의 기여도가 1.4%p를 차지하고, 수입증가율 12.0% 중 원유·LNG 등 광물성연료 기여도가 7.2%p를 차지하였다.

9 중국의 GDP 대비 투자 비중 추이: 2007년 41.7%→2008년 44.0%→2009년 48.2%→2010년 47.7%→2011년 48.3%

게 된 요인으로 작용했다고 한다.[10]

2008년 금융위기 이후 선진국과 개도국 간 국제분업의 완화 현상도 글로벌 불균형의 축소 요인의 하나로 들고 있다. 즉 2008년 금융위기 이후 미국과 영국 등 선진국들은 고용창출 및 수출확대를 위해 해외 생산기지를 국내로 되돌리고자 조세 및 예산상 정책적 지원을 하는 등 제조업 기반 강화[11]에 역점을 두고 있는 반면, 중국 등 신흥국들은 과거 단순조립가공 형태에서 탈피하여 고기술·고부가가치 산업으로 제조업 선진화를 추진[12]함에 따라 글로벌 불균형이 시정되고 있다는 것이다. 이와 같은 변화는 중장기적으로 선진국과 신흥국 간 분업체계 완화를 통해 이들 간의 수출수요의 리밸런싱을 촉진할 것이라고 전망한다.

향후 전망

이와 같이 2008년 위기 이후 글로벌 불균형 완화에는 일시적 요인과 구조적 요인이 혼재되어 있어 향후 추세를 전망하기는 쉽지 않다. 다만 향후 구조적 요인이 강화되면서 글로벌 불균형이 과거와 같이 확대되기는 쉽지 않을 것으로 보인다.

먼저 글로벌 불균형의 핵심국인 중국과 미국에서 변화의 소지가

---

10 중국은 2012년 4월 환율 변동폭 밴드를 ±0.5%에서 ±1%로 확대했다. IMF는 2011년 중국의 GDP 대비 경상흑자가 2007년에 비해 7.3%p 감소한 요인으로 무역가중 실질환율 절상(2008년 이후 14%)이 1.3~2.1%p 정도 기여했다고 분석했다.

11 미국은 2012년 3월 법인세 개혁을 통해 제조업에 대한 실효세율을 25% 수준으로 인하하였고, 영국은 2011년 제조업 육성비전을 발표하고 제조업에 대한 예산 지원을 확대했다.

12 최근 중국의 임금이 빠르게 상승(연간 15%)함에 따라 글로벌 생산지로서 중국의 매력이 감소하고 있으며, 이는 앞으로 중국의 수출규모 증가세 둔화, 흑자규모 감소를 유발할 개연성이 있다고 본다.

보이고 있다. 중국은 수출주도형 성장의 한계를 인식하고 최근 내수와 수출의 '균형성장'을 추진 중이다. 미국에서도 민간부문의 디레버리징 등에 따라 저축이 증가[13]하고 소비가 감소하는 추이를 보이고 있고, 미국정부의 중기 재정건전화 계획도 추진될 전망이다. 그리고 유로존 위기의 근본적 해결을 위한 유로존 차원의 불균형 완화 과정에서 대규모 경상흑자국인 독일[14]의 내수확대 노력도 강화될 전망이다. G20 내에서도 2012년부터 글로벌 불균형 완화를 위한 각국의 '공약이행평가'[15]가 시행됨에 따라 불균형 완화 공약이행을 위한 각국 간의 감시도 높아진 상황이다.

IMF에서는 2016년까지 미국과 중국의 GDP 대비 경상수지 적자와 흑자폭이 확대되지 않을 것으로 전망하고 있다. 그러나 2016년에도 여전히 미국의 적자가 GDP 대비 4%선에 달하면 중국의 흑자도 3~4% 수준에 이를 것으로 보여 양국 간 경상수지 불균형이 지속되고 글로벌 불균형도 쉽게 해결되지 않을 것으로 보인다. 과거 1980년대 이후 3차례에 걸친 글로벌 불균형의 확대에 비추어볼 때 현재 진행 중인 세계경제의 침체가 마무리되고 경기가 다시 활황 기조로 돌아서면 글로벌 불균형이 다시 확대될 가능성이 높다.

---

13 미국 가계저축률 추이: 2006년 0.4% → 2007년 1.3% → 2008년 4.6% → 2009년 5.2% → 2010년 5.3% → 2011년 4.7%

14 독일 경상수지 추이(GDP 대비): 2007년 7.5% → 2009년 5.9% → 2011년 5.7% → 2013년 4.9% → 2015년 4.3% → 2017년 3.6%

15 2010년 서울 G20 정상회의 때 글로벌 불균형 해소를 위한 G20 차원의 약속에 따라 G20의 신뢰성을 확보하고 공약에 대한 회원국의 책임감을 강화하기 위해 재정·통화·환율·구조개혁 등 각국의 기존공약에 대한 이행평가 프로세스를 마련하여 평가 중이다.

∷ G20의 글로벌 재조정 논의

글로벌 불균형이 지속되는 한 세계경제와 국제금융시장의 장기적 안정은 기대하기 어렵다. G20은 2009년 9월 피츠버그 정상회의에서 이 문제를 해결하기 위해 글로벌 재조정(re-balancing)을 주요 논의과제로 선정했다. 미국은 글로벌 재조정을 위해 막대한 경상수지 흑자를 지속하고 있는 중국 위안화 등 주요 흑자국 통화가치의 조정을 요구했다. 미국과 중국 간 위안화 환율에 관한 논쟁이 표면화되면서 글로벌 환율전쟁으로 비화되었다.

미국은 각국이 환율정책과 환율 운용을 잘하고 있는지, 외환보유액 수준은 적정한지, 과도하게 외환보유액을 축적하고 있지는 않은지 감시를 엄격하게 강화해야 한다고 주장했다. 구체적으로는 회원국들의 환율 수준을 평가하는 IMF의 환율평가모형(CGER: Consultative Group on Exchange Rate Issues)[16]을 공개하고, 각국의 환율에 대한 감시를 강화하며 외환보유액의 적정성도 평가하고, 과도한 보유액 축적에 대해 견제하도록 하자는 것이다. 미국은 글로벌 불균형 해소를 위해 각국이 경상수지 흑자와 적자를 자국의 GDP 대비 4% 이내로 제한하는 '경상수지 목표제'를 시행하자고 제안했다. 그러나 이렇게 구체적인 경상수지 목표제를 시행하는 것은 중국과 독일 등이 반대하고 나섰다.

중국 등 신흥국은 환율과 외환보유액 정책의 자율성을 강조하고, 오히려 선진국들의 방만한 통화금융정책으로 인한 글로벌 과잉유동

---

16 IMF가 주요 선진국 환율에 대해 수행하는 평가로서, 1990년대 중반 이후 수행해왔다. IMF는 최근 CGER을 대체하여 회원국의 경상수지와 환율을 평가하는 대외수지평가모델(EBA: External Balance Assessment Methodology)을 개발했다.

성이 신흥국 금융시장 불안을 초래하고 있으므로 선진국들의 통화정책으로 인한 부정적 파급 효과에 대해 IMF 등이 감시를 강화해야 한다고 반격했다.

2010년 11월 서울 G20 정상회의에서는 미국이 제안한 경상수지 목표제 대신 IMF로 하여금 각국의 경상수지 불균형에 대한 조기경보체제를 마련하도록 하고, 다양한 지표들로 구성되는 '예시적 가이드라인'을 마련하여 각국의 불균형을 평가하고 시정 권고를 해나가기로 합의했다. 2011년 4월 파리 G20 재무장관회의에서는 다양한 지표들로 구성되는 구체적인 예시적 가이드라인에 합의하고, 이에 의해 대규모 불균형 징후국으로 미국, 중국, 일본, 독일, 프랑스, 영국, 인도 7개국을 지정했다.

예시적 가이드라인에 환율과 외환보유액을 포함해야 한다는 당초 미국 주장이 중국과 독일의 반대로 무산되고, 결국 경상수지와 무역·서비스수지를 대외불균형 지표로서, 공공부문의 국가채무와 재정수지, 민간부문의 민간부채와 민간저축을 대내불균형 지표로서 활용하기로 했다. 다만 환율·재정·통화 등 제반 정책들을 고려하되, 환율과 외환보유액 등은 보조지표로 활용하기로 했다.

이어서 2011년 10월에 개최된 칸느 정상회의에서는 회원국 간 상호 평가와 IMF의 대외불균형 보고서를 통한 정책 권고를 참고하여 해당국들의 시정조치를 담은 액션플랜이 발표되었다. 여기에는 다음과 같은 내용이 포함되어 있다. 미국은 ① 향후 10년간 4조 달러에 달하는 재정건전화 정책과 GDP 대비 가계저축률 제고를 추진하고, ② 독일은 에너지 관련 법률 개혁 등 경쟁제고 정책과 서비스업 규제 개혁 등 내수확대 조치를 이행하도록 하며, ③ 중국은 사회안전망 강화, 가계소득 증대, 내수 중심의 성장패턴 등을 통해 국내소비를 진작시키고, 환율 유연성 제고 및 외환보유액 축적 속도 완화를 추진해나가며, ④ 한국과 인도네시아는 민간지출 장려를 해나가기로 했다. 특히 인도네시아는 인프라투자를 확대하기로 했다.

2012년 6월 멕시코 로스카보스 정상회의에서는 경상수지 흑자국은 내수를 확대하고 적자국은 저축을 제고하도록 하며, 재정적자국은 공공부문 지출을 줄이기 위해 민간부문으로의 수요전환 노력을 강화한다는 결의를 채택했다. 또한 회원국들이 시장결정적 환율제도로 신속히 이행하고 환율의 유연성을 제고하며, 지속적으로 환율 불균형 상황을 시정하고 경쟁적인 평가절하를 금지하도록 한다는 약속을 재확인하였다. 중국에 대해서는 위안화 유연성을 제고하고 환율정책의 투명성을 높이려는 중국당국의 노력을 평가하면서 지속적으로 환율제도를 개혁하겠다는 중국의 약속을 환영하였다.

아울러 글로벌 재조정 진전을 위해 각국이 추가적인 구조개혁 노력도 지속하기로 하였다.

구체적으로는 ① 미국 등 선진 적자국들은 재정적자를 축소하고 민간저축을 촉진하도록 하며, ② 한국, 독일, 일본 등 선진 흑자국들은 서비스부문을 추가적으로 자유화하고 비효율성 제거를 통해 투자를 촉진하도록 하며, 환경·의료 등 새로운 산업시장 부문을 발전시켜나가도록 했다. ③ 신흥국을 대상으로는 중국의 금리자유화, 브라질의 투자확대 및 터키의 저축률 제고를 촉구하고, ④ 산유국을 대상으로는 재정이 지속가능한 범위 내에서 생산적인 공공투자 및 민간투자를 확대해나가도록 결의했다.

결국 글로벌 불균형 문제를 해결하기 위한 G20 차원에서의 환율

조정이나 외환보유액에 대한 직접통제 등의 합의는 이루어지지 못하고 대신 IMF의 감시활동을 통해 점진적으로 시정해나가는 방식으로 마무리되었다.

글로벌 금융위기를 겪은 후 글로벌 불균형이 다소 축소되었으나, 향후에도 흑자국의 고환율 정책 등 외환시장 왜곡이 지속되고 이들이 대규모 외환보유액을 축적하는 데에 따라 다시 확대될 수 있다. 그러므로 선진국과 신흥국들이 글로벌 불균형의 심각성을 인식하고 환율정책 등에 있어서 서로 공감대를 갖고 강력한 정책 공조를 추진해나가야 글로벌 재조정에 성공할 수 있다. 주요 흑자국들의 환율은 적절히 절상되고, 적자국들의 환율은 절하될 필요가 있다. 흑자국은 환율절상을 통해 교역재에서 비교역재로 자원이전을 촉진하고 구매력과 내수를 증진시켜 흑자폭을 줄일 수 있게 되고, 적자국은 환율절하를 통해 수출을 늘림으로써 경상수지 적자폭을 줄여나갈 수 있다.

세계경제가 지속가능한 성장을 이루기 위해서는 이러한 과정을 통해 글로벌 수요원(sources)을 재조정하고, 더불어 공공부문과 가계부문의 적자를 줄여나가는 노력이 필요하다. 미국 등 적자국은 소비를 위한 수입수요를 줄이고 수출을 증대하는 한편, 아시아 신흥국 및 독일, 일본 등 흑자국은 내수를 확대해야 한다. 아시아 신흥국, 특히 중국은 내수를 진작하기 위한 금융자유화 정책을 지속적으로 추진하고, 사회안전망(social safety net) 확충 등을 통해 높은 저축률을 축소시키기 위한 노력이 필요하며, 아시아 신흥국 및 독일, 일본 등 주요 흑자국들은 비교역재 부문의 생산성을 제고하고 내수로 수요 전환을 촉진해야 할 것이다.

결국 세계경제 불균형의 조정은 과거 플라자 합의 때의 인위적인 환율조정 방식과 달리 다수의 국가 및 지역을 대상으로 한 자발적인 환율조정, 저축과 투자의 갭 조정, 통상압력 등 다양한 경로를 거쳐 지속적이고 동시다발적으로 추진해야 가능할 것으로 보인다.

04
한국의 무역흑자와
글로벌 불균형 문제

한국의 경우 2000년대 이후 수출이 꾸준히 증가하고 무역수지 흑자세도 지속되고 있다. 그러나 수출 지역이 다변화되면서 대미 수출 비중은 과거에 비해 많이 감소했다. 그리고 2002년 이후에는 원화 가치가 지속적으로 절상되는 등 대미 흑자와 세계경제의 불균형을 해소하는 데 상당 부분 부응한 측면이 없지 않다.

우리나라 수출 중 미국이 차지하는 비율은 2002년 20.2%에서 차츰 감소하여 2014년에는 12.3%로 줄어들었다. 대신 중국에 대한 수출 비중은 2002년 14.6%에서 2014년에는 25.4%로 대미 수출을 크게 추월했다. 원/달러 환율도 2002년 말 1달러 대 1,186.2원에서 2006년 말에는 929.8원까지 27.6%나 절상되었다. 2008년 금융위기로 원화가 대폭 절하되었으나 2009년 이후 다시 꾸준한 절상 추세를 보이고 있다. 2014년 말에는 1,099.3원으로 2002년 말 대비 7.9%, 2008년 말 대비 14.6% 절상된 수준이다.

표 3-1 2002~2014년 우리나라 수출 및 상품수지 현황

(억 달러, %)

	2002년	2004년	2006년	2007년	2008년	2009년	2011년	2013년	2014년
수출 총액	1,624.7	2,538.5	3,254.7	3,714.9	4,220.1	3,635.3	5,552.1	5,596.3	5,726.7
대미	327.8	428.5	431.8	457.7	463.8	376.5	562.1	620.5	702.9
(비중)	20.2	16.9	13.3	12.3	11.0	10.4	10.1	11.1	12.3
대중	237.5	497.6	694.6	819.9	913.9	867.0	1,341.9	1,458.7	1,452.9
(비중)	14.6	19.6	21.3	22.1	21.7	23.9	24.2	26.1	25.4
상품수지	149.0	392.8	251.7	328.4	122.0	478.1	290.9	827.8	–
대미	126.3	224.5	185.9	188.0	180.3	199.8	243.1	404.3	–
(비중)	84.8	57.2	73.9	57.2	147.8	41.8	83.6	48.8	–
대중	31.4	130.9	95.7	65.7	49.7	178.9	254.3	476.1	–
(비중)	21.1	33.3	38.0	20.0	40.7	37.4	87.4	57.5	–
원/달러 환율	1,186.2	1,035.1	929.8	936.1	1,259.5	1,164.5	1,151.8	1,055.4	1,099.3
전년 말 대비	10.7	15.2	8.8	−0.7	−25.7	8.2	−1.5	1.4	−4.0

자료: 기획재정부

그러나 상품수지 흑자를 보면 2002년 총 149.0억 달러였고 이 중 대미 상품수지 흑자가 126.3억 달러(84.8%) 상당이었다. 이후 대미 무역수지 흑자가 차지하는 비중은 감소했지만 아직도 우리나라 무역수지 흑자의 절반가량이 미국과의 교역에서 나고 있다. 2013년에는 전체 상품수지 흑자 827.8억 달러 가운데 대미 수지 흑자가 404.3억 달러에 달했다. 이는 미국 입장에서 보면 결코 적은 금액이 아니다. IMF에 따르면 우리나라도 중기적으로 경상수지가 균형 수준에 접근할 전망[17]이지만, 아직 확실하지는 않은 상황이다.

---

17 한국의 경상수지 전망(GDP 대비, IMF): 2012년 1.9% → 2013년 1.5% → 2015년 0.9% → 2017년 0.7%

아울러 우리나라는 미국의 경상수지 적자 확대와 이로 인한 세계 경제 불균형 심화를 유발하고 있는 동아시아 지역의 주요 대미 수출국 중 하나이다. 따라서 중국 등 동아시아 지역을 겨냥한 미국 등 적자국의 글로벌 불균형 조정 압력에 우리나라도 노출되어 있다. 나아가 글로벌 불균형 조정으로 중국 등 주변국의 대미 수출이 감소할 경우에는 우리나라 수출에도 미칠 파급 효과가 작지 않을 것이다.

세계경제의 불균형 조정이 본격화되면 가격(환율)경쟁력에 의지한 수출주도형 성장을 더 이상 지속하기 어려운 만큼 우리 수출상품의 품질 경쟁력을 한층 강화하는 한편, G20을 중심으로 한 글로벌 균형성장 요청에도 부응해나가야 하겠다. 또한 우리 경제의 지속가능성장을 위해서도 점진적으로 수출과 내수 간 '균형 있는 확대'를 추구해야 한다.

국제통화제도,
이대로 좋은가?

적정 환율제도와 기축통화 경쟁

●

현재의 국제환율 시스템은 지속가능한가?

달러 기축통화체제는 지속될 것인가?

새로운 기축통화제도(SDR, 금본위제 등), 그 실현가능성은?

위안화 기축통화는 가능한가?

소규모개방경제와 변동환율제, 대외균형의 관계는?

한국의 바람직한 환율제도, 환율정책은 무엇인가?

고환율정책은 한국경제의 약인가? 독인가?

원화절상 억제, 정부는 미다스의 손인가?

엔화가치 하락은 한국산업의 독약인가?

경상수지 대규모 흑자, 어떻게 볼 것인가?

01
환율과 경제

:: 환율 입문

환율의 기본 개념과 표시방법

환율은 자국 통화와 외국 통화의 교환비율이다. 즉 외국 통화로 표시
한 자국 통화의 가치인 셈이다. 따라서 환율은 기본적으로 외국 통
화의 수요와 공급에 의해서 결정된다. 환율은 보통 기축통화인 미국
달러를 중심으로 1달러당 원화 금액으로 표시한다. 즉 원화 환율이
현재 1,100원이라 표시하면 1달러당 원화가 1,100원이라는 뜻이다.
그러나 원화 가치를 따질 때는 원화를 중심으로 다른 통화의 값을
계산해야 하므로 1원은 약 0.0009달러가 된다. 그 때문에 미국달러
기준으로 표시된 원화 환율이 상승하면 원화 가치는 떨어지며, 원화
환율이 하락하면 원화 가치가 상승한다.

또한 환율이 변동할 때 변동률은 달러 중심 환율의 변동치가 아니

라 원화 가치 중심으로 계산해야 한다. 즉 원화 환율이 1,000원(A)에서 1,100원(B)이 되었을 때 원화 가치 변동은 다음과 같이 계산한다.

원화 가치 변동＝(1/B−1/A)/1/A＝(A−B)/B＝−0.09090

즉 10% 절하된 것이 아니라 약 9.1% 절하되었다. 그러나 유로화와 영국 파운드화는 자국 통화를 중심으로 환율을 표시한다. 따라서 유로화 환율이 현재 1.3500이라고 하면 1유로가 1.3500미국달러가 되는 것이다.

환율의 결정 요인

환율을 결정하는 요인은 여러 가지이다. 먼저, 경제적 요인으로는 경제성장, 물가, 통화량, 금리 등을 들 수 있다.

① 경제성장률이 높아지면 수입이 늘어나서 환율이 상승(원화 가치가 하락)한다.

② 물가가 상승하면 수출은 감소하고, 수입이 늘어나서 환율이 상승한다.

③ 통화량이 증가하면 원화 가치가 하락하여 환율이 상승한다.

④ 이자율이 올라가면 외국자본이 유입되어 환율이 하락(원화 가치가 상승)한다.

다음으로, 경제·사회적 요인에 의해서도 환율이 변동한다.

① 정치사회가 안정되면 환율이 안정(하락)되고, 불안하면 환율이 상승(원화 가치가 하락)한다.

② 국제정세가 불안해지면 안전자산 선호 현상(flight to safety)이
   나타나 환율은 상승한다.

환율이 경제에 미치는 영향

환율이 상승 또는 하락하면 수출입과 물가, 외채부담 등 경제에 긍정
적 효과와 부정적 효과가 혼재되어 나타난다. 환율이 하락(원화 가치가
절상)하면, 대표적으로 다음과 같은 영향이 나타난다.

① 수출채산성이 악화되어 수출은 감소하고, 수입품가격은 하락하
   므로 수입은 증가한다.
② 국내물가는 수입원자재가격이 하락하므로 물가안정 효과가 나
   타난다.
③ 한편 외채상환 측면에서는 원화 환산 외채가 감소한다.

반대로 환율이 상승(원화 가치가 절하)하면 다음의 영향이 나타난다.

① 수출채산성이 호전되어 수출이 증가하고, 수입품가격은 올라가
   므로 수입이 감소한다.
② 원자재가격이 올라가므로 물가가 상승한다.
③ 외채상환 측면에서는 원화 환산 외채가 증가한다.

따라서 환율이 올라가면 좋고, 내려가면 나쁘다고만 할 수는 없다.
환율의 상승과 하락은 각각 긍정적 효과와 부정적 효과를 모두 가지
고 있기 때문이다. 결국 그 나라의 경제 기초여건에 비추어 적정 수
준의 환율을 유지하는 것이 중요하다.

적정 환율 수준 판단 기준

적정 환율 수준 판단에는 다양한 방식이 존재하므로 일률적으로 판단하기는 곤란하다.

먼저 실질실효환율(REER: Real Effective Exchange Rate)지수가 있다. 이는 주요 교역 상대국과의 교역 비중, 물가 수준 등을 고려하여 산정한 환율지수로서 상대적인 적정 환율 수준을 판단하는 데 유용하다. 특정 연도를 기준(100)으로 하여 이보다 높으면 고평가, 낮으면 저평가된 것으로 본다. 그러나 이 지수도 기준 연도를 언제로 설정하느냐에 따라 결과가 다르게 나오는 한계가 있다.

다음으로 기업의 손익분기점 환율이 있다. 이는 제조업체 또는 수출업체를 대상으로 설문조사를 하여 수출의 손익분기점을 집계하는 방식인데, 이것도 조사 대상 기업의 선정, 조사의 전문성과 신뢰성에서 문제가 있다.

우리나라에서 기업의 손익분기점 환율은 전국경제인연합회, 한국무역협회 등이 기업들을 대상으로 조사하여 발표하는데, 조사 시점뿐만 아니라 대기업과 중소기업, 수출기업과 내수기업 등 조사 대상에 따라 다르고, 산업별, 지역별로도 다르므로 일관성과 정확성에 한계가 있다.

그 밖에도 한 나라의 거시경제 변수, 재정정책이나 사회복지 정책 등 여러 가지 변수를 활용한 거시계량 모형을 만들어 환율 수준의 적정성을 평가하거나 경상수지 균형 환율 수준을 측정하는 방법 등이 있다.

:: 다양한 환율제도

변동환율제

변동환율제(free floating system)는 환율이 시장의 외환 수요와 공급에 의해 결정되는 것을 기본으로 하되, 그 밖에 시장 참여자의 기대와 정부의 미세조정 개입(smoothing operation)이 환율에 영향을 주기도 하는 제도이다. 장점은 대외거래에 있어서 가격 변수인 환율의 조정으로 경상수지 적자나 흑자 등 대외불균형을 시정할 수 있고, 통화당국이 독자적인 통화정책을 시행할 수 있다는 점이다. 반대로 단점은 대내외 상황에 따른 환율의 급변동 시에 경제 기초여건에서 괴리될 수 있으며, 안정적 대외교역이나 투자 환경을 해칠 수 있다는 점이다.

고정환율제

고정환율제(fixed system, pegging system)는 정부가 설정한 기준값에 의해 환율이 결정되며, 환율의 변동폭도 일정 범위 내로 제한하는 제도를 말한다. 보통은 환율이 상하 변동 한계에 도달할 때 정부가 개입한다. 고정환율제의 장점은 안정적인 무역·투자 환경을 제공하고, 물가안정에도 유리하다는 점이다. 반대로 단점은 정책당국이 인위적으로 환율을 고정시키기 위해 외환시장에 개입하는 과정에서 중앙은행의 본원통화가 변동되므로 통화정책의 독자성이 상실된다는 점이다. 또한 환율이 경제 펀더멘털과 크게 괴리되면 환투기와 외환위기가 나타날 위험이 있다.

변동환율제와 고정환율제의 중간적인 제도

위와 같은 양극단의 제도 이외에도 다양한 환율제도가 있는데, 대표적인 것으로는 관리변동환율제(managed floating system)를 들 수 있다. 이것은 기본적으로는 변동환율제이면서도 조정이 필요할 때 외환당국이 능동적으로 외환시장에 개입하여 환율을 조정하는 제도이다.

그 외로는 목표환율대(target zone)제도가 있는데, 이것은 정부가 기준 환율과 변동 범위를 사전에 설정하여 이 범위 내에서 환율을 관리하는 방법이다. 그리고 환율이 정부당국에 의해 사전에 설정된 지표(예: 물가 수준 등)에 연동하여 주기적으로 변동하는 지표연동제(Crawling)도 있다.

보다 강력한 형태의 고정환율제

보다 강화된 교정환율제로 통화위원회제도(currency board system)가 있는데, 법으로 고정환율을 강제로 유지시키고 통화당국이 외환의 수급을 조정하여 일정 수준을 유지하는 제도이다. 이것은 홍콩 등에서 채택하고 있는 제도로서, 국내통화량이 중앙은행의 외환시장 수급 조절에 의해 자동 결정된다. 이 제도는 외환보유액을 적어도 국내통화량 이상 보유하도록 강제한다. 따라서 중앙은행은 자율적인 통화정책을 수행할 수 없다.

그 외 현재 EU의 통화통합(currency union)에 의한 단일통화제도나 달러를 자국 통화로 사용하는 달러화(dollarization)제도 등이 있다. 이는 자국 통화 사용을 포기하고 기축통화인 달러 또는 유로 등을 사용하는 제도이다.

표 4-1 환율제도의 종류

변동성	구분	IMF 분류	비고
변동성 큼	순수한 의미의 변동환율제	자유변동환율제도 (Independently floating)	변동환율(Free floating) 또는 클린 플로트(Clean float)
	고정과 변동의 혼합(hybrid) 환율제	관리변동환율제도 (Managed floating)	더티 플로트 (Dirty float)
		크롤링 밴드제도 (Crawling band)	지표연동제
↕		크롤링 페그제도 (Crawling peg)	
		밴드 페그제도 (Band peg)	목표환율대 또는 밴드 내 변동제(Floating within a band)
	전통적 의미의 고정환율제	고정환율제도 (Fixed peg)	조정가능고정환율제 (Fixed but adjustable)
고정성 큼	보다 강화된 고정환율제	통화위원회(Currency board)	
		통화통합(Dollarization)	

자료: IMF

적정 환율제도의 채택

그러면 적정 환율제도란 무엇인가? 위와 같이 다양한 환율제도 속에서 자기 나라에 가장 적합한 환율제도를 선택하기란 쉽지 않다. 보통 IMF 회원국들은 변동환율제를 채택하는 것이 일반적이나 각국은 자국 사정에 맞는 환율제도를 선택할 수 있다. 현재까지 논의된 바에 따르면 모든 나라 모든 경우에 최적인 하나의 환율제도는 없다고 하겠다. 즉, 변동환율제와 고정환율제 모두 각기 다른 장단점을 갖고 있으며 이에 따라 많은 나라들이 변동환율제와 고정환율제를 반복하여 채택해왔다.

여기서 중요한 점은 각국이 자기 나라의 거시경제 및 금융통화정책, 대외정책을 고려하여 적합한 환율제도를 선택하고 거시정책과 조화롭게 운용해야 한다는 점이다. 즉 국제자본이동이 증가하고 있는 상황에서 자본자유화가 진전된 신흥시장국이 고정환율제나 지나치게 경직적인 환율제도를 운용하는 것은 쉽지 않다.

동시에 소규모 개방경제는 지나치게 과도한 환율 변동의 부작용도 고려해야 한다. 자본자유화가 된 상태에서 독자적인 통화정책을 운용하고자 하는 소규모 개방경제는 환율을 시장의 수급에 맡기는 변동환율제를 채택하는 것이 바람직하다. 거시경제 균형이 무너질 정도로 경상수지 흑자나 적자폭이 확대되거나 단기투기 세력의 공격으로 외환시장 혼란이 예상될 때에만 제한적으로 정부가 시장에 개입하여 환율안정을 기할 필요가 있다. 그러나 대내외 충격으로 단기 외화자금이 빠져나가거나 환율이 급상승할 경우에도 외환보유액을 소진할 정도로 무리하게 시장에 개입하면 외환위기를 초래하게 되므로 매우 조심해야 한다.

불가능한 삼각관계

환율제도를 선택할 때 참고해야 할 주요 원칙으로는 자본자유화와 통화정책, 그리고 환율의 안정성에 관한 '불가능한 삼각관계(Impossible Trinity)'[1] 이론이 있다.

이 이론은 먼델-플레밍(Mundell-Flemming)이 주장한 경제이론으로, 자본자유화, 환율안정, 그리고 통화정책의 독자성이라는 세 가지

---

1 Robert A. Mundell (1963). "Capital mobility and stabilization policy under fixed and flexible exchange rates". *Canadian Journal of Economic and Political Science* 29 (4): 475–485. Reprinted in Mundell, Robert A. (1968). *International Economics*. New York: Macmillan.

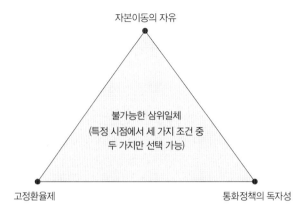

자본이동의 자유

불가능한 삼위일체
(특정 시점에서 세 가지 조건 중
두 가지만 선택 가능)

고정환율제   통화정책의 독자성

정책목표는 동시에 달성할 수 없으며, 최소한 하나의 희생 아래 두 가지 정책목표만이 달성 가능하다는 이론이다.

즉 완전한 자본자유화가 이루어진 국가에서 환율이 외화의 유출입에 따라 시장에서 자유롭게 결정되도록 운용할 경우에는 통화정책을 독자적으로 수행할 수 있다. 이 경우는 미국, 영국, 일본 등 주요 선진국과 같이 환율이 시장에서 자율적으로 결정되도록 하되, 자본자유화와 통화정책의 독자적 수행이라는 두 가지 정책목표를 달성하는 경우이다.

그러나 자본자유화를 채택한 국가가 고정환율제 또는 사실상 정부가 외환시장에 개입하여 환율을 고정시키는 관리변동환율제를 운용할 경우에는 외환시장의 외환수급 불균형을 중앙은행이 개입하여 조절해야 하므로 통화정책의 독자성을 포기할 수밖에 없다. 아르헨티나, 홍콩 등은 통화정책의 독자성을 희생하고 자본자유화와 환율 안정의 두 가지 정책목표를 추구하는 경우이다.

02
국제통화제도의
변천

:: 브레턴우즈체제 이전[2]

1944년의 브레턴우즈체제 이전의 국제통화제도는 1816년 영국에서 시작된 금본위제도(gold standard system)[3]이다. 금본위제도는 통화의 표준단위가 일정한 무게의 금(金)으로 정해져 있거나 일정량의 금의 가치에 연계되어 있는 화폐제도이다. 영국에서 처음으로 시행된 금본위제도는 1816년부터 1차 대전이 일어난 1914년까지 약 100년간 시행되었다. 이 기간에는 금과 영국 파운드화가 세계 기축통화 역할을 했다.

---

2 브리태니커 참조.

3 금본위제는 국제 금본위제와 국내 금본위제가 있다. 국제 금본위제하의 국내 금본위제도에서는 금화(金貨)를 법정화폐로 통용하거나, 지폐를 일정한 비율로 자유롭게 금과 태환할 수 있다. 국제 금본위제는 국내 금본위제가 존속하지 않을 때에도 실시될 수 있는데, 이와 같은 국제 금본위제도에서는 금 또는 금 태환 화폐를 국제결제의 수단으로 사용한다. 이러한 제도 아래서 국가 간의 환율은 고정적이다. 만약 두 나라 사이의 환율이 두 나라 사이의 금 수송 비용을 초과할 정도로 고정 화폐주조율보다 상승하거나 하락할 경우에는, 환율이 공식적인 수준으로 회복될 때까지 대량의 금이 해외로 유출되거나 국내로 유입되는 현상이 발생한다.

그러나 완전한 금본위제도가 시행된 것은 1870년대부터 제1차 세계대전이 발발한 1914년까지의 약 45년간이었다. 이때 실시되었던 완전한 국내·국제 금본위제에서는 금을 같은 무게의 금화로 바꿀 수 있었고, 또 금화를 녹여 같은 금액의 금을 얻을 수도 있었다. 따라서 금화나 금괴의 수출입이 자유로웠다.

제1차 세계대전 이후 1919년부터 1926년까지 대부분의 나라에서는 더 이상 금화가 일반적으로 유통되지 않았다. 대신 금환본위제가 광범위하게 시행되었다. 1927년경에 국내·국제 금본위제가 부활했으나 1930년대 대공황 이후 경제 침체기를 거치는 동안 다시 무너졌다. 그리고 1937년 무렵에 이르자 모든 나라들이 금본위제를 폐기하였다.

금본위제의 장점은 두 가지가 있는데 첫째는 정부나 은행이 과도하게 지폐를 발행해 물가를 상승시킬 수 있는 가능성을 줄여주는 것이다. 둘째는 각국이 고정환율제를 채택해 국제무역이 안정적으로 이루어지게 돕는 것이다.

반면 금본위제의 단점으로는 다음 세 가지를 들 수 있다. 첫째는 화폐를 공급할 때 충분한 유연성을 보이지 못한다는 점이다. 즉, 새로 캐내는 금의 공급량이 화폐 공급에 대한 세계경제의 수요를 충족시키지 못하기 때문이다. 둘째는 한 국가가 세계적인 경기침체나 인플레이션의 영향을 차단하고 자국 경제를 완전히 분리시켜 보호하는 것이 불가능하다는 점이다. 셋째는 실업률이 증가하고 경제성장률이 감소하는 현상이 발생할 때마다 지불능력이 없는 나라에서는 경기조절 과정이 길고 고통스러워질 수 있다는 점이다.

∷ 1944년 브레턴우즈체제의 탄생

1929년 세계 대공황 이후 제2차 세계대전 종전 무렵까지 국제통화제도는 고정환율제, 관리변동환율제 등이 섞여 있는 혼란기를 거쳤다. 결국 1944년 제2차 세계대전 종전을 앞두고, 주요 선진국들은 국세환율안정과 국세금융질서의 건전한 발전 등을 도모하기 위하여 브레턴우즈체제를 발족시켰다.

브레턴우즈체제의 기본골격은 미국달러를 기축통화로 하는 금환본위제의 도입과 IMF의 창설이라고 하겠다. 처음에는 금 1온스의 가격을 기축통화인 미화 35달러로 고정하고, 달러화와 금의 무제한 태환을 보장하는 금환본위제를 시행했다. 모든 가맹국은 자국 통화가치를 미국달러화에 고정한 기준 환율을 정하고, 환율을 평가가치(par value)⁴의 상하 1% 범위 내로 유지하는 고정환율제를 채택하도록 하는 것이다. 그리고 가맹국의 국제수지 적자가 확대되면 이를 조정하기 위한 장치로서 IMF를 설립하였다.

미국의 막강한 경제력을 바탕으로 설립된 브레턴우즈체제는 1960년대 이후 세계경제가 기조적으로 변화하자 위기에 봉착하였다. 즉, 독일과 일본경제의 부상으로 세계경제에서 미국이 차지하는 위상이 상대적으로 약화되고, 이들 국가와의 무역거래에서 적자가 누적되어 미국의 금 보유액이 줄어들자 달러화의 금 태환에 대한 불안이 야기되었다. 급기야 미국의 금 준비가 미국 공적 대외채무의

---

4 평가가치(平價, exchange parity)란 각국 통화의 대외적 가치를 표시하는 기준을 말한다. 브레턴우즈체제에서는 IMF 가맹국의 평가 설정을 의무화하고, 그 평가는 공통척도로서 '금 또는 달러(금 1트로이온스=35달러)'와의 교환비율로 표시하게 돼 있다. 그러나 1971년 8월 이른바 닉슨 쇼크에 의해 종래의 국제통화제도가 붕괴됨과 동시에 IMF의 평가는 실질적인 의의를 상실했다.

4분의 1에 불과하게 되어, 1971년 8월 닉슨 미국 대통령은 달러화의 금 태환 정지를 선언하였다.

달러화의 금 태환 정지 선언에 따른 국제금융체제의 혼란을 수습하기 위해 선진 10개국 재무장관과 중앙은행 총재는 1971년 12월 스미소니언(Smithonian)협정을 체결하였는데 이를 스미소니언체제라 한다. 스미소니언협정에 의해 미국달러화의 교환가치를 금 1온스당 35달러에서 38달러로 평가절하하고, 각국 통화의 환율 변동폭도 평가가치의 1%에서 2.25%로 확대하였다. 그러나 스미소니언체제 이후 국제통화제도에 대한 불안으로 각국 통화에 대한 국제자본의 투기적 공격이 확대되었다. 이에 따라 영국이 1972년 6월, 일본이 1973년 2월에 변동환율제로 이행하였다. 결국 1973년 3월에 유럽공동체(EC) 회원국들이 공동 변동환율제를 채택하자 지난 20년간 국제통화체제로 자리를 유지해오던 브레턴우즈체제가 사실상 붕괴했다. 1976년 1월, IMF는 주요국의 변동환율제로의 이행을 공식적으로 추인하고 모든 회원국에 대해 자국의 환율제도를 자유롭게 선택할 수 있도록 허용하는 이른바 '킹스턴체제'로 이행하게 되었다.

∴ 브레턴우즈체제 붕괴 이후 주요국의 환율제도 변화

미국, 영국, 일본 등 선진국의 환율제도

미국, 영국, 일본 등은 킹스턴체제 이후 변동환율제를 운용해오고 있으며, 캐나다, 호주, 뉴질랜드, 스위스 등 선진국도 비교적 오랫동안 변동환율제를 운용해오고 있다. 하지만 그동안 선진국들의 변동환율

브레턴우즈체제(Bretton Woods System)

제2차 세계대전 종전 직전인 1944년 미국 뉴햄프셔 주 브레턴우즈에서 연합국 44개국이 참가한 통화금융회의에서 체결된 국제통화협정에 따라 출범한 국제통화체제이다. 이 협정에 따라 국제통화기금(IMF)과 국제부흥개발은행(IBRD)이 설립되었다. 국제 통화가치 안정, 무역 진흥, 개발도상국 지원을 목적으로 하며 환율을 안정시키는 것이 주요한 목표였다.

① 미국달러화를 기축통화로 하는 금환본위제도를 실시했다. 금 1온스를 35미국달러로 고정시키고, 그 외에 다른 나라의 통화는 달러에 고정했다.

② 조정 가능한 고정환율제도를 실시했다. 원칙적으로는 상하 1% 범위 내에서 조정이 가능하며, 국제수지의 근본적인 불균형(fundamental disequilibrium)이 있는 경우에만 예외적으로 그 이상의 변동을 허용했다.

③ 특별인출권(SDR: Special Drawing Right)을 창출했다.

④ 1930년대 이래의 각국 통화가치 불안정, 외환 관리, 평가절하 경쟁, 무역거래 제한 등을 시정하여 국제무역의 확대, 고용 및 실질소득 증대, 외환의 안정과 자유화, 국제수지 균형 등을 달성할 것을 목적으로 체결했다.

⑤ 각국에 필요한 외화를 공급하는 국제통화기금과 전후 부흥과 후진국 개발을 위한 세계부흥개발은행을 창설했다.

⑥ 1971년 12월 스미소니언 협정으로 이행하여 변질된 형태로나마 이어지던 브레턴우즈체제는 1973년 초 주요국이 환율을 자유 변동시킴으로써 붕괴했다. 그 후 IMF체제는 그동안 브레턴우즈체제가 가지고 있던 금환본위제라는 기본 개념에서 크게 변질돼 새로운 국제통화제도로 모습을 바꾸었다. 이 체제가 지속되는 동안 미국과 유럽 등 제1세계 국가들은 자유무역을 기반으로 기록적인 고도성장을 이루었다.

미국달러의 위기

제2차 세계대전 후 압도적인 금 보유를 배경으로 미국달러는 국제통화로서 절대적 우위를 차지했고, IMF체제하에서도 달러는 금의 대리(代理)라는 탁월한 지위를 인정받아왔다. 그러나 1950년대 말부터 독일, 일본 등이 눈부신 경제성장을 이뤘던 데 반해 미국경제는 정체되었다. 만성적인 국제수지 적자 누적으로 미국의 금 준비가 줄어들고 단기대외채무가 크게 늘어났다.

브레턴우즈체제 붕괴

미국은 베트남전쟁 등으로 국제수지 적자가 늘어나고 전비 조달용 미국 통화가 증발되어 인플레이션이 나타났다. 이에 따라 달러 가치가 급락하였다. 그러자 일부 국가들이 금 태환을 요구하였고, 결국 닉슨 미국 대통령은 1971년 8월 15일 '금 태환 정지'를 선언하기에 이른다. 이른바 '닉슨조치'라고 불리는 이 선언은 달러 위기 타개를 위해 필요한 조치였지만, 이로 인해 브레턴우즈체제가 붕괴되고 국제통화제도는 혼란에 빠지게 되었다.

신브레턴우즈체제 논의

브레턴우즈체제 붕괴 이후 각국은 다양한 환율제도를 채택해오고 있다. 1997년에는 아시아 외환위기로 생긴 국제통화제도의 불안정을 개선하고자 신브레턴우즈체제가 논의되었다. 당시 유럽연합 순회의장국인 프랑스의 사르코지 대통령과 영국의 고든 브라운 재무장관이 새로운 국제통화제도 창설을 제안했으나 가시적인 결실은 얻지 못했다.

글로벌 금융위기 직후 2008년 11월 15일 미국 워싱턴에서 G20 긴급정상회의가 열렸다. 당시 각국 정상들은 금융규제감독 강화와 경기부양에 관한 원칙들에는 합의했으나 새로운 국제통화체제나 초국가적 금융감독기구 창설에 대해서는 합의를 이루지 못했다. EU는 새로운 국제통화체제 설립에 긍정적이었지만 미국은 자국의 세계 금융주도권이 약해질 수 있다는 이유로 부정적인 입장이었다.

자료: 위키백과 참조

제 운용 성과를 간단히 평가하기란 쉽지 않다.

일반적으로 변동환율제는 시장의 외환수급에 의해 환율이 결정되므로, 환율의 가격기능에 의해 대외무역 불균형을 시정하는 데 있어 경직적인 고정환율제나 불투명한 관리변동환율제보다 효율적인 환율 시스템으로 알려져 있다. 사실 변동환율제가 이론대로 운용된다면 그와 같은 기능을 수행해야 하는 것이 맞다. 국제무역에 참여하고 있는 모든 나라들이 완전 변동환율제를 시행하고 있다면 환율이 국제무역 불균형을 조정하는 역할을 할 수 있다.

그러나 변동환율제하에서 환율은 경상거래뿐만 아니라 자본거래에 의해서도 큰 영향을 받기 때문에 국제무역 불균형을 시정하는 데 한계가 있고, 빈번한 환율 변동은 금융시장 불안을 야기한다. 그래서 변동환율제를 채택하고 있는 나라들도 완전히 환율을 시장에만 맡기는 경우는 드물다. 따라서 어떤 전문가들은 변동환율제에 대하여 환율 변동성이 크게 확대되는 현상은 가시적으로 나타나는 반면, 그것이 가져오는 무역역조나 거시경제 불균형의 시정 및 자동조절 효과는 불확실하다고 평가한다.

킹스턴체제 이후 주요 선진국들이 변동환율제를 채택해왔지만 미국의 적자가 심화되자 미국은 1985년 '플라자 합의'[5]를 통해 일본 엔화 등 흑자국들의 통화를 인위적으로 대폭 절상하도록 요구했다. 이후 미국 무역수지는 다소 개선되었으나 수출에 의존하던 일본과 독일경제는 어려워졌다. 특히 일본경제가 어려워지자 1995년에는 플라

---

5 1985년 미국, 프랑스, 독일, 일본, 영국 재무장관들이 뉴욕 플라자호텔에서 '외환시장 개입에 의한 달러화 강세 시정'을 결의한 역사적 사건이다. 합의 이후 2년간 엔화와 마르크화는 달러화에 대해 각각 65.7%와 57% 절상되었다.

자 합의와는 반대로 엔화의 평가절하를 허용하는 G7 간 합의('역플라자 합의'라고도 한다)가 이루어졌다. 이후 미국 등의 묵인하에 일본은 외환시장에 자주 개입했고, 이 때문에 1990년대 중반 아시아 인접 국가들의 국제수지 적자가 확대되어 1997년 아시아 외환위기의 단초를 제공했다는 비난이 일었다.

변동환율제하에서도 중장기적으로 무역 불균형이 확대되거나, 환율이 경제 기초여건과 괴리되는 상황이 벌어질 수 있다. 이로 인해 플라자 합의나 역플라자 합의 같은 집단적, 일시적 국제환율 조정이 필요한 상황도 생긴다. 따라서 일부 선진국들은 변동환율제하에서 과도한 환율 변동에 따른 거시경제의 충격을 줄이기 위해 교역상대국을 다변화하여 안정적인 수출 여건을 확보하려고 노력한다. 또한 자국 경제의 수출의존도를 줄임으로써 경제의 안정성을 도모하려는 노력도 기울이고 있다.

유럽경제통화동맹(EMU)의 탄생

유럽에서는 1969년 처음 유럽경제통화동맹 창설 시도가 이루어졌다. 유럽위원회(European Commission)[6]는 회원국의 경제정책 조정과 통화협력 강화를 발의하고, 이에 따라 유럽이사회(European Council)는 1969년 12월에 당시 룩셈부르크의 베르너(Pierre Werner) 수상에게 검토를 의뢰하였다. 이에 따라 1970년 10월 '베르너 보고서'가 나왔다. 이 보고서는 유럽 차원의 거시경제정책 조정 및 통화가치 안정을 위

---

[6] 유럽위원회는 EU(당시 EEC)의 초국가적 독립집행기구이다. 회원국들이 임명하는 5년 임기의 위원으로 구성되며 EU 회원국 정부대표로 구성되는 유럽이사회에 공동체의 법안을 발의하고 공동체 조약이행을 감시한다.

한 최초의 보고서로서, 유럽 단일통화 창설을 목표로 한 유럽경제통화동맹 계획의 출발점이라 할 수 있다. 이로부터 통화가치 안정을 위한 '스네이크제도(snake system)'가 출범하게 되었다.

1972~1978년: 유럽 스네이크제도

1971년 브레턴우즈체제가 무너지고 나서 1972년 유럽은 안정적 지역환율제도로서 '스네이크제도'를 창설했다. 이 제도는 유럽 통화 간의 제한된 고정환율제도로서 미국달러화를 중심으로 각 회원국 통화 간 변동폭을 일정한 환율 범위 내로 제한하여 움직이는 제도이다.

이 제도는 역내국 통화의 대미달러 환율 변동폭을 스미소니언체제에 따라 ±2.25%로 유지하되, 역내국 통화 간 변동폭은 절반 수준인 ±1.125%의 밴드 내로 제한토록 하고, 중심환율이 이 제한폭을 벗어나면 회원국 중앙은행들이 자동으로 개입하여 이 변동폭을 유지하도록 하는 지역환율체제이다. 처음에는 독일, 프랑스, 이탈리아, 벨기에, 네델란드, 룩셈부르크 등 6개 회원국이 참가하여 운용했으나, 후에는 영국, 아일랜드, 덴마크, 노르웨이 4개국이 참여하였다. 그러나 1973년 제1차 석유파동으로 인해 회원국들의 경기침체와 경상수지 악화로 일부 회원국들이 탈퇴하면서 제대로 작동되지 못했다.

1979년~1980년대 후반: 유럽통화제도

스네이크제도가 실패로 끝나면서 1979년 3월 유럽공동체(EC: European Community)[7] 회원국들은 보다 강력한 환율안정 방안인 유럽통화제도(EMS: European Monetary System)를 창설했다. EMS는 유럽 경제·통화통합을 위한 사전단계로서 유럽통화단위(ECU: European

Currency Unit)[8]와 환율 조정기구인 유럽환율조정제도(ERM: European Exchange Rate Mechanism)[9]를 근간으로 하는 제도이다.

EMS와 스네이크제도의 차이점은 ① 공동회폐인 ECU를 창출하고, ② 스네이크제도 대신 역내 환율 조정기구인 ERM을 구축, 운용한 것이다. EMS는 미국달러 대신 ECU를 중심으로 환율 변동(±2.25%)을 허용하되, 회원국 환율이 허용폭을 벗어나면 중앙은행이 의무적으로 개입하게 했다. 또한 외환시장 개입에 필요한 자금은 가맹국 간 신용지원제도를 통해 지원했다.

EMS는 1980년대 후반까지는 대체로 성공적으로 운용되었다고 평가된다. 그러나 제2차 석유파동 등을 거치면서 회원국 간 정책 갈등이 증폭되고, 여러 차례 환율 변동폭을 조정하는 등 불안한 모습을 보이면서 유럽경제통화동맹(EMU: European Economic and Monetary Union) 구상으로 넘어가게 된다.[10]

---

7 유럽경제공동체(EEC)의 후신으로, 1967년에 유럽원자력공동체(Euratom)와 유럽석탄철강공동체(ECSC)가 추가 통합되어 설립된 기구이다. 1958년 EEC 출범 시 프랑스, 서독, 이탈리아, 벨기에, 네덜란드, 룩셈부르크 등 6개국으로 구성되었으며 1973년 영국, 아일랜드, 덴마크가, 1981년 그리스가, 1986년 스페인과 포르투갈이 가입함으로써 12개국체제가 되었다. EC는 로마조약의 규정에 의해 ① 역내 국가 간 관세 및 수출입 제한 철폐, ② 대외 공통관세 설정과 공동 통상정책 수립, ③ 농업, 운수, 경쟁 제한 등에서의 공통정책 작성, ④ 노동력, 자본이동, 기업 설립 등의 자유화, ⑤ 유럽투자은행의 설립 등을 단계적으로 추진했다. EC의 기구로는 최고결정기관인 각료이사회를 비롯하여 유럽의회, 사법재판소, 유럽위원회 등이 있다(1958년 EEC→1967년 EC→ 1993년 EU).

8 참가국 경제력을 감안한 가중치로 결정된 유럽공동체 통화단위로서 1979년 3월 13일 도입돼 1999년 1월 1일 유로화로 대체되기 전까지 회원국의 공동화폐로 기능했다. 도입 당시 1ECU는 약 1.35달러였다.

9 1979년 3월 13일 EC가 EMS의 일환으로서 회원국 간 환율안정을 위해 도입한 제도이다. ERM 체제하에서 각국 통화 환율은 ECU를 중심으로 영국 파운드화와 이탈리아 리라화가 상하 6%, 그 밖의 통화는 상하 2.25%의 변동폭을 허용하였다. 이 ERM에는 독일 마르크화가 30% 이상의 비중을 차지하여 유럽통화 간 가치 결정에 막강한 영향력을 발휘하였다. ERM은 1999년 1월 1일 EU의 통화통합까지 운용되었다.

10 1992년에는 영국 및 이탈리아가 ERM을 탈퇴하는 사태가 발생하게 되었다.

1989년 이후: 유럽경제통화동맹

1980년대 중반 EC 회원국들은 EMS 성과를 바탕으로 지역경제통합에 대한 공감대를 넓혀가게 되었다. 당시 지역통합의 핵심인 유럽 단일시장 창설을 논의하면서 통화통합이 필수적인 과제로 등장했다. 1989년 4월 당시 EC 집행위원장인 들로르(J. Delors)가 중심이 되어 '유럽통화계획 수립을 위한 위원회'를 구성하여 이른바 '들로르 보고서'를 제안하였다.

이 보고서의 원칙을 명문화한 유럽연합조약(Treaty on European Union)은 EMU 창설과 단일통화 도입을 위한 3단계 일정을 제시했다. 1990년 7월 1일부터 1993년 12월 31일까지 1단계에서는 자본거래 자유화와 회원국의 경제정책 수렴을 추구하고, 1994년 1월 1일부터 1998년 12월 31일까지 2단계에서는 유럽통화기구(EMI: European Monetary Institute)를 설립하여 단일통화 도입에 필요한 유럽중앙은행(ECB)을 만들면서 EMU 출범을 준비하자는 것이었다. 마지막으로 1999년 1월 1일부터 통화통합 완결까지 3단계에서는 단일통화를 도입, 회원국 간의 환율을 동결하고 공동통화정책을 시행하는 것이었다.

이 로드맵에 따라 EC는 1993년 11월 유럽 단일시장을 발족시켰고, 공식 명칭을 유럽연합(EU: European Union)으로 정했다. 현재 유로화는 유로존 가입국 19개국과 비가입국 9개국에서 사용되며, 이 국가들을 통틀어 EU라고 부른다. 이는 1970년 베르너 보고서 출현 이후 약 30년 만에 유럽 지역 내 통화통합이 성공적으로 마무리된 것으로서, 국제통화금융사에 획기적인 성과로 기록될 만한 일이었다.

1991년 12월 EC 회원국들은 들로르 보고서를 기초로 한 유럽연합조약, 일명 마스트리히트조약(Maastricht Treaty)에 합의하고, 1999년 1월까지 EMU를 창설하기로 결정하였다.

1993년 10월까지 각국이 마스트리히트 조약에 대한 비준을 완료하고, 1993년 11월 1일 이 조약이 정식으로 발효됨으로써 EU가 출범했다. 아울러 유럽 통화통합이 본격적으로 추진되었다. 1994년 1월에는 EMI가 설립되어 ECB와 유럽중앙은행제도(ESCB: European System of Central Banks) 발족을 위한 준비업무를 시작하였다.

1995년 12월, 마드리드에서 개최된 EU정상회의에서는 단일통화의 명칭을 유로(Euro)로 확정하고, 지역 내 경제여건을 동질화하기 위한 '경제수렴기준'[1]을 설정하였다. 1996년 12월 아일랜드 더블린에서 개최된 정상회의에서 참가국은 EMU 출범 이후에도 매년 경제수렴기준을 충족하도록 의무화하기로 했다.

1998년 7월 1일에는 ECB가 공식 출범하여 각국 중앙은행의 통화신용정책 권한을 이양받았다. ECB는 EMU 참가국 중앙은행이 보유 중인 EU 역외통화(특히 미국달러화) 또는 금 500억 유로 상당을 이관받아 EU의 공적 외환보유액으로 활용하기로 하였다.

1999년 1월 1일에는 EMU 출범을 공식 선언하고 독일, 프랑스, 오스트리아, 이탈리아, 포르투갈, 아일랜드, 핀란드, 베네룩스 3국 등 경제수렴기준을 충족한 EMU 초기 가입 11개국이 함께했다. 당시 EU 회원국 중 미가입국은 그리스, 덴마크, 영국, 스웨덴 4개국이었다. 또한 빔 다위센베르흐(W. Duisenberg) 전 네덜란드 중앙은행 총재를 ECB 초대 총재로 선임하였다. 동시에 1999년 1월 1일 금융회사 간 유로화거래가 개시되었다. 출범 시 유로화 환율은 1998년 말의 ECU 시세로 결정(1Euro= 1ECU)하고, 유로화와 EMU 참가국 통화 간 환율은 1999년 1월 1일 유로화의 대미달러 환율과 ECU 환율 계산 시 적용된 참가국 통화의 대미달러 환율(1.96 독일 마르크,

6.56 프랑스 프랑, 2.20 네덜란드 길더 등)을 재정(裁定)하여 고정하였다.

2001년 1월 그리스가 EMU에 12번째 국가로서 참여하였다. 슬로베니아, 몰타가 2007년 1월, 키프로스는 2008년 1월 1일, 슬로바키아는 2009년 1월 1일에 가입했다. 또 에스토니아는 2011년 1월 1일, 라트비아는 2014년 1월 1일, 리투아니아는 2015년 1월 1일에 가입했다. 현재 19개 국가, 약 3억 2,000만 명이 넘는 사람들이 유로존에 속해 있다.

2002년 1월부터는 유로화 지폐와 주화의 유통을 개시하였다. 2002년 1~6월 중에는 유로화와 참가국통화가 병행 유통되었으며, 2002년 7월부터는 참가국 통화는 법화로서의 지위를 상실함에 따라 실질적인 통화통합이 완료되었다.

주: 1) EU 협약 경제수렴기준: ① 물가는 최근 소비자물가 상승률이 가장 낮은 역내 3개 회원국의 평균 물가상승률 기준 1.5%p 이내 목표. ② 재정적자는 경상 GDP의 3% 이내. 정부채무는 경상 GDP의 60% 이내로 유지. ③ 금리는 최근 1년간 소비자물가 상승률이 가장 낮은 3개 회원국의 평균 명목장기금리 +2.0%p 이내 유지. ④ 환율은 자국 통화와 회원국 통화 간 환율을 ERM의 환율 변동 허용폭 이내로 유지하되, 최근 2년간 각 회원국 통화 간에 설정될 기준 환율을 유지.
자료: 위키백과 참조

신흥시장국의 환율제도

신흥시장국들은 나라마다 다양한 환율제도를 채택·운용하고 있으며 최근에는 자국 환율의 변동성을 점차 증대해나가고 있다. 왜냐하면 1980년대 이후 국제자본이 신흥시장국으로 급속히 유입되면서 인플레이션이 유발되거나 과도한 외환시장 개입비용이 발생했기 때문이다. 이때 종전과 같이 고정환율제나 경직적 환율제를 가지고서는 문제를 해결할 수 없기 때문이다.

나아가 교역 상대국이 늘어나고 교역량이 증가함에 따라 고정환율제로는 급변하는 국제무역 환경에 신축적으로 적응하기 어려워진 측면도 이유 중 하나일 것이다. 멕시코 외환위기와 아시아 외환위기를 경험하면서 지나치게 경식적인 환율 운용이나 고정환율제로는 외환위기를 초래하기 쉽다는 인식이 확산되었기 때문이기도 하다.

그러나 일부 국가들은 환율 변동성을 증대하기보다는 환율의 고정성을 심화하는 방향으로 환율제도를 채택·운용하기도 한다. 홍콩, 아르헨티나, 에스토니아 등은 통화위원회제도를 도입·운용하고, 아르헨티나는 자국 통화를 미국의 달러화와 연계시키는 이른바 '달러화' 정책을 채택하였다.

일부 국가들은 자국의 수출경쟁력 유지를 위해 사실상 미국달러화에 고정되어 움직이는 '미국달러 페그제'를 운용하거나, 자의적인 시장 개입을 통해 고환율정책을 유지하는 국가들도 있다. 하지만 자국의 수출경쟁력을 유지하기 위해 인위적으로 고환율정책을 유지하는 것은 '인근 궁핍화 정책(隣近窮乏化政策, Beggar thy Neighbor Policy)'[11]으로 국제사회의 비난을 받고, 통상마찰을 불러일으키기도 한다.

---

11 국내경기의 진작을 위해 취한 정부의 정책이 외국의 경기후퇴를 초래하여 역효과를 가져오는 경우이다. 예를 들면 정부가 경기확대를 위해 통화팽창 정책을 취할 경우 환율의 상승(통화가치의 하락)은 국내 재화의 대외수출을 촉진시키는 반면 외국으로부터의 수입을 억제시켜 국제수지를 개선시키는 효과를 일으킨다. 그러나 외국의 수출은 감소하게 되고 이는 그 나라의 국민소득을 감소시켜 외국으로부터의 수입을 줄이게 된다. 뿐만 아니라 이 같은 결과가 환율의 변동에 따라 발생하기 때문에 외국 입장에서도 자국 통화의 절하를 유도하게 되고 이는 환율 인상 경쟁으로 이어진다.

표 4-2 세계 각국의 환율제도

환율제도	제도내용	해당국가
〈Hard Peg〉 No separate legal tender	외국 통화(미국달러, 유로, 기타)를 법화로 사용	엘살바도르 등 13개국
Currency board	자국 통화를 외국 통화 또는 통화바스켓에 연동(예: 중심환율 기준 ±1% 내에서 변동)	홍콩, 불가리아 등 12개국
〈Soft Peg〉 Conventional peg	자국 통화를 외국 통화 또는 바스켓에 연동(예: 중심환율 기준 ±1% 내에서 변동)	덴마크, 사우디아라비아, 아랍에미리트연합 등 44개국
Stabilized arrangement	환율이 6개월 이상 기간 동안 2% 내에서 변동	이라크, 레바논, 싱가포르, 베트남 등 총 21개국
Crawling peg	특정지표의 변화에 따라 고정환율에서 소폭 조정	보츠와나, 니카라과 2개국
Crawl-like arrangement	6개월 이상의 기간 동안 통계적인 추세를 기준으로 2% 이내에서 변동	중국, 스위스, 아르헨티나, 자메이카, 크로아티아, 라오스, 에티오피아 등 15개국
Pegged exchange rate within horizontal bands	중심환율을 기준으로 ±1% 이내에서 유지	통가 1개국
〈Floating〉 Free floating	시장 개입 예외적으로만 실시(개입정보 공개)	미국, 영국, 일본, 유로 지역, 캐나다, 호주, 멕시코, 노르웨이, 스웨덴, 칠레 등 29개국
Floating	환율이 주로 시장에서 결정되며 환율의 예측 가능한 경로가 존재하지 않음	한국, 브라질, 헝가리, 인도, 이스라엘, 뉴질랜드, 필리핀, 태국, 터키, 남아프리카공화국 등 36개국
〈Residual〉 Other managed arrangment	다른 어느 범주에도 속하지 않는 경우	러시아, 파키스탄, 캄보디아, 이란, 미얀마, 체코, 말레이시아 등 18개국

자료: IMF, "Annual Report on Exchange Arrangements and Exchange Restrictions 2014"

03

환율제도 개편에 관한
논의

1973년 브레턴우즈체제가 붕괴된 이후, 미국을 비롯한 선진국들은 변동환율제를, 개도국들은 관리변동환율제나 고정환율제 등 다양한 환율제도를 채택하여 운용해왔다. 그러나 1990년대 초 이후 유럽의 ERM체제의 불안, 멕시코 외환위기, 아시아 외환위기, 러시아 모라토리엄 위기 등이 반복적으로 발생하자 그 원인과 관련하여 국제환율제도의 문제점이 제기되어왔다. 특히 1995년 멕시코 외환위기와 1997년 아시아 외환위기 이후 선진국들은 불완전한 환율제도와 개도국들의 잘못된 환율 운용이 주요 원인이라고 분석했다. 어떤 국가의 환율이 장기간 경제 기초여건과 괴리되어 움직이면 궁극적으로는 투기세력의 공격을 초래하여 외환위기가 발생하게 된다는 것이다.

한편 아시아 국가들은 선진국인 일본이 당시 외환시장에 과도하게 개입하여 엔화 가치를 하락시켜 아시아 외환위기에 일조했다면서 선진국의 환율 운용을 비판했다. 또한 1999년 초 미국과 비슷한 경제규모를 가진 유럽에서 단일통화인 유로화가 성공적으로 출범하자 주요국들 사이에서는 지역환율체제에 대한 관심이 높아졌다.

국제환율제도에 대해서는 선진국과 개도국 간, 시장 기능을 신뢰하는 측과 신뢰하지 못하는 측의 입장이 상이했다. 환율안정에 대한 입장에서부터 환율을 얼마나 어떻게 안정시켜야 하는지에 대해서도 입장이 달랐다. 시장 기능을 신뢰하는 측은 변동환율제가 최선이라며 환율을 시장에 맡기라고 하고, 시장 기능을 불신하는 측은 통화가치 안정이 국제무역과 금융시장 불안을 제거하기 위해 필요하다면서 안정된 국제통화체제 구축, 세계 단일통화제도 도입 필요성 등을 제기하고 있다.

미국은 기축통화로서 달러의 입지가 약화될 것을 우려하여 달러를 기축통화로 삼는 현재의 자유변동환율제를 지지하고 있다. 목표환율제[12]나 복수의 기축통화제도, 통화 바스켓제도 등은 현재 달러의 위상을 위협할 수 있기 때문이다. IMF는 선진국들이 앞으로도 지금처럼 변동환율제를 유지할 것으로 보고 있다. 환율안정을 위해서는 경우에 따라 자국 통화정책의 희생을 수반해야 하는데 선진국들이 이를 수용할 가능성이 크지 않기 때문이다. 그리고 통화 간에 고정성을 증대시키는 경직적 환율 운용에 대해서는 부정적인 입장이다.

지금부터는 1997년 아시아 외환위기 이후 G7과 G20 등을 중심으로 진행된 국제환율제도에 대한 논의와 2008년 금융위기 이후 글로벌 불균형 해소를 위한 위안화 절상 논쟁 등에 관한 국제환율 논

---

12 기준 환율(parity)과 변동 범위(band) 등 환율대(target zone)를 설정하고, 그 범위 내에서 환율이 시장수급에 따라 움직이도록 하는 제도이다. 환율이 목표환율대 상한 또는 하한에 도달하는 경우에 중앙은행이 개입하여 목표환율대를 유지하도록 하는 제도이다.

의 동향을 살펴보자.

:: 아시아 외환위기 이후: 신흥국에 적합한 환율제도

아시아 외환위기 이후, 신흥국에 적합한 환율제도로는 완전한 변동환율제나 고정환율제의 양극단 중 하나를 선택해야 한다는 견해, 이른바 '투 코너 솔루션(two corner solution)'과 정부의 적절한 개입을 인정하는 중간 형태의 '미들 그라운드 솔루션(middle ground solution)'이 낫다는 입장이 대립되어왔다.

투 코너 솔루션이란, 미국을 비롯한 선진국들의 주장으로, 자본자유화가 이루어진 개도국들에는 외환의 수급에 따라 환율이 시장에서 결정되는 완전한 변동환율제나, 반대로 가장 확실한 형태의 고정환율제가 바람직하다는 주장이다. 정부가 외환시장에 개입하여 환율을 조절하거나 관리하는 중간 형태의 환율제도는 정부의 자의적 환율 운용을 유발하기 쉽고, 이로 인해 환투기 세력에게 공격당할 빌미를 제공하고 외환위기를 초래할 확률이 높다는 주장이다. 따라서 완전한 변동환율제와 확실한 고정환율제의 양극단 중에 하나를 선택해야 한다는 말이다.

이 같은 주장은 환율안정과 자본자유화 그리고 통화정책의 독자성 간의 관계를 밝힌 먼델-플레밍의 '불가능한 삼각관계' 이론에 근거하고 있다.

그러나 한국, 중국 등 일부 신흥국들은 신흥국의 경제여건이나 외환시장규모, 외환시장 하부구조 등이 취약하여 완전한 변동환율제나 고정환율제보다는 필요 시 당국이 적절히 개입할 수 있는 중간 형태의 환율제도를 지지했다. 신흥국들 중 금융시장 개방과 자본자유화가 상당 수준 이루어진 한국, 멕시코 등 선발 신흥국들은 대부분 제도상 변동환율제를 채택하고 있으나, 아직 외환시장규모가 작고 하부구조가 충분히 발전되지 않아 어지간한 외환수급 불균형에도 시장이 크게 흔들리기 때문에 완전한 변동환율제를 시행하지 못하고 있다.

중국은 2005년 7월 이전에는 공식적으로 위안화 환율이 미국달러화에 고정된 전통적 '미국달러 페그제'를 운용했다. 미국 등의 끈질긴 압력으로 2005년에야 주요 교역상대국 통화를 중심으로 한 '바스켓 제도'로 변경하면서 환율 변동폭을 확대해왔다. 그러나 2008년 금융위기 직후 위안화 환율안정을 위해 다시 '미국달러 페그제'로 회귀하였다가 2010년 6월 '복수통화 바스켓 참조 변동환율제'로 바꾸었다.[13] 2010년 이후에는 중국의 무역수지 흑자가 줄어들고 외국자본 유입도 감소함에 따라 위안화 절상압력이 다소 완화되고 있고, 장기적으로는 위안화 국제화 등을 위해 환율의 유연성을 점차 제고하는 방향으로 나아갈 것으로 예상된다.

1997년 아시아 외환위기를 계기로 ASEAN+3(한중일) 간 금융협력의 일환으로 역내 환율안정을 위한 제도개선 논의도 학계를 중심으로 활발하게 진행되었다. 여기에는 달러, 엔, 유로의 3대 기축통화로 구성된 공동통화 바스켓을 구성하고 역내 국가 통화의 환율을 연동

---

13 중국 위안화 일일 변동폭은 1994년 1월 ±0.3%에서 2007년 5월 ±0.5%로 확대되었다가 2008년 금융위기 이후에는 다시 미국달러에 고정되었다. 유럽 재정위기로 시장이 불안해지자 변동폭 확대를 연기하다가 2012년 4월 16일에야 ±1.0%로 확대하였고, 2014년 3월 17일 ±2.0%로 추가 확대되어 운용하고 있다.

시기는 '기축통화 중심 바스켓제도', 유럽의 EMS제도와 같은 아시아 통화안정 메커니즘 구축, 유로화 같은 아시아 단일통화 도입 등의 의견이 제시되었다. 그러나 이러한 방안은 제반 여건이 성숙되지 않아 조만간 실현되기는 어려운 상황이다.

:: 2008년 글로벌 금융위기 이후:
글로벌 재조정을 위한 미중의 환율 논쟁

1997년 아시아 외환위기 이후 국제환율제도 논의는 뚜렷한 대책이 제시되지 못하면서 위기수습 이후 수면 아래로 가라앉았다. 국제금융계는 각국에 적합한 환율제도를 일률적으로 정의할 수 없으며, 따라서 환율제도의 선택과 운용은 경제 상황을 고려하여 각국이 결정할 수밖에 없고, 중요한 것은 어떤 제도를 선택하더라도 거시경제 펀더멘털과 괴리되지 않는 방식으로 환율제도를 운용해야 한다는 수준에서 대체적인 합의가 이루어졌다.

그러나 2008년 말 금융위기 이후 글로벌 불균형으로 인한 과잉유동성이 위기의 주요 원인이라는 분석과, 위기 이후 글로벌 단기유동성의 급격한 이동으로 신흥시장국 금융시장이 크게 흔들리자 글로벌 불균형 시정방안의 일환으로 국제환율제도 개편이 다시 도마 위에 올랐다. 즉 미국은 글로벌 불균형을 시정하기 위해서는 세계경제 불균형의 주요 축을 형성하고 있는 중국 등 경상수지 흑자국들의 환율제도가 보다 유연하게 운용되어야 한다는 주장을 제기하였다. 글로벌 불균형은 중국 등 대미 주요 수출국들이 자국 통화가치를 부당하게 낮게 유지함으로써 미국의 적자가 커졌기 때문에 중국의 위안화를 비롯한 흑자국들의 환율을 절상해야 한다는 주장이다.

2009년 하반기부터 2010년 사이 글로벌 과잉유동성은 선진국 시장의 위험을 회피하여 자원이 풍부하고 거시경제 여건이 양호한 브라질, 인도네시아, 한국 등 신흥국으로 대거 유입되어 증권시장과 외환시장 과열을 불러왔다. 그러나 유럽 재정위기가 발생하자 2010년 하반기에는 이들 자금이 대폭 빠져나가 금융시장 불안을 야기하고 거시경제 운용에도 작지 않은 부작용을 일으켰다. 따라서 선진국과 신흥시장국 사이에 이를 시정하기 위해서도 글로벌 재조정이 필요하다는 공감대가 이루어졌다 .

미국은 2009년 9월 피츠버그 G20 정상회의에서 '글로벌 재조정(global re-balancing)'을 주요 의제로 제시하고 중국 위안화 절상을 압박하였다. 당시 가이트너(Timothy Geithner) 미국 재무장관은 G20 각국이 경상수지 흑자규모를 GDP의 4% 이내로 유지하는 경상수지 목표치(numerical targeting)를 제시하고, 여기에서 벗어날 경우 환율조정 등 수단을 통해 목표범위 내로 경상수지를 조정하자는 제안을 했다. 그러나 대규모 경상흑자국인 중국, 독일 등이 강력히 반발하였다. 그 이전에도 미국과 중국은 위안화 절상 속도를 놓고 수년 동안 갈등을 빚어왔다. 미국은 위안화 절상 속도를 높일 것을 촉구하였지만[14] 중국은 '위안화가 지속적으로 절상되고 있다'고 주장하면서 위안화의 일시적 대폭 절상을 반대해왔다.

미중 간의 대립으로 글로벌 불균형을 재조정하기 위한 국제환율

---

14 2011년 4월의 IMF의 환율자문그룹 평가보고서는 당시 위안화 가치가 실제보다 5~25%, 우리나라 원화 가치는 0~20% 저평가되어 있다고 진단하였다.

제노 개혁과 환율을 직접 대상으로 하는 글로벌 재조정 방안은 난관에 부딪혔다. 결국 2010년 10월 경주 G20 재무장관회의에서는 미국과 중국의 첨예한 입장 차이를 해결하기 위한 대안으로 환율 운용에 관해 G20 각국이 "시장결정적 환율제도(more market determined FX systems)로 이행하도록 하고, 경쟁적인 환율 절하를 자제(refrain from competitive devaluation of currencies)하도록 하자"는 정도의 절충안에 합의하였다. 이어 11월에 열린 서울 G20 정상회의에서는 "보다 안정적(stable)이고 견고한(resilient) 국제통화체제를 구축한다"는 내용을 정상선언문에 포함하는 것으로 환율 논쟁을 봉합하였다. 결국 2009년 G20 정상회의에서 미국에 의해 제기된 국제환율체제에 대한 논의는 큰 성과 없이 종결되었다.

그 대신 글로벌 불균형과 이로 인한 과잉유동성에서 비롯되는 국제자본이동과 금융시장 불안에 대한 대책으로 ① 대규모 자본이동에 따른 문제를 해결하기 위한 바람직한 자본통제방안, ② 글로벌 유동성 측정지표 개발 및 IMF를 통한 회원국 감시 등 G20 차원의 글로벌 유동성 관리방안, ③ IMF에 의한 각국의 환율 운용과 과도한 외환보유액 축적 감시 등을 추진해나가는 것으로 마무리되었다.

∷ 최근 등장한 다양한 기축통화 논의

위기의 '팍스 달러리움'

1971년 브레턴우즈체제 붕괴 이후 각국이 변동환율제나 고정환율제, 관리변동환율제를 자유롭게 채택함으로써 국제통화제도는 다양화되었다. 하지만 1990년대 후반까지 기축통화로서의 달러화 지위는 굳건했다. 미국이 무역거래에서 적자를 기록하고, 달러가 해외로 유출되면 이 달러가 다시 미국의 국공채 등 달러표시 자산에 투자되는 리사이클링(recycling) 구조로 미국달러 중심의 세계무역과 금융질서가 유지되어왔다.

2000년대 들어 유로화가 성공적으로 출범하고, 미국의 경상수지 적자가 누적되면서 미국달러 중심의 각국 외환보유액이 유로, 일본 엔화 등으로 다변화되기 시작했다. 특히 중국경제의 부상과 국제 원자재가격 상승으로 중국과 자원 보유국들의 위상이 올라가고, 대미 무역수지 흑자를 배경으로 막대한 외환보유액을 축적한 이들 국가들이 외환보유액을 미국달러 위주에서 유로 등으로 다변화하면서 달러의 위상이 많이 약화된 것은 부인할 수 없는 사실이다.

특히 2008년 미국이 금융위기의 곤경에 빠지자 "미국달러의 시대는 끝났다"는 목소리가 나오고, "미국달러에 맞서 위안화의 시대가 도래할 것"이라고 주장하는 사람도 많았다. 그러나 미국발 금융위기에도 불구하고 안전자산으로서의 미국달러의 위상은 여전히 굳건하다. 위기 진행 중에도 미국으로 자금이 계속 몰려들어 오히려 미국달러화 채권값이 올라갔다. 아직도 세계 무역거래와 자본거래의 80% 이상이 미국달러화로 표시되고 결제되며, 전 세계 외환보유액의 60% 이상이 미국달러표시 자산이다.

따라서 세계 제1의 기축통화로서 미국달러의 위상은 크게 변화가 없다고 하겠다. 당분간은 경제력과 국제금융에서 미국의 위상을 확실하게 밟고 올라설 국가는 보이지 않는다.

기축통화로서의 위안화

위안화 국제화의 배경과 현황

2008년 금융위기 이후 미국달러 위주 국제통화체제의 문제점이 부각되면서 달러를 대신할 초국가적 통화, 복수 기축통화체제, 새로운 기축통화로서의 특별인출권(SDR: Special Drawing Right)[15]체제 등 국제통화체제 개편 논의가 대두되었다.

특히 2009년 이후 G20 정상회의에서 미국이 중국 위안화의 절상을 강력히 요구하자 중국은 이에 대한 대응방안으로 위안화의 국제적 위상을 높이고자 다양한 시도를 해오고 있다. 2009년 중국 인민은행 총재 저우샤오찬(周小川)은 '국제통화체제 개혁에 관한 고찰'에서 SDR을 미국달러 대신 국제준비통화로 하고, SDR 구성통화에 중국 위안화를 포함하자는 제안을 했다.

그러나 미국은 SDR 구성통화가 되기 위해서는 '자유태환'이 가능해야 한다는 조건을 내세워 중국의 주장에 반대함으로써 SDR에 위안화를 포함하는 것은 불가능하게 되었다. 최근 중국은 달러화 의존도 축소, 무역거래 비용 및 환리스크 절감, 위안화의 국제적 영향력 확대 등을 위해 위안화의 국제화를 추진 중이다. 중국당국은 2009년 3월 전국인민대표대회(全人代)와 전국인민정치협상회의(政協)

---

15 1969년 IMF가 국제 유동성이 부족할 경우를 대비해 금이나 달러 등의 준비자산을 보완하는 2차적 준비자산으로 창출한 제3의 통화이다. IMF 회원국 간 또는 IMF와 다른 국제기구 간 거래에 사용된다. SDR의 가치는 당초 금에 의해 표시되었으나 주요 선진국들이 변동환율제를 채택함으로써 1974년 7월부터 가치 기준을 세계무역에서 비중이 큰 16개국의 통화시세를 가중평균하는 표준 바스켓 방식(standard basket system)으로 변경했다. 그 후 1980년 9월 IMF 총회에서는 표준 바스켓 통화를 미국, 영국, 프랑스, 독일, 일본 5개국 통화로 축소했고, 2002년 유로화의 도입으로 표준 바스켓 통화는 달러화, 유로화, 엔화, 파운드화 4개 통화가 되었다.

에서 위안화 국제화를 공식화하고, 위안화 국제화를 적극적으로 추진해오고 있다.

먼저 2008년 이후부터 위안화 무역결제를 본격 추진해왔다. 그 결과 위안화 무역결제규모가 큰 폭으로 확대되었다.[16] 2009년 7월 중국정부는 홍콩, 마카오 및 ASEAN 10개국과 중국 5개 도시(상하이 및 광둥성 4개 도시인 선전, 광저우, 둥관, 주하이) 간 위안화 무역결제를 시범적으로 허용하고 시행하기 시작했다. 2010년 6월에는 위안화 무역결제 대상 지역을 전 세계로 확대하고, 2011년 3월에는 5개 도시뿐만 아니라 중국 내 전역에서 위안화 무역결제를 허용했다. 2012년 6월에는 기존 6만 7,000여 개 수출기업에만 허용하던 위안화 결제를 모든 수출기업으로 확대했다. 수입 시에는 위안화 결제에 대한 제한은 없었다.

중국당국은 또한 역외 위안화 시장 조성을 추진하고 있다. 무역결제를 통해 유출된 위안화 투자처를 제공하는 차원에서 홍콩에 역외 위안화 시장을 조성하고 역외 위안화 공급경로를 다변화하기 위한 정책을 시행해오고 있다.

2010년 7월에는 홍콩 역외 시장에서 금융회사 계정 간 위안화의 이체와 금융회사의 위안화 금융상품 개발 등을 자유롭게 허용하기 시작했다. 다만, 역외 위안화의 본토로의 송금은 제한적으로만 허용하기로 했다. 중국기업이 해외에서 발행하는 위안화표시 채권인 딤

---

16 2009년 4/4분기에는 위안화 무역결제가 총 무역액의 0.1%인 36억 위안에 불과했으나, 2010년 4/4분기에는 3,413억 위안(2.4%), 2011년 4/4분기에는 5,390억 위안(9.5%), 2012년 하반기에는 1조 1,914억 위안(9.3%), 2013년 하반기에는 1조 6,500억 위안(12.4%), 2014년 상반기에는 2조 900억 위안(16.9%)으로 증가했다.

섬본드(dimsum bond)[17] 발행규모도 확대했다. 이후 역외 위안화 예금 증가 등 홍콩 내 위안화표시 금융거래가 빠르게 성장했다.[18] 이후, 중국은 대만, 싱가포르, 영국, 한국 등에도 역외 위안화 시장을 조성하고 있다. 또한 중국당국은 위안화 국제화의 일환으로 주요국과 위안화 통화스와프 체결을 확대하여 역외에 위안화 공급을 다변화하고 있다.[19]

위안화 국제화 추진에도 불구하고, 중국은 역내 자본시장 개방만큼은 상당히 신중하게 추진하고 있다. 본토로의 외화유입을 규제하고, 위안화 가치 급변동을 방지하기 위해 역내 금융시장 개방의 속도를 적절히 조절하고 있다. 즉 역외 위안화로 역내 직접투자(FDI)를 허용(2011년 8월 23일)하되, 3억 위안 이상 투자, 담보대출·리스 등 금융업 투자와 시멘트·철강·조선 등 과잉설비 산업 투자는 별도 심사를 거치도록 했다.

주식과 장내 채권시장 투자는 '적격외국기관투자자(QFII: Qualified Foreign Institutional Investor)'제도를 도입하여 승인된 외국인에게만 증권거래소 상장주식 및 채권투자를 허용함으로써 투기성 외국자본의 유입을 엄격히 제한하고 있다. 2003년부터 QFII 증서를 발급하

---

17 외국계기업이 홍콩 채권시장에서 발행하는 위안화표시 채권을 말한다. 2010년 2월 중국정부가 위안화 국제화의 일환으로 홍콩시장에서 외국계기업의 위안화표시 채권 발행을 허용함으로써 도입되었다. 외국인투자자들은 중국정부의 엄격한 자본통제 때문에 본토에서 발행되는 위안화표시 채권은 살 수 없는 반면 '딤섬본드'는 아무런 제한 없이 투자가 가능하다. 한편, 외국계기업이 중국 본토에서 발행하는 위안화 채권은 '팬더본드(panda bond)'라고 한다.

18 딤섬본드 발행규모는 2010년 424억 위안에서 2011년 1,514억 위안으로 증가했고, 위안화 예금 잔액도 2009년 말 600억 위안에서 2011년 말 5,885억 위안으로 늘어났다.

19 2014년 10월 말 현재 23개국과 총 2.6조 위안(약 4,200억 달러 상당)규모의 스와프협정을 체결했다.

여, 최근 총 100개 이상 기관이 QFII를 취득하여 투자하고 있다.

특히 단기투기성 해외자금 유입을 억제하기 위해 장외채권 취득은 은행 간 장외채권시장에서만 허용하고 있다. 여기에는 역외 위안화 무역결제 참가은행, 역외 위안화 청산은행, 외국 중앙은행 등 일부 기관에만 일정 한도 내에서 참여를 허용하고 있다.

국제화로서 위안화에 대한 평가와 향후 전망

어떤 통화가 국제통화 또는 기축통화가 되기 위해서는 먼저 무역거래에서 결제통화로 사용되어야 하고, 둘째 국제금융시장에서 투자통화로 활용되고 자유롭게 매매될 수 있어야 한다. 나아가 외국정부의 외환보유액이나 민간의 가치저장수단으로 활용되어야 한다. 현재 위안화는 무역결제통화로의 활용을 권장하고 있으며, 제한적으로 투자통화 단계로 나아가고 있다. 앞으로 역내 결제통화로서 위안화의 위상은 지속적으로 높아질 전망이다. 중국경제의 성장세, 주변국가와의 경제교류 증가 등에 힘입어 위안화의 거래가 점차 활성화되는 상황이다.[20]

그러나 위안화의 투자통화 및 준비자산통화로서의 역할은 아직 미미하다. 2010년 BIS 통계에 따르면 국제 외환거래 시 위안화 사용 비율은 0.5%로서 달러화 42.5%, 유로화 19.6%에 비해 극히 낮은 수준이고, IMF 통계에 의하면 2001년부터 2010년까지 각국 외환보유액 중 미국달러, 유로, 영국 파운드, 일본 엔화 이외 통화비율은

---

20 HSBC 은행은 위안화 무역결제규모가 2015년까지 2조 달러 수준으로 증가하여 세계 3대 무역결제 통화가 될 것으로 전망하고 있다.

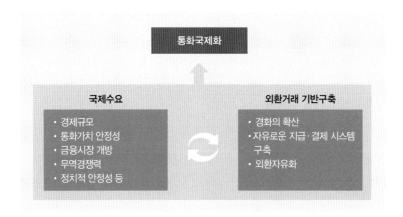

2.2%에 불과하다.

따라서 위안화가 달러화와 같은 기축통화의 위상을 갖는 것은 상당 기간 어려울 것으로 보인다. 중국 위안화의 국제화는 위안화 무역결제 확대와 홍콩 역외 시장 육성을 중심으로 점진적으로 진전될 전망이나, 위안화가 국제 투자통화 및 준비통화로서 기능하는 데에는 적어도 각각 10년 내지 20년 이상의 기간이 필요할 것으로 홍콩거래소는 전망하고 있다.

기축통화 단계에 진입하기 위해서는 역외거래뿐만 아니라 위안화의 완전한 태환성과 역내외 자본거래 및 외환거래 자유화가 선결조건이다. 그러나 중국정부는 급격한 자본시장 개방에 따른 부작용을 우려하여 자본자유화에는 매우 신중하게 접근하고 있다. 더욱이 위안화가 기축통화가 되기 위해서는 무역결제나 국제투자에 사용되고, 가치저장수단으로 활용되어야 한다. 이와 더불어 중국의 금융시장 개방, 경제·금융정책이나 각종 제도의 선진화와 투명성 등 자유시장 경제체제가 갖추어져야 가능한 일이다. 따라서 위안화가 미국달러나

유로화 등 국제통화로서 기축통화 역할을 담당하는 것은 아직 시기
상조이며 앞으로도 많은 노력과 시일이 필요하다고 하겠다.

기축통화로서의 유로화

1999년 마스트리히트 조약에 의해 탄생한 유로존 단일통화로서의
유로는 지역 통화통합의 가장 성공적 모델로서 국제사회의 주목을
받아왔다. 유로는 그간 가장 강력한 기축통화인 미국달러의 보완통
화로서 그 역할을 비교적 성공적으로 수행해왔다.

유로화 출범 이후 금융위기 전까지의 성과와 평가

1999년 1월, 유럽 11개국은 유로화를 단일통화로 채택하고 통화정
책 주체를 ECB로 이양하였다. 그렇게 유로화가 출범한 이후 약 15년
이 지났다. 당초 11개 국가로 출발한 유로존은 현재 19개 국가,[21] 약
3억 2,000만 명이 넘는 인구를 포괄하고 있다. 그간 유로화는 유로존
의 경제규모 및 교역규모 확대, 거시경제 통합 등에 큰 역할을 담당해
왔으며, 그에 따라 유로화의 국제적 위상도 높아졌다.

이에 따라 유로화 가치가 상승하고 글로벌 외환보유액 중 유로
화 비중이 확대되었으며, 유로화표시 국제채 발행도 증가했다.[22] 유
로화 출범 이후 유럽시장 확대에 따라 GDP 및 대외거래규모도 크

---

21 2001년 그리스, 2007년 슬로베니아, 2008년 사이프러스, 몰타, 2009년 슬로바키아, 2011년
에스토니아, 2014년 라트비아, 2015년 리투아니아가 추가로 가입했다.
22 각국 중앙은행의 외환보유액 중 유로화 비중은 유로화가 출범하던 해인 1999년 17.9%에서
2008년에는 26.2%로 증가했다. 2010년 유럽 재정위기 이후 2011년에는 24.7%, 2013년에
는 24.5%로 줄었으나 여전히 약 4분의 1을 차지하고 있다. 유로화표시 국제채 발행 잔액은
2003년 4.8조 달러에서 2008년 10조 7,892억 달러로 늘어났다.

게 증가했다. 유로존 전체의 명복 GDP는 1999년 6조 8,534억 달러에서 2008년 14조 438억 달러로 104.9% 증가했다. 전체 대외거래 규모도 1999년 4조 3,873억 달러에서 2008년 11조 8,209억 달러로 169.4% 증가했다. 유로화 사용 이후 역내 교역규모 및 역내 FDI도 크게 증대되었다. 2007년 기준 역내 수출규모는 1999년에 비해 64.4% 증가하고, 역내 FDI는 1998년 이전 연평균 750억 유로 수준에서 1999년 이후 연평균 3,769억 유로로 증가했다.

지역 단일통화로서 유로화는 출범 초기 많은 우려에도 불구하고, 2008년까지 대체로 성공적으로 역할을 해왔다. 그리고 유로화가 유로존 미가입 유럽통화보다 안정적이라는 평가도 받았다. 뿐만 아니라 유로화 출범 이후 유로 역내 교역에서 환리스크가 제거되고 단기금융시장이 통합되어 금융비용이 절감되었다. 그리고 시장이 확대되어 규모의 경제가 용이해졌고 그에 따라 유로존의 경쟁력은 전반적으로 상승했다. 유럽에서 아이슬란드와 헝가리 등 유로화를 채택하지 않은 국가들이 주로 통화위기를 겪었다는 점 등은 유로존 가입을 유인하는 요인이 되었다.

유럽 재정위기 이후 유로화의 미래

그러나 2010년 5월 초 유로존 재정위기 우려가 심화되면서 남유럽 국가의 국가부도 위기, 구제금융 지원 등과 관련하여 유로존의 문제점과 유로존 붕괴 시나리오가 등장했다. 이들은 단일통화체제인 유로존의 구조적 문제를 지적했다. 유로존 국가들은 경제 기초여건과 국가 간 경쟁력이 서로 다름에도 불구하고 단일통화를 사용하게 됨에 따라 동일한 환율과 기준금리를 적용받게 되었다. 이로 인해 역내 불균형이 확대된 상태에서 미국 서브프라임 사태로 금융위기가 발생하고 세계 경기침체가 심화되자 재정 상황과 대외부문이 취약한 그리스, 포르투갈 등 남유럽 국가들의 위기가 크게 부각되면서 유럽 재정위기가 발생했다.

단일통화를 사용하게 된 유로존 국가들의 문제점을 살펴보면 다음과 같다.

① 산업구조와 산업경쟁력의 불균형: 남유럽 PIIGS 국가들은 산업구조와 산업경쟁력 면에서 북유럽 국가들과 상당한 격차가 났다.

② 물가 수준과 실질실효환율 격차: 국가 간 물가상승률의 격차가 커서 실질실효환율 수준에 차이가 크게 발생했다.

③ 통화정책과 외환정책 단일화: 경제 펀더멘털이 서로 다른 국가들이 경쟁력을 제고하기 위해서는 금리와 환율정책을 활용해야 하지만, 유로존의 경우 재정정책은 개별적으로 집행하면서 통화·외환정책은 유로존에 통합되어 독자적인 활용이 불가능했다.

④ 경상수지 및 재정수지의 불균형 확대: 금리·환율정책이 통합됨에 따라 금융위기 이후 유로존 국가 간 경상수지 및 재정수지 불균형이 크게 심화되었고, 역내 국가 간 불균형을 축소하는 데 실패했다.

⑤ 위기대응 경제 지배구조의 부재: 미국, 일본 등과는 달리 유로존 내에는 통일된 단일 위기대응 메커니즘이 없어 초기 위기 때 신속하고 효과적으로 대처하지 못했다.

그러나 EU는 위기 이후 위기해결 능력 제고와 유로존 통합체제를 공고히 하기 위한 다양한 대응책을 강구해오고 있다. EU는 남유럽 국가들의 재정위기를 해결하기 위해 기존의 한시적 구제금융기구인 유럽재정안정기금(EFSF)을 보강하여 2012년 유럽판 IMF와 같은 영구적 상시 구제금융기구인 유럽안정화기구(ESM)를 출범시켰다. 또한 단일은행감독기구(SSM), 단일정리체제(SRM), 공동예금보장제도 등도 구축하게 되었다. 이는 통화통합에서 나아가 금융통합을 촉진하는 것으로 사실상 유로존의 은행동맹 출범을 의미하는 것이다.

그러면 유로존과 유로화의 미래는 어떠한가? 우선 역내 재정적자와 국가채무 등 구조적 문제를 해결하기 위해서는 앞으로도 상당한 시간이 필요할 것으로 보인다. 그러나 일각에서 우려하듯이 유로존이 붕괴되는 사태는 없을 것으로 예상된다. 제1강에서도 지적한 바와 같이 지금의 유로존이 탄생하기까지는 1950년대 초 이후 무려 50~60년간 지역 경제안정과 경제통합을 위해 쌓아온 협력과 신뢰의 역사가 있기 때문이다. 그간에도 여러 차례 유럽 지역에 금융위기와 경제적 난관이 있었지만 하나의 유럽을 향한 유럽 국가들의 부단한 대화와 협력 노력으로 극복해왔다.

여전히 유로존 해체보다는 존속의 이익이 크고, 남유럽 국가들의 재정부실도 시간이 흐르면서 나아지고 있기 때문에 EU 통합체제는 유지될 것으로 보인다. 아울러 유로 단일통화체제도 저금리와 환리스크 제거 효과 등 경제적 이익이 손실보다 훨씬 크기 때문에 당연히 유지될 것이다. 오히려 위기를 통해 유로존의 취약점을 개선해나간다면 유럽의 완전한 경제통합과 통화통합의 미래를 앞당기는 계기가 될 수도 있을 것이다.

초국가적 준비통화로서의 IMF 특별인출권(SDR)

논의 배경과 위안화의 편입 가능성

살펴보았듯이 SDR은 IMF 가맹국의 국제수지가 악화되었을 때 담보 없이 인출할 수 있는 권리 또는 국제통화이다. SDR이 창설된 1969년에는 1SDR=1미국달러=0.888671g의 순금가격으로 고정되어 있었다. 그러나 브레턴우즈체제가 무너지고 대부분의 선진국이 고정 환율제에서 변동환율제로 이행한 1974년 7월 1일 이후부터는 세계무역에서 큰 비중을 차지하는 16개국의 통화시세를 가중평균하는 표준 바스켓 계산방식으로 바뀌었다. 현재는 달러, 유로, 엔, 파운드, 4개의 기축통화 바스켓 형태로 바뀌었다.

기간	미국달러	유로	일본 엔	영국 파운드
1999~2000년	0.5820(39%)	0.3519(32%)	27.2(18%)	0.1050(11%)
2001~2005년	0.5770(45%)	0.4260(29%)	21.0(15%)	0.0984(11%)
2006~2010년	0.6320(44%)	0.4100(34%)	18.4(11%)	0.0903(11%)

2009년 초 이후 G20 회의에서 위기 이후 세계경제의 불균형 상태를 시정하기 위한 글로벌 재조정이 주요 이슈로 등장하면서 미국은 글로벌 불균형을 조정하는 주요 방안의 하나로 위안화의 절상을 주장했다. 그러나 중국은 자국의 성장과 고용정책상 단기간 내 위안화를 대폭 절상하여 수출을 포기하고 내수 위주의 정책으로 전환하기 쉽지 않은 상황이었다. 또한 중국은 1조 달러 이상의 달러화 자산을 보유하고 있었기 때문에 미국달러 가치 하락 시 막대한 손실을 입을 수밖에 없는 입장이었다.

이러한 상황에서 중국은 위안화 절상에 대한 국제적 압력을 회피하고 대신 자국 위안화의 국제통화로서의 위상을 높이기 위해 미국 달러화의 준비통화로서의 지위를 대체할 국제준비통화로서 SDR 활용을 확대하고, SDR 구성통화에 중국 위안화를 포함해야 한다는 주장을 내세웠다. 2009년 3월, 중국 인민은행 총재는 "IMF의 SDR을 기축통화로 사용하고, SDR규모를 확대해 회원국들에게 분배를 촉진하도록 하자"라는 주장을 발표했다. 이후 여러 전문가들 사이에서도 위안화 SDR 바스켓 편입을 검토해야 한다는 주장이 제기되었다.

그렇지만 이에 대해 도미니크 스트로스칸 IMF 총재는 신흥국 통화의 SDR 바스켓 편입이 글로벌 통화 시스템 강화에 도움이 된다면서도 "위안화 가치가 시장에 의해 자유롭게 결정돼야 SDR 바스켓 편입을 지지할 수 있다"며 사실상 부정적 견해를 표명했다. 미국도 SDR 준비통화 가입 요건인 해당 통화의 '자유태환' 조건을 내세워 반대했다. 결국 중국 위안화의 SDR 바스켓 편입은 실현 불가능하게 되었다. 현 SDR 바스켓 편입 기준은 ① 수출 비중과 ② 자유통화(freely usable currency) 조건을 요구하고 있기 때문이다.

SDR 준비통화체제에 대한 전망

SDR은 무형의 준비통화일 뿐, 실제 국제결제에 사용하는 유형의 통화가 아니다. 전 세계적 합의가 필요하지만 미국을 비롯한 선진국들의 찬성 없이 SDR을 준비통화로 사용하는 것은 사실상 실현 불가능하다. 미국은 여전히 모든 국제거래 시 달러화의 기축통화로서의 위상을 유지하고자 한다. 따라서 미국은 현재 IMF 중심의 국제통화체제하에서 미국달러의 기축통화로서의 위상을 심각하게 훼손하는 어떠한 움직임에도 동의하지 않을 것으로 보는 것이 타당할 것이다.

04
국제통화제도의 미래

1970년대 초 브레턴우즈체제, 즉 미국달러를 기축통화로 하는 금환본위제가 붕괴된 이후 국제통화제도는 킹스턴체제로 바뀌어 각국은 변동환율제, 고정환율제, 관리변동환율제 등 다양한 환율제도를 채택·운용해오고 있다. 이렇게 다양한 환율제도는 일부 국가들이 자의적으로 환율을 운용하도록 허용해 국가 간 상품 경쟁력에 영향을 미치고 국제무역의 불균형을 심화시킨다는 점은 이미 지적한 바 있다.

1990년대 들어 국제무역이 활발해지고 금융 자본시장이 개방됨에 따라 국제금융 환경은 급속히 변화했고 선진 금융기법의 발달, 정보·통신기술의 진보, 투기자본의 등장 등의 현상이 나타났다. 또한 각국의 환율제도 운용 여건도 과거와 크게 달라지고 일부 국가들이 자의적으로 환율을 운용함에 따라 금융시장의 변동성이 커지고, 헤지펀드 등 투기세력의 공격을 유발해 외환위기도 자주 일어나게 되었다. 이에 따라 국제환율제도에 대한 국제적 관심이 꾸준히 고조되어왔다.

중국은 준고정환율제를 운용하면서 막대한 대미 무역흑자를 기록하고 있고, 반면 미국은 거대한 무역적자에도 불구하고 기축통화로서의 미국달러화의 위상 유지 및 미국으로의 달러 재환류 등을 고려해 '강달러정책(strong dollar policy)'을 유지해왔다. 각국의 다양하고 불투명한 환율정책의 결과 지난 수십 년간 글로벌 불균형이 누적되어 세계경제와 국제금융시장의 심각한 불안 요인이 되었다.

1995년 멕시코 외환위기와 1997년 아시아 외환위기 이후 국제환율체제 개혁에 대한 국제사회의 논의, 그리고 2008년 금융위기 이후 중국 위안화의 절상을 둘러싼 미중 간 통화전쟁 논란 등 국제환율제도에 관한 논의가 지속되고 있으나, 아직 국제통화질서를 안정시킬 새로운 통화체제에 대한 국제적인 공감대는 이루어지지 않고 있다. 그간 학계를 중심으로 '세계 단일통화제도', '세계 고정환율제', '달러, 유로, 엔의 3대 기축통화 간 고정 밴드제', '달러화' 등 여러 방안이 제기되었으나 국제적 공감대 부족과 현실적 제약으로 실현되지 못하고 있다.

세계 단일통화제도는 각국 간 임금과 가격의 경직성이 존재하고 노동이동성이 없는 경우에는 도입이 곤란하다. 그리고 일각에서는 세계 단일통화제도하에서는 변동환율제보다 외부로부터의 이질적인 충격에 더 적응하기 어렵다는 문제점을 제기하기도 한다.[23] 특히 이를 시행할 경우 국가 간의 서로 다른 거시정책을 조정하는 것도 어려울 뿐더러 정치적 제약, 국가 통화주권 문제도 현실적으로 풀기 힘들다.

---

23 Maurice Obsfeld (2000. 11). IMF Forum.

그러므로 이미 자본시장을 개방하고, 변동환율제를 채택한 선진 신흥시장국들은 변동환율제를 유지하면서, 달러, 유로, 엔의 3대 거대 기축통화권과 공존해나갈 수밖에 없다. 변동환율제의 충격을 흡수하기 어려운 소규모 개도국들은 고정환율제인 통화위원회제도, 혹은 미국달러를 자국 통화로 사용하는 달러화 정책이나 자국 통화와 병행하는 정책을 채택할 수밖에 없다. 또는 달러, 유로, 엔 등 기축통화 중심의 지역 통화동맹에 가입하여 자국 환율의 변동성을 완화하는 정책을 운용하는 방법도 있다.

현재 국제통화제도는 미국달러를 중심으로 한 달러경제권과 유로를 중심으로 한 유럽경제권으로 양분되어 있다. 나머지 지역은 자국통화를 사용하면서 국가별로 독자적인 환율정책을 운용하고 있다. 유럽은 이미 단일통화를 사용하고 있는 '유로 블록'이다. 미주에서는 캐나다, 멕시코 등이 아직 자국 화폐를 사용하고 있으나 사실상 미국달러의 절대적 영향력 아래 있기 때문에 '달러 블록'이라 해도 과언이 아니다. 남미 일부 국가에서 미국달러를 자국 통화로 사용하고자 하는 움직임이 있으나 미국이 통화주권 분할에 대해 부정적이기 때문에 미주 지역의 통화가 당장 달러로 단일화되기는 어렵다.

아시아는 어떠한가? 세계 단일통화의 창출은 실현 가능성이 없고, 아시아통화동맹 논의도 아직은 구체화되지 않고 있다. 아시아 지역에서는 현재 일본 엔화가 유일하게 국제통화의 역할을 수행하고 있다. 그리고 최근에는 중국이 위안화의 국제화를 위한 정책을 추진하고 있다. 그러나 아시아 대부분의 통화가 아직 특별한 통화 블록에 포함되지 않고 독자적인 환율제도와 통화정책을 집행하고 있다. 아시아 지역의 많은 국가들이 자본자유화가 된 상태에서 변동환율제를 채택하고 있기 때문에 국제금융시장의 자금흐름 변화에 따라 외환시장과 금융시장이 실시간으로 영향을 받고 있다. 따라서 우선 아시아 지역 내 통화가치를 안정시키기 위한 다양한 협력방안을 적극적으로 모색할 필요가 있다.

국제금융계가 보다 안정적이고 예측 가능하며 투명한 국제통화제도를 창출하지 못하는 한 상당수 국가에서 불투명한 환율 운용은 사라지지 않을 것이며 이 때문에 헤지펀드들의 공격, 국제금융외환시장의 불안 및 외환위기의 재발 가능성에 또 노출될 수밖에 없을 것이다. 2008년 이후 G20 정상회의도 국제환율제도에 관한 심도 있는 논의를 이어가지 못하고 있다. 바람직한 국제통화제도를 모색하는 일은 이번에도 미완의 과제로 남게 될 것이다.

한국의 환율제도

∷ 한국 환율제도 70년

한국의 환율제도는 경제발전과 국제 환경 변화에 따라 크게 5차례 바뀌었다. 1945년 10월부터 1964년 5월까지는 정부가 환율을 결정 고시하는 고정환율제를 실시하였으며, 1964년 6월부터 1980년 2월까지는 단일변동환율제를 시행하였다. 이때의 단일변동환율제는 한국은행이 외환을 집중 관리하면서 환율이 사실상 정부에 의해 결정되는 고정환율제 형태로 운용되었다. 1980년 3월부터는 SDR 바스켓과 주요 교역상대국과의 교역량 가중치로 계산한 2개의 바스켓에 의해 원화 환율이 결정되는 '복수통화 바스켓제도'[24]를 운용하였다. 그러나 정부가 원화 환율의 지나친 절상을 억제하기 위해 복수통화 바스켓 이외에 실세반영장치라는 변수를 활용해 환율을 조정하다 보

---

24 원/달러 환율=$\beta \cdot$ SDR 바스켓+$(1-\beta) \cdot$ 독자 바스켓+α(실세반영장치)

니 미국으로부터 환율조작국이라는 지적을 받게 되었다. 1980년대 말 한국의 경상수지 흑자폭이 커지자 미국은 원화 환율의 대폭 절상을 요구했고, 한국정부는 한미 간 환율협상에 의해 원화 환율을 대폭 절상하지 않을 수 없었다.

한미 환율협상을 계기로 보다 투명하고 예측 가능한 환율제도로서 정부는 1990년 3월, '시장평균환율제도'를 도입하였다. 외환시장에서 당일 은행 간 거래된 원/달러 환율을 거래량으로 가중평균하여 다음 영업일의 기준 환율로 삼고, 그 기준 환율을 중심으로 환율이 상하 일정 범위 내에서 변동하는 제도였다. 시장평균환율제도하에서 점진적이고 단계적인 방법으로 일일(一日) 변동폭을 확대하여 변동환율제로 이행한다는 계획이었다. 1995년 12월에는 상하 변동폭을 기존의 ±1.5%에서 ±2.25% 수준으로 확대했다.

그러나 1997년 11월 외환위기 직전에는 외환공급 부족으로 환율 상승 압력이 거세지자 한국은행 외환보유액 공급이 불가피하게 되었다. 한국은행의 외환공급에도 불구하고 환율의 일일 변동폭을 지킬 수 없을 정도로 외환부족 사태가 지속되자 정부는 1997년 11월 20일, 일일 변동폭을 ±10%로 대폭 확대하였다. 이후에도 외환시장 수급 불균형이 개선되지 않아 외환시장이 마비될 지경에 이르고 외환보유액도 거의 바닥이 드러나 결국 IMF 구제금융을 신청하게 된 것이다. 급기야 외환위기가 발발하고, 1997년 12월 16일에는 IMF의 권고를 받아들여 일일 변동 제한폭을 폐지하고 자유변동환율제도로 이행하였다. 환율이 시장의 수요공급에 의해서 자율적으로 결정되도록 한 것이다.

1997년 11월 말부터 12월 초 사이 IMF 구제금융 신청 전후 정부는 부족한 외환을 확보하기 위해 모든 정책수단을 동원하였다. 국유재산을 담보로 한 국채 발행도 검토하고, 일본과 대만에 긴급자금 지원을 요청하기도 했지만 모두 여의치 않았다. 결국 정부의 정책 실패와 기업의 방만한 투자, 그리고 환율을 비롯한 외환정책의 한계로 IMF 구제금융을 피할 수 없었고 이로 인해 온 국민이 어려움을 겪게 되었다. 1997년 11월 말에서 12월 초 IMF 구제금융 사태를 피하기 위해 당시 김영삼 대통령이 미국의 클린턴 대통령과 일본의 하시모토 총리에게 긴급구조를 요청하는 국가적 수모를 당하게 되었다. 그때 한미 및 한일 정상 간의 통화록을 보면 당시의 상황이 생생히 기록되어 있다.[25]

∷ 아시아 외환위기와 변동환율제의 도입

자유변동환율제의 운용

한국은 1997년 12월부터 변동환율제를 채택하여 시장의 외환수급에 따라 환율이 움직이도록 제도를 운용해오고 있다. 기본적으로는 자유변동환율제도의 골격을 유지하면서 환투기 조짐이 보이거나 지나친 수요·공급의 쏠림 등 시장교란 요인이 생기면 외환당국이 환율 안정을 위한 시장 개입, 즉 미세조정 개입(smoothing operation)을 시행

---

25 김영삼 대통령과 클린턴 미국 대통령 및 일본 하시모토 총리 간의 5차례에 걸친 정상 대화록은 1996년 5월부터 1998년 3월 사이 외환위기 전후 약 2년 동안 청와대 경제수석실 금융담당관으로 재직했던 저자가 보관하다가 2011년 9월, 당시 경제수석실 관련 기록물과 재정경제원, 한국은행 등 관련 기관의 보고서 등 총 1,000여 건의 문건을 대통령기록관에 역사적 기록물로서 기증하였다.

하게 된다. 미세조정 개입이란, 외환수급이 한 방향으로 치우칠 때 외환당국이 시장에 부족한 외환을 공급하거나, 과잉 공급되는 외환을 사들이는 개입 조치를 말한다.

단기적으로는 이러한 미세조정 개입을 통해 환율의 급변동을 완화하는 한편, 중장기적으로는 부족환 외환을 외자유치 등을 통해 들여오거나 과잉 외환을 내국인 해외투자 등을 통해 해외로 유출시키는 외환수급 조절방안도 병행하여 시행해오고 있다.

그러나 자유변동환율제도 아래에서 정부가 외환시장에 수시로 개입하여 인위적으로 환율의 변동성을 줄이거나 한 방향으로 유도하는 것은 용이하지 않고 바람직하지도 않다. 그렇다고 환율을 완전히 시장의 수급에 맡길 경우에는 아직 우리나라의 외환시장규모가 작고 하부구조가 취약하여 단기에 거액의 외환공급이나 수요가 발생할 경우 환율의 급변동이 일어날 가능성이 높다. 즉 외환공급이 급격히 늘어나면 달러를 팔자는 측만 있고 사려는 측이 사라지는 쏠림현상이 나타나 원화 환율이 자유낙하(free falling)하는 사태가 벌어질 수 있다. 이러한 환율의 급등락은 수출입업자들에게 큰 부담을 안겨주고, 대외교역의 안정을 해칠 수 있다. 또 원화 환율이 지나치게 상승하면 수출에 모든 자원이 집중되고, 반대로 환율이 지나치게 떨어지면 수출보다는 수입이 유리하게 되기 때문에 자원배분의 효율성이 떨어져 거시경제에 부담을 줄 우려가 있다.

대규모 자본유입이 지속되는 상황에서는 원화 가치가 지나치게 절상되면 경상수지 흑자 기조를 유지하기가 어려워지고 장기적인 측면에서 거시경제 안정에 위협이 된다. 또한 한국경제에 대한 대외신뢰도가 떨어져 일시적으로 외국자금이 빠져나가 어려운 상황에 처하게 될 수 있다.

한편 자본의 유출입이 자유화되어 있는 상황에서 정부가 환율안정을 위해 지나치게 시장에 개입하면 중앙은행 통화정책의 독자성이 상실되어 국내 거시경제 운용상의 제약 요인이 될 수 있다. 그리고 미국 등 주요 수출상대국으로부터 정부가 환율을 조작한다는 비난과 함께 '환율조작국'으로 지정되면 무역보복을 불러오는 등 통상마찰의 빌미가 될 수도 있다.

변동환율제 정착과 환율안정을 위한 노력

1997년 12월 외환위기 직후 한국은 IMF 프로그램에 따라 자유변동환율제를 채택하였다. 저자는 당시에 재정경제부 국제금융국장(1999년 1월~2001년 3월) 및 초대 국제업무정책관(국제담당차관보, 2001년 4월~2003년 2월)으로서 약 5년간 IMF 프로그램 협상과 외환시장 관리, 그리고 환율 운용의 실무총책임을 맡고 있었다. 처음 도입된 자유변동환율제를 정착시키며, 부족한 외환보유액을 비축하고 외채를 적절히 관리하여 외환위기 극복을 지휘해나가는 위치였다.

한국이 단기간 내에 외환위기를 극복하는 데 여러 가지 어려운 과제들이 많았지만 그중에서도 새로 도입된 변동환율제 아래서 외환위기 직후 극도로 민감해진 외환시장과 환율을 관리하는 일이 가장 힘든 일 중 하나였다. 1998년 들어 한국경제가 긴박한 외환위기에서 벗어나면서 외국인투자가 늘어나고, 부실기업 해외매각 등을 통해 외화가 계속 유입되자 원화 환율은 급속히 절상되기 시작했다. 1998년 초 1달러당 1,300~1,400원대이던 환율이 1998년 말에는 1,204원까지 하락(약 17% 절상)하고, 1999년 1월 들어서는 1,175원대까지 내려왔다(약 20% 절상).

그러자 가까스로 위기에서 벗어나던 한국경제는 수출에 비상이 걸리고 기업들은 심각한 어려움을 호소했다. 외환시장이 공급초과 위주로 바뀌면서 원화 환율은 일방적인 절상압력을 받고, 외환시장에서 달러를 사자는 세력은 자취를 감추었다. 당국이 외환시장에 넘쳐나는 달러를 일부 매입해주지 않으면 원화 환율은 일방적으로 수직 낙하(절상)하고, 외환시장이 마비될 수밖에 없는 상황이 연속되었다.

따라서 재정경제부 외환당국은 한국은행과 긴밀히 협의하여 외환시장 마비 사태가 발생하지 않도록 외환수급을 조절하는 미세조정 개입을 할 수밖에 없었다. 그러나 IMF는 변동환율제를 도입한 이후 우리 외환당국의 미세조정 개입조차 인정하지 않으려 했기 때문에 외환당국자로서 어려움이 매우 컸다. 이런 상황에서 외환딜러들은 수익을 극대화하기 위해 환율 변동폭 확대를 겨냥하고 한쪽으로 치우치는 외환매매 행태를 계속했다. 끊임없이 당국의 환율안정 의지와 능력을 시험하면서 외환시장의 불안을 유발했다.

이에 따라 변동환율제 도입 이후 4~5년 동안 3~4개월마다 외환시장이 주기적으로 흔들렸다. 외환당국은 시장이 흔들릴 때마다 외환딜러들과 고도의 신경전을 벌이며 시장이 마비되지 않도록 시장관리를 해야 했다. 변동환율제의 기본이 무너지지 않도록 시장 개입은 극히 제한적으로 하면서 외환시장을 안정적으로 관리하기 위해 고도의 절제와 기술이 요구되는 상황이었다. 외환시장이 이례적으로 흔들릴 때면 1차적으로 구두 개입을 통해 당국의 환율안정에 대한 입장과 불편한 심기를 시장에 전달함으로써 외환딜러들의 지나친 투기적 움직임을 견제하기도 하였지만, 때로는 직접 시장에 개입하여

당국의 환율안정 의지와 힘을 보여주는 양동작전을 구사해야 했다.

이 과정에서 가장 중요한 것은 외환당국이 시장의 신뢰를 잃지 않는 것이었다. 그러기 위해서는 당국이 국내외 금융시장 동향을 정확히 파악하고 그때그때 적절한 대응전략을 구사해야 했다. 당국이 시장의 흐름을 놓치거나 이를 무시하고 힘으로만 대응하려고 하면 당국에 대한 시장의 신뢰가 무너지고, 이후 당국의 개입은 힘을 잃게 되며 투기세력들로부터 시장을 보호하기 어렵게 된다.

구두 개입으로 효과가 없어 직접 개입을 단행해야 할 때 중요한 것은 적절한 시기와 개입의 강도를 선택하여 과감하게 작전을 구사하는 것이다. 즉 구두 개입이 경고에 그치지 않고 실제 실탄이 발사된다는 것을 보여줘야 한다. 외환당국이 시장 관리에 성공하기 위해서는 외환시장 개입을 직접 수행하는 한국은행과 긴밀한 공조가 필수적이다. 따라서 평소에 한국은행과 시장 상황을 실시간으로 공유하고, 시장 개입을 단행할 시에는 합동으로 전략을 수립하여 마치 한 몸과 같이 한 치의 오차도 없이 집행해야 한다.

저자는 외환시장 실무 지휘를 하면서 약 5년간 매년 3~4차례씩 실제로 시장 개입 작전을 지휘해야 했다. 시장이 흔들릴 때면 하루 종일 외환딜러들의 동향을 실시간 모니터링하면서 적절한 구두 코멘트와 함께 필요 시 직접 개입 지시를 해야 했다. 당국은 하나이지만 상대해야 하는 시장의 외환딜러는 수백 명이다. 시장이 흔들릴 때면 딜러들과의 신경전으로 하루 종일 시달리고 밤새 잠을 이루지 못하는 때도 많았다. 다행히 저자가 외환 관리 책임을 맡고 있던 5년 동안 IMF와 외환시장 참여자들, 그리고 국내외 언론으로부터 외환시장을 비교적 안정적으로 관리하면서 자유변동환율제를 성공적으로 정착시켰다는 평가를 받았다. 이 모든 일은 낭시 재정경제부 국제금융국 외환 담당자들과 한국은행 국제금융 라인이 일심동체가 되어, 자유변동환율제를 정착시키고 한국 외환시장의 발전과 성장에 힘을 기울인 결과이다.

외환위기 이후 불과 3년 반 만인 2001년 9월까지 1,000억 달러 이상 외환보유액을 확보하여 한국의 국가신용등급을 투기등급에서 투자등급으로 상승시킨 것도 이들의 노력에 힘입은 바 크다. 그 과정에서 저자는 과분하게도 내외신들로부터 "미스터 원(Won)"이라는 별명을 얻었고, 이는 저자에게 공직생활의 큰 보람이자 영광이었다.

아직도 한국 외환시장은 경제규모에 비해 작고 외풍에 매우 취약하다. 그러므로 당국의 시장안정 노력은 여전히 필요하다. 저자는 재정경제부 국제금융국장, 국제담당차관보 시절 5년간의 경험을 바탕으로 우리나라 외환시장 발전을 위한 조언을 후배들에게 남겼는바, 그 내용을 여기 참고로 소개한다.

외환시장 발전을 위한 조언

1. 우리의 목표는 자유변동환율제를 정착시키고, 외환시장의 폭과 깊이를 심화시키는 것이다.
   - 시장활성화를 위해서는 일중변동폭의 확대와 일부 투기적인 매매 세력도 필요하다.
2. 당국도 시장 플레이어(player)의 하나다. 그러나 시장에 대한 직·간접 개입은 가능한 한 자제해야 한다.
   - 시장을 앞서가라.
   - 항상 시장을 모니터링하고 시장의 변화에 신속 대응하라. 그러나 시

장 플레이어의 말을 100% 믿어서는 안 된다.

- 시장 상황에 항상 유연하게 대응해야 한다.
- 구두 개입은 가능한 한 짧되, 시장이 음미하고 공감할 수 있도록 충분히 암시적이어야 한다.
  - 구두 개입 시에는 정제된 문장을 내보내고 일체의 조율되지 않은 발언은 삼가야 한다.
  - 스테레오타입(stereotype)의 구두 개입은 효과가 적다. 항상 새로운 단어를 찾아라.
- 항상 다양하고 변화하는 전략을 구사하라. 상대의 허를 찔러라.
- 시장의 힘을 오버라이드(override)하려고 하지 마라.
- 다른 경쟁국의 통화 움직임에 편승해라.
- 시장이 어려울 때 절대로 흥분하면 안 되며 항상 냉정하고 침착해야 한다. 소영웅심리에 빠지면 안 된다.
- 시장과의 싸움은 냉엄한 진검 승부다.
- 당국은 절대로 실수해선 안 된다. 일단, 시장에서 권위를 실추하면 시장을 관리할 수 없다.
- 시장 개입 시에는 한국은행과 사전에 전략을 충분히 협의한 후 시행하라.
- 칼은 함부로 빼는 것이 아니라 칼집에서 약간 보여주는 것만으로도 충분한 효과를 거둘 수 있다.
  - 그러나 일단 칼을 뽑았으면 뭔가 확실히 보여주어야 한다.
- 승산 없는 싸움에서 무리하여 지나친 피를 흘려서는 안 된다.
- 세가 불리하면 즉시 퇴각할 수 있어야 한다.
  - 힘을 아끼고 비축해야 한다.
  - 항상 우리 측의 피해를 최소화하고 극대의 효과를 거둘 수 있는 전략을 구사해야 한다.

3. 한국은행과는 항상 한 몸이라고 생각하고 평소에 한 치의 틈도 없이 조율하라.

이하에서는 1997년 외환위기 이후 국제통화환율제도 관련 국제회의에서 밝힌 한국 외환당국의 입장을 일부 소개한다.[26]

1999년 4월 '국제금융체제 개편 관련 한국 보고서'

1999년 4월 미국 워싱턴에서 개최된 IMF 잠정위원회 준비 재무차관회의에 제출한 '국제금융체제 개편 관련 한국 보고서'를 통해 국제환율체제에 대한 한국의 입장을 발표했다. 이 보고서에서 한국은 "외환위기 방지를 위해서는 일관성 있는 거시정책 기조의 유지와 자국에 적합한 환율제도의 선택 및 운용이 중요하다"는 입장을 표명하였다.

또한 외환위기 이후 국제환율제도의 개편과 통화가치 안정에 관한 국제적인 관심이 고조되고 있으며, 유럽에서는 1999년부터 공동통화인 유로화가 출범하고 있는 상황 속에서 아직까지 국제금융계가 최적 환율제도에 관하여 뚜렷한 공감대를 이루지 못하고 있는 현실을 비판했다.

그간의 역사적 경험에 비추어볼 때 각각의 환율제도는 나름대로의 장단점을 갖고 있으며, 일부 선진국[27]들은 변동환율제를 유지하고 있음에도 불구하고 환율이 균형 수준에서 이탈하여 경제 기초여건을 적절히 반영하지 못하고 있어 대외불균형 현상이 심화되는 문제점을 일으키고 있다고 지적했다. 아울러 신흥시장국들은 보다 유연

---

26 한국 재무당국은 1999년 4월 IMF 잠정위원회(IC) 직전 주요국 재무차관회의에 제출한 '국제 금융체제 개편 관련 한국 보고서'에서 환율 문제에 대한 한국의 입장을 표명하고, 2001년 1월 일본 고베에서 개최된 아시아·유럽정상회의(ASEM) 재무장관회의에서도 동아시아의 환율 제도 개편에 대한 입장을 개진하였다.

27 미국과 일본을 의미한다.

한 환율체제로 전환하고 있으나 유연한 환율제도가 실물과 금융 부문의 안정을 달성하는 데 반드시 효과가 있다는 증거가 없다는 사실을 지적하였다.

환율제도의 장단점이 명확하지 않는 점을 고려하여 자국의 경제상황에 맞는 환율제도를 선택하도록 하되, 선택된 환율제도가 잘 작동할 수 있도록 일관성 있게 거시경제정책을 수행하는 것이 중요하다는 점을 강조하였다. 또한 환율제도를 선택할 때에는 각국의 거시경제정책, 금융 시스템의 발전 정도, 경제의 개방성, 타국 경제와의 통합 정도 등을 종합적으로 고려해야 함을 지적하였다.

환율안정을 위한 국가 간 협력 강화의 중요성도 강조하였다. 달러, 유로, 엔 등 주요 국제통화 간 환율안정을 위한 적절한 조정장치를 마련해야 하며, 이에 대한 국제사회 차원의 협력 강화가 필요하다는 점을 지적하였다. 환율안정을 위한 조정장치가 원활하게 작동하기 위해서는 지역적·국제적 차원에서 거시경제정책 공조 노력을 강화해야 하며, 이는 유로화의 등장으로 더욱 중요해졌다고 하였다.

한편 일본의 지나친 외환시장 개입과 엔화 환율 절하 정책을 겨냥하여 선진국들이 이를 방관하거나 묵인해온 태도, 이른바 '무심한 방관정책(benign neglect policy)'을 향해 비난의 화살을 돌렸다. 즉 일본의 지나친 시장 개입이 소규모 개방경제 국가들의 대외경쟁력을 약화시켜 외환위기를 초래하고 거시경제의 부담을 증가시킴에도 선진국들은 자국과 직접적 이해관계가 없을 경우 이를 이슈화하지 않고 방관했던 태도를 시정해야 한다고 충고했다.

그리고 국제무역 및 국제금융거래의 급증 등 국가 간 경제의 연계성이 강화되는 현실을 감안하여 모든 국가들이 보다 안정된 국제환율제도와 통화가치 안정을 위한 논의에 참여해야 하며, 따라서 선진국은 물론 신흥시장국들도 국제환율제도 개편 논의에 적극적으로 동참할 것을 요청하였다.

2001년 1월 일본 교토 ASEM 재무장관회의

한국은 신흥시장국들이 도입한 변동환율제가 순조로이 정착하기 위해서는 외환시장이 발전하여 그 깊이와 폭이 심화 확대돼야 한다는 점을 강조하고, 외환시장에 쏠림현상이 발생할 경우에는 이를 적절하게 관리할 수 있을 정도의 충분한 외화유동성을 확보해야 한다고 지적했다.

또한 동아시아 지역의 역내 단일환율제도는 제반 여건이 구축되지 않아 가까운 시일 내에 가시화되기 어려운 상황이므로 환율제도의 개편에 앞서 위기 시에 역내 각국 간 외환보유액을 상호 지원해주는 '치앙마이 이니셔티브(CMI)'와 같은 지역금융 및 경제협력의 경험을 축적하는 것이 필요하다는 입장을 표명하였다.

요약하면 신흥시장국의 변동환율제 정착을 위해서는 충분한 외화유동성의 확보, 외환시장의 발달 및 외환당국의 투기세력 감시 등 시장 관리 능력이 획기적으로 제고되어야 한다는 입장을 표명함으로써, 이런 여건이 갖추어지지 않은 신흥시장국이 자유변동환율제를 원칙대로만 시행하기는 어렵다는 점을 지적한 것이다.

적정 원화 환율의 유지와 환율절상 압력의 완화

원화의 적정 환율 수준은 얼마일까? 실질실효환율(REER: Real Effective Exchange Rate)[28]의 경우 측정기관마다 다른 결과를 나타내고 있다.

2014년 IMF의 '대외부문 보고서(External Sector Report)'에 의하면 원화의 실질환율은 약 6% 저평가되어 있다고 한다. 2013년 평가 시에는 원화가 2~8% 저평가되어 있다고 했다. IMF의 평가방법은 거시경제 변수 및 재정정책, 사회복지 지출 등 기타 정책 변수 등으로 거시계량모형을 구성하여 환율 수준의 적정성을 평가하였다. 2014년 10월 발표된 미국의 환율보고서는 IMF의 평가결과를 토대로 원화의 절상 필요성과 시장 개입 억제 및 개입결과 공개 필요성 등의 문제를 제기했다. 한편 BIS는 IMF와는 달리 2013년 10월, 원화가 6.2% 고평가(2010년 기준)되어 있다고 했다.

이와 같이 측정방법과 기준연도에 따라서 적정 환율 수준이 다르게 나타나기 때문에 외환당국은 실질실효환율뿐만 아니라 중기적 관점에서 경상수지 균형 환율 수준도 측정, 종합적으로 적정 환율 수준을 판단하여 거시경제 운용에 참고하고 있다.

그러면 원화의 적정 환율은 얼마이고, 앞으로 원화 환율은 어떻게 움직일까? 2008년 금융위기 이후 우리나라의 GDP 대비 경상수지는 매년 3~5%의 흑자를 보이고 있다. 한편 평균 원화 환율은 2010년 1,156.0원에서 2013년 1,095.0원으로 3년간 5.6% 절상되었다. 중기적 관점에서 경상수지 흑자규모가 GDP의 ±1~2% 수준을 유지하면 대체로 대외균형이 유지되고 있다고 본다. 따라서 흑자규모가 GDP 대비 3~5% 흑자를 기록하고 있는 것은 우리나라 경제규모에 비해 흑

---

28 각 교역상대국의 환율을 해당국 물가지수로 나누어 실효환율을 구한 후 해당국의 교역규모로 가중평균하여 작성한다. 실질실효환율은 교역상대국과의 명목 환율뿐만 아니라 물가 수준(구매력)을 종합적으로 반영하기 때문에 환율의 장기균형 수준으로부터의 이탈 정도를 판단하는 지표로 활용하기도 한다.

자규모가 크다고 할 수 있다. 경상수시가 최근 매년 GDP 대비 큰 폭의 흑자를 보이는 것은 수출이 늘어서가 아니라 세계경제 침체로 수출은 크게 늘지 않으면서도 수입이 줄어든 데에서 기인한다.

그러나 경상수지가 계속 흑자를 보이고, 흑자규모가 갈수록 커지고 있기 때문에 원화가치가 절상되는 것은 불가피하다. 앞으로도 이런 추세가 지속되는 한 원화의 절상압력은 지속될 것이다. 그리고 정부의 시장 개입만으로 환율절상을 막기에는 무리가 있고 한계가 있다.

우리나라 경상수지 흑자는 주로 자동차·휴대폰·반도체 등 국제경쟁력을 갖춘 대기업 수출에서 비롯되기 때문에 환율절상은 이들에게는 고통스러운 일이 아닐 수 없다. 환율이 너무 절상되어 수출이 심각한 타격을 받고 경상수지 균형이 무너진다면 심각한 일이다. 그러나 수출 대기업들은 실적이 좋아 돈을 많이 벌어도 과거와 달리 국내투자나 고용을 크게 늘리지 않는다. 한편 원화 환율이 절상되면 수입을 많이 하는 기업이나 해외원자재를 많이 사용하는 내수기업, 또는 외채가 많은 기업들에 오히려 득이 된다는 점도 간과해서는 안 된다.

그러면 원화절상 압력을 어떻게 완화할 것인가? 경상수지 흑자에 더하여 외국인주식채권투자를 통한 외화의 유입이 계속되고 있어 원화의 절상은 불가피하다. 정부의 외환시장 개입만을 통해 환율절상을 막는 데에는 한계가 있기 때문에 이제는 국내 외환시장의 수급 균형을 유도하여 원화절상 압력을 해소하는 방안을 적극 강구해야 한다. 국내로 과다 유입되는 외화를 적절히 해외투자로 활용하여 환율절상 압력을 완화하는 것이 경쟁국으로부터 환율조작국이라는 비난을 받지 않고 환율절상 문제를 해결하는 방법이다. 과거 전통적 국제수지 흑자국인 독일, 일본 등과 지난 수십 년간 흑자를 지속하고 있는 싱가포르, 홍콩, 중동 산유국들, 그리고 최근에는 중국도 국제수지 흑자를 자본수지 적자로 상당 부분 상쇄함으로써 환율절상 압력을 완화하고 지속적인 수출 경쟁력을 유지하고 있다.

해외자본투자를 촉진하기 위해서는 해외증권투자에 대한 상대적 불이익을 제거해야 한다. 해외증권투자 양도차익에 대해서 국내증권투자와 같이 비과세 조치를 해주어야 한다. 국내증권투자 차익에 대해서는 과세하지 않으면서 해외증권투자 차익에 대해서만 불평등하게 과세하면 해외투자가 늘어나지 않는다. 그리고 복잡한 해외증권투자 관련 절차도 대폭 간소화해서 해외 포트폴리오투자를 대폭 늘리도록 유도해야 한다. 국내에 초과 유입되는 달러를 해외 금융자산이나 원자재 확보 등에 잘 활용하면 공산품 수출을 통해서뿐만 아니라 자본 수출을 통해서도 돈을 벌 수 있다. 이것이 바로 '돈으로 돈을 버는' 선진국형 흑자 자본주의체제인 것이다. 수출뿐만 아니라 외국인증권투자 등을 통해서도 국내에 과잉 유입되는 외환을 국내 외환시장에서만 소화하려고 하면 결국 환율이 절상될 수밖에 없다. 이는 수출업체에 부담을 주어 한국의 대외경쟁력을 훼손한다.

:: 환율 운용 선진화를 위한 제언

현재로서는 지금의 변동환율제 골격을 잘 유지하면서 관련 금융 및 외환시장 인프라를 잘 구축하여 외환시장의 규모를 키우고 환율이 원칙적으로 시장의 수급에 의해 변동할 수 있도록 외환시장의 폭과 깊이를 심화시켜야 하겠다. 이를 위해서는 외환거래와 결제 시스템 등 하부구조를 확충하고, 유능한 외환딜러를 양성하여 다양한 외환상품이 개발되고 거래되도록 해야 한다.

자본자유화와 변동환율제가 함께 잘 정착되면 국내 통화정책의 자율성도 확보되어 환율과 금리 등 가격 기능에 의해 개방경제체제 운용이 순조로워진다. 따라서 환율은 가급적 시장의 수요와 공급에 맡기고, 당국의 시장 개입을 통한 환율안정화 조치는 가능한 한 최소화해야 한다. 초과 외환공급은 해외 포트폴리오투자 등을 통해 일차적으로 균형을 맞추고, 외환이 부족하면 외환보유액을 사용하여 지원하는 무리한 외환공급보다는 적절한 환율상승으로 대처해나가야 한다. 다만 투기세력의 공격이나 일시적 외환시장 불안에 대해서는 당국의 적절한 시장 개입을 통한 외환시장 안정 조치도 필요하다.

환율 운용의 선진화를 위해서는 앞으로 정부의 시장 개입에 대한 정보도 대외 공개하여 정부 개입의 정당성과 투명성을 확보해나가야 한다. 외환보유액도 다소 넉넉히 쌓아 헤지펀드 등 외부의 투기적 공격과 대내외 금융시장 충격에 항상 대비태세를 갖추어나가야 한다.

또한 외환위기 발생 시 지역 내 전염을 방지하고 위기를 조속히 해결하기 위해서는 동아시아 차원의 지역 통화금융협력을 한층 강화하고, 미국 등 선진국과의 통화스와프도 미리 확보해둘 필요가 높다고 하겠다. 동아시아 지역 내 환율안정을 위한 논의를 지속하고 여건의 성숙 정도를 보아가며 동아시아 공동통화 창출 등 새로운 지역 통화협력체제 구축도 추진해나가야 하겠다.

그러나 가장 중요한 것은 거시경제를 건실하게 운용하고, 대외균형이 무너지지 않도록 외환정책을 운용하는 것이 중요하다. 원화 환율이 중장기적으로 지나치게 고평가되거나 저평가되어 경제 펀더멘털과 괴리되는 불일치 현상이 지속되지 않도록 세심한 주의와 노력을 기울여야 한다. 환율 운용 및 외환부문 선진화를 통해 국내 외환시장의 외환수급 조절 능력을 키워야 한다.

06
원화 국제화의 과제

원화 국제화 이슈의 재부각

원화의 국제화는 1980년대 이후 정부의 외환자유화 과정에서 꾸준히 검토되어온 과제이다. 원화도 미국달러, 독일 마르크, 영국 파운드, 일본 엔화처럼 국제거래에서 직접 사용되는 것을 목표로 한 계획이다. 그러나 우리나라의 경제규모, 경제 운용방식 등이 아직 선진국 수준에 이르지 못하고, 외화자산규모나 외환시장 성숙도, 정부의 환율운용방식 등이 아직 국제적으로 일관성과 투명성을 인정받지 못하고 있기 때문에 원화의 국제화는 가시적으로 실현되지 못하고 있다.

1997년 외환위기 이후에는 외환자유화에 대한 국내의 시각도 신중하게 바뀌면서 원화의 국제화는 단기적 과제에서 밀려나 중장기 추진과제가 되었다. 그간 주로 학계나 언론을 중심으로 원화 국제화가 논의되어왔는데, 최근 중국이 위안화 국제화 추진 과정에서 홍콩,

대만, 마카오, 영국, 독일에 이어 우리나라와도 '위안화 결제은행 협약'을 체결하면서 원화의 국제화 이슈가 부상하고 있다. 특히 한중 무역 대금 결제에 중국과의 '원·위안 통화스와프' 자금을 활용하기로 합의하면서 원화의 국제화가 재부각되고 있다.[29] 쌍방의 결제은행이 지정되면 중국에 수출하는 국내기업은 원화로, 한국에 수출하는 중국기업은 위안화로 대금을 결제할 수 있는 길이 열리게 되었기 때문이다.

원화 국제화란 원화가 국내거래에서와 같이 국제무역, 국제금융, 국제자본거래와 외환거래에서도 계산단위, 지급결제수단, 그리고 가치저장수단 기능을 수행하는 것을 의미한다. 즉 원화가 국제통화로서의 지위를 인정받아 대외상품 및 서비스 수출입거래 시 원화로 표시하거나 결제하는 것이 가능하고, 해외에서 비거주자 간에 원화로의 거래뿐만 아니라 원화표시 예금이나 채권 발행 등 금융거래와 자본거래가 가능하게 되는 상태를 말한다.

원화가 국제화되면 어떤 장점이 있을까?

첫째, 환리스크가 감소한다. 이를 통해 수출입거래에 따른 무역거래 비용 및 환리스크가 축소된다. 원화 국제화는 달러의존도 감소를 통해 무역 및 자본거래 시 발생하는 환전 비용을 절감할 수 있고, 환변동 리스크 감소를 통해 대외경제의 충격이 국내에 미치는 영향을 줄일 수 있다. 특히 우리나라는 대외무역의존도와 자본시장 개방 수준이 높아 다른 나라에 비해 환율 변동성이 높다. 2008년 리먼브러더스 사태 시 주요국 통화에 비해 원화의 환율 변동성이 특히 컸던

---

29 정부와 한국은행은 중국 인민은행과 2013년부터 64조 원(약 3,600억 위안)규모의 한중 통화 스와프 자금을 무역결제에 활용하는 방안을 추진하기로 합의하였다.

것만 보아도 알 수 있다.

둘째, 외환보유액 관리 비용을 절감할 수 있다. 국제거래에서 원화 활용도가 높아질 경우 많은 외화 준비자산을 보유할 필요성이 줄어들고, 국내 유동성 관리도 용이해진다. 자국 통화의 국제화 수준이 낮은 국가들은 충분한 외환보유액을 유지해야 한다. 현재 GDP 대비 외환보유액 비중을 보면 미국 0.97%, 영국 5.01%, 독일 6.69% 등 서구 기축통화국은 낮은 반면, 한국과 일본은 22% 수준, 중국은 43%에 이르는 등 아시아 국가들은 매우 높다.

셋째, 원화가 국제화되면 국제금융시장에서 한국의 위상이 제고되는 효과가 있다. 한국은 세계 7위의 무역대국이나 국제금융시장에서의 영향력은 미미하다. 국제금융시장에서 한국의 위상이 높아지면 해외로부터의 자금조달 비용이 줄고 국가신용등급도 상승할 수 있다.

반면에 원화 국제화의 단점은 무엇인가? 첫째, 국제투기 세력에 노출될 위험이 높아진다. 역외 투기세력이 해외에서 원화를 쉽게 확보할 수 있으므로 헤지펀드 등이 이를 활용하여 국내외 금리차를 이용한 재정거래 등 원화에 대한 투기가 용이해진다.

둘째, 역외 원화자산이 급증하면 국내 통화정책의 자율성과 유효성이 저하될 수 있다. 국내기업들도 해외에서 원화차입이 가능해지므로 통화당국이 통화 및 신용통제를 하는 데에 어려움이 발생할 수 있다. 일본 엔화 국제화 추진과정에서 일본은행이 자산버블 해소를 위해 통화공급을 억제하는 정책을 시행했으나 효과가 미흡했던 사례도 있다.

∷ 원화 국제화 현황[30]과 성공적인 추진을 위한 요건

원화가 국제통화로 사용되기 위한 우리나라의 여건을 살펴보자.

첫째, 원화의 무역결제 비중이 매우 낮다. 무역결제에서 자국 통화 결제 비중이 미국 80%, 유럽 국가 50% 이상, 일본도 30%대를 유지하고 있다. 중국도 2009년 이후 위안화 국제화를 추진하여 위안화 결제 비중이 2012년 상반기 11%에 도달했으나, 우리나라는 원화 결제 비중이 2012년 상반기 기준 2.9%에 불과한 실정이다.

둘째, 외환·자본자유화 및 원화의 국제거래 활용 등 제도적 장치는 마련되었다. OECD 가입을 위한 1996년 자본자유화, 1997년 IMF 프로그램에 의한 변동환율제도 이행 및 1, 2차 외환자유화 조치로 원화 국제화를 위한 대외부문 자유화 여건은 상당히 진전되었다. 2006년 정부의 동북아 금융허브정책 추진과정에서 외국인의 원화 보유 및 원화거래 허용범위를 확대하는 등 원화 국제화를 위한 제도적 진전도 이루어졌다. 이때 비거주자의 원화 차입한도 확대, 시카고 선물거래소에 원/달러 통화선물 상장, 비거주자의 국내 원화채권 투자 허용, 비거주자의 이자소득에 대한 원천징수 세율 인하, 비거주자 원화계정 통합 등이 허용되었다.

셋째, 대외개방도는 높은 편이나 국제 자본거래 활용 수준은 낮다. 국내 자본시장 개방도는 높은 편이나, 아직 해외에서의 원화 활용은 미흡하다. 2014년 4월 말 기준 국내주식과 채권에 대한 외국인투자 비중은 각각 32.1%와 6.8%로, 일본의 26.7%와 8.5%에 비해서도 높은 편이다. 그러나 국내시장의 높은 개방도에 비해 해외시장에서 원

---

30 KB금융지주경영연구소 (2013. 3. 14), "원화 국제화 현황 및 과제" 참조.

화표시 국제채권 발행 비중은 미미하다. 2012년 상반기 기준 전체 27조 9,000억 달러의 국제 채무증권 중 원화표시 채무증권은 13억 달러에 불과했다. 그에 비해 엔화표시 채무증권과 위안화표시 채무증권은 각각 7,260억 달러와 590억 달러에 육박했다.

그렇다면 성공적인 통화 국제화 추진을 위한 요건은 무엇인가? 경제규모, 환율안정성, 금융시장 개방도, 국가위험도, 대외채무 등의 측면에서 살펴볼 수 있다.

우선 경제규모 측면을 살펴보자. 생산량, 교역규모 등이 클수록 해당국 통화에 대한 수요가 많아지므로 국제통화로서의 활용 가능성이 높아지나 우리나라의 경제규모는 아직 상대적으로 작은 수준이다. 세계 GDP에서 각국이 차지하는 비중을 보면 한국은 0.9%로 미국(21.2%), EU(18.4%), 중국(10.2%) 및 일본(8.2%)에 비해 매우 작은 수준이고, 세계 무역총액에서 한국 무역이 차지하는 비중도 2.9%에 불과하다.

원화 환율의 안정성 측면은 어떠한가? 통화의 대외가치가 안정적인 흐름을 유지해야 통화에 대한 대외신뢰성이 높아질 수 있다. 그러나 원화는 대외 환경에 민감하게 반응하며, 특히 위기 시 변동성이 상대적으로 매우 높은 통화이다.

원화 국제화를 위한 금융시장 개방도는 어떠한가? 통화가 국제적으로 사용되기 위해서는 금융시장이 대내외적으로 개방되어 있어야 하며, 시장의 규모가 크고 다양한 금융상품이 존재해야 한다. 2010년 4월 밀켄연구소(Milken Institute)가 발표한 자본접근성 지수 (CAI: Capital Access Index)를 기반으로 금융시장 개방도를 보면 한국은 7.39로 영국(7.95), 싱가포르(7.92), 미국(7.88), 스위스(7.68) 등 국제금융 중심지에 비해서는 아직 낮다. 그러나 일본(6.72)과 중국(6.00)보다는 높은 수준이다.

원화가 국제통화로서 지위를 얻기 위해서는 국가위험도가 낮아야한다. 국가재정, 환율, 금융시장, 정치·경제구조 등을 종합적으로 평가한 국가위험도가 낮아야 하나, 한국은 현재 중간 수준을 기록하고있다. 이코노미스트 인텔리전스 유닛(EIU: Economist Intelligence Unit)이 발표하는 각국의 국가위험도를 보면, 한국은 BBB로, 스위스(AA), 싱가포르(A), 미국(A), 일본(A)보다는 낮고, 중국(BB)보다는 한 단계높은 수준이다.

통화가 국제적 신뢰를 얻기 위해서는 대외채무가 적정해야 한다. 경상수지 흑자로 인한 순대외채권 수준을 가늠할 수 있는 IMF 발표 GDP 대비 순국제투자(Net International Investment Position) 잔액 비중을 보면 싱가포르(2010년 224.2%), 대만(2010년 153.3%), 스위스(2010년 136.1%), 일본(2009년 56.1%), 중국(2009년 37.1%)에 비해 한국은2014년 1.5%로 통계작성이 시작된 1994년 이후 처음으로 플러스를기록했다.

:: 향후 전망과 대책

원화 국제화는 장단점이 있고 현재 우리나라가 이를 추진하는 데에는 많은 제약 요건이 있다. 그러나 비록 우리나라 경제규모가 주요국제통화국 수준에는 미치지 못하지만 세계 15위이고, 대외교역규모도 세계 7위이다. 경제규모나 교역규모가 우리보다 작은 호주, 홍콩, 싱가포르, 뉴질랜드 통화도 국제통화로 인정받고 있고, 최근 경제자유화나 대외개방 수준이 매우 낮은 중국도 위안화 국제화를 적극 추진하고 있는 점을 볼 때 이제는 우리도 원화의 국제화 추진을 심각하게 검토할 때가 되었다고 본다. 대외교역의 안정과 환전 수수료 등 부대비용 절감, 외국 통화를 통한 대외무역과 자본거래로 인한 교역조건 불안 및 금융시장 혼란을 완화할 수 있는 실질적인 혜택뿐만 아니라 장기적인 관점에서 원화의 대외위상 제고를 위해서도 원화 국제화를 본격적으로 고민해야 할 시점이 되었다.

정부는 본격적인 원화 국제화 추진 시 해외 투기자본의 유입 등 예상되는 문제 때문에 자본거래보다는 무역거래부터 점진적으로 국제화를 확대해나갈 것으로 예상된다. 즉 정부는 먼저 대외교역에서 원화표시 및 결제를 위한 제도를 정비하고 이에 필요한 시스템을 갖추는 작업을 우선해야 한다. 그리고 대외무역에서 원화 사용 비중을 늘려나가도록 유도하고, 나아가 자본거래까지 원화 사용을 허용하고 확대해나가야 한다. 원화 금융시장과 자금시장을 개설하여 국내 금융회사나 해외 금융회사들의 원화 금융거래를 자유롭게 할 수 있도록 허용하고, 권장해나가야 한다.

원화 국제화에 따른 리스크를 완화하기 위한 대책도 마련해야 한다.

첫째, 변동환율제를 보다 충실하게 운용하여 환율의 가격조절 기능을 제고하고, 통화가치가 거시경제 펀더멘털과 괴리되지 않도록 운용해야 한다. 그렇게 해야 외부 투기세력의 공격을 피할 수 있고, 한국경제 운용의 국제적 정합성도 인정받아 원화의 국제통화로서의 지위도 확고해질 수 있다.

둘째, 국제통화로서 안정성을 유지하기 위해서는 단기적으로는 충분한 외환보유액이 필요하다. 해외로부터의 원/달러 간 환전 수요에 부응할 수 있을 정도의 외화유동성을 확보하고 있어야 가치저장수단이나 투자대상으로 원화의 지위가 유지될 수 있다.

셋째, 국제금융시장 불안 시 해외자본의 유출입과 투기성 공격에 대해 방어할 수 있는 다양한 대응수단과 준비가 필요하다. 원화 국제화 시 국내통화정책의 유효성 감소, 원화를 매개로 한 외국 투기세력의 활동 등 여러 가지 부작용도 예상된다. 따라서 정부와 금융회사는 국제금융 역량을 배양하고 전문가 집단을 확보해서 원화 국제화에 따른 부작용과 시장불안 사태에 대비하고, 다양한 환 헤지 상품도 개발하여 활용하도록 해야 한다. 우리 금융회사들의 국제화 수준도 향상되어 국내외 네트워크를 튼튼하게 구축하고 원화를 매개로하는 국제 간 거래의 중개역할을 하도록 해야 한다.

어떻게 자본이동의 위험을
줄일 것인가?

자본이동 규제와 대외채무, 외환보유액 관리

G20의 단기자본이동 관리방안과 평가는?

개도국의 바람직한 자본자유화, 외채 및 외환보유액 관리방안은 무엇인가?

자본통제로 금융위기를 막을 수 있는가?

위기 시 단기자본이동 규제의 유용성과 한계는?

외국인증권투자, 어떻게 관리해야 하나?

위기의 안전판은 없는가?

한국의 외환보유액은 많은가? 적은가?

외환보유액 유지비용은 얼마나 되나?

한국의 국부펀드, 한국투자공사의 과제는 무엇인가?

01
자본자유화와
자본이동 규제 간의 논쟁

∷ 급속한 자본자유화와 그에 따른 금융위기의 반복

1980년대 이후, 신자유주의적 조류 속에서 주요 선진국들과 IMF, OECD 등은 자본이동의 순(順)기능을 강조하며 신흥개도국들에 조기 자본자유화를 권고하였다. 자본이 부족한 개도국들이 경제 개발에 필요한 재원을 확보하기 위해서는 외국자본의 도입이 필수적이었다. 따라서 자본잉여국인 선진국에서 자본부족국인 개도국으로 잉여자본이 이동하여 개도국 경제 발전을 지원하고 부흥시키는 것은 세계경제 발전 및 부의 창출과 재배분을 위해 바람직한 일이다.

자본이 필요한 개도국뿐만 아니라 자본이 축적된 선진국 역시 보다 높은 투자수익을 실현하기 위해서 새로운 시장 개척이 필요하다. 이러한 필요에 의해서도 선진국들은 개도국 자본시장의 개방이 절실했다. 이처럼 적절하게 관리되는 자본자유화와 자본이동은 선·후진국 모두에게 상호이익이 되는 매우 바람직한 일이다.

그러나 1980년대 이후 급속하게 진행된 자본자유화와 자본이동으로 인해 세계경제와 국제금융체제는 빈번하게 반복되는 금융위기라는 골칫거리를 안게 되었다. 국가 간 자본이동 자유화 문제를 직접 관리하고, 다루는 국제기구로는 선진국 경제협력체인 '경제협력개발기구(OECD: Organization of Economic Cooperation and Development)'[1]가 있다. OECD 회원국이 되기 위해서는 OECD '자본자유화 코드(Code of Capital Liberalization)'[2]를 수용하고 이를 지켜야 한다. 우리나라도 1996년 OECD에 가입하면서 OECD 자본자유화 코드 심사를 받고, 자본시장의 폭넓은 개방조치를 단행했다. 그러나 불행하게도 OECD 가입 1년 만에 IMF 외환위기 사태를 맞게 되었다.

자본자유화는 원래 OECD 가맹국인 선진국을 중심으로 한 규약이었으나, 자본자유화의 순기능이 강조되고 세계경제의 글로벌화 현상이 진전되면서 1990년대 중반, IMF도 자본자유화 과제를 주요 기능에 포함하게 되었다. 1997년 4월, 주요 선진국들은 경상거래 자유화 업무에 국한되어 있는 IMF 업무영역을 자본거래 자유화 분야까지 확대하는 것이 바람직하다는 데 합의하고, 1997년 9월 IMF 잠정위원회는 '자본이동 자유화에 관한 공동성명서'를 채택, IMF 기능을

---

1 1961년 9월에 창설된 국제경제기구이다. 유럽경제협력기구(OEEC: Organization for European Economy Cooperation)에서 발전한 기구로서, 지금은 전 세계에서 경제적으로 앞서 있는 선진국들로 구성된 모임이다. 회원국 간 정책협의나 조정을 통해 회원국 경제협력을 증진시키고, 세계경제질서에 대해 논의하는 역할을 하고 있다. 기본적으로 경제협의체이지만, 그 활동 범위는 경제에만 머무르지 않고 정치, 사회, 환경 등 다양한 분야를 망라하고 있다.

2 모든 회원국이 국제 간 자본이동에 대한 장벽을 제거하고 자본자유화 조치를 이행하도록 규정하고 있는 OECD 규약을 말한다. 이 규약은 자본자유화의 원칙을 규정하고 있는 본문 23조와 자유화 대상이 되는 자본이동 및 각국의 유보항목 일람표인 4개의 부속서로 구성되어 있다. 규약의 주요 내용은 ① 가맹국은 효과적인 경제협력을 위해 상호 자본이동에 대한 제한을 점차 철폐하며, ② 가맹국의 자본자유화 조치는 무차별 평등하게 적용되어야 한다는 것 등이다.

자본자유화까지 확대하기로 하였다.

2000년 5월 IMF는 위기 시 자본통제가 정책당국으로 하여금 위기에 대응할 수 있는 시간적 여유를 제공한다는 사실을 인정하면서도, 자본통제가 건전한 거시경제 및 구조조정 정책을 대체할 수는 없다는 내용의 보고서를 발표했다. 이는 아시아 외환위기를 계기로 제기된 자본자유화에 대한 비판과 위기 시 자본통제에 대한 긍정적 시각에 대해 IMF가 자본자유화의 순기능을 계속 지지하면서 각 회원국들의 건전한 거시경제 운용을 촉구한 국제통화기구로서의 입장을 표명한 것이다.

이 보고서 내용은 다음과 같다. 첫째, 자본자유화가 된 국가는 거시정책과 금융정책을 포괄하는 일관성 있는 정책 패키지를 수행할 필요가 있다. 즉 일단 자본자유화가 된 나라는 언제라도 해외자본이 빠져나갈 수 있기 때문에 거시경제정책을 건실하게 운용하고, 금융시장도 안정을 유지하도록 잘 관리해야 한다는 것이다. 둘째, 자본통제의 효과에 대해서는 일반적으로 포괄적 통제가 선택적 통제보다 효과적이다. 즉 단기해외차입 같은 특정 형태의 자본거래만을 통제하면 각종 우회수단을 통해 규제를 회피해나갈 수 있기 때문에 포괄적인 통제가 더 효과적이라는 것이다. 셋째, 자본통제의 부작용으로서 자본통제는 궁극적으로 국제거래와 금융시장 발전을 저해하며, 해외투자자들의 신인도를 떨어트려 국제금융시장에서 외자를 도입하는 데 부정적 영향을 미치게 될 것이라고 했다.

그러나 1997년 아시아 외환위기가 지나친 단기자본이동으로 발생했다는 인식 위에서 단기자본이동에 대한 규제의 필요성과 함께 자본자유화를 신중하게 추진해야 한다는 공감대가 형성되었다. 즉 자

IMF 잠정위원회의〈'자본이동 자유화'에 관한 공동성명서〉(1997년 9월)

첫째, 민간자본이동이 국제통화제도에서 차지하는 중요성이 날로 높아짐에 따라 이제 브레턴우즈협정에 자본이동 자유화에 관한 내용을 추가할 시점이 되었다. 범세계화가 진전된 상황에서 국제통화제도의 원활한 작동을 위해서는 자본자유화가 필수적 요소이다. IMF는 국제통화제도에서 핵심역할을 수행하고 대다수의 국가가 참여하고 있는 범세계적 기구라는 점에서 자본자유화를 효과적으로 지원할 수 있는 위치에 있다. 따라서 IMF가 자본자유화를 관장토록 하자는 제안은 과감하면서도 신중한 접근이다.

둘째, 국제자본이동은 국제통화제도의 안정성, 거시경제정책의 질과 국내 은행제도의 건전성에 민감하게 반응한다. 최근의 금융위기 경험을 통해 자본자유화는 건전한 거시경제정책과 환율정책의 견실한 조화가 유지되는 가운데 금융부문 등 광범위한 분야의 구조조정정책과 병행하여 추진되어야 한다는 점이 입증되었다. 또한 자본의 효율적 활용과 자본이동의 변화를 수용할 수 있는 건전한 금융제도를 확립하는 것도 매우 중요하다.

셋째, 이러한 노력은 자본자유화를 촉진하는 다자간체제를 구축하는 방향으로 발전되어야 하며, IMF는 이와 관련한 가맹국의 노력을 지원하는 과제를 부담한다. 자본자유화가 적절한 순서에 따라 진행되고, 금융위기나 국제수지 위기 발생 가능성을 감소시킬 수 있는 정책이 채택되도록 함에 있어서도 IMF는 핵심적 역할을 수행해야 한다.

넷째, 잠정위원회는 자본자유화를 IMF 목적 중의 하나로 하고 필요한 경우 IMF의 업무영역을 이 분야까지 확대하는 방향으로 협정문 개정을 추진하도록 상무이사회에 요청한다. 이러한 노력이 성공하기 위해서는 보호장치와 경과규정이 필요하며 융통성 있는 승인정책이 채택될 필요가 있다. IMF 협정문의 개정 및 시행에 있어 타 국제협약하에서의 가맹국 의무사항이 존중되어야 하며, 이의 추진과정에서도 타 기구와 긴밀하게 협력하기를 희망한다.

다섯째, 자본자유화가 건실하게 추진되고 자본시장에 대한 접근이 확대되면 IMF 신용수혜 및 다른 재원의 필요성이 줄어들 것으로 기대된다. IMF는 가맹국의 구조조정 프로그램에 필요한 재원조달 지원에 핵심적 역할을 계속 수행할 것이지만 그 역할을 촉매기능에 한정하고 도덕적 해이를 방지하는 데 노력을 기울일 것이다.

여섯째, 범세계적인 자본자유화라는 새로운 체제로의 전환이 중요하다는 점에서 잠정위원회는 이에 대한 가맹국의 광범위한 공감대 형성을 환영하는 바이며 상무이사회가 필요한 협정문 개정작업의 완료에 노력할 것을 당부한다.

본자유화로 인한 선진국 자본의 과도한 개도국 투자와 진출, 그리고 개도국들의 무분별한 해외차입과 대외채무 관리 소홀, 금융건전성 감독 실패가 외환위기를 초래했다는 분석 위에서 국제사회는 무조건적인 자본자유화보다는 '순차적이고 질서 있는(orderly and well-sequenced) 자본자유화'가 바람직하다는 입장에 공감하게 되었다.

그리고 자본자유화 순서는 단기자금보다 중장기자금을, 그리고 은행차관 등 단기채무성자금보다는 채권발행 등 직접금융과 외국인직접투자와 같은 비채무성자금을 우선 자유화해야 한다는 원칙이 제시되고, 위기 시 대규모 자본유입에 대한 일시적 자본유입 규제도 제한적으로 인정해야 한다는 합의도 도출되었다.

2008년 말 금융위기 이후 2009~2010년 동안 단기유동성 자금이 위기국들에 비해 상대적으로 안정된 브라질, 한국, 인도 등 신흥국으로 대거 이동하면서 이들 금융시장 불안이 초래되었다. 이에 이들 국가들은 단기자본이동을 억제하기 위한 다양한 자본유출입 통제수단을 실행했다. 이후 G20은 과도한 국제 간 자본이동에 따른 위험을 적절히 관리하면서 자본자유화의 이득을 향유하기 위한 구체적인 자본이동 관리방안을 IMF로 하여금 검토하여 제시하도록 했다.

:: 아시아 외환위기 이후의 자본자유화 찬반 논의

자본자유화는 외환위기의 주범인가?

1994년 멕시코 외환위기 등 과거 중남미 외환위기는 주로 이들 국가의 경제 기초여건 불안과 구조적 취약성에서 비롯된 것이라고 보았다. 그러나 아시아 외환위기는 위기국의 경제 기초여건이 비교적 양호했음에도 불구하고 외환시장에 대한 헤지펀드 등의 투기적 공격과 단기외채가 갑작스럽게 빠져나가면서 발생한 유동성 위기라는 분석이 제기되면서 자본자유화와 외환위기 간 인과관계와 이에 대한 대책에 대한 논의가 신국제금융체제 구축의 일환으로 검토되었다.

시장의 효율성을 신뢰하는 자유시장주의자들은 아시아 외환위기의 원인을 주로 위기국의 내부적인 취약성에서 비롯되었다고 분석했다. 그러나 시장의 효율성을 그리 신뢰하지 않는 측에서는 무분별한 자본자유화와 이로 인한 단기자금의 급격한 이동 등 국제금융체제의 불완전성과 그 결함에 더 큰 원인이 있다고 분석했다. 아시아 외환위기는 주로 해외 단기자본이 과도하게 유입되었다가 일시에 유출되면서 발생하였으며, 이러한 현상은 자본이동의 속성에서 비롯된 것이라고 본 것이다. 즉 자유방임적인 자본의 이동이 외환위기를 불러왔다는 입장이다.

아시아 외환위기 당시 하버드 대학의 제프리 삭스(Jeffrey Sachs) 교수와 세계은행의 조셉 스티글리츠(Joseph Stiglitz) 부총재, 프린스턴 대학의 폴 크루그먼(Paul Krugman) 교수, 콜롬비아 대학의 자그디시 바그와티(Jagdish Bhagwati) 교수 등이 이러한 입장에 동조했다. 특히 제프리 삭스 교수는 "아시아 외환위기는 위기국의 잘못된 경제금융 정책에 의해 발생한 것이 아니라 경제 상황이 양호함에도 불구하고 시장 상황의 변화로 인하여 일어난 하나의 사건(a case of bad market happening to good economies)"이라고 설명했다.

1998년 스위스 제네바 '더 그래주에이트 인스티튜트(The Graduate Institute)'의 위폴로즈(Charles Wyplosz) 국제경제학 교수는 당시 외환위기와 관련하여 세 가지 중요한 공통점을 지적했다. 즉 ① 외환위기를 경험한 국가들은 위기 발생 이전에 금융과 자본자유화의 급격한 추진이 있었고, ② 위기국에서 모두 위기가 확산되는 감염 효과가 발생했으며, ③ 위기가 사전예고 없이 갑작스럽게 발생하였다는 점이다.

결국 자본자유화가 외환위기로 연결되는 메커니즘은 다음과 같다. ① 성장잠재력이 높다고 여겨지는 나라들이 외자도입을 촉진하기 위해 자본자유화 등 대내외 금융규제를 완화하면 이들 국가로 대규모 자금이 유입되기 시작한다. ② 상대적으로 느슨하고 불완전한 금융감독체제하에서 유입된 외화자금은 부동산 등 비생산적인 부문에 투자되거나 주식시장에 유입되고 과소비를 부추겨 경기가 과열된다. 경기가 과열되면서 자산가격이 오르고 물가와 임금이 상승하게 된다. ③ 이들 국가의 경직적 환율 운용으로 명목환율이 거의 변화가 없는 상황에서 물가와 임금이 오르면 실질환율이 절상되어 국제경쟁력이 하락하고,

이는 수출 감소와 수입 증가로 이어져 경상수지 적자가 커지게 된다. ④ 경상수지 적자는 해외로부터의 자본유입으로 메워질 수밖에 없고, 이로 인해 외국 빚은 더욱 늘어나게 된다. 이러한 상황이 지속되다가 어떤 대내외적 요인에 의해 시장심리가 부정적으로 바뀌면 곧 외화자금이 일시에 대규모로 빠져나가게 되고 이로 인해 외환위기가 초래되는 것이다.

자본이동 규제에 대해서도 규제를 반대하는 입장과 적절한 규제가 필요하다는 입장이 대립했다. 자본규제 옹호론자들은 대규모 자본이동의 폐해를 방지하기 위해 적절한 규제가 필요하다고 주장한다. 과도한 자본이동의 폐해란 ① 대규모 자본이 유입되면 경기가 과열되고 실질환율이 절상되어 국제경쟁력을 상실하며, 이로 인해 경상수지 적자가 발생한다는 것이다. ② 과도한 자본유입은 환율절상을 초래하고 이를 억제하기 위하여 통화당국이 외환시장에 개입하면 통화가 증발된다. 증발된 통화를 회수하기 위해 중앙은행이 불태화정책(sterilization policy)[3]을 쓰게 되면 금리가 높아져 자본유입을 더욱 촉진하게 된다. 고금리는 정부채권에 대한 이자지급을 늘려 정부의 재정정책에 부담이 된다. ③ 이런 상황에서 대내외 변수에 의해 일시에 자본유출이 일어나면 투자위축, 성장률 하락과 경기침체를 초래하며, 특히 급작스러운 자본유출은 은행의 유동성을 악화시키고 금융시스템의 안정을 위협하여 외환위기를 초래할 수 있다. ④ 투기적인 자본거래는 환율을 불안정하게 한다. ⑤ 전면적 자본자유화로 완전

---

3 통화팽창을 막기 위해 중앙은행이 통화안정채권 발행 등을 통해 시중의 유동성을 흡수하는 정책이다.

히 자본이동이 자유로운 상태에서 당국이 환율을 인위적으로 안정 시키려 하면 통화정책의 독자성을 상실하게 된다. 이른바 '불가능한 삼각관계'의 함정에 빠지게 된다.

한편 자본규제를 반대하는 측에서는 이와는 상반된 논리를 펴고 있다. 즉 ① 자본통제의 장점이 자본이동 자유화로 인한 이득보다 크 지 않다. 자본이동 제한을 통한 장점이 자본이동 자유화로 인한 효 과, 즉 투자와 생산증가, 부가가치와 고용창출, 그리고 이로 인한 사 회·경제적 후생증대라는 선순환 효과를 상쇄할 만큼 크지는 않다는 말이다. ② 따라서 자본이동을 제한하기보다는 건전한 거시경제정책 운용과 금융 시스템 구축을 통해 자본이동에 따른 위험을 최소화하 는 것이 바람직하다는 것이다.

자본통제의 효과와 한계

1999년 3월 IMF는 '최근 자본통제의 사례와 교훈'이라는 보고서 에서 위기 시 자본통제 조치가 유명무실화될 수 있는 각종 우회수 단에 대한 사례를 조사·발표하였다. 즉 각종 자본통제 우회수단으 로 ① 수출입가격 조작(under-invoicing of export and over-invoicing of import), ② 무역대금 결제의 시차 이용(leads & lags), ③ 국내외 거래 간 환치기(netting), ④ 자본거래를 무역외거래로 위장, ⑤ 해외지사 설 립을 통해 외국으로 자금 유출, ⑥ 옵션이나 스와프 등 파생거래를 통한 실질적 자금 차입 등의 규제회피를 제시했다.

주요 자본통제 회피 사례로서 브라질의 단기외자에 대한 차별적 과세조치를 들었다. 브라질은 1995년 단기외화자금 유입을 억제하고 장기자금 유입을 장려하기 위해 6년 이상 장기자본에 과세를 면제하는 조치를 취했다. 그러자 세제혜택을 받기 위해 표면상 6년 만기의 차관계약을 체결하면서, 동시에 1년 후에 조기상환을 요구할 수 있는 조기상환 권리(call option)를 포함하는 방식으로 규제를 우회하는 사례가 발생했다.

또한 브라질, 한국, 인도, 필리핀, 대만 등이 환투기 방지를 위해 도입한 역외 선물환거래 금지와 단기외화자금 차입 억제 조치도 들었다. 즉 이 조치 이후 시장은 역외와의 '차액정산방식 선물환거래(NDF: Non- Deliverable Forwards)'[4]와 '차액정산방식 통화스와프거래(NDS: Non-Deliverable Swaps)'라는 우회수단을 활용하여 규제를 사실상 회피했다면서 자본통제 조치가 한계가 있다고 했다.

1999년 4월 14일 금융안정포럼(FSF: Financial Stability Forum)[5]의 '자본이동 자유화에 관한 작업반'은 자본이동에 관한 종합보고서를 발표했다. 이 보고서는 아시아 외환위기가 자본자유화를 급격히 추진한 데에 원인이 있다는 인식하에 ① 바람직한 자본자유화, ② 건전성 제고를 위한 대외채무와 외환보유액 관리, ③ 위기 시 긴급 자본통제 방안(safeguard) 등의 내용을 담았다.

FSF는 자본통제와 관련하여 14개 국가의 자본통제 사례 조사를 바탕으로 기본적으로 자본통제의 효용성이 높지 않다고 했다. 즉 자본통제만으로는 위기를 막아낼 수 없고, 보다 중요한 것은 건전한 거

---

4 계약 당사자 간에 만기 시 당초 약속된 환율과 통화로 일정 금액을 정산하는 일반 선물환거래와는 달리 만기 시 약속된 환율과 실제환율 간의 차액만을 정산하는 거래를 말한다. 한국 원화는 교환성 통화가 아니기 때문에 홍콩, 싱가포르 등 역외에서 원/달러 선물환거래가 불가능하지만 실제로는 그 차액만을 달러로 정산하는 방식의 원/달러 선물환거래가 이루어졌다.
5 아시아 외환위기 이후 G7이 '신국제금융체제' 개편 작업을 추진하기 위해 설립한 조직으로서 산하에 '자본이동 자유화에 관한 작업반' 등 3개 작업반을 설치하여 작업을 진행했다.

시경제정책의 운용이라는 것이다. 즉 거시경제가 불균형하고 짧은 시간 안에 이러한 불균형을 개선하기 어려운 나라는 자본통제만으로 대규모 자본이동과 그에 따른 경제적 충격에 대처하기 어렵다고 했다.

그러므로 FSF는 각국 정부에 자본이동에 따른 위험을 관리하라는 권고를 했다. 즉 자본이동에 따른 위험을 피하기 위해서는 국가차원의 종합적 위험 모니터링이 필요하다. 또한 국가 외채뿐만 아니라 공공부문, 은행, 비은행의 4개 부문에 대한 종합적 외채 위험 관리가 필요하다. 아울러 외채를 포함한 금융시장 통계자료의 투명성, 민간에 대한 당국의 외채 관련 자료 요구권의 확립 등도 권고했다.

그러면 바람직한 자본자유화 원칙은 무엇인가? 모든 나라가 자유화 초기에 자본유출입에 따른 위험을 적절히 관리할 수 있는 건전성 규제방안을 마련하여 추진하되, 자유화는 질서 있게 순차적인 방법으로 추진하여야 한다.

∷ 글로벌 금융위기 이후의 자본이동 규제 논의

자본이동 규제 논의의 필요성

2008년 금융위기 직후 주요국이 양적완화 정책을 펼침에 따라 국제 유동성이 풍부해졌다. 2009년 하반기부터 2010년 사이 거액의 자금, 주식·채권 등 포트폴리오 자금이 신흥국으로 유입되었다. 이는 미국 등 선진국 시장은 불안한 데 비해 신흥국 시장은 상대적으로 안정적이라는 인식에서 비롯된 현상이다.

2011년 4월 IMF의 연구원 보고서(Staff Paper)[6]에 의하면 2010년 1/4분기부터 3/4분기 사이 한국을 비롯한 브라질, 인도, 인도네시아, 대만, 남아프리카공화국, 터키 등 신흥국으로의 순포트폴리오자금이 대거 유입되었다. 브라질은 400억 달러, 한국은 300억 달러대 이상이 유입되었다. 터키, 인도네시아, 태국 등에 대한 순자본흐름 역시 100억 달러대에 달했다. 이로 인해 신흥국들의 주가가 크게 오르고, 환율이 절상되는 등 금융시장 변동성이 크게 확대되었다. 이렇듯 단기간에 대규모 외자가 유입되면 금융시장이 불안해지고 경기가 과열되며 환율절상에 따라 대외경쟁력이 약화되고 중앙은행의 외환매입 시 불태화 비용이 발생한다. 이 모든 이유로 거시경제를 운용하는 데 작지 않은 어려움을 겪게 되었다.

대규모 자금이 유입되자 각국의 환율이 대폭 절상되고 주가가 큰 폭으로 올랐다.[7] 실제로 2009년 6월부터 2010년 말까지 해외자금이 대규모로 유입된 이들 국가의 실질실효환율은 크게 절상되고, 외환보유액이 대폭 증가했다. 실질실효환율은 2009년 6월 말에서 2010년 말 사이 브라질, 인도, 인도네시아, 터키, 남아프리카공화국, 대만, 태국, 말레이시아 등이 4~6% 절상되었고, 한국도 2% 넘게 절상되었다. 넘쳐나는 외자유입으로 인해 이들 국가들의 외환보유액도

---

6 IMF (2011. 4. 21). "Policy Response to Capital Flows in Emerging Markets". http://www.imf.org/external/pubs/ft/sdn/2011/sdn1110.pdf

7 환율절상: 인도네시아 루피아: 2009년 16.1%↑, 2010년 4.6%↑, 브라질 헤알화: 2009년 32.7%↑, 2010년 5.1%↑, 태국 바트화: 2009년 4.1%↑, 2010년 11.1%↑, 대만: 2009년 2.6%↑, 2010년 9.7%↑

증시 동향: 인도네시아: 2009년 87%↑, 2010년 46%↑, 대만: 단기국채 및 투자상품의 56% 외국인 보유, 브라질: 주식자금 2010년 1~9월 중 147억 달러 유입(전년 133억 달러)+채권자금 연중 199억 달러 유입(전년 26억 달러), 태국: 외국인주식순매수 2010년 1~9월 중 18.2억 달러(전년 11억 달러)+채권자금 40억 달러(전년 7.3억 달러) 등

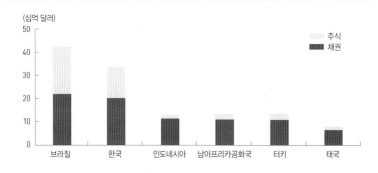

그림 5-1 순포트폴리오자금 유입(2010년 1/4~3/4분기)

자료: IMF, International Financial Statistics; IMF (2011. 4. 21). "Policy Response to Capital Flows in Emerging Markets".

6~12%나 증가했다.

이에 따라 이들 국가들은 다양한 단기자본유입 규제 대책들을 시행했다. 단기외화자금 유입에 대한 과세조치나 지급준비금 부과, 은행의 외화영업 포지션 제한, 은행의 중장기 외화자금조달 의무비율

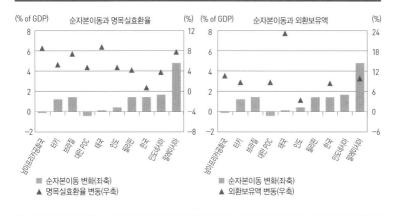

그림 5-2 순자본이동 변화, 환율절상, 외환보유액 증가(2009년 6월~2010년 12월)

주: 브라질, 한국, 남아프리카공화국, 터키는 2009년 6월~2010년 9월 자료임
자료: IMF (2011. 4. 21). "Policy Response to Capital Flows in Emerging Markets".

부여, 주택담보대출비율 제한 조치 등이 그것이다.

IMF의 분석과 해결방안

이를 계기로 신흥국들은 G20 정상회의에서 문제제기를 하였고, 그에 따라 G20 차원에서 검토가 이루어졌다. 결국, IMF는 신흥국으로의 자본유입을 글로벌 요인과 지역적 요인, 그리고 경기순환적(주기적) 요인(Cyclical factor)과 구조적 요인(Structural factor)으로 분석하고 각 요인별 정책 대응수단과 방법 등을 제시했다.

신흥국으로의 자금이동 요인 분석

첫 번째로 글로벌 요인이 있다. 2009~2010년 사이 선진국이 금융위기를 겪자 많은 투자자들이 이들 국가들의 경제성장률이 낮아질 것으로 전망했다. 때문에 국제적 투자다변화 움직임이 발생했고, 이 것이 신흥국으로 자금이 유입되는 구조적 요인이 되었다. 더불어 미국 등 선진국의 저금리 정책으로 인한 수익률 하락과 글로벌 위험선호 현상, 선진국의 취약한 재정 상태 등이 신흥국으로 자금이 모이는 경기순환적(주기적) 요인이 되었다고 분석했다.

표 5-1 글로벌 금융위기 이후 신흥국으로 자본유입 증가 원인

	주기적인 요인	구조적인 요인
Push 요인 (글로벌 요인)	• 미국의 저금리 • 글로벌 위험선호 현상 • 선진국의 대차대조표 부실	• 국제적인 투자다변화 • 선진국의 낮은 잠재성장률
Pull 요인 (지역적 요인)	• 높은 상품(commodity)가격 • 높은 국내 금리 • 낮은 국내 물가상승률	• 신흥국의 대차대조표 개선 • 신흥국의 높은 잠재성장률 • 무역개방도

자료: IMF, 기획재정부

두 번째로 지역적 요인이다. 당시 선진국에 비해 상대적으로 안정적인 신흥국들의 재정금융 상황과 높은 잠재성장률, 그리고 높은 무역개방도가 신흥국으로 자금이 움직이는 구조적 요인이 되었다. 또한 신흥국의 높은 금리와 상품가격, 낮은 물가상승률 등이 이들 국가로 자금이 모이는 순환적(주기적) 요인이 되었다.

대응 및 해결방안 제시

G20의 요청에 따라 2012년 11월 14일, IMF는 '자본자유화 및 자본이동 관리에 관한 인스티튜셔널 뷰'[8]를 발표했다. 이 보고서는 자본이동으로 인한 거시경제와 금융시장 불안에 대응하기 위한 각국의 정책수단과 시행원칙에 관한 내용을 담고 있다. 여기에서는 자본이동 관리방안을 ① '거시건전성 조치'와 ② '자본이동 관리수단'으로 구분하고, '자본이동 관리에 관한 일관된 원칙'을 함께 제시했다. 그리고 신흥시장국의 지나친 외자의존도를 줄이기 위한 ③ '신흥국 채권시장 발전 액션플랜'도 제시했다.

[자본이동 관리의 원칙] 먼저 자본이동 관리방안을 '거시건전성 정책'과 '직접 자본통제'로 구분하고, 각국 정부가 이 두 가지 정책을 상황에 따라 적절하게 활용할 수 있도록 원칙을 제시했다. 거시건전성 정책은 거주자와 비거주자를 차별하지 않고 적용하는 조치이고, 직접 자본통제는 거주자와 비거주자를 차별하여 적용하는 조치이다.

---

8 IMF (2012. 11. 14), "The Liberalization and Management of Capital Flows: An Institutional View". http://www.imf.org/external/np/pp/eng/2012/111412.pdf

표 5-2 IMF의 자본유입 대응수단 구분

구분 기준	거시건전성 정책(Non CFMs)	직접 자본통제(CFMs)
구분 기준	자본유입에 직접 영향을 미치지 않음	자본유입에 직접 영향을 미침
내용	① 거시경제정책: 환율절상, 보유액 축적, 통화·재정정책 ② 건전성 규제: 자본유입 흡수능력을 제고하기 위한 규제 ㅡ 예: 자본적정성 규제, LTV ratios, 외환포지션 한도, 외화대출 규제	① 자본흐름에 영향을 미치는 광범위한 행정적 규제 ② 세제 및 통화별 차별적으로 적용되는 건전성 규제 ㅡ 예: 외화차입 제한, 통화별 특별지급준비제도 등
특징	① 다른 국가에 영향을 미치지 않아 언제든지 실행 가능 ② 영구적으로 실행	① 자본흐름을 다른 국가로 전환시키는 외부성 ② 일시적으로 실행

주: CFMs: Capital Flows Management Measures
자료: IMF; 기획재정부

첫째, 거시건전성 정책이란 과도한 해외자본 유출입 시 금리나 환율을 조절하거나 정부의 재정긴축 또는 재정완화와 같은 조치를 통해 대응하는 것을 말한다. 이 정책을 사용할 때는 각국의 자율성을 대폭 인정하기로 했다. 즉, 해외자금이 일시에 대규모로 유입될 때에는 환율절상, 외환보유액 축적, 금리인하나 재정긴축 등 거시정책을 우선 활용하여 외화유입 요인을 제거하고, 충격을 흡수하라는 뜻이다. 또한 은행의 건전성 강화를 위한 자본금 규제 강화, 부동산담보대출에 대한 총대출한도(LTV)와 같은 규제제도, 은행의 외화영업 한도 규제 등도 거시건전성 규제수단으로 인정했다.

둘째 직접 자본통제는 거주자와 비거주자의 자본이동을 차별하여 통제하는 조치이다. 앞서 제시한 거시건전성 정책으로 대응했음에도 자본이동이 멈추지 않을 때는 직접 자본통제를 비상수단으로 한시적으로 사용하라는 뜻이다. 한 가지 예로, 비거주자의 외화유입에 대해서 세제 또는 금리상 차별적 규제를 부과하여 비거주자의 외자유입에 불이익을 주는 방법을 들 수 있다.

G20 정상회의는 IMF로 하여금 신흥국들이 이러한 원칙에 맞게 자본이동 관리를 하는지 감시하도록 했다. 아울러 미국 등 기축통화국들이 국내통화 정책을 방만하게 집행함으로써 해외로 자본이 지나치게 유출시키는지도 감시하도록 했다. 이는 G20 정상회의 차원에서 지나친 자본이동으로 인한 신흥국들의 불만을 수용하고, 과도한 국제자본이동에 대한 통제의 필요성과 당위성을 인정한 조치이다.

그러나 과도한 자본이동에 대한 신흥국들의 자율적 통제를 어느 정도 인정하면서 자의적인 자본통제를 견제하기 위한 방안이라고 할 수 있다. 즉 자본자유화의 큰 골격을 유지하면서 지나친 자본이동으로 인한 시장 불안에 대응할 수 있는 통제수단을 제한적으로 인정한 국제적 합의이다.

그림 5-3 경제 상황별 자본유입에 대한 IMF의 정책 대응도

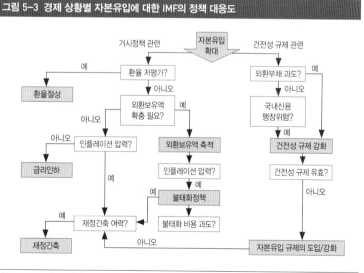

자료: Ostry et al. (2010. 2). "Capital Inflows: The Role of Controls", IMF Staff Position Note: 기획재정부

[신흥국 자본시장의 육성] IMF 보고서는 국제자본이동에 따른 신흥국 금융시장 불안을 완화하기 위해서는 선진국 자본에 대한 의존도를 줄이고 국내 자본을 활용하는 것이 중요하다면서 신흥국 채권시장 발전방안을 제시했다. G20은 IMF 보고서를 바탕으로 신흥국 자본시장 발전방안을 논의하고, 아시아 등 지역 채권시장 발전을 위한 행동계획을 마련하기로 합의하였다.

먼저 신흥국 채권시장 발전을 위해 채권시장 발달 측정지표를 개발하고, 채권시장 인프라와 채권발행 및 유통제도의 개선, 그리고 이에 필요한 금융규제·감독 강화 등 기술지원 방안이 논의되었다. 아시아 외환위기 이후 ASEAN+3(한중일) 간에 추진되고 있는 '아시아채권시장이니셔티브(ABMI: Asian Bond Markets Initiative)'와 같은 지역 차원의 채권시장 발전을 위한 협력활동을 모범사례로 평가했다.

∷ 한국의 자본자유화와 안전장치

자본자유화 추진의 배경과 영향

한국은 1960년대 초부터 경제개발에 필요한 재원을 조달하기 위해 외자도입 정책을 적극적으로 추진했다. 외국인직접투자나 국제기구로부터의 공공차관, 민간기업의 상업차관뿐만 아니라 상대적으로 조달이 용이한 은행의 장단기 차입도 전면 허용했다. 그중에서도 은행의 단기차입은 외국환은행 고유 업무로 인정하여 제한을 최소화했다.

1980년대 이후 금융시장 개방과 자본자유화가 확대되면서 이러

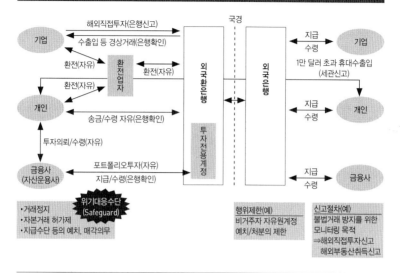

그림 5-4 우리나라의 현행 외환거래 흐름 및 관련 제도

국경

해외직접투자(은행신고)
수출입 등 경상거래(은행확인)

기업

환전(자유)　환전업자　환전(자유)

환전(자유)

개인

송금/수령 자유(은행확인)

투자의뢰/수령(자유)

금융사
(자산운용사)

포트폴리오투자(자유)
지급/수령(은행확인)

외국환은행

투자전용계정

외국은행

지급
수령　기업

1만 달러 초과 휴대수출입
(세관신고)

지급
수령　개인

지급
수령　금융사

**위기대응수단
(Safeguard)**
・거래정지
・자본거래 허가제
・지급수단 등의 예치, 매각의무

행위제한(예)
비거주자 자유원계정
예치/처분의 제한

신고절차(예)
불법거래 방지를 위한
모니터링 목적
⇒해외직접투자신고
　해외부동산취득신고

자료: 기획재정부

한 외자도입 촉진 정책과 함께 외채가 늘어나고 외국인증권투자자금
도 많이 유입되었다. 특히 은행 등 외국환업무를 하는 금융회사의 단
기외채가 기업에 대한 외화대출 용도로 급격하게 증가했다. 1997년
태국 외환위기를 계기로 한국의 국가신인도도 하락하자 외채 만기
연장이나 회전사용이 어려워지고 외국인증권투자자금도 빠져나가
1997년 말 한국이 외환위기를 맞게 된 것이다.

　외환위기 이후 한국은 IMF 프로그램에 의해 1999년 4월과 2000년
말, 두 차례에 걸쳐 외환자유화를 추진했다. 이 자유화 조치에 의해
정부는 경상거래뿐만 아니라 자본거래에 대한 모든 규제를 폐지하
였다.

　외환의 지급과 영수 등 모든 경상 외환거래는 원칙적으로 거래형
태와 거래금액에 관계없이 자유화되었다. 경상거래뿐만 아니라 자본

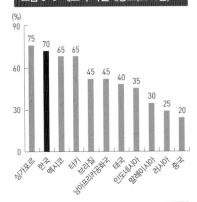

그림 5-5 제도적 자본개방도(2010년)

자료: 헤리티지재단: 《월스트리트저널》

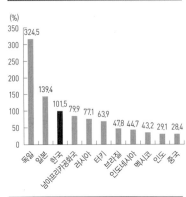

그림 5-6 실질적 자본개방도(2009년)

자료: 헤리티지재단: 《월스트리트저널》

거래도 원칙적으로 신고만 하면 아무 제한 없이 할 수 있게 되었다.

1999년 4월과 2000년 말, 2차에 걸친 외환 자본거래 자유화로 외국인증권투자와 대외송금도 자유로워졌다. 이로 인해 우리나라 자본시장 개방도가 높아지고, 외국인투자 및 거래규모도 크게 늘어났다. 다른 신흥국과 비교하여 자본유출입규모가 크고 외환시장 변동성도 매우 높아졌다. IMF와 미 헤리티지재단에 따르면 우리나라 자본시장의 제도적 개방도[9]는 70% 수준으로 주요국가 중 싱가포르에 이어 두 번째이다. 그리고 실질적 개방도[10]도 100%를 상회하여 독일과 일본에 이어 세 번째를 차지하고 있다.[11]

실제로 과거 위기기간별 우리나라의 자본유출입규모와 정도

---

9 헤리티지재단(Heritage Foundation)과 《월스트리트저널》이 외국인직간접투자의 자유화를 평가한 투자자유화(investment freedom)지수로서 2010년 기준이다.

10 (포트폴리오투자+기타투자)자산+부채/명목 GDP 지수로서 2009년 기준이다.

11 이명종 (2010. 12). "글로벌 자본통제 현황과 시사점". 한국은행 참조.

표 5-3 위기기간별 한국 자본유출입규모

(억 달러)

	유입기 (1995.1~1997.10)	IMF 구제 금융위기 (1997.11~1998.3)	유입기 (1998.4~2008.8)	글로벌 금융위기 (2008.9~2008.12)	유입기 (2009.1~2010.4)
자본유출입규모	781	−214	2,219	−695	816
(외국인주식투자) (외국인채권투자) (단기차입)	(134) (386) (261)	(21) (−16) (−220)	(8) (1,238) (973)	(−74) (−134) (−487)	(366) (310) (140)

주: 자본수지 기준 통계(자본수지가 연속적자를 시현한 구간을 위기기간으로 설정)

자료: 기획재정부; 한국은행

를 보면 매우 심각하다. 1997년 외환위기 이전 약 2년 10개월 동안 781억 달러가 유입되었고, 외환위기가 발생한 1997년 11월부터 1998년 3월까지 4개월간에는 214억 달러가 유출되었다. 그 후 위기가 수습되고 나서 1998년 4월부터 2008년 8월까지 약 10년간 무려 2,219억 달러가 유입되었다. 그러나 2008년 9월 금융위기 직후 4개월 동안(2008년 9~12월) 695억 달러가 다시 유출되어 외화유동성 위기를 겪었다.

G20의 양적완화 등 유동성 공급 조치 이후 2009년 1월부터 2010년 4월까지 1년 3개월 사이에는 다시 816억 달러가 유입되었다. 이렇게 빈번한 대규모 자본이동으로 국내 금융시장의 불안이 커지고 환율이 큰 폭으로 등락하면서 대외 교역에도 작지 않은 영향을 미치고 있다.

한편 정부는 1999년과 2000년 2차에 걸친 외환자유화를 추진할 때 위기 상황에 대비하여 네 가지 긴급 자본통제(safeguards) 장치를 마련해두었다.

외환거래법상 긴급 자본통제 장치: 자본자유화에 대한 안전장치

가변예치의무제(VDR: Variable Deposit Requirement)

이 제도는 단기간에 급격한 외자유출입으로 인해 정부의 통화정책, 환율정책 등 거시경제정책 운용에 심각한 지장이 발생할 경우 발동할 수 있는 조치이다. 이 제도는 자본유출입 거래 시 일정 비율을 무이자나 저리로 한국은행이나 정부의 외국환평형기금에 예치하도록 강제하는 제도이다. 외환거래 자체는 허용하되 내외금리 차에 따른 차익을 흡수함으로써 외자유출입의 유인을 축소시키는 장치이다.

자본거래 허가제

이 제도는 정부가 국제수지나 국제금융상 심각한 어려움에 처했을 때 일정한 형태의 해외차입이나 해외투자 등 자본거래에 대해 정부의 허가를 받도록 하는 장치이다. 이는 위기 시 직접적으로 자본유출입을 통제할 수 있는 수단이다.

외환집중제

이 제도는 정부가 심각한 외환부족 사태에 직면했을 때 기업이나 국민이 보유하고 있는 모든 외환을 한국은행이나 정부에 집중시키도록 하는 긴급수단이다. 이는 천재지변이나 전시, 사변 등으로 국내외 경제사정이 심각하고 급격한 변동이 있을 때에 발동할 수 있다.

대외결제·거래 일시 정지

이 제도 역시 정부가 심각한 외환위기에 처했을 때 모든 기업과 국민의 대외거래 중 일부 또는 전부를 일정 기간 정지시킬 수 있는 긴

표 5-4 외국환거래법상 세이프가드

유형	주요 내용	시행요건
대외결제·거래정지	모든 대외거래의 일부 또는 전부에 대한 일시 정지	• 천재지변·전시·사변, 국내외 경제 사정의 중대하고 급격한 변동 등
외환집중제	지급수단을 한국은행·정부·외평 기금 등에 예치·보관·매각	
자본거래 허가제	자본거래 시 정부 허가	• 국제수지·국제금융상 심각한 어려움에 처할 경우
가변예치의무제 (VDR)	자본거래 시 일정 비율을 한국은행·외평기금 등에 무이자로 예치	• 자본이동으로 인해 통화·환율 등 거시정책 수행에 심각한 지장이 있을 경우
공통사항	외국인직접투자는 대상에서 제외 원칙적으로 6개월 이내에서만 시행	

자료: 기획재정부

급조치이다.

자본유출입 통제를 위한 위 긴급 안전장치는 일반적으로 가변예치의무제(VDR)→자본거래 허가제→외환집중제→대외결제 및 거래의 일시 정지 순으로 시행할 수 있고, 경우에 따라서는 중복적으로 시행할 수도 있다. 한국의 외환당국은 가변예치의무제의 경우 그 발동요건을 사전에 제도화해놓고 있다. 즉 일정 기간 동안 자본유입규모, 단기외채와 외환보유액비율, 환율 변동 정도, 내외금리차 및 경상수지 적자규모와 수준 등을 지수화하여 이 제도의 발동기준으로 정해두고 있다. 그러나 한국정부가 외자유입 속도를 조절하거나 규제하기 위해 이 제도를 직접 발동한 사례는 아직 없다.

외환건전성 규제 장치: 평상시 안전장치

이상의 긴급 외환규제 조치 이외에 평시에 금융회사들의 단기외화차입을 억제하기 위한 건전성 조치에는 ① 외국환포지션 관리제도, ②

외화유동성 ·리스크 관리제도, ③ 금융회사의 중장기외화대출 재원 조달비율제도 등이 있다

외국환포지션 관리제도[12]

외국환포지션이란 외국환거래에 따른 은행의 자산과 부채의 차이를 말한다. 은행은 일반적으로 외환거래에 따른 리스크 노출이 되지 않도록 외화표시 자산이 외화표시 부채를 초과하지 않도록 외환포지션을 균형(스퀘어포지션: Square position)으로 관리하도록 하는 것을 원칙으로 한다.

외화유동성 리스크 관리제도[13]

이 제도는 은행이 단기외화유동성을 일정 수준 이상 유지하도록 하는 제도이다. 먼저 3개월 이내 외화부채에 대한 '외화유동성비율' 규제와 초단기외화부채 수준을 규제하는 '7일 갭 비율', '1개월 갭 비율'이 있다. 이는 외환부문에서 자산이 부채보다 많은 매입초과포지션 상태하에서도 외화자산과 부채 간 만기불일치로 인해 발생할 수

---

12 외국환포지션(FX Position)에는 현물환포지션(Spot Position)과 선물환포지션(Forward Exchange Position), 그리고 종합포지션이 있다. 현물환포지션은 현물 외화자산과 외화부채의 차이를 말하고, 선물환포지션은 외화 선물자산과 외화 선물부채와의 차액을 의미한다. 선물 외화자산에는 선물, 외환·통화스와프, NDF 등 통화 관련 파생상품이 모두 포함된다. 이때 선물환 매입계약 잔고와 매도계약 잔고의 차액이 선물환포지션이 된다. 매입 외화자산이 매입 외화부채를 상회하는 경우 매입초과(long position)라 하고, 외화부채 잔액이 외화자산 잔액을 상회하는 경우 매도초과(short position)라 한다. 정부가 일정한 포지션 범위 내에서는 외화영업 활동을 할 수 있도록 허용하는 것이 외국환포지션 관리제도이다.

13 외화유동성 비율: 잔존만기 3개월 이내 외화자산 / 잔존만기 3개월 이상 외화부채 ≥ 85%
7일 갭 비율: (7일 이내 외화자산 − 7일 이내 외화부채) / 외화 총자산 ≥ −3%
1개월 갭 비율: (1개월 이내 외화자산 − 1개월 이내 외화부채) / 외화 총자산 ≥ −10%

있는 리스크를 예방하기 위한 상치이다.

중장기외화대출 재원조달비율[14]제도

이 제도는 외국환은행의 중장기외화대출 시 장기외화자금을 일정 비율 이상 조달하도록 의무화하는 제도이다. 금융회사들의 지나친 단기외화차입을 억제하여 만기불일치와 통화불일치로 인한 외환 리스크를 피하기 위한 장치이다.

2008년 글로벌 금융위기 이후 한국의 자본통제 조치

금융위기 이후 선진국들이 금리를 인하하고 유동성을 대량 공급하면서 신흥국으로 대규모 외화자금이 유입되었다. 이를 억제하기 위해 한국을 비롯한 브라질, 인도, 인도네시아, 대만, 남아프리카공화국, 터키 등 여러 국가들이 자본통제 조치를 취했다.

2010년 이후 한국정부가 취한 외화자금 유입억제조치를 살펴보자. 첫째 2010년 7월부터 은행들의 외화대출을 원자재 구입 등 해외 사용용도로 제한하고, 중장기외화대출 재원조달비율과 외화유동성 비율을 강화했다. 은행들의 외화대출용 해외차입을 줄여 불요불급한 해외차입을 억제하고, 장기차입을 하도록 유도하여 급격한 외화유출 시 외화유동성 부족이 일어나지 않도록 대비하기 위해서이다.

둘째 2010년 10월에는 은행의 외환 선물환포지션 규제를 강화하였다.[15] 이는 수출기업들의 대규모 환 헤지 과정에서 은행부문을 통

---

14 (중장기외화차입 / 중장기외화대출) × 100 ≥ 100%
   2009년 11월 중장기차입 기준이 1년 이상에서 1년 초과로 변경되고 규제비율도 종전 80%에서 90%로 상향 조정하였으며, 2010년 8월 규제비율을 100%로 다시 상향 조정하였다.

해 늘어나는 단기외화차입을 억제하기 위한 조치이다.

셋째 2011년 1월에는 금융위기 이후 꾸준히 늘어나는 한국 채권에 대한 외국인투자자들의 수요를 억제하기 위해 외국인채권투자 이자소득에 대한 비과세조치를 폐지했다.

넷째 2011년 8월에는 은행의 비예금성 외화부채에 대해 부담금을 부과하는 '외화건전성 부담금'제도를 시행했다. 이는 은행의 외자차입을 억제하기 위한 조치이다.

대규모 외화자금의 이동에 따른 금융시장 불안과 거시경제 운용상의 부담을 줄이기 위해 취하는 이러한 직간접 자본이동 규제 조치들은 상황에 맞게 적절히 활용해야 한다. 특히 국내외 금융시장 동향과 외화자금 유출입 상황을 실시간으로 모니터링하면서 선제적으로 대응해야 하며, 평소에 외환보유액도 넉넉하게 비축해두어야 한다.

그러나 외환위기를 방지하기 위해서는 무엇보다도 대외균형이 무너지지 않도록 거시경제정책을 운용하는 것이 중요하다. 대외부문의 불균형이 대내 거시정책 운용에 과도한 부담이 되지 않도록 경상수지가 장기균형 상태를 유지하도록 해야 한다. 기업과 금융회사의 단기 해외차입에 대한 건전성 규제를 강화하고, 외화자금 유출입 상황을 상시 모니터링하는 시스템을 구축하여 대외취약성을 감시해야 한다. 기업과 금융회사의 지배구조 등을 개선하여 자율적으로 외환부문 리스크를 철저히 관리해나가도록 하는 것도 중요하다.

---

15 국내은행은 자기자본의 50% 이내(2010년 6월), 외국은행 지점은 250% 이내로 유지하도록 했다.

02
대외채무 관리의
중요성과 한계

1997년 아시아 외환위기 이후 자본자유화로 인한 외채 관리 실패가 개도국 금융위기의 주요 요인이라는 공감대가 형성되었다. 이를 해결하기 위해 1999년 6월 G7 재무장관회의에서는 국제금융체제 강화를 위한 신흥시장국의 채무 관리와 관련한 입장을 발표했다.

주요 내용은 ① 장기채무 중심으로 차입을 하고, ② 단기민간차입을 조장하는 제도를 폐지하며, ③ 국내채권시장 개발과 확충을 통해 해외차입보다는 국내 통화표시 장기차입의 원활화를 도모하고, ④ 채권자와 채무자 간 계약상 위험공유를 확대하며, ⑤ 차입비용의 최소화보다는 유동성 위험의 최소화에 중점을 두고, ⑥ 외채상환 위기 시 채무구조조정이 원활하게 추진될 수 있도록 외화국채 발행 시 '집단행동조항(CACs: Collective Action Clauses)[16]' 등을 포함하도록 하자는 것이었다.

위 기본 원칙에 따라 그 후 G7이 설치한 FSF 산하 '자본이동작업반과 IMF, 그리고 G20 재무장관회의 등에서 외채 및 외환보유액 관련해 다양한 연구결과와 정책방향이 제시되었다.[17] 다음은 그 결과이다.

첫째, 각국이 국가부채 관리(National Balance Sheet Management)의 중요성을 인식하고 자발적으로 외채 관리를 철저히 해야 한다. 국가는 공공채무의 효율적 관리, 민간부문 재무 상황에 대한 적절한 감시 및 금융부문에 대한 효율적이고 투명한 감독 등을 포함하는 국가채무 관리 종합대책을 수립해야 한다. 또한 각국은 경제 전체의 부문별 유동성 사정을 매년 평가한 보고서를 발간하고 적절히 관리해야 한다.

둘째, 국가채무 관리정책은 재정정책 또는 통화정책과 분리하여 별도의 전담조직을 설치하여 운영해야 한다. 재정정책과 부채 관리 정책을 동일 부서에서 담당하는 경우 재정적자 축소라는 단기적 시각이 강조되어 부채 관련 위험 및 상환비용이 증대될 수 있기 때문이다. 이런 식으로는 국가채무 관리정책이 독립적이고 자율적으로 운용되기 어렵다. 공공부문 채무의 효율적 관리를 위해서는 과도한 단기외채 의존이나 외채원리금 상환의 집중을 피하고, 자금조달비용의 최소화와 유동성 위험 증가 간에 적절한 균형유지가 필요하다.

셋째, 각국 정부는 대외채무 의존을 줄이기 위해 효율적이고 유동성이 풍부한 장기국채시장을 육성하고, 자본이동에 따른 위험 관리

---

16 채권계약서상 일정 비율 이상의 채권보유자가 동의하면 나머지 채권자들도 동의하는 것으로 간주하는 조항이다. 채무자가 지급불능 상태에 처하여 채무재조정(debt restructuring) 협상을 할 경우 질서 있는 채무재조정 협상이 이루어질 수 있도록 하는 장치이다.

17 1999년 4월 14일 FSF의 '자본이동 자유화에 관한 작업반' 보고서 참조.

IMF의 외채 관련 지표

① 수출액 대비 외채비율(외채/총수출): 외채상환 능력과 외채규모의 적정
   성 여부 및 추세를 파악하는 데 유용하다.

② GDP 대비 외채비율(외채/국내총생산): 외채상환을 위해 필요시 국내 생
   산을 수출로 전환할 수 있는 잠재능력을 평가하는 지표이다. 외채를 상
   환하기 위한 기초재원 대비 외채수준을 파악할 수 있다.

③ 외채의 평균 이자율: 차입조건의 적정성 파악에 유용한 지표로서 GDP
   대비 외채, 수출액 대비 외채 및 경제성장 전망과 함께 외채의 상환 및
   유지능력을 평가하는 기준이다.

④ 외채의 평균 만기: 국제금융시장에서 차입한 상업성 외채가 너무 단기
   차입이 아닌지 판단하고, 만기가 특정 시기에 집중되는 데 따른 취약성
   을 측정하는 데 유용하다.

⑤ 총외채 대비 표시 통화별 외채비율: 환율 변동이 외채 절대규모와 외채
   상환에 미치는 영향을 판단하기 위한 지표이다. 향후 상환통화를 변경
   시킬 수도 있는 파생상품거래 내용과 함께 분석이 필요하다.

를 개선하기 위해 외환보유액 관리를 강화해야 한다. 국제금융시장
의 발전에 따라 전통적인 외채 이외에도 각종 외채성 파생금융상품
이 등장하여 기업이나 금융회사도 이를 활용하고 있다. 특히 저금리
통화를 차입하여 고금리 통화국 금융상품에 투자하는 이른바 '캐리
트레이드'[18]가 국제금융시장의 교란 요인으로 등장하고 있다. 따라서
각국정부는 전통적인 외채 이외에도 이와 같은 파생금융상품, 국제

---

18 캐리 트레이드(carry trade): 저금리 국가통화를 조달하여 고금리국가에 투자하는 거래를 말
   한다. 보통 금리가 낮은 일본 엔화 자금이 동남아 등 고금리국으로 유입되어 금리차를 취하
   는 경우에 '엔 캐리 트레이드(yen carry trade)라고 한다.

금융리스, 현지금융 등 부외거래를 포함한 광의의 외채를 대상으로 하는 외채 위험 관리를 해야 한다.

2000년 5월 IMF는 신흥시장국의 대외취약성 평가를 제고하기 위해 외채 및 외환보유액 관련 대외취약성 지표를 개발하여 발표하였다. IMF는 회원국에 대한 정책협의 및 감독활동 시 회원국이 단기 외채를 과도하게 보유하고 있는지 여부, 적정 수준의 외환보유액을 유지하고 있는지 여부 등을 파악하여 회원국의 대외취약성을 평가하도록 하였다. 외채 관리에 대해서는 지금까지도 이러한 원칙이 유효하다.

03
적정 외환보유액 논쟁

:: 외환보유액, 얼마나 필요한가?

외환보유액이란 국제수지 불균형을 보전하거나 외환시장 불안 시 당국이 외환시장 개입 등을 위해 언제든지 사용가능한 외화표시 자산을 의미한다.

적정 외환보유액 수준은 1990년대 초까지는 IMF를 중심으로 대개 월 수입액의 3개월분이면 충분하다고 여겼다. 그러나 1980년대 이후 금융개방과 자본자유화로 인해 신흥국들로 외화유입이 늘어나고, 환율절상 압력이 높아지자 신흥국들은 환율안정을 위해 외환시장에 자주 개입했다. 신흥국들의 외환시장 개입으로 외환보유액이 늘어나자 선진국들은 이를 환율조작이라고 비난했고, 지나친 환율의 고정성과 외환보유액 증가는 통상마찰을 야기하는 계기가 되었다.

그렇지만 1997년 아시아 외환위기 이후 자본자유화, 외채 관리에 관한 논의와 함께 적정 외환보유액에 대한 국제적 기준도 검토되었다. 적정보유액이란 한 나라가 대외교역이나 경제규모, 외채의 크기나 형태, 그 밖에 외국인투자자금 유입규모 등을 종합적으로 고려하여 대내외 금융 불안 시 일정 기간 대외지급능력을 유지하는 데 필요한 보유액 수준을 말한다. 그 외에도 그 나라 통화의 교환성, 그리고 외환보유액 유지에 따른 기회비용 등이 고려 대상이다.

따라서 대외교역이 많고 개방도가 높으며 통화의 교환성이 없고 외자의존도가 높은 나라는 당연히 외환보유액을 더 많이 보유해야 한다. 그러나 교역규모가 크고 대외개방도가 높은 나라라도 미국달러, 유로화, 영국 파운드화, 일본 엔화와 같은 기축통화국은 자국 통화의 교환성이 높기 때문에 많은 외환보유액이 필요 없다고 할 수 있다.

외환보유액 비축에 따른 기회비용은 중앙은행이 외환보유액을 확충하는 과정에서 시중에 공급한 유동성을 회수하기 위해 통화안정채권 등을 발행할 때 일차적으로 발생한다. 즉 불태화 비용이다. 외환보유액의 해외 운용수익과 통안증권 지급금리 간에 내외금리차와 환차가 기회비용이라고 할 수 있다. 때문에 과다한 외환보유액 축적에 대해서는 국부의 해외유출이라는 비판도 일어나고 있다.

그러나 충분한 외환보유액을 비축하면 대외신인도가 올라가므로 국가 전체의 외화차입 비용이 절감된다. 따라서 나라마다 특수한 사정과 기회비용 문제를 잘 비교하여 적정한 만큼의 보유액을 비축하는 것이 이상적이라고 하겠다. 그러나 이렇게 모든 상황을 감안한 적정규모의 외환보유액을 산출하는 것은 쉽지 않다. 따라서 최근과 같이 금융위기가 빈발하는 상황에서 소규모 개방경제는 대외안정성 확보를 위해서 다소 넉넉한 수준의 외환보유액을 확보, 유지하는 것이 바람직하다.

⁝⁝ 아시아 외환위기 이후의 외환보유액 기준 논의

1997년 아시아 외환위기를 계기로 단기자본의 유출가능성에 대비하여 상당한 수준의 외환보유액을 적립하는 것이 필요하다는 국제적 공감대가 형성되었다. IMF는 외환보유액과 관련해 3차례 보고서를 통해 외환보유액 관련 국제적 기준과 권고사항을 제시했다.[19]

외화자산운용 건전성 확보를 위한 기준(1999년 10월)

첫째, 외화자산 운용목표는 회원국의 경제정책, 환율제도, 외화부채 구조 등 정책 환경을 감안하여 설정해야 하지만, 그 무엇보다도 적정 유동성 확보가 중요하다.

둘째, 외화자산 운용 리스크의 효율적 관리를 위해서는 운용조직의 책임과 권한을 명확하게 규정한 조직체계가 필요하다. 그리고 제도화된 의사결정 시스템에 의거해 운용전략을 수립해야 한다. 특히 담당 조직을 운용, 리스크 관리, 자금결제 조직으로 분리 운영하는 것이 매우 중요하다.

셋째, 외화자산을 운용하다 보면 유동성 리스크, 신용 리스크, 환율 및 이자율 변동에 따른 시장 리스크 등이 발생하기 쉬우므로 이를 관리하기 위해 보유액 운용을 위한 기준 포트폴리오를 설정해 운용하는 것이 바람직하다.

넷째, 외화자산 운용에 대한 정확한 정보가 최고위층에 전달될 수 있도록 보고 시스템을 만들고 관련 정보를 단말기 스크린을 통하여

---

19 IMF는 1999년 10월 '중앙은행 외화자산 운용절차, 리스크 관리, 회계기준, 자료의 대외공표 등에 관한 건전성 확보방안', 2000년 2월 '회원국의 외환보유액 관리에 관한 건전관행체계' 발표에 이어 2000년 5월 '외환보유액 관련 대외취약성 지표'를 개발·발표하였다.

상시 파악할 수 있는 전산 시스템을 구축해야 한다.

외환보유액 관련 정보공개 투명성 제고를 위한 권고(2000년 2월)

첫째, 각국은 외화자산 운용내역을 IMF의 '특별자료공표기준(Special Data Dissemination Standard)'에 의한 표준 양식으로 대외에 공개해야 한다.

둘째, 각국은 외화자산 운용정책 및 절차에 있어서 IMF의 '통화 및 금융정책의 투명성에 관한 실행규범(Code of Good Practices on Transparency in Monetary and Financial Policies)'을 적용해야 한다.

셋째, 외화자산 운용에 따른 회계처리는 그 투명성을 높이기 위하여 '국제증권감독기구(IOSCO: International Organization of Securities Commissions)' 및 '국제회계기준위원회(IASC)'와 같은 국제적으로 공인된 기관의 회계기준을 적용해야 한다.

IMF의 외환보유액 관련 대외취약성 지표(2000년 5월)

첫째, 단기외채 대비 외환보유액비율[20]이다. 이는 자본시장 접근능력은 높지만 불확실성이 있는 국가의 외환보유액 적정성을 판단하는 가장 중요한 지표이다. 즉 우리나라와 같이 대외개방도가 높고 해외차입도 용이하지만 동시에 외화자금의 유출입이 빈번하여 대외취약성이 높은 나라에서 특히 유의해야 하는 지표이다.

둘째, 수입액 대비 외환보유액비율이다. 이는 국제자본시장 접근

---

20 이때 외환보유액은 IMF의 '국제수지통계 편제매뉴얼' 및 '특별자료 공표기준(SDDS)'의 운용지침에 의거, 그리고 단기외채는 잔여만기 기준의 공공부문과 민간부문 단기외채를 종합적으로 측정한 수치를 사용하도록 하고 있다.

능력이 제한적인 국가의 외환보유액의 소요규모를 파악할 때 유용한 지표이다. 경제규모와 개방정도에 따른 적정 외환보유액 수준을 효과적으로 측정하는 데 유용하다.

셋째, 총유동성 대비 외환보유액비율이다. 이는 자국 통화의 신인도 상실 시 해외로 도피할 수 있는 자본 등 잠재적 위험과 충격을 측정하는 지표이다. 즉 전체 국내 유동성이 많을 경우 위기 시 해외로 유출되는 외환규모도 커질 것이기 때문에 외환보유액이 더 많이 필요하게 된다. 이 지표는 특히 금융부문이 취약하거나 환율제도의 신뢰도가 확고하지 못한 경우 더욱 유용하다.

이러한 가이드라인 아래 각국은 적정 외환보유액 수준을 책정하여 운용해오고 있다. 일반적으로는 적정보유액으로서 "월 수입액 3개월분+중장기외채 중 1년 이내 만기도래분+만기 1년 이하 단기외채 중 회전사용이 어려운 금액+일부 포트폴리오 자금의 유출 추정치"를 기준으로 하고 있다. 2004년에 BIS가 제시한 기준에 따르면 적정보유액은 "3개월분 수입액+단기외채+외국인주식투자자금의 3분의 1 수준"이다.

∷ 글로벌 금융위기 이후의 외환보유액 축적 논쟁

2009년 피츠버그 G20 정상회의에서 미국은 지속가능한 세계경제를 위해 글로벌 불균형의 시정, 곧 글로벌 재조정을 주요 의제로 제안했다. 미국은 중국 등 경상수지 흑자국의 경직적 환율운용과 과도한 외환보유액 축적에 대해 문제제기를 한 것이다. 글로벌 재조정을 위해 미국은 G20 차원에서 각국의 적정보유액 수준에 대한 가이드라인을 설정할 것을 주장했으나, 중국 등 신흥흑자국은 위기에 대비한 대외안전망 구축 차원에서 외환보유액의 확충이 불가피하다고 반대하였다. 더불어 선진국인 독일도 외환보유액 수준을 국제적 감시대상으로 하는 데 대해서는 반대하였다.

결국 2010년 11월, 서울 G20 정상회의에서는 IMF가 각국의 적정 외환보유액 평가기준을 개발하여, 이를 IMF 회원국 감시에 활용하기로 합의하였다. 즉 IMF가 매년 발간하는 '대외안정성 평가보고서'를 통해 각 회원국들의 환율운용과 외환보유액의 적정성 및 외환시장 개입 정도에 대한 평가를 실시하기로 한 것이다.

:: 외환보유액 운용과 리스크 관리

외환보유액의 운용 목표는 전통적으로 자산의 안전성과 유동성을 확보하는 데 있었으나, 최근에는 자산 가치와 유동성을 보전하면서 중장기적으로 수익성을 극대화하는 전략, 즉 효율성 제고 측면이 강조되고 있다. 특히 많은 국가들이 외환보유액 중 유동성 자산과 수익성제고를 위한 자산을 분리하여 별도의 계좌로 관리·운용하고 있다. 계좌별로 통화구성, 투자자산 구성, 만기 등에 대한 전략적 운용 기준을 설정하고, 허용되는 리스크 한도 내에서 최적의 투자 전략을 구사하도록 하고 있다.

외환보유액 운용에 있어서 전체 리스크 한도를 설정한 후 자산 관리자의 운용 능력에 따라 개인별 리스크 한도를 배정하여 총 위험조정 수익률을 장기적으로 극대화하는 투자기법[21]을 도입하여 운용하는 나라도 있다. 외환보유액 운용에 있어서 최적 통화구성은 그 나라 대외부채의 통화별 규모, 무역수지 상황, 대외결제 수요, 외환시장 개입 수요, 국제자본시장규모 등을 종합적으로 고려하여 결정하는 것이 일반적이다.

또한 환리스크 및 금리 리스크 등 시장 리스크를 적절히 통제하고 관련 정보를 관리하기 위해 많은 국가들이 전문적인 투자기법을 활용하고 있다. 이들은 급격한 거시경제 여건 변화 및 금융충격이 총투자자산에 미치는 영향을 분석하기 위해 다양한 환율 및 금리 변동 시나리오에 따른 스트레스 테스트를 정기적으로 실시하고 있다.

최근에는 시장 리스크 헤지 및 투자자산 포트폴리오 조정 등을 위해 파생상품거래를 활용하는 국가도 있다. 일반적으로 선물환, 금리통화선물, 금리통화스와프, 옵션 등 금융파생상품을 주로 활용하고 있다. 이러한 파생상품거래에 따르는 자산 위험 관리와 업무처리, 회계처리 등을 지원하기 위하여 선진 전산 시스템을 구축하여 활용하고 있다. 또한 거래 시스템, 성과평가 및 리스크 관리 시스템, 결제 및 회계처리 시스템 등을 상호 연계하는 통합 전산 시스템 개발에 많은 재원과 노력을 투입하고 있다.

모든 국가가 외환보유액 운용에 따른 리스크를 관리하기 위한 내부통제 시스템도 구축하여 가동하고 있다. 재무장관, 중앙은행 총재 등 외환보유액 관련 최고책임자에서부터 실무담당자에 이르기까지 업무책임과 권한을 명확히 구분하고, 운용부서(front office)와 결제 및 회계담당 지원부서(back office) 기능을 철저히 분리, 운영하고 있다. 아울러 각국은 외화자산운용과 관련한 직원들의 위법, 부당행위

---

21 이른바 '리스크 예산제도(risk budgeting)'라 한다.

및 이해상충 문제가 발생하지 않도록 직원행동규범(code of conducts)을 채택하고 있다. 한편, 외환보유액 관리에 대한 책임성을 확보하기 위하여 정부 또는 독립적인 외부감사기구가 관리주체인 중앙은행의 재무제표 및 운용업무에 대한 정기 감사도 실시하고 있다.

04

한국의 대외채무와
외환보유액 관리

∷ 한국의 외채 현황

1994년 이후 한국의 외채는 급속히 증가하여 대외채권규모를 훨씬 상회하였다. 외환위기 직전인 1997년 9월 말 외채는 총 1,642억 달러, 대외채권은 1,056억 달러로서, 순대외채무가 568억 달러에 달하는 순대외채무국가 지위에 있었다. 그러나 외환위기 직후 외자가 급격히 빠져나가고 정부와 민간부문의 노력으로 외채가 줄어들면서 2000년 1/4분기 한국은 순대외채권국으로 전환되고, 2004년 6월 말에는 순대외채권이 1,000억 달러를 돌파하였다. 한국은 이후 현재까지 순채권국 지위를 유지하고 있다.

2004~2007년에는 외채가 다시 크게 증가하였다. 총외채는 2007년 말 3,387억 달러로서 2003년 말 1,383억 달러 대비 145%가 늘었다. 불과 4년 만에 2,004억 달러가 늘어난 것이다. 특히 단기외채가 2003년 말 478억 달러에서 2007년 말 1,659억 달러로 1,181억 달러

표 5-5 대외채무 및 대외채권 추이

(억 달러, 기말 기준)

	1997년	1998년	2000년	2003년	2006년	2007년	2008년	2009년	2011년	2013년
대외채무	1,616	1,516	1,352	1,383	2,292	3,387	3,159	3,446	4,000	4,161
단기채무	584	360	438	478	1,182	1,659	1,490	1,487	1,398	1,153
단기채무/ 외환 보유액(%)	286.1	69.1	45.5	30.8	49.5	63.3	74	55.1	45.6	33.3
대외채권	979	1,210	1,601	2,265	3,779	4,144	3,406	4,151	4,987	6,018
순채권	−637	−305	249	882	1,486	757	246	705	986	1,857

자료: 한국은행

가 늘어났다. 단기외채는 주로 은행들의 외화차입으로 많이 증가했다. 특히 외국은행 국내지점의 단기외화자금 도입이 크게 증가하여 2007년 말 전체 단기외채의 약 48%를 차지하였다.

당시 단기외채 증가의 주요 요인으로는 은행들의 외환포지션 조정을 위한 단기외화자금 차입[22]을 들 수 있다. 즉 수년간 지속된 원화절상을 배경으로 조선업체 등 수출업체들이 은행에 선물환을 대거 매도하자, 은행들이 외환포지션 조정을 위해 단기외화자금 차입을 늘리게 되었다. 또 다른 요인으로는 국내외 금리차와 환차익을 노린 외국은행 지점 등의 단기 투기성 외화자금 도입을 들 수 있다.

2008년 말 금융위기 이후 다시 외채와 단기외채가 급격히 감소했다. 총외채는 2008년 9월 말 3,650억 달러에서 2008년 말 3,159억 달러로 4/4분기 중 총 491억 달러(단기 411억 달러 및 장기 80억 달러)

---

22 원화절상 기대심리 속에서 조선업체 등 수출업체들이 수출대금을 미리 은행에 매도(선물환 매도)하게 되는데, 이때 선물환을 매입한 은행(외은지점 포함)들이 외화자산과 부채포지션의 균형(스퀘어)을 유지하기 위하여 현물환 매각을 필요로 하게 된다. 이때 이에 필요한 외화자금을 해외에서 단기로 차입하게 된다.

나 줄어들었다. 금융위기 직전인 2008년 9월 말 단기외채 비중은 52.1%로 총외채의 절반 이상이었으나, 금융위기 시 은행들이 단기외화자금을 회수당하면서 대폭 축소되었다. 2010년 말 단기외채 비중은 38.3%로 하락하고, 2013년 말에는 27.8%로 크게 감소하였다.

그러나 최근 주목할 점은 2007년 이후 외국인채권투자의 증가이다. 외국인투자자들은 금융위기 이후 이자율이 높고 안정성과 유동성이 보장되는 한국의 국공채와 통화안정증권 등에 투자를 늘리고 있다. 외국인채권투자액은 2006년 말 4.7조 원(전체 채권 중 외국인투자 비중 0.61%)에 불과했으나, 지난 수년간 급격히 증가하여 2013년 말 94.7조 원으로 보유 비중이 전체 채권의 6.8%에 이른다. 미국 등의 이자율이 제로에 가까운 상황에서 외국투자자들은 원화채권에 투자함으로써 내외금리 차만큼의 무위험 고수익 금리 재정거래 수익을 얻고 있는 것이다.

외국인채권투자자금은 내외금리차가 축소되거나 환차손이 발생할 경우, 그리고 금융시장 불안이 야기될 때에는 대거 환매 유출될 수 있다. 그렇게 되면 국내금융시장과 외환시장 불안을 야기할 수 있다. 이 밖에도 채권투자자금의 대규모 유입은 환율절상을 유발하여 대외경쟁력을 약화시킬 수 있고, 대거 유출 시에는 시중금리 상승을 초래하여 중앙은행 통화정책에 심각한 장애가 될 수 있기 때문에 특별한 주의를 요한다.

⠿ 적정 외채 수준과 지속적인 관리

2014년 9월 말 한국의 대외채권규모는 6,540억 달러, 총외채는 4,291억

표 5-6 외채상환능력의 변화

표 5-6 외채상환능력의 변화

(억 달러, %)

	1997년 9월 말	2008년 9월 말	2013년 12월 말	국제적 (IMF/WB) 안정 기준
총 대외채무(A)	1,642	3,65	4,161	
총 대외채권(B)	1,056	3,945	6,018	
순대외채권(B-A)	-586	295	1,857	
외환보유액	304	2,397	3,465	
외채/경상수입액	98.6	65.3	57.6	경채무국 (132~220%)
단기외채의 비중	47.2	51.9	27.7	매우 안정: 100% 미만
단기외채/외환보유액	264.5	79.1	33.3	

주: 경상수입액은 상품수출, 서비스 수입, 소득수입의 합계의 추정치임

자료: 기획재정부

달러로 순대외채권은 2,249억 달러에 달한다. GDP 대비 총외채비율은 2008년 말 31.5%에서 2013년 말 31.9%로 소폭 상승하였다. 아직 미국(98.1%), 일본(57.5%)과 같은 주요 선진국에 비해서는 낮은 수준이나 인도네시아(22.7%) 및 브라질(21.5%) 등 다른 신흥국들에 비해서는 여전히 높은 수준이다. 특히 미국이나 일본과 같은 교환성 통화국이 아닌 우리나라는 외채가 너무 늘어나지 않도록 관리해야 한다. 2006년 이후 빠르게 증가하고 있는 외국인채권투자는 이미 지적한 바와 같이 향후 주요 금융 불안 요인으로 꼽히고 있다.

한국의 외채수준은 현재 대체로 안정 수준에 있다고 평가할 수 있지만, 앞으로 대외채무, 특히 단기외채가 크게 증가하지 않도록 지속적으로 관리해야 한다.[23] 이를 위해 IMF가 제시한 자본이동 조절방안

---

23 이에 금융당국은 2011년 8월 1일 거시건전성 정책의 일환으로 은행의 비예금성 외화부채(외화부채 - 외화예수금)에 0.5% 한도 내에서 차등 부과되는 외화건전성 부담금제도를 도입하여 시행하고 있다.

인 거시건전성 정책(Non CFM)과 직접 자본통제 정책(CFM)을 시장상황에 따라 언제라도 활용할 수 있도록 준비해둘 필요가 있다.

외화영업을 통해 고수익을 추구하는 은행 등 금융회사와 기업들의 외화 유출입에 대한 면밀한 모니터링과 함께 외채 관련 건전성 규제를 철저히 해야 한다. 외환부문 변동성을 상시 감시하고, 필요 시에는 은행의 선물환 포지션 한도 규제와 외국인채권투자 과세, 그리고 외화자금 유입에 대한 외화건전성부담금 조치 등 외환부문 위험 관리도 적절히 활용해야 한다.

가용 외환보유액도 충분히 확충하고, 대외균형이 무너지지 않도록 경제를 튼튼하게 운용하며, 한국경제의 투명성을 확보하고 한국경제에 대한 대외홍보 활동도 꾸준하게 추진하여 국가신인도가 훼손되지 않도록 해야 한다.

소규모 개방경제로서의 한국과
적정 외환보유액

∴ 한국의 외환보유액 현황

2008년 3월, 2,643억 달러로 고점을 기록한 한국의 외환보유액
은 2008년 9월 글로벌 금융위기로 외국자본이 급속히 이탈하면서
2008년 11월 말에는 2,005억 달러로 3개월 만에 무려 638억 달러
가 감소했다. 2,000억 달러 이하까지 외환보유액이 떨어질 위기였다.
은행들의 단기외채 차환율이 크게 떨어져 2008년 4/4분기에만 외화
자금이 418억 달러나 유출되어 심각한 외화유동성 위기에 직면했다.

이에 정부는 총 516억 달러의 외화유동성을 은행 등 외환시장에

표 5-7 2008년 분기별 국내은행 단기외채 차환율 및 가산금리 추이

(%)

	1/4분기	2/4분기	3/4분기	4/4분기
차환율	100.0	94.3	99.8	50.1
가산금리	28.6	43.0	49.3	160.5

자료: 금융감독원 (2010. 2. 28), "최근 국내은행의 외화유동성 현황"

표 5-8 2008년 중 주요국 외환보유액 감소

(억 달러)

	일본	러시아	대만	인도	한국	브라질
고점	(7월) 10,047	(7월) 5,959	(6월) 2,914	(5월) 3,146	(3월) 2,643	(9월) 2,065
저점	(9월) 9,777	(12월) 4,271	(10월) 2,782	(11월) 2,477	(11월) 2,005	(12월) 1,938
감소액	−270	−1,688	−132	−669	−638	−127

주: 고점은 2008년에 통과한 저점 이전의 고점임

자료: 기획재정부

공급하면서 급박한 외화유동성 위기에서 벗어날 수 있었다. 이 중 270억 달러는 은행 등 금융회사의 외환부족 사태를 해결하기 위해 외환보유액에서 지원했다. 정부는 외환보유액이 2,000억 달러 밑으로 떨어지지 않도록 추가로 필요한 외화자금으로 한미 간 원·달러 통화스와프를 통해 164억 달러를 조달했고,[24] 수출입은행도 자체 확보한 외화자금을 수출입 업계에 지원하여 위기를 넘긴 것이다.

한국뿐만 아니라 2008년 말 금융위기 직후 대부분의 신흥국들이 단기외화자금 부족으로 어려움을 겪었다. 지나친 환율상승을 억제하고 외환시장에 부족한 외화유동성을 지원하는 과정에서 이들 국가의 외환보유액이 크게 감소했다. 러시아는 1,688억 달러, 인도는 669억 달러, 일본, 대만, 브라질 등 대부분의 국가도 외환보유액이 감

---

24 이를 계기로 한국은 제2선 외환보유액으로 주요국과 통화스와프를 적극 추진해왔다. 일본(100억 달러), 중국(560억 달러), 아랍에미리트(54억 달러), 말레이시아(47억 달러), 호주(45억 달러), 인도네시아(100억 달러) 등과 통화스와프 계약을 체결하였다. 이 중 2015년 2월 23일 기한이 만료되는 한일 통화스와프 100억 달러는 양국이 연장하지 않기로 함에 따라 중단되었다. 한일 양국은 2001년 7월 20억 달러로 통화스와프를 시작해 2012년 10월 700억 달러까지 확대했다. 그러나 2012년 8월 이명박 대통령의 독도 방문 문제를 계기로 한일 관계가 악화되면서 2012년 10월 만기가 도래한 570억 달러규모의 스와프가 연장되지 않았고, 2013년 7월에도 만기를 맞은 30억 달러가 그대로 중단된 데 이어 이번 마지막 100억 달러마저 중단된 것이다.

표 5-9 외환보유액 추이

(억 달러, 기말 기준)

	2010년	2011년	2012년	2013년	2014년 9월(a)	2014년 10월(b)	전월비 증감(b-a)
외환 보유액	2,915.7	3,064.0	3,269.7	3,464.6	3,644.1	3,637.2	-6.8
유가증권[1]	2,679.3	2,779.4	2,998.6	3,210.6	3,327.4	3,321.8	-5.5
예치금	189.9	202.9	170.4	145.9	212.3	211.8	-0.5
SDR	35.4	34.5	35.3	34.9	33.7	33.6	-0.1
IMF 포지션[2]	10.2	25.5	27.8	25.3	22.7	22.1	-0.6
금	0.8	21.7	37.6	47.9	47.9	47.9	0.0

주: 1) 국채, 정부기관채, 회사채, 자산유동화증권(MBS, ABS) 등
　　2) 회원국이 출자금 납입 등으로 보유하게 되는 IMF에 대한 교환성 통화 인출권리
자료: 기획재정부

소했다. 이때 한국 이외에도 브라질 등 여러 나라가 미국 등과 통화 스와프를 통해 '제2선 외환보유액'을 확보하여 활용하였다.

2008년 금융위기 당시 2,005억 달러까지 감소했던 우리나라 외환보유액은 2014년 10월 말 기준 3,637억 달러로 불어나 세계 7위 수준[25]에 이르고 있다. 규모 면에서 약 1,668억 달러가 증가한 것이다. 2008년 말 경제위기 당시 정부가 은행에 지원했던 외화유동성 270억 달러를 모두 회수하고, 한국은행이 외환시장에서 외환을 매입하여 외환보유액이 증가하게 되었다.

---

25 주요국의 외환보유액(2014년 9월 말 현재, 억 달러): 1위 중국 38,877, 2위 일본 12,644, 3위 스위스 5,459, 4위 러시아 4,542, 5위 대만 4,207, 6위 브라질 3,755, 7위 한국 3,644, 8위 홍콩 3,258, 9위 인도 3,142, 10위 싱가포르 2,661

∷ 한국의 외환보유액은 적정한 수준인가?

2014년 6월 말 우리나라 외환보유액은 3,666억 달러였다. 이는 충분한 수준인가? 과거 IMF의 3개월 경상지급액을 기준으로 보면 적정 외환보유액은 1,718억 달러이다. 그러나 여기에 단기외채 100%인 1,318억 달러를 추가로 감안하면 3,036억 달러가 된다. 그리고 국제결제은행기준(3개월분 수입액+단기외채+외국인주식 투자의 3분의 1)으로 계산하면 4,414억 달러가 나온다. 따라서 2014년 6월 말 한국의 외환보유액은 IMF기준과 단기외채 기준으로는 충분하지만, BIS기준이나 기타 보수적인 적정보유액 산출기준으로는 아직 충분한 수준이라고 할 수 없다.

2014년 6월 말 기준 외환보유액이 단기외채의 약 2.8배, 경상지급액의 약 6개월분에 달하기 때문에 한국경제나 대외거래규모에 비해 과도하다고 주장하는 사람들도 있다. 이들은 주로 외환보유액 유지에 따른 기회비용을 문제로 들고 있다.

적정 외환보유액 수준에 대해서는 일반적으로 한국과 같이 변동환율제를 채택하고 있는 소규모 개방경제의 경우에는 다소 여유 있게 유지할 필요가 있다는 게 국제적 공감대이다. 즉 대외개방도가 높고 외국인투자자금의 유출입이 심한 우리나라는 예측할 수 없는 대내외 충격에 경제가 흔들리지 않도록 외환보유액을 다소 여유 있게 유지하는 것이 안전하다고 하겠다. 더욱이 한국의 경우 북한이라는 돌발 변수가 있기 때문에 더욱 그러하다. 다소 여유 있는 외환보유액은 국가신인도의 유지와 제고에도 도움이 된다.

그러나 이보다 더 중요한 것은 항상 경제의 기초여건을 건실하게 유지하는 것이다. 더불어 환율 운용을 포함한 유연한 대내외 정책운

용을 통하여 외부충격에 경제가 흔들리지 않는 체질을 구축하는 것
도 중요하다.

∵ 한국의 외환보유액, 어떻게 운용할 것인가?

일반적으로 외환보유액은 국가의 최종적인 대외지급 준비자산이므로
필요한 경우 언제라도 인출해서 사용할 수 있도록 일차적으로 유동성
과 안정성에 중점을 두되, 부차적으로 수익성도 일부 제고하는 방향
으로 운용한다. 따라서 우리나라도 이러한 운용 목적에 따라 외환보
유액을 유동성 자산, 수익성 자산, 위탁자산으로 구분하여 운용해야
한다. 유동성 자산은 외환시장 수요에 대비하여 언제라도 현금화할
수 있도록 미국달러 등 주요 기축통화로 표시된 단기국채 및 예치금
등 단기 금융상품 중심으로 운용해야 한다.

수익성 자산은 높은 수준의 유동성과 안정적인 중장기수익을 위
해 선진국 중장기채권을 중심으로 운용하도록 하고, 수익성 제고 및
투자기법 습득을 위해 일부 자산은 세계 유수의 자산운용사나 한국
투자공사(KIC) 등에 위탁하여 운용하도록 한다. 투자대상 통화는 환
율 변동 위험을 헤지하기 위해 미국달러화, 유로화, 일본 엔화뿐만 아
니라 영국 파운드화, 호주달러화 및 캐나다달러화 등의 자산에 분산
투자하도록 한다. 통화별 투자 비중은 우리나라 외채의 통화별 구성,
경상거래 지급통화별 구성, 국제채권시장의 통화별 구성 등을 감안
하여 설정하도록 한다. 또한 수익성자산은 수익률이 높은 일부 신흥
국 국채 등으로 투자대상의 다변화를 추진해나가도록 한다.

한편 투자위험 관리를 강화하기 위하여 외환보유액 운용과정에서

발생하는 시장 리스크, 신용 리스크 및 운영 리스크를 적절히 관리해나가야 한다.

무엇보다도 외환보유액은 안정성과 유동성 원칙에 맞게 충실히 관리해야 한다. 조금 여유가 있다고 하여 이를 민간에 대여하거나 지나치게 수익성 위주로 운용하는 것은 바람직하지 않다. 2005년 7월부터 정부는 외환보유액 일부를 국내은행들을 통해 기업들에게 지원하고 있다. 그러나 이러한 정책은 1997년 외환위기 시에 정부가 은행에 빌려준 외화자금을 활용할 수 없었던 것과 같이 정부가 정작 긴급사태를 맞아 외환이 필요할 때 회수할 수 없기 때문에 바람직한 정책이 아니다.

다만 외환보유액이 충분한 싱가포르나 중동 산유국과 같이 국가가 전체 외화자산의 일부를 국부펀드 등 별도기금으로 분리하여 운용하는 것은 바람직한 정책이라고 할 수 있다. 일정규모 이상의 외환보유액을 별도로 분리, 국부펀드를 조성하여 해외 고수익 금융자산이나 실물자산에 투자하거나 우량 기업을 인수하는 운용정책은 국가가 공공부문 보유 외화자산을 효율적으로 운용하기 위한 전략의 일환이라고 하겠다.

06

국부펀드의
운용과 전망

:: 국부펀드의 설립 현황과 투자 동향

국부펀드(SWF: Sovereign Wealth Funds)란 정부가 특정 목적을 달성하기 위해 설립한 투자펀드를 의미한다. 일반적으로 정부가 외환보유액, 국영기업 민영화 재원, 원자재 수출을 통한 재정수입 등으로 설립하여 다음 세대를 위한 부의 축적 또는 거시경제 안정, 자국 경제개발 등 다양한 목적을 달성하기 위해 운용하는 펀드를 지칭하는 용어로 사용된다.

국부펀드는 1953년 설립된 '쿠웨이트투자청(KIA: Kuwait Investment Authority)'이 효시이다. 그 후 1970년대 싱가포르 '테마섹(Temasek Holdings)'과 싱가포르투자공사(GIC: Government of Singapore Investment Corporation), UAE의 '아부다비투자청(ADIA: Abu Dhabi Investment Authority)', 미국과 캐나다의 지역투자기금 등이 설립되었다.

본격적으로는 1990년대부터 2000년대에 설립이 집중되었다. 이때

표 5-10 국부펀드 설립 현황

국가	국부펀드	설립연도
UAE	Abu Dhabi Investment Authority	1976
	Dubai International Capital	2004
노르웨이	GPF(Government Pension Fund)	1996
사우디아라비아	SAMA	–
쿠웨이트	KIA(Kuwait Investment Authority)	1953
중국	CIC	2007
홍콩	Investment Portfolio	–
싱가포르	GIC	1981
	Temasek Holdings	1974
러시아	Oil Stabilization Fund	2003
	National Wealth Fund	2008
호주	Australian Future Fund	2004
미국	Alaska Permanent Reserve Fund	1976
카타르	Qatar Investment Authority	–
브루나이	Brunei Investment Authority	1983
말레이시아	Khazanah Nasional BHD	1993
한국	Korea Investment Corporation	2005
카자흐스탄	National Fund	–
캐나다	Alberta Heritage Savings Trust F.	1976
이란	Foreign Exchange Reserve Fund	–

자료: IMF, JCIF, Morgan Stanley

중국의 중국투자공사(CIC: China Investment Corporation), 러시아의 석유안정기금(Oil Stabilization Fund)과 러시아 국부펀드(National Wealth Fund) 등 대형 국부펀드가 설립되었다.

2014년 9월 말 전 세계 국부펀드 운용자산규모는 6.8조 달러로 2013년 말 5.2조 달러보다 1.6조 달러가 증가했다. 이는 헤지펀드(2013년 말 2.2조 달러)와 사모펀드(PE, 2014년 6월 말 3.2조 달러)를 훨씬 능가하는 규모이다. 특히 2000년대 말 설립된 중국의 국부펀드가 글로벌 국부펀드 시장에서 차지하는 비중은 최근 30%에 육박하고 있다.

2013년 말 중국의 국부펀드(SAFE 투자공사[26]+CIC)는 1조 1,431억

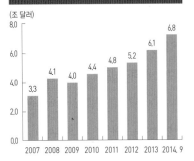

그림 5-7 국부펀드 자산규모

(조 달러)

- 2007: 3.3
- 2008: 4.1
- 2009: 4.0
- 2010: 4.4
- 2011: 4.8
- 2012: 5.2
- 2013: 6.1
- 2014. 9: 6.8

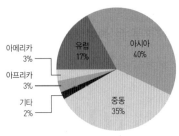

그림 5-8 주요 국부펀드 지역별 비중

- 아시아 40%
- 중동 35%
- 유럽 17%
- 아메리카 3%
- 아프리카 3%
- 기타 2%

자료: 한국은행; SWF Institute, (2013. 8)

달러에 이르고, 노르웨이(GPFG)는 8,180억 달러, 사우디(SAMA)는 6,579억 달러, 홍콩(HKMA)은 3,267억 달러에 이른다. 싱가포르의 경우에는 테마섹의 1,733억 달러와 GIC의 운용자산[27] 등이 있다. 우리나라도 2005년 KIC를 설립하여 2014년 9월 말 약 747억 달러를 운용하고 있다.

2012년 이후 국부펀드들의 투자 동향을 보면 펀드로 유입되는 신규자금이 급증함에 따라 대체자산과 신흥시장 쪽으로 전략적 자산배분을 늘리고 있다. 단순한 단기수익 창출에서 벗어나 전략적 자산배분 관점에서 대체자산 투자가 증가하였으며, 국부펀드 자금의 70~80%가 중동과 아시아를 기반으로 한다는 점을 고려할 때 신흥시장 투입 자금은 계속 늘어나고 있다.

향후 신흥국 외환보유액 증가 등으로 국부펀드규모는 지속적으로 확대될 전망이다. 상품가격 강세, 중국 등 신흥국의 외환보유액 증가

---

26 SAFE(State Administration of Foreign Exchange): 중국의 외환 관리국으로서 중국의 외환 관리와 외환보유액 운용을 담당하는 국가조직이다.

27 GIC는 자세한 내역을 공개하지 않고 있다.

로 기존 국부펀드의 규모도 확대되고, 신규 국부펀드 설립도 활발해질 것으로 보인다. 일본, 인도, 대만, 태국, 앙골라, 볼리비아, 캐나다, 나이지리아 등에서도 신규 국부펀드를 설립했거나 설립을 추진 중이다.

향후 국부펀드 투자 상황을 예측해보자면, 먼저 선진국은 우량 실물자산에 대한 투자를 확대할 것으로 예상되고, 신흥국은 포트폴리오 투자에 중점을 둘 것으로 보인다. 중국 등 개도국은 자원 확보 등을 위한 전략적 투자에도 집중할 것으로 보인다. 또한 세계 최대의 국부펀드들이 투자 다각화를 노리고 성장성 및 자본시장 발달도가 높은 신흥국에 대한 포트폴리오 투자를 확대할 가능성도 높다. 이에 따라 신흥국 자본 흐름의 변화 가능성에 대해서도 주시할 필요가 있다.

∷ 한국의 국부펀드, 한국투자공사의 설립과 운영

험난했던 한국투자공사 설립 과정

1999년 중반 우리나라는 외환위기에서 벗어나면서 해외로부터 외화자금 유입이 급격히 늘어나 환율 운용에 심각한 어려움을 겪고 있었다. 따라서 외환당국은 국내 외환수급 조절을 위한 정책수단을 개발하기 위해 고민하고 있었다.

경상수지 흑자와 외국인 직간접투자자금의 유입으로 인해 환율절상 압력이 심해지자 한국은행을 동원한 외환시장 개입에도 여러 가지 어려움이 나타났다. 당시 한국은 IMF 구제금융체제하에 있었기 때문에 정부가 외환시장에 개입할 경우 매일 IMF에 보고하고 협의를 거쳐야 했다. 정부의 외환시장 개입에 대해 IMF와 미국 등은 부정적인 입장을 드러냈다. 자칫하면 환율조작국 시비에 휘말려 미국으로부터 무역보복을 당할 우려도 있었다. 또한 한국은행의 외환매입은 본원통화를 증발시켜 물가와 금리를 상승시키는 부작용을 유발하고, 유동성 회수를 위한 통안증권 발행은 한국은행 수지를 악화시키므로 여기에도 어려움이 있었다.

따라서 과잉 공급되는 외환을 일부 해외로 유출시켜 외환수급의 균형을 유도하는 것이 환율절상 압력을 완화하고, 외국으로부터의 환율조작 비판도 피할 수 있는 유용한 대안이 될 수 있었다. 즉 싱가포르처럼 국부펀드를 조성하여 외환수급을 조절하고 환율압력을 완화시키는 것이 필요했다. 국부펀드는 위기 시에 외환보유액으로도 활용할 수 있다.

이러한 배경하에서 당시 재정경제부 외환당국은 싱가포르투자공사(GIC)를 벤치마킹하여 한국형 국부펀드인 한국투자공사 설립을 검토하게 되었다.[28] 설립 초기 자본금은 당시 정부와 한국은행이 국제금융센터에 지원한 보조금 200억 원을 전환하여 활용하기로 하고, 국제금융센터는 한국투자공사의 연구 분석조직으로 합병하는 방안을 구상하였다. 한국투자공사의 초기 투자재원은 정부의 외국환평형기금과 각종 공적 연기금, 은행 등으로부터 약 100억 달러를 위탁받아 운용하기로 했다. 한국투자공사의 CEO를 비롯한 주요 인력은 헤드헌터를 통해 국제적으로 검증된 시장전문가를 채용하고, 기금 운

---

28 당시 재정경제부 국제금융국장이었던 저자는 환율절상을 억제하고 외환시장 안정을 도모하기 위해 한국형 해외투자기금을 설립하기로 하고, 싱가포르 GIC를 벤치마킹하여 한국투자공사 설립안을 마련하였다. 2000년 초 당시 이헌재 재정경제부 장관이 김대중 대통령에게 보고하고 이를 추진하는 방향으로 재가를 받았다.

용에 대해서도 철저히 독립성을 보장하기로 하였다.

그러나 2000년 정부의 별도 외환운용기금 설치안에 한국은행이 반대하고 나섰다. 즉 정부가 한국은행 이외에 공적 외화자금을 운용하는 별도기구를 설립하는 것은 한국은행의 외환보유액 운용 권한을 약화시킬 수 있다는 점을 우려한 것이었다. 이에 재정경제부는 한국투자공사 설립 추진을 당분간 보류하기로 했다. 외환위기 이후 민감한 외환시장 운용과 환율안정을 위해서는 외환정책을 총괄하는 재경부 국제금융국과 시장 개입을 담당하는 한국은행 국제담당라인 간 긴밀한 협조가 관건이었다. 그러나 한국투자공사 설립으로 인해 양 기관 간 불협화음이 생기면 외환시장 관리가 어려워질 수 있었기 때문이다. 결국 한국은행과 야당, 그리고 일부 시민단체의 부정적 여론 및 향후 한국투자공사 운영의 독립성 훼손 우려 등을 종합적으로 고려하여, 한국투자공사 설립은 당분간 유보해두기로 한 것이다.[29]

그러다 2003년 초 참여정부가 '동북아금융허브' 프로젝트를 주요 국정과제로 선정하고 계획하는 과정에서 한국투자공사 설립이 주요한 정책과제로 선정되었다. 당시 보도에 따르면 골드만삭스 등 세계적 투자은행의 아시아 지역본부를 유치하는 데 있어서 한국투자공사의 투자자산 위탁 권한을 활용하겠다는 것이었다. 이를 통해 서울을 동북아금융허브로 육성하겠다는 계획이었다. 그러나 지역금융센터로서 이미 확고한 지위를 굳히고 있는 홍콩과 싱가포르의 위상과

---

29 당시 한국투자공사 설립을 구상하고 기획했던 저자가 이 계획을 잠정 보류하기로 한 것은 한국은행 등의 반대 이외에도 향후 정부의 낙하산 인사와 비전문적 기관운용으로 한국투자공사의 독립성과 자율성이 훼손될 우려가 높다는 점도 주요 이유이었다. 현재 한국투자공사가 이러한 우려를 훼손하지 않고 얼마나 독립적이고 전문적으로 운용되는지는 확신하기 어렵다.

한국투자공사의 투자규모 등을 감안할 때 이러한 계획은 사실상 과장된 구상이 아니었나 생각된다.

2003년 하반기 정부가 한국투자공사 설립을 추진하고 나서자 한국은행이 강하게 반발하고 나섰다. 정치권과 일부 언론에서도 여러 가지 우려를 제기하면서 이 문제는 여야 간 주요 정치쟁점이 되었다. 입법과정에서 여야의 상반된 입장으로 한국투자공사의 자금조달수단과 투자 재량권이 대폭 축소되었다. 특히 한국투자공사의 주요한 자금조달수단인 원화표시 채권 발행을 금지하고, 수익성 자산운용에도 많은 제약을 가함으로써 공사의 기능과 역할이 크게 축소되었다.

특히 한국투자공사 설립을 위한 2년여의 입법 및 공사 출범 과정에서 발생한 재정경제부와 한국은행의 외환, 국제금융 정책 라인 간 갈등과 반목으로 양 기관 간 외환시장 안정을 위한 공조체제가 와해된 것으로 보인다. 이로 인해 2003~2004년 사이 환율안정을 위해 정부가 직접 외국환평형기금을 동원하여 해외 선물환시장에 무리하게 개입하게 된 것이 아닌가 생각된다. 정부의 선물환시장 개입으로 외국환평형기금이 약 2조 원 대의 막대한 투자손실을 입는 단초가 된 것이다.

국부 증대와 안전판 역할을 위한 운영 개선 필요

2005년 3월 2일 한국투자공사 설립에 관한 법률이 국회 본회의를 통과하고, 2005년 7월 1일 공식 출범하였다. 한국투자공사 투자자산은 한국은행 외환보유액에서 170억 달러, 외국환평형기금에서 30억 달러 등 총 200억 달러 규모였다. 2013년 말 현재 한국투자공사의 전체 운용자산은 약 720억 달러 수준이다. 이 중 자체 운용은 67%

이며, 나머지 33%는 골드만삭스 등 세계적인 투자전문회사에 위탁하여 운용되고 있다.

한국투자공사가 국가의 여유 외화자산을 효과적으로 운용하여 한편으로 국부를 늘리고, 다른 한편으로 외환수급 조절을 통해 환율 안정과 외환시장 안전판 역할을 하도록 하는 것이 필요하다. 이를 위해서는 현재 성공적으로 운용되고 있는 주요국 국부펀드를 벤치마킹하여 한국투자공사 운영이 대폭 개선되어야 하겠다. 최고 의사 결정자인 CEO와 CIO 선발 및 임직원에 대한 인사에서부터 공사의 자금조달, 운용까지 모든 부문에서 정부로부터의 자율성과 독립성이 철저하게 보장되어야 한다. 또한 우수한 투자전문가를 확보하여 공사 운용수익률을 주요 국제 연기금 수준으로 제고하는 한편, 자산운용의 부실을 막고 손실을 최소화할 수 있도록 위험 관리를 제대로 할 수 있는 리스크 관리 전문 인력도 확보해야 한다.

앞으로 한국은행과 한국투자공사 간에 보유자산의 운용수익률을 높이기 위한 선의의 경쟁도 필요하나, 각자 설립 목적과 운영 기준이 다르므로 두 기관 사이에 지나친 경쟁과 견제는 바람직하지 않다고 본다.

신종금융,
금융의 꽃인가? 독인가?

헤지펀드와 파생상품, 그리고 그림자금융

신종금융은 과연 금융시장 발전의 핵심인가?
금융감독 규제 사각지대의 신종금융과 금융위기의 관계는?
G20의 신종금융 규제, 그 내용과 효과는?
규제를 통해 금융위기를 피할 수 있는가?
그림자금융의 현황, 그 위험과 기회 그리고 관리방안은?
한국의 헤지펀드 등 신종금융 육성과 규제, 어떻게 할 것인가?

01
헤지펀드의 두 얼굴

이 장에서는 1980년대 이후 금융규제 완화와 금융산업 혁신 과정에서 성장한 헤지펀드(hedge fund), 그리고 1990년대 이후 크게 증가한 파생금융상품과 2008년 금융위기 이후 규제 사각지대로 부상하고 있는 그림자금융에 대해 살펴보자.[1] 아울러 이들의 활동과 함께 증폭된 금융시장 리스크와 금융위기 간 상관관계를 분석해보기로 하자.

그리고 금융감독규제 사각지대에서 반복되는 금융위기의 주요 원인을 제공했다고 주목을 받고 있는 헤지펀드, 장외파생상품 등 신종금융에 대한 국제적인 감독규제 강화 움직임에 대해서 알아보자. 금융산업 발전이 상대적으로 부진한 한국에서 헤지펀드와 파생금융

---

1 이하에서는 전통적 금융시장 및 금융상품과 달리 금융감독규제가 부재하거나 미약한 사각지대에서 활동하는 헤지펀드, 파생금융상품, 그림자금융을 '신종금융'이라 통칭하기로 한다.

등 신종금융의 발전과 감독규제 간 균형을 어떻게 추구해야 할 것인지에 대해서도 살펴보고자 한다.

:: 헤지펀드란?

미국은 1940년 투자자 보호를 위하여 불특정 다수로부터 자금을 모집·운용하는 공모펀드의 레버리지 사용 및 공매도를 제한하는 투자회사법(Investment Company Act)을 제정했다. 그러자 호주 출신 알프레드 윈슬로 존스(Alfred Winslow Jones)가 이 규제를 피하기 위하여 소수의 투자자로부터 자금을 모집하여 레버리지와 공매도를 활용하는 헤지펀드를 처음 설립하여 운용하였다.

1960년대 들어 헤지펀드가 주가 움직임과 무관하게 시장 중립적으로 높은 수익률을 올린다는 사실이 알려지면서[2] 많은 헤지펀드들이 등장하게 되었다. 1968년에는 조지 소로스, 워런 버핏, 마이클 스텐하트 등이 세운 200개 이상의 헤지펀드가 등장했다. 1980년대 이후 전 세계적인 금융자율화와 금융 투자기법의 발달과 함께 다양한 파생상품이 등장하고 이를 통해 위험 관리 및 투자전략이 용이해짐에 따라 헤지펀드 산업도 크게 성장했다. 금융시장 상황에 관계없이 장기간 안정적으로 고수익을 실현한 헤지펀드들이 등장하면서 헤지펀드 산업이 미래 성장 금융산업으로 각광을 받게 되었다.

한편 헤지펀드는 1990년대 초 파운드화 공격을 통해 영국의 금융

---

2 1966년 《포천》지는 헤지펀드가 공모펀드인 뮤추얼펀드보다 수익률이 높다는 기사를 발표했다.

위기[3]를 촉발한 것을 시작으로 그 이후에도 여러 차례 금융위기 발생에 직간접적으로 영향을 미쳐왔다. 1990년대 중반에는 헤지펀드가 금융시장의 시스템 리스크를 유발할 정도까지 그 규모와 영향력이 커졌다. 1997년 아시아 외환위기도 헤지펀드의 태국 바트화 공격으로부터 촉발되었다.

미국, 영국 등 금융 선진국들은 기본적으로 소수의 투자자들이 자기책임하에 투자활동을 하는 사적기구인 헤지펀드 활동에 대해 정부가 직접 규제하는 것은 부적절하다는 입장을 취하고 있었다. 1997년 아시아 외환위기 이후 헤지펀드에 대한 국제적 규제 논의에서도 이들을 직접 규제하는 데에는 부정적이었다. 이들을 직접 규제하기보다는 이들과 거래하는 금융회사에 대한 위험 관리를 강화하고, 헤지펀드와의 거래 투명성을 제고하는 간접규제 방식만을 수용하였다.

그러나 2008년 말 발생한 금융위기 초기에도 헤지펀드가 금융시장 변동성을 심화시키고 전체 금융 시스템의 안정을 위협하자 이를

---

3 1992년 9월 16일, 조지 소로스의 퀀텀펀드를 비롯한 헤지펀드들이 영국 파운드화를 투매하여 영국 파운드화가 폭락하고 영국정부가 ERM을 탈퇴한 사건으로, 이날을 검은 수요일(Black Wednesday)이라고도 부른다. 영국은 1990년 10월 8일 ERM에 가입하였다. 이 협약에 따라 영국 파운드화는 독일 마르크화와 ±6% 범위 내에서 움직이고, 이를 벗어날 경우 중앙은행이 개입해 변동폭을 조절해야 했다. 하지만 1990년 10월 3일 독일이 통일되면서 통일 비용으로 마르크화가 대폭 풀리자 독일은 물가상승을 억제하기 위해 초고금리 정책을 취했다. 그 영향으로 영국 파운드화 가치가 하락하자 영국은 파운드화 환율 방어에 나섰다. 이를 계기로 퀀텀펀드의 조지 소로스가 100억 달러를 동원, 영국 파운드화 투매(投賣)에 나섰다. 다른 헤지펀드들도 이에 가담하자 파운드화 환율은 하한선까지 떨어지게 되었고, 영란은행이 외환보유액을 풀어 파운드화를 사들이게 되었다. 그러나 영란은행의 시장 개입에도 불구하고 환율 하락이 지속되자 영국은 ERM을 탈퇴하였다. 당시 환율 변동폭 유지를 위해 금리를 올린 다른 국가들은 실업률 증가와 불황을 겪게 되었다. 1992년 9월 8일 핀란드가 독일 마르크화와의 연동제를 폐기하였고, 스웨덴은 화폐가치 유지를 위해 단기금리를 500%까지 인상하였다. 이탈리아 리라, 스페인 페세타 또한 대폭락한 사태가 발생하였다(위키백과 참조).

규제해야 한다는 목소리가 높아졌다. 당시 헤지펀드는 고위험 투자와 과도한 레버리지 축적, 그리고 위기 초기 급격한 디레버리징을 통하여 금융위기를 증폭시켰기 때문이다.

이하에서는 헤지펀드의 개요와 현황에 대해 알아보고, 1997년 아시아 외환위기 이후부터 최근 G20 정상회의까지 이어지고 있는 헤지펀드 규제에 대한 논의를 살펴보자.

헤지펀드의 개념과 특징

헤지펀드는 100명 미만의 소수 투자자로부터 자금을 사모(私募)방식으로 모집하여, 파생거래 등 각종 다양한 투자기법을 이용하여 금융자산이나 실물자산 등에 투자·운용한 뒤 투자실적에 따라 이익을 배당하는 '파트너십' 형태의 투자기금이다.

첫째, 헤지펀드는 소수의 투자자로부터 자금을 모집하는 사모 형태이기 때문에 불특정 다수의 투자자를 대상으로 하는 공모에 비해 투자자보호 수준이 낮고 금융당국의 직접 규제도 받지 않는다.

둘째, 높은 레버리지와 공매도를 통해 위험을 회피하거나 또는 적극적으로 수용하는 전략을 활용한다.

셋째, 시장 상황과 관계없이 절대수익률을 추구한다. 이를 위해 롱숏전략(long short strategy)[4] 등 다양한 파생금융기법을 활용한다. 또한 금융자산뿐만 아니라 원유, 귀금속 등 실물자산 등 다양한 상품을 투자대상으로 한다.

---

4 롱숏전략이란 주가가 오를 만한 종목을 사고(롱, long), 주가가 떨어질 것으로 예상되는 종목은 공매도(숏, short)하는 주식투자 전략으로서 주가 변동 위험을 줄이면서 안정적인 투자성과를 추구하는 전략이다.

넷째, 초과수익에 대해 높은 성과보수(약 20%대)와 수수료를 지급받는다.

다섯째, 역외금융센터(off-shore center)나 조세피난지(tax haven)에 본사나 사무소를 두고 국내외 금융감독규제와 세금부담을 회피한다.

최근에는 헤지펀드의 자금조달이 다양해지고 투자기법도 확대되어 헤지펀드와 제도권 금융 간 경계가 파괴되고 있다. 즉 헤지펀드도 기업공개(IPO)를 통해 자본시장에 상장하거나 자본시장에서 공모방식으로 직접 자금을 조달하기도 한다.

헤지펀드와 공모(뮤추얼)펀드 및 사모펀드의 차이

헤지펀드와 공모펀드 간의 차이는 첫째, 헤지펀드는 사모방식으로 자금을 모집하고, 공모펀드는 자금을 공개 모집한다. 둘째, 헤지펀드는 레버리지 활용과 공매도 등 위험투자기법을 활용하지만 공모펀드

표 6-1 헤지펀드 VS. 공모펀드 VS. 사모펀드

	헤지펀드	공모펀드	사모펀드
투자자 모집방식	사모	공모(투자자 = 주주)	사모
기간	단기	중장기	중장기(경영참여)
공시	비공시	공시	비공시
차입(레버리지)	원금의 2~5배 이용	차입 불가	원금의 2~5배 이용
공매도	규제 없음	이익의 최대 30% 이내	규제 없음
성과측정	절대수익률[1]	상대수익률[2]	절대수익률
보수	운용보수: 운용규모의 1~2% 성과보수: 실현 수익의 20~30%	관리수수료 위주 운용규모의 0.5~3.0% 사전확정 보수가 주류	운용보수: 운용규모의 2~3% 성과보수: 실현 수익의 20~35%

주: 1) 절대수익률: 시장 상황과 관계없는 목표수익률
　　2) 상대수익률: 벤치마크(시장 지수) 수익률 대비 달성수익률
자료: 기획재정부

는 이를 금지한다. 셋째, 헤지펀드는 경영 참여 없이 수익창출에만 중점을 두지만 사모펀드(PEF)는 경영 참여를 통한 기업가치 제고를 추구한다는 점이다.

헤지펀드의 운용구조

헤지펀드의 운용구조[5]는 ① 투자자금이 축적되는 펀드, ② 펀드로부터 자산운용을 위탁받은 투자 관리자 또는 펀드매니저, ③ 헤지펀드와 관련된 각종 서비스를 제공하는 프라임브로커(prime broker), ④ 사무 관리회사(administrator)와 ⑤ 보관자가 서로 역할을 나누어 담당하고 있는 형태이다. 보통 헤지펀드는 규제와 세제 환경이 상이한 투자자로부터 자금을 유치하기 위하여 하나의 마스터펀드(master fund)를 세우고 그 밑에 다수의 피더펀드(feeder fund)를 둔다.

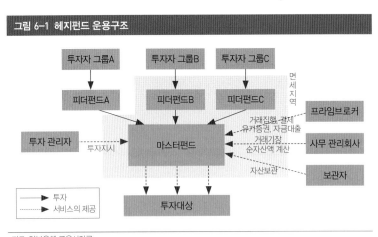

그림 6-1 헤지펀드 운용구조

자료: 일본은행 금융시장국

---

5 한국금융연구원 (2005. 8). "헤지펀드의 발달과 영향:(2)헤지펀드의 구조 및 상품 구성" 참조.

프라임브로커는 헤지펀드가 지시하는 거래의 집행 및 결제, 유가증권과 자금의 대여, 신규펀드 출범 시 투자자 소개 등의 서비스를 제공한다. 일반적으로 대형 투자은행들이 이 업무를 담당한다. 사무 관리회사는 거래의 기장, 펀드의 순자산액 계산 등 순수한 사무 관리 업무를 수행한다. 펀드에 따라서 프라임브로커나 투자 관리자가 사무 관리 업무를 병행하기도 한다. 그리고 보관자는 헤지펀드가 투자한 증권이나 기타 자산을 보관, 관리하는 업무를 담당한다.

헤지펀드의 형태와 자산운용 전략

헤지펀드 형태는 크게 직접투자펀드, 재간접투자펀드(funds of hedge funds)로 나누어진다. 헤지펀드 운용전략은 그 특성에 따라 크게 차익거래(arbitrage) 전략, 방향성(directional) 전략, 상황투자형(event-driven) 전략으로 구분되나 이용되는 전략이 매우 다양하여 조사기관마다 각기 다른 방법을 사용하여 분류하고 있다.

차익거래 전략은 시장에서의 가격불일치를 이용하여 거래수익을 추구하는 방법으로 전환사채 차익거래(convertible arbitrage), 채권 차익거래, 주식시장 중립형(equity market neutral)이 여기에 해당한다. 전환사채 차익거래 전략은 전환사채와 주가 간의 가격불일치를 이용하여 수익을 실현하는 전략으로 동일 기업의 '전환사채에 롱 포지션을, 보통주에 숏 포지션'을 취하는 것이 전형적인 형태이다. 채권 차익거래는 채권 등 금융상품 간 가격 차이에 주목하여 가격이 합리적 수준으로 수렴되는 과정에서 수익을 추구하는 전략으로 공사채, 자산유동화증권, 스와프 등 파생상품이 주 투자대상이다. 주식시장 중립형은 동일한 규모의 롱과 숏 포지션을 통해 개별 주가나 시장 동향

그림 6-2 헤지펀드 투자전략

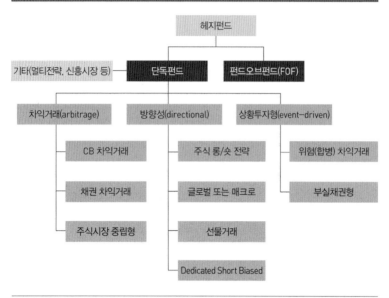

자료: CSFB/Termont, 금융연구원

에 상관없이 일정한 수익률을 실현하는 것을 목표로 하는 전략이다.

방향성 전략은 특정 주가 또는 시장 동향의 방향성에 따라 투자하는 전략으로 주식의 롱숏(equity long-short) 전략, 매크로(macro) 전략, 선물거래(managed futures) 등이 포함된다. 주식의 롱숏 전략은 가격상승(하락)이 기대되는 종목에 롱(숏) 포지션을 취하여 시장 변동성을 축소시킴으로써 이익을 추구하는 것으로 롱과 숏의 비중에 따라 롱 치중형(long-biased), 숏 치중형(short-biased), 그리고 둘의 비율이 비슷한 시장 중립형(market neutral)으로 세분된다. 매크로 전략은 금리, 경제정책, 인플레이션 등 거시경제 추세의 관점에서 수익이 발생할 수 있도록 글로벌 포트폴리오를 구성하여 투자수익을 추구하는 전략이다.

상황투자형 전략은 기업의 합병이나 사업 개편, 청산 및 파산 등에 따라 발생하는 가격 변동을 이용하여 수익을 창출하는 방법으로 위험 차익거래(risk 또는 merger arbitrage)와 부실채권형(distressed security) 전략으로 구분된다.

위험 차익거래 전략은 위험이 개재된 차익거래로서, 보통 M&A와 차입매수(LBO: Leverage Buy-Out)[6]와 같은 투자방식을 동원하여 관련된 기업의 주식거래를 통해 수익을 추구하는 전략이다.

부실채권형은 파산보호 중이거나 또는 파산상태에서 회복하거나 단기적 파산선언이 예상되는 등 재무적으로 어려움을 겪고 있는 기업의 주식이나 채권에 투자하는 것으로 선순위 채권을 청산가치보다 낮은 가격에 매입하여 차익을 실현한다.

:: 국제금융시장에 대한 헤지펀드의 영향과 위상

시장규모

2000년대 초부터 2007년까지 급속한 금융자유화와 국제금융시장의 풍부한 유동성을 배경으로 헤지펀드 산업은 크게 성장해왔다. 그러나 2008년 금융위기 직후 헤지펀드 자산규모와 펀드 수는 큰 폭으로 감소했다가 지난 수년간 다시 회복세를 보이고 있다. 헤지펀드 자금이 주로 운용되는 지역은 여전히 미국이 압도적이지만 점차 유

---

6 기업을 인수·합병(M&A)할 때 인수할 기업의 자산이나 향후 현금흐름을 담보로 은행 등 금융회사에서 돈을 빌려 기업을 인수하는 M&A 기법의 하나이다. 따라서 적은 자기자본으로 큰 기업매수가 가능하다

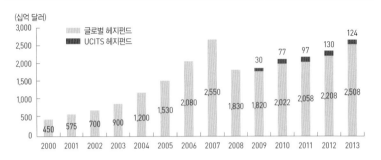

그림 6-3 헤지펀드규모 추이

(십억 달러)

- 글로벌 헤지펀드
- UCITS 헤지펀드

자료: 헤지펀드 인텔리전스(Hedge fund Intelligence)

럽, 아시아로 확산되고 있다.

헤지펀드 전문기관인 '헤지펀드 인텔리전스(Hedge Fund Intelligence)'에 따르면 헤지펀드 운용규모는 2000년 4,500억 달러에서 2007년 2조 5,500억 달러로, 펀드 수도 2000년 약 6,500개에서 2007년 10,000개 이상으로 증가했다.

그러나 2008년 금융위기로 자산규모는 약 1조 8,300억 달러까지 축소되고 펀드 수도 많이 줄어들었다. 그러나 2009년 이후 다시 꾸준히 증가하여 2013년 말에는 자산규모가 다시 2조 5,080억 달러로 증가하였다.

유럽 역내에서 공모형태로 설립된 헤지펀드인 UCITS(Undertaking for Collective Investment in Transferable Securities)[7]를 포함하면 2조

---

7 유럽지역 '공모펀드 관련 공통규범'이 적용되는 헤지펀드로서 EU 내에서 자유롭게 판매가 가능한 투자 상품이다. 이 상품은 규제 범위 내에서 파생상품 및 제한된 레버리지를 사용할 수 있기 때문에 투명성과 유동성이 일반 헤지펀드에 비해 높다. UCITS를 제외한 모든 펀드에 대해서는 2013년 7월 22일부터 AIFMD(Alternative Investment Fund Managers Directive)가 적용되고 있다. UCITS 헤지펀드는 2013년 말 1,240억 달러에 이른다.

6,320억 달러에 달하고, 2014년 1/4분기 말에는 2.7조 달러에 달해 위기 이전 수준을 넘어선 것으로 발표되었다.

수익률

과거 헤지펀드들은 다른 투자기관들보다 평균적으로 높은 수익률을 올린 것으로 알려지고 있다. 1998년 아시아 외환위기 이후 2008년 금융위기 이전까지 헤지펀드는 다우지수(DJ World Index) 등 다른 벤치마크 지수보다 평균적으로 높은 수익률을 시현했다.[8] 헤지펀드를 통해 큰 수익을 남긴 펀드매니저 중 한 명인 앤서니 볼튼(Anthony Bolton)은 피델리티 인터내셔널(Fidelity Int'l)의 'GSSF'를 운용하면서 1979년부터 2007년까지 28년간 연평균 19.8%의 경이적 수익률을 달성하였다. 그리고 존 폴슨(John Paulson)의 '폴슨앤컴퍼니(Paulson & Company)'는 2008년 서브프라임 위기 발생 이전 미국 모기지시장의 붕괴를 예상하고 주택담보대출 관련 CDS를 대량 매입하여 2007년 한 해 동안 150억 달러의 수익을 실현한 바 있다. 이는 1992년 영국 파운드화 투매로 조지 소로스 펀드가 벌어들인 10억 달러의 15배에 해당하는 수익이다. 이를 통해 폴슨은 연간 40억 달러의 개인 수입 이외에도 연말 보너스로 4,500만 달러를 추가로 벌어들였다.

그러나 금융위기 이후에는 대체로 이들의 수익률이 S&P 500 주가지수보다 낮다. 이는 미국과 유럽의 비전통적 양적완화 정책과 저

---

8 1998년부터 2004년까지 헤지펀드의 연 순복리수익률은 16.0%로 S&P 500 주가지수 12.4%, 평균 주식뮤추얼펀드 수익률 10.0%를 상회하였다. 미국 벤처기술주 거품붕괴로 주가지수가 연속 마이너스를 보였던 2000~2002년 동안에도 헤지펀드들은 연 1~7%의 안정적 수익률을 시현했다(Van Hedge Fund Advisor).

표 6-2 헤지펀드와 미국 주가수익률 추이

(%)

	2005년	2006년	2007년	2008년	2009년	2010년	2011년	2012년	2013년
헤지펀드	11.25	13.80	13.67	-9.65	20.93	11.43	-2.03	6.77	8.19
다우 주가	-0.6	16.3	6.4	-33.8	18.8	11.0	5.50	7.30	26.5

자료: Eurekahedge Equal Weighted Indices

금리 지속으로 주요국 주가와 채권가격이 크게 올라 헤지펀드들의 투자수익률을 앞지르고 있기 때문인 것으로 풀이된다.[9] 그럼에도 불구하고 최근《포브스(The Forbes)》지 보도에 따르면 2013년 최고 수익을 올린 펀드매니저는 83세의 조지 소로스로서, 총 290억 달러 상당의 자산을 운용하는 소로스펀드매니지먼트는 2013년 22% 이상 순익을 올렸고, 그는 약 40억 달러의 돈을 벌었다고 한다.

지난 수년간 헤지펀드 수익률이 저조함에도 불구하고 헤지펀드로의 자금유입은 계속되고 있는데, 이는 주식 등 전통적 투자에 수반되는 위험을 분산시킬 수 있는 대체투자로서의 헤지펀드 매력이 부각되고 있기 때문이다.

운용자산 지역별 비중[10]

헤지펀드는 대부분 미국과 영국을 중심으로 운용되지만, 신규시장에 대한 투자수요 확대로 점차 유럽, 아시아 지역으로 퍼져나가고 있다.

---

9 헤지펀드 전문조사기관인 '유레카헤지(Eurekahedge)'에 따르면 2006년과 2007년 헤지펀드는 각각 13.8%, 13.7%의 수익률을 올렸다. 2008년에는 금융위기로 수익률이 -9.65%로 하락했으나 2009~2010년에는 신용경색이 풀리면서 크게 회복되어 각각 20.93%, 11.43%의 수익률을 올렸다. 그러나 2011년에는 2010년의 유로존 재정위기의 영향으로 -2.03%로 마이너스 수익률을 시현하고, 2012년과 2013년에는 각각 6.77%와 8.19%를 기록하였다.

10 자본시장연구원 (2014. 5). "글로벌 헤지펀드 동향 및 시사점". 참조.

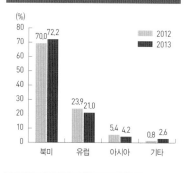

그림 6-4 글로벌 헤지펀드 지역별 운용 자산 비중

자료: Preqin

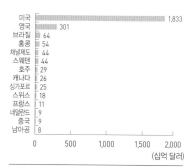

그림 6-5 2013년 국가별 헤지펀드 운용 자산규모

자료: Hedge fund Intelligence

2013년 말 헤지펀드 본사가 위치한 운용중심지 및 운용자산을 기준으로 한 헤지펀드 지역별 비중은 북미 지역이 72.2%로 가장 높고(전년 말 대비 2.2%p 증가), 유럽은 21%(전년 말 대비 2.2%p 감소), 아시아 지역은 4.2%(전년 말 대비 1.2%p 감소) 수준이다.

2013년 말 운용자산규모는 북미 1조 9,230억 달러, 유럽 5,600억 달러, 아시아 1,120억 달러이다. 국별로는 미국이 2013년 말 1조 8,330억 달러로 최대이고, 다음은 영국으로 3,010억 달러로서, 이 두 나라의 비중이 86.2%에 달한다. 아시아 지역에서는 홍콩, 호주, 싱가포르에서 대부분의 헤지펀드가 운용되고 있다.

특히 영국은 시장친화적인 금융규제를 배경으로 잘 발달된 자산운용시장, 고객의 접근성, 법무·회계·컨설팅 서비스 등 풍부한 관련 인프라를 강점으로 헤지펀드를 유치하고 있다. 이에 따라 유럽 지역 소재 헤지펀드의 3분의 2가 영국을 운용 근거지로 활동하고 있다. 또한 최근 아시아 태평양 지역도 풍부한 시장잠재력, 각국의 헤지펀드 유치정책 등에 힘입어 헤지펀드 운용규모가 가장 빠른 성장세를 보이고 있다. 이들 헤지펀드는 주로 케이만 군도 등 역외금융센터 지역을 펀드 설정 지역으로 하고 있다.

투자자 비중

투자자 유형으로 보면 연기금이나 재단 등 기관투자자와 재간접투자 펀드 중심으로 비중이 확대되고, 개인투자자의 비중은 감소추세에 있다.[11] 기관투자자들이 헤지펀드에 대한 자산배분 비중을 늘리고 있어 개인들의 비중이 상대적으로 감소하고 있는 것이다.[12] 글로벌 재간접펀드 운용자산규모는 2008년 최고치였던 1.2조 달러에서 계속 감소하여 2013년 말에는 7,860억 달러까지 감소했다.

:: 금융위기와 헤지펀드

아시아 외환위기 이후: 직접규제냐? 간접규제냐?

1997년 아시아 외환위기는 헤지펀드의 태국 바트화 공격으로부터 촉발되었다는 것은 잘 알려진 사실이다. 그 후 1998년 러시아가 국채상환을 연기하는 모라토리엄을 선언하자 세계 최대 헤지펀드인 미국의 롱텀캐피털매니지먼트사가 이로 인해 약 40억 달러의 대규모 손실을 입고 파산 사태에 이르게 되었다. 이로 인해 뉴욕 금융시장

---

11 2012년 말 기준 연기금은 23%로 전년 대비 6%p 증가, 재간접펀드 비중은 25%로 2%p 감소했고, 기업이 차지하는 비중은 25%로 전년과 동일하다. 그러나 2004년 44%에 달했던 개인투자자 비중은 20%까지 감소한 것으로 나타났다.

12 2013년 기준 투자자별 헤지펀드에 대한 자산배분은 기금이 18.9%, 패밀리오피스의 경우 19.5%, 재단은 17.5%, 민간 및 공적연금은 17.4%로 모두 증가세이다.

이 충격에 휩싸이자 미국 FRB는 시장안정을 위해 롱텀캐피털매니지먼트사에 36억 달러의 구제금융을 제공하게 되었다.

이후 미국 의회를 중심으로 헤지펀드에 대한 공적자금 지원 비판과 함께 이들에 대한 규제요구가 거세게 일어났다. 헤지펀드 규제에 대한 국제적 공감대가 점차 확산되면서 G7은 금융안정포럼(FSF: Financial Stability Forum)으로 하여금 헤지펀드에 대한 적절한 규제방안을 검토하도록 지시했다. 2000년 3월 FSF 산하 '헤지펀드 작업반' 보고서가 제출되었다.

헤지펀드 규제에 관한 국제적 논의는 이들에 대한 규제방법과 규제수준이었다. 즉 헤지펀드를 제도권 금융회사와 같이 직접 규제해야 한다는 주장과 직접규제는 어렵다는 주장의 대립이었다.

신흥국은 직접적이고 강력한 규제를 원했지만 선진국들은 규제의 필요성에는 공감하면서도 직접규제에는 소극적이었다. 직접규제는 선진국들이 집행상의 어려움 등을 들어 반대하면서 무산되었다. 롱텀캐피털매니지먼트 사태 직후 일부 선진국 의회와 중앙은행 중심으로 제기되었던 직접규제를 포함한 헤지펀드에 대한 강력한 규제는 사태가 수습되자, 헤지펀드 본산인 월스트리트의 끈질긴 반대와 로비 등으로 차츰 간접규제 쪽으로 기울게 되었다.

헤지펀드에 대한 직접규제로는 ① 헤지펀드에 대한 영업 인허가제 도입, ② 필요 인력과 물적 시설 등 일정한 수준의 영업요건 부여, ③ 최소 자본금기준 설정, ④ 투자 관련 위험 관리 및 통제지침 마련 등이 있다. 간접규제는 이들과 거래하는 제도권 금융회사들을 통해 간접 규제하는 방식을 말한다.

구체적으로는 ① 헤지펀드와 거래하는 금융회사에 대해 높은 자본금기준을 적용하도록 한다. 즉 헤지펀드와의 거래는 다양하고 복잡한 형태로 이루어질 뿐만 아니라 레버리지가 높은 헤지펀드는 디폴트 위험도 높기 때문에 헤지펀드와의 거래에 대해 보다 많은 자본금을 쌓도록 하는 것이다. ② 헤지펀드와 거래에 대해서는 동일인 대출한도를 하향 적용하도록 한다. 바젤은행감독위원회(BCBS: Basel Committee For Banking Supervision)[13]가 설정한 은행의 동일인 대출 최대한도는 자기자본의 25%이다. 그러나 헤지펀드와 거래 시에는 이를 하향 적용하도록 하는 것이다. ③ 금융감독기관의 감독방식을 개선하여 헤지펀드와 거래하는 금융회사에 대해서는 강화된 감독기준을 적용한다. ④ 헤지펀드와 거래하는 금융회사들은 이들과의 거래내용을 투명하게 공개하도록 공시 의무를 강화하도록 한다.

　FSF 산하 '헤지펀드 작업반'은 보고서에서 각국 정부 및 금융회사는 바젤은행감독위원회가 발표한 '헤지펀드 거래은행의 건전관행 가이드라인'을 이행하도록 촉구했다. 이 가이드라인은 ① 모든 헤지펀드 소재국은 미 의회가 심의 중인 '헤지펀드공시법'과 같은 제도를 도입하여 헤지펀드 재무 상황을 공시하도록 하고, ② 또한 각국 금융감독당국은 외환시장 및 장외파생금융상품시장 등에 대한 감시를 강화하는 한편, 주요 외환시장 참여자들로 하여금 외환시장 건전관행을 확립해나가도록 지도할 것을 권고하였다. ③ 헤지펀드들에 대해서는 일부에서 시행하고 있는 자체 리스크 관리 개선 노력을 모든 헤지펀드로 확산되도록 촉구하였다.

　그러나 헤지펀드 규제를 위해 제정된 미국의 2005년 '헤지펀드공

13　BIS 산하 은행 감독을 담당하는 기구이다.

시법'이 미 법원 판결로 효력이 정지되면서 미국정부의 헤지펀드 규제강화 노력이 무산되었다. 즉 미 증권거래위원회는 헤지펀드 공시법을 통해 헤지펀드의 등록 규제제도를 도입했으나, 이듬해 2006년 미 법원의 판결로 시행이 중단되고 말았다.[14]

미국의 헤지펀드에 대한 규제 강화 조치로 뉴욕 소재 헤지펀드들이 런던으로 이동하자 규제 강화에 반대하는 세력이 미 연방법원에 소송을 제기했고, 여기에서 패소하여 헤지펀드에 대한 등록 등 규제가 무산된 것이다.

FSF의 헤지펀드 작업반이 직접규제 대신 권고한 '헤지펀드 최적관행(best practice)' 제정 등 자율규제도 별 진전을 이루지 못했다. 영국의 10개 대형 헤지펀드가 주도한 '헤지펀드 자율규제 가이드라인'은 런던 소재 대형 펀드 중 일부만이 참여하는 데 그쳤다. 일본 정부도 도쿄 소재 헤지펀드들이 홍콩·싱가포르로 이탈하는 것을 막기 위해 헤지펀드 규제보다는 오히려 다양한 혜택을 제공했다. 금융위기가 극복되자 헤지펀드에 대한 각국의 정책이 금융시장 안정보다 금융산업 경쟁력 강화로 바뀐 것이다. 많은 국가들이 헤지펀드의 육성 및 유치를 위한 경쟁에 나서고 헤지펀드에 대한 규제도 완화하는 방향으로 정책이 추진되었다.

2008년 금융위기 이후: 대폭적인 규제 강화

2008년 금융위기 이후 헤지펀드의 과도한 파생상품 투자와 레버리

---

14 미국 연방항소법원에서 '골드스타인 vs. 미 증권거래위원회' 판결을 통해 이 규제의 철폐를 결정했다.

지 축적, 그리고 금융위기 과정에서 이들의 발 빠른 초기 디레버리징이 위기를 증폭시켰다는 분석이 나오면서 미국과 G20을 중심으로 다시 헤지펀드 규제를 대폭 강화하는 방향으로 공감대가 형성되었다. 1997년 아시아 외환위기 이후 논의되었으나 보류되었던 헤지펀드의 등록, 투자자료 공개, 헤지펀드 업계의 최적관행 마련 등 직간접 규제 내용이 대부분 수용되었다.

2009년 4월 런던 G20 정상회의에서는 헤지펀드를 포함하여 시스템적으로 중요한 대형 금융회사(SIFI: Systemically Important Financial Institution)와 금융시장, 금융상품에 대해 금융 규제를 대폭 강화하기로 합의하였다. 즉 대형 은행뿐만 아니라 헤지펀드를 포함한 대형 사모펀드, 그림자금융 등의 금융활동에 대한 직접규제를 도입하기로 한 것이다. 이들의 영업활동과 관련된 시스템 리스크 등 거시건전성 위험을 적기에 파악하고 대처할 수 있는 규제 시스템을 마련하기로 결의하였다. 각국 금융당국이 모든 금융회사, 금융시장, 금융상품에 대한 광범위한 정보수집 권한을 확보하기로 하였다.

헤지펀드에 대하여는 펀드 및 펀드 운용자에 대한 등록의무를 부과하고, 시스템 리스크 평가를 위해 이들의 레버리지 상태 등 필요한 활동 정보를 의무적으로 공개하기로 하였다. G20 산하 금융안정위원회(FSB: Financial Stability Board)는 헤지펀드와 펀드운용자의 법적 관할이 다른 경우 효과적인 규제를 위해 관련 당국 간 업무공조 및 정보공유를 할 수 있는 메커니즘을 개발하기로 하였다. 또한 감독당국은 헤지펀드와 거래하는 상대방 금융회사들이 헤지펀드와의 거래에 따른 위험 관리를 강화하도록 감독하기로 하였다.

IOSCO의 헤지펀드 감독 관련 지침

G20 결정에 의해 국제증권감독기구(IOSCO: International Organization of Securities Commissions)는 2009년 6월 23일 '헤지펀드 감독규제에 관한 기본지침'을 발표하였다. 이 지침에는 헤지펀드 운용사, 펀드매니저 및 펀드중개자의 등록과 이들의 거래내역 및 투자위험 보고를 의무화하는 내용이 담겨 있다. 국가 간에 헤지펀드 관련 정보를 공유하고 단속을 위한 협력 강화방안도 포함되었다. 또한 바젤은행감독위원회는 헤지펀드와 거래하는 은행들에게 헤지펀드와 거래 시 위험 관리를 강화하고, 헤지펀드에 대한 모니터링 자료를 금융감독당국에 제공하는 것을 의무화하기로 했다.

미국의 헤지펀드 규제

헤지펀드 주요 운용국인 미국은 2009년 6월 17일 헤지펀드 산업 규제가 포함된 '금융감독규제 개혁안(Financial Regulatory Reform)'을 발표했다. 이 법안은 미 의회 승인을 거쳐 2010년 7월 21일부터 발효되었다. 이 법안에 따라 일정규모 이상의 대형 헤지펀드와 사모펀드는 미국 증권거래위원회(SEC: Securities and Exchange Commission) 등록을 의무화하고, 감독당국 앞 정보 보고를 강화하도록 했다. 또한 은행들의 헤지펀드 및 사모펀드 투자도 자본금의 일정 한도로 제한하기로 했다.

먼저 헤지펀드 산업에 대한 규제를 살펴보면, 우선 자산규모 1억 5,000만 달러 이상의 헤지펀드와 사모펀드를 운용하는 투자자문사에 대해서는 미국 SEC 등록을 의무화했다. 미국 SEC는 헤지펀드 투자자문사에게 영업활동 관련 문서의 보존과 보고를 요구할 수 있고,

IOSCO 헤지펀드 감독 최종보고서(2009년 6월 22일)

① 헤지펀드 및 헤지펀드 운용자와 투자자문업자는 의무적으로 감독당
국에 등록하도록 한다.

② 헤지펀드는 그 조직 및 운영기준, 영업활동 및 결과에 대해 공시하여야
하며, 건전성 규제 등 감독당국의 요구사항을 충족하여야 한다.

③ 헤지펀드에 자금을 조달해주는 프라임브로커 및 은행 등 투자금융회
사는 의무적으로 감독당국에 등록하고 규제 및 감독을 받도록 한다.

④ 헤지펀드 관리자와 투자자문업자, 헤지펀드에 자금을 조달해주는 금
융회사는 그들의 영업활동이 금융시장에 시스템 리스크를 유발하는지
를 감독당국이 점검하고 위험을 분석해 경감하는 대책을 마련할 수 있
도록 영업활동과 관련한 정보를 감독당국에 제공한다.

⑤ 감독당국은 헤지펀드 업계의 영업활동에 관한 모범관행을 개발하고
이행하도록 하며, 이러한 관행의 국제적인 통합을 촉진하도록 한다.

⑥ 감독당국은 IOSCO MMoU[1]에 기초하여 헤지펀드 활동에 관한 정보
를 공유하며 상호 협조한다.

주: IOSCO MMoU(Multilateral Memorandum of Understanding): 국제증권감독자기구인 IOSCO가 회원 간 정보교환
과 협조에 관한 기본원칙에 대해 체결한 양해각서이다.

시스템 위기 측정을 위해 필요한 정보도 요구할 수 있도록 했다. 그리
고 은행들의 헤지펀드 및 사모펀드 등 특정 펀드에 대한 투자지분이
3%를 넘지 않도록 하고, 전체 투자금액도 은행 핵심자본(Tier 1)의
3% 이내로 제한했다.

EU의 헤지펀드 규제

EU도 역외 펀드의 EU 역내 판매 등에 대한 규제안을 마련하여 시

미국의 헤지펀드 규제 주요 내용

- 헤지펀드와 사모펀드 운용 투자자문사(자산규모 1억 5,000만 달러 이상)의 증권거래위원회(SEC) 등록 의무화
  - 1억 5,000만 달러 미만이더라도 사모펀드와 공모펀드를 함께 운용하고 규모가 1억 달러 이상이면 SEC 등록 대상
  - 정기적으로 SEC의 감사를 받고, 내부 이해상충 등을 막기 위해 최고 감사책임부서(chief compliance office)를 설치
  - SEC는 헤지펀드 투자자문사에 펀드 관련 내용에 대해 문서보존(record keeping) 및 보고(reporting) 요구, 시스템 위기 측정(assessment of system risk)을 위한 관련 정보 요구 권한
  - 정보에는 투자자산규모 및 유형, 레버리지규모, 거래상대방 신용익스포저, 평가정책(valution policy) 등 펀드의 전략을 포함한 주요사항 등 포함 예정
- 은행들의 헤지펀드 및 사모펀드에 대한 투자비율 제한
  - 은행들의 헤지펀드 투자 등을 전면 금지하는 볼커 룰(Volcker rule)의 원안보다는 약화되었으나 특정 펀드에 대한 지분투자비율 3%로 제한, 총 투자 비중도 핵심자본(Tier 1)의 3%로 제한

자료: 국제금융센터 (2010. 7)

행에 들어갔다. 이에 따라 2011년 1월 출범한 유럽증권시장청(ESMA: European Securities and Markets Authority)에 헤지펀드에 대한 감독 및 검사권이 부여되었고, ESMA가 EU 역외 펀드매니저의 등록 등 모든 규제를 총괄하게 되었다. 이를 통해 헤지펀드의 운용 및 관리의 투명성과 안전성을 확보하고 전체 금융 시스템을 안정화시키도록 하였다.

또한 미국과 마찬가지로 펀드의 레버리지나 펀드 운용 상황 등에 대한 정보를 투자자 및 감독기관에 제공하여 투명성을 제고하고, 공

EU 헤지펀드 규제법안 주요 내용(2010년 11월 EU 의회 최종 통과)

- 2011년 1월 출범하는 유럽증권시장청(ESMA)에 헤지펀드 감독 및 검사권 부여
  - EU 역내의 헤지펀드 매니저의 등록 담당 등 규제 총괄
- 투명성 제고: 최대 레버리지 한도와 현 레버리지, 펀드 운용 상황 등 정보를 투자자 및 감독기관 제공
- 금융 시스템 안정: 헤지펀드 보상규정 강화, 무 차입 공매도 금지, 공매도 정보 제공 등 규정·역외 운용사의 역내 접근 규제: 역외 헤지펀드의 경우 27개 개별 회원국에 등록하는 대신 ESMA 등록으로 EU 역내에서는 자유롭게 투자자를 유치할 수 있도록 하는 '여권(passport)' 시스템 시행
- 단기수익만을 목표로 기업경영권을 취득하려는 사모펀드의 자산탈취(asset stripping)를 규제하기 위해 기업합병 후 자본분배를 제한하는 기간 설정하고 정보공개 및 공시규정을 마련하여 합병기업의 중장기 발전 전략을 세우도록 의무화
- 수탁자책임(depositary liability)을 강화하기 위해 수탁자가 재위임을 하였으나 손해를 끼친 경우 위임자인 펀드가 그 수탁자의 수임자에게 손해배상을 청구할 수 있도록 규정
- 이 밖에도 자본비율 요건 설정, 레버리지비율 제한, 유럽 지역 은행임원 보너스 제한과 유사한 보수 규정(remuneration rules) 등이 이 지침의 내용으로 포함

자료: 국제금융센터 (2010. 5); FT (2010. 10. 26)

매도 등을 일정 수준으로 제한하도록 했다. ① 헤지펀드 패스포트 (passport)제도의 도입: EU 역내에서 활동하는 모든 헤지펀드에게 등록의무를 부과했다. ② 업무범위 규정: 헤지펀드 매니저와 주주, 헤지펀드의 영업계획, 초기 자본금 및 유동자산 요건 등을 규정하였다.

③ 운용에 관한 제한 규정: 투자자 이익을 보호하기 위해 헤지펀드의 정당한 주의의무와 보상체계, 위험 관리 및 레버리지에 대해 제한을 두었다. ④ 자산 가치평가 의무: 최소 1년에 1회 외부독립기관에 의한 가치평가를 받고 이를 공개하도록 했다. ⑤ 공시의무 부과: 헤지펀드의 연차보고서를 작성하고, 투자자와 감독자에 대해 공시하는 것을 의무화했다.

∷ 한국 헤지펀드 산업의 오늘과 내일

우리나라는 2000년대 중반까지 국내에 헤지펀드 설립을 허용하지 않았다. 그러나 외국 헤지펀드가 국내에 투자하는 것, 국내 금융사가 국외에 헤지펀드를 설립하는 것, 기관투자자의 헤지펀드에 대한 투자는 가능했다. 2000년대 중반 이후 국내 자본시장과 자산운용 산업 발전을 위해 국내에도 헤지펀드 도입과 육성의 필요성이 대두되었다. 이에 따라 정부는 2005년 6월 '자산운용업 규제 완화'를 통해 파생상품과 실물자산 등에 특화된 헤지펀드와 유사한 전문 자산운용회사 설립을 허용하였다.

2007년 8월에는 정부가 금융산업 선진화의 일환으로 헤지펀드 육성을 위한 민관합동 태스크포스를 설치하여 '헤지펀드 도입방안'을 수립·발표하였다. 여기에는 헤지펀드의 단계별 도입 시기와 방법, 영업활동, 허용범위 등이 포함되었다. 그러나 2008년 금융위기 발생 이후 금융시장 불안으로 이 계획은 추진이 보류되었다.

금융위기가 어느 정도 극복되면서 정부는 헤지펀드 도입 계획을 다시 추진하기로 하였다. 2011년 9월 27일 자본시장법 시행령을 개정하여 관련 법령을 정비하고, 2011년 11월 헤지펀드 설립기준과 모범기준을 마련하여 공표하였다. 펀드의 운용대상, 금전차입 및 포지션 한도 등 헤지펀드 설립을 위한 제도적 정비를 마쳤다. 이어 2011년 12월에는 투자자들로부터 펀드 설립신청을 받아 한국형 헤지펀드 1호가 출시되었다. 2011년 12월 13개사, 12개 펀드, 1,490억 원으로 출범한 한국형 헤지펀드는 3년 만인 2014년 11월 말 21개사, 32개 펀드, 2조 7,000억 원 수준으로 성장했다.

국내 헤지펀드 수익률은 초기에 다소 부진하였으나, 2013년 들어 운용실적이 개선되었다. 2013년 이후 헤지펀드 평균 수익률은 KOSPI나 주식형 공모펀드와 비교하여 안정적인 수익을 시현하고 있다.[15] 한국형 헤지펀드는 초기에는 주로 주가의 등락과 관계없이 시장 중립적으로 포트폴리오를 구성하는 롱숏전략을 활용했으나, 최근에는 금융시장 상황 등에 따라 다양한 투자전략을 채택하는 멀티전략 헤지펀드가 증가하고 있다.[16] 그러나 2014년 11월 말 현재 전체 32개 펀드 중 아직도 50.0%가 여전히 롱숏전략을 가장 널리 활용하고 있다. 현재 국내 헤지펀드 투자는 대부분 국내주식 및 채권에 집중되어 있고, 해외 자산에 대한 투자 비중은 10%대에 불과하다.[17]

지난 3년간 운용사 간 운용성과가 차별화되고 있고, 수익률이 양호한 운용사를 중심으로 투자자가 집중되고 있다. 투자자 구성도 초기 주요 투자자였던 금융회사의 비중이 다소 감소한 반면 개인 고액

---

15 평균 수익률: 2013년 헤지펀드 10.6%, KOSPI 0.7%, 주식형 공모펀드 1.2%, 2014년 1~11월 헤지펀드 4.8%, KOSPI -1.5%, 주식형 공모펀드 -1.4%

16 2011년에는 전체 헤지펀드의 91.7%가 롱숏전략을 채택했다. 멀티전략 헤지펀드는 2012년 3개(13.6%)에서 2013년 5개(18.5%), 2014년 11월 말에는 11개(34.3%)로 증가했다.

17 2014년 11월 말 현재 해외주식에 대한 투자는 10.7%에 불과하다.

자산가 및 법인 고객으로 투자자의 비중이 증가하고 있다. 이는 헤지펀드가 금융시장 변동에도 불구하고 꾸준한 수익을 올리고 있기 때문에 개인과 법인투자자들의 관심이 늘어난 데 기인한다.

헤지펀드에 대한 규제 방식은 일반적으로 두 가지가 있다. 첫째, 제도권 밖에서 자생적으로 성장한 이후에 사후적으로 정부의 규제 틀 속으로 끌어들이는 방법이다. 이것은 미국과 영국의 방식이다. 두 번째는 설립 단계부터 정부의 규제 틀 속에서 단계적 규제 완화를 통해 육성해나가는 방법이다. 이것은 일본, 홍콩, 싱가포르 방식이다. 우리나라 헤지펀드는 후자의 방식을 따랐다. 한국은 최근에야 정부가 일정한 규제의 틀 속에서 펀드 설립을 인가하고 육성해나가는 초기 단계를 걷고 있다.

하지만 앞으로는 우리나라 자산운용업 발전을 위해 헤지펀드 산업을 전략적으로 육성할 필요가 있다. 헤지펀드 설립 및 운용상의 규제를 단계적으로 완화하여 투자자 범위, 자산운용사나 자문사 등 운용업자의 범위를 차츰 확대하고, 프라임브로커를 육성하는 등 제도적 기반을 개선해나가야 한다. 동시에 헤지펀드 활동이 시스템 리스크를 유발하지 않도록 G20 차원의 규제강화 권고도 적절히 수용하면서 감독 역량과 투자자 보호도 선진국 수준으로 발전시켜나가야 하겠다.

02
파생상품,
규제 사각지대의 위험

∷ 파생상품이란?

파생상품에는 금융파생상품(financial derivatives)과 상품파생상품 (commodity derivatives)이 있다. 금융파생상품은 통화, 금리, 주식, 신용 등 금융상품을 기초자산으로 하여 그 가격변동에 의해 가치가 결정되는 금융계약 또는 상품을 말한다. 상품파생상품이란 금융상품 이외의 원자재, 귀금속 등 실물자산을 기초자산으로 한 계약상품이다. 그러나 최근에는 다양한 금융상품과 실물자산을 복합하여 만드는 복합파생상품도 많이 등장하였다. 파생상품에는 선도계약 (forwards), 선물(futures), 옵션(options), 스와프(swaps) 등이 있다. 그리고 파생상품은 거래소 등을 통해 거래되는 장내파생상품과 거래소 밖인 장외시장에서 거래되는 장외파생상품으로 나뉜다.

선도계약과 선물이란 기초자산을 미래 특정 시점에 특정 가격으로 사고팔기로 약정하는 계약으로서, 선도계약은 장외에서 거래되는

그림 6-6 금융상품 개요

자료: 한국은행

상품이고 선물은 상품이 표준화되어 거래소와 같은 장내에서 거래되는 상품이다. 옵션이란 기초자산을 미래 특정시점 또는 특정기간 동안 특정 행사가격으로 매입(call option)하거나 매각(put option)할 수 있는 권리를 사고파는 계약이다. 스와프란 두 개의 금융자산 또는 부채에서 파생되는 미래 현금흐름을 교환하는 계약이다. 달러와 유로 등 서로 다른 통화표시 채무를 교환하는 통화스와프(currency swap)와 변동금리채와 고정금리채 간 이자지급 의무를 서로 교환하는 금리스와프(interest swap)로 구분된다.

전통적인 금융파생상품은 주가, 금리, 환율 관련 변동 위험을 회피하기 위한 선도, 선물, 옵션, 스와프상품이 대표적이다. 그러나 2000년대 초 이후 금융자산의 증권화 현상이 활발해지면서 모기지 등 대출채권 등을 기초자산이나 담보로 하는 자산유동화증권(ABS), 모기지유동화증권(MBS), 부채담보부채권(CDO), 대출담보부채권(CLO) 등 구조화 금융상품이 등장하고, 이런 상품의 부도위험을 보증해주는 신용부도스와프(CDS) 등 신용 관련 파생상품도 크게 늘어났다. 신용 관련 파생상품에는 CDS 이외에 총수익스와프(total return swap), 신용연계증권(credit linked notes), 합성부채담보부증권(synthetic

표 6-3 파생상품의 구분과 종류

[구분]

	장내거래	장외거래
거래조건	거래단위, 결제조건 등이 표준화	거래당사자가 협의하여 결정
거래장소	거래소	대부분 딜러나 브로커를 통해 전화 등으로 계약 체결
거래참여자	거래소 회원만 거래, 기타 참여자는 회원의 중개로 거래	제한 없음
결제	일일정산하며 대부분 만기 전 반대거래를 통해 차액만 정산	대부분 만기에 현물을 인·수도
증거금	거래소에 증거금 예치	딜러나 브로커가 고객별 신용한도를 설정하거나 담보금 예치를 요구

[종류]

	장내거래	장외거래
통화 관련	통화선물(currency futures) 통화선물옵션(currency futures options)	선물환(forward exchange) 통화스와프(currency swaps) 통화옵션(currency options)
금리 관련	금리선물(interest rate futures) 금리선물옵션(interest rate futures options)	선도금리계약(forward rate agreement) 금리스와프(interest rate swaps) 금리옵션(interest rate options) 스왑션(swaptions)
주식 관련	주식옵션(equity options) 주가지수선물(index futures) 주가지수옵션(index options) 주가지수선물옵션(index futures options)	주식옵션(equity options) 주식스와프(equity swaps)
신용 관련		신용파산스와프(credit default swaps) 총수익스와프(total return swaps) 신용연계증권(credit linked notes) 합성부채담보부증권(synthetic collateral debt obligation)

자료: 한국은행

collateral debt obligations) 등이 있다.

장외파생상품은 주로 장외에서 딜러나 브로커를 통해 개발되고 거래된다. 이러한 속성으로 인해 파생상품시장은 감독기관의 모니터링이 어려웠다. 게다가 복잡한 파생금융기법과 과도한 증권화는 규제

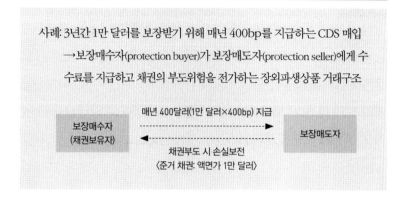

CDS 거래구조

사례: 3년간 1만 달러를 보장받기 위해 매년 400bp를 지급하는 CDS 매입

→ 보장매수자(protection buyer)가 보장매도자(protection seller)에게 수수료를 지급하고 채권의 부도위험을 전기하는 장외파생상품 거래구조

보장매수자 (채권보유자)

매년 400달러(1만 달러×400bp) 지급

채권부도 시 손실보전 〈준거 채권: 액면가 1만 달러〉

보장매도자

사각지대를 생산해 시스템 리스크를 초래하였고, 이번 금융위기의 주원인 중 하나로 꼽혔다.

파생상품거래의 위험

모든 금융계약이나 거래에는 여러 가지 위험이 따른다. 파생상품은 복잡한 금융기법을 동원하여 만들어지고 주로 장외에서 딜러, 트레이더 간에 직접거래가 이루어지며 정부 감독의 사각지대에 놓여 있기 때문에 그 위험의 정도가 매우 크다. 지금부터는 이렇게 복잡한 파생상품거래에 따르는 위험들, 즉 시장위험, 신용위험, 운영위험, 법률위험[18]에 대하여 살펴보자.

먼저, 시장위험(market risk)이란 기초자산가격의 변동에 따라 파생상품의 최종거래가 확정되기 때문에 현물이나 파생상품가격의 변동에 따라 발생할 수 있는 손실위험을 말한다. 신용위험(credit risk)

---

18 이 네 가지 위험은 모든 금융거래에 수반되는 전형적 위험이다.

은 거래상대방의 파산 등 계약 불이익으로 발생하는 위험으로서, 파생상품은 일반 상품에 비해 가격 변동에 따른 손실이 일반 금융상품에 비해 훨씬 커질 수 있기 때문에 신용위험도 크다. 운영위험(operational risk)은 고객과 파생상품을 거래하는 금융회사가 파생상품거래 관리를 소홀히 할 경우 발생하는 위험으로, 이 역시 파생상품거래 시에 더 크게 발생한다. 법률위험(legal risk)은 거래당사자 간 법적 분쟁으로 인해 발생하는 위험을 말한다.

장외파생상품규모

2000년부터 2008년 금융위기 이전까지 장외파생상품시장은 연평균 약 30%의 빠른 성장세를 보였다. 그러나 금융위기 발생으로 인해 2008년 6월 말 673조 달러를 정점으로 2008년 말 598조 달러로 감소했다. 그러나 금융위기가 빠른 속도로 진정되면서 다시 증가하기 시작하여 2011년 6월 말 707조 달러를 기록한 이후 2012년 6월 말에는 639조 달러에 이르고 있다. 그중 금리 관련은 494조 달러로 77.3%, 통화 관련이 66.6조 달러로 10.4%, CDS가 4.2% 수준이다.

모기지담보부 채권 등의 부도 시 대신 변제해주는 CDS 상품은 1995년 JP 모건에 의해 도입된 이후 매년 2배 이상 빠른 속도로 성장하였다. 이런 CDS 상품으로 서브프라임 모기지 관련 증권거래가 활발해졌고, 이로 인해 이번 금융위기 과정에서 대형 시스템 리스크가 유발되었다. 특히 2007년 초 서브프라임 모기지 부실이 드러나기 시작한 이후 기업의 신용위험이 증가하자 2007년 하반기에 위험 헤지 차원에서 신용부도스와프 거래가 급증하였다. 전 세계 CDS 잔액은 2001년도 말 불과 1조 달러에서 2006년 말 29조 달러, 2007년

그림 6-7 전 세계 장외파생상품 명목잔액

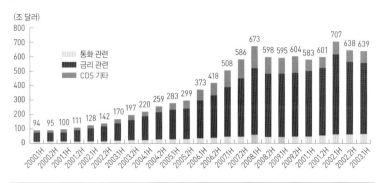

자료: BIS

말 58조 달러로 급증했으나, 글로벌 금융위기로 대폭 감소하여 2012년 말 27조 달러 수준이다. 전체 장외파생상품 중 CDS 상품이 차지하는 비중도 2007년 9.8%에서 2012년 말 4.2%로 줄어들었다.

∷ 장외파생상품에 대한 감독규제 강화

규제 내용

2000년대 중반 이후 저금리와 풍부한 유동성을 배경으로 많은 금융회사들이 과도한 레버리지를 일으켜 신용도가 낮은 고위험 자산인 서브프라임 모기지를 늘려나갔다.[19] 이러한 대출자산을 다시 증권화·재증권화하여 매매하는 고위험·고수익 추구 금융거래가 크게

---

19 미국의 서브프라임 대출은 2002년 약 2조 달러 대에서 2006년 6조~7조 달러로 증가하였으며, 전체 부동산대출에서 서브프라임이 차지하는 비중도 같은 기간 동안 약 6% 대에서 20%로 증가하였다.

증가하게 되었다. CDS 등 여러 가지 복잡한 파생금융기법을 이용한 파생상품도 다양하게 개발되었다. 장외파생상품거래는 회계상 부외거래로 분류되어 금융회사의 대차대조표에도 나타나지 않기 때문에 당국도 이에 대한 정보를 파악하기 어려워 감독 사각지대에 놓이게 된 것이다. 이에 따라 G20 정상회의는 규제 사각지대에 있던 장외파생상품, 그림자금융에 대한 규제를 강화하기로 결의하고, 2009년 피츠버그 정상회의 이후 이에 대한 논의를 이어가고 있다.

주요 규제 내용은 ① 장외파생상품의 표준화, ② 파생상품 전자거래 플랫폼 도입, ③ 파생상품거래 중앙청산 실시, ④ 파생상품거래정보 보고 시스템 구축이다.

표준화

모든 장외파생상품을 가능한 한 표준화(standardization)하기로 했다. 장외에서 거래되던 파생상품을 표준화하여 장내거래로 유도하고 전자거래 및 중앙청산을 구현하기 위한 조치이다. 이를 통해 파생상품거래 정보의 신뢰성을 제고하며 파생상품거래에 따른 시중유동성 등을 확대하기 위한 목적이다. 표준화란 파생상품거래의 단위, 계약조건, 법률문서, 운영절차 등을 표준화하는 것을 말한다.

전자거래 플랫폼

파생상품거래를 위한 전자거래 플랫폼(ETP: Electronic Trading Platform)을 구축하여 모든 표준화된 파생상품은 이를 통해 거래하도록 의무화하기로 하였다. 장외파생상품거래의 불투명성을 해소하고 공정하고 합리적인 주문과 거래절차를 확립하기 위한 것이다.

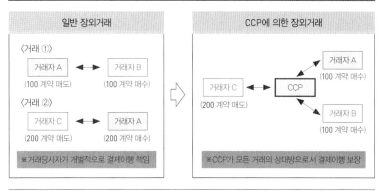

그림 6-8 중앙청산소(CCP)제도 개요

| 일반 장외거래 | CCP에 의한 장외거래 |

〈거래 ①〉

거래자 A (100 계약 매도) ◄► 거래자 B (100 계약 매수)

〈거래 ②〉

거래자 C (200 계약 매도) ◄► 거래자 A (200 계약 매수)

※거래당사자가 개별적으로 결제이행 책임

거래자 C (200 계약 매도) ◄► CCP

거래자 A (100 계약 매수)

거래자 B (100 계약 매수)

※CCP가 모든 거래의 상대방으로서 결제이행 보장

자료: 금융위원회

중앙청산소

파생상품거래 청산을 위한 중앙청산소(CCP: Central Counterparty Platform)제도를 도입키로 했다. 장외에서 거래당사자 간 체결되던 파생거래를 이제 전자거래 플랫폼을 통해 거래를 체결하고, 중앙청산소가 중간에서 청산 및 결제 서비스를 제공하는 시스템이다. 장외파생상품의 표준화를 추진하고, 표준화가 이루어진 상품의 경우 중앙청산소를 통한 거래를 의무화하기로 한 것이다. 중앙청산소를 통하지 않은 거래에 대해서는 거래 증거금이나 은행자본금 적립비율을 높이는 불이익을 주기로 하였다.

거래정보저장소

당국은 파생상품거래에 따른 정보를 집중 관리하여 감독규제 사각지대를 제거하기 위해 거래정보저장소(TR: Trade Repository)를 설립하기로 했다. 이에 따라 모든 금융회사는 파생거래 건별 정보를 거래

정보저장소에 의무적으로 보고해야 한다. 이를 통해 금융당국은 금융시장 전체의 파생상품거래규모와 리스크를 파악하여 위험 관리를 효과적으로 할 수 있게 되었다.

기타 쟁점사항

장외파생상품 규제 도입 효과에 대한 논의

일부 국가는 거래비용 상승 등 장외파생상품 규제 도입의 부작용을 우려하여 규제이행에 소극적인 입장을 보이고 있다. 이에 대해 국제결제은행은 2013년 9월 장외파생상품 규제에 따른 영향을 평가하고, 파생상품 규제가 거시경제에 미치는 편익이 비용을 상회한다[20]고 발표하였다.

장외파생상품의 국경 간 거래에 대한 규제 적용

장외파생상품의 국경 간 거래와 관련하여 각국별 규제차이로 인한 규제적용상의 불일치 및 상충 문제가 제기되었다. 이에 따라 장외파생상품 국제 간 거래에 적용할 규제를 일치시키기 위한 각국 감독자 간 협의를 추진하고 있다. 국제 간 파생상품거래에서 거래자가 자국의 규제목적·규제범위·결과 등에 부합하는 상대국의 규제를 준수할 경우에는 자국의 규제를 충족한 것으로 간주[21]하는 방안 등이 논의 중이다.

---

20 장외파생상품 규제는 단기적으로 높은 자본요구량, 담보증거금 등의 거래비용을 증가시키지만, 장기적으로 거래상대방의 위험 감소 등 거래안정성을 제고하는 효과가 있다.
21 2013년 7월, 미국과 EU는 상대국의 장외파생상품 규제가 자국 규제와 유사하다고 판단될 경우 상대국 규제적용이 가능하다고 합의했다.

그 외에 각국의 중앙청산소 회원자격과 운영 요건 등의 차이로 발생하는 회원등록의 문제점에 대해서도 논의 중이다. 또한 거래정보 저장소에 보고할 때 국가별로 상이한 개인정보보호법을 적용하는 방법에 대해서도 논의 중이며, 마지막으로 개인정보의 세부보고 기준 차이로 발생하는 보고 범위 및 정보 수집방법에 대해서도 논의 중이다.

규제이행 현황

G20 결의에 따라 바젤은행감독위원회, 국제증권감독위원회 등 국제기준 제정 기구[22]들이 장외파생상품거래 개혁을 위한 국제기준 및 가이드라인 등 FSB가 권고하는 역할을 수행 중이며, 각국은 국제기준 및 주요 국가의 법·규정 추진 상황을 주시하며 입법화 등을 진행 중이다.

여기에는 파생거래를 위한 금융시장 인프라에 대한 원칙, 거래정보저장소에 대한 데이터 보고요건 권고안, 비(非)중앙청산 파생거래에 대한 증거금 부과방안 등이 포함되어 있다. FSB는 G20 합의사항 이행과 관련하여 국제기구 및 각국의 진행경과를 모니터링하고 반기별로 이행 상황 보고서를 발표하고 있다.

---

22 주요 국제기준 제정기구: 1) ODSG(OTC Derivatives Supervisor Group) : 파생상품의 투명성, 중앙청산, 위험 관리 등을 위해 뉴욕연방준비은행(Fed NY)을 포함한 40여 개의 감독기관으로 구성, 2) CPSS(Committee on Payment and Settlement System) : BIS의 하위 위원회로 지급결제제도에 대한 국제기준마련 등의 기능 수행, 3) BCBS(Basel Committee on Banking Supervision) : BIS의 하위 위원회로 BIS 자기자본비율 등 은행감독 관련 국제기준 마련 등의 기능 수행, 4) ODRF(OTC Derivatives Regulator's Forum) : 주요 국가의 중앙은행 및 감독당국 등이 장외파생상품 관련 정보 및 의견교류를 위해 설립.

중앙청산 관련

한국을 포함한 12개 FSB 회원국이 중앙청산 도입을 위한 법적근거를 마련하였다. 2014년 말 미국, 일본, 한국, 중국 등 6개국이 중앙청산을 시행하기로 했다. 우리나라는 2013년 3월, 중앙청산과 관련하여 자본시장법을 개정하고, 2013년 9월 한국거래소가 장외파생상품거래 청산업 인가를 획득했으며, 2013년 12월부터 중앙청산을 시행하고 있다.

표준화·플랫폼 관련

FSB 회원국들의 도입이 아직 미진한 상황이다. 이 분야에서 가장 앞서나가고 있는 나라는 미국이다. 미국은 2013년 10월 2일 전자 트레이딩 시스템제도를 도입·시행했다. 그리고 미국에서 거래되는 모든 파생상품거래는 미국 상품선물거래위원회(CFTC: Commodity Futures Trading Commission)에 등록된 트레이딩 플랫폼인 'SEF(Swap Execution Facilities)'를 통하도록 했다. SEF에서 체결된 거래는 중앙청산소를 통해 정보저장소로 전송된다. 이제 미국 CFIC가 거래정보저장소의 데이터에 접근하면 미국 내 파생상품시장의 동향을 상세하게 파악할 수 있게 된 것이다.

그러나 이러한 미국의 조치에 대해 금융업계와 유럽 등 일부 국가들은 불만을 표출하고 있다. 그들은 그간 전자 트레이딩 플랫폼 준비를 서두르지 않다가 미국이 갑자기 시행하자 준비부족과 막대한 설치비용 때문에 부담스러워하는 것이다. 유럽은 2016년에나 이러한 시스템 구축을 끝내고 실시할 계획이었으나 미국이 앞지르자 당황하고 있다.

이제부터 유럽의 파생상품 딜러 트레이더들은 거래상대방이 미국은행이면 반드시 이를 이용해야 하기 때문이다. 우리나라는 장외파생상품시장규모가 아직 작아 상품 표준화, 전자거래 플랫폼 이용 필요성이 크지 않기 때문에 향후 선진국들의 중앙청산소 이용현황 등을 참고하여 검토할 예정이라고 한다.

거래정보저장소 보고 관련

FSB는 16개 FSB 회원국이 2014년 초 거래정보저장소 보고와 관련한 법과 제도를 정비 완료하고 시행할 것으로 전망하고 있다. 우리나라는 별도로 이를 설립하기보다는 한국은행 외환전산망 또는 한국거래소 중앙청산소 등에 보고되는 거래정보 보고로 이 기능을 수행하는 방안을 논의하고 있다.

향후 해결 과제

이번 금융위기 이후 G20을 중심으로 한 세계 주요국들의 공조로 파생상품에 관한 규정들을 마련·이행해가고 있다. 하지만 아직 해결해야 할 과제들이 남아 있다.

규제에 대한 큰 틀은 마련하였지만 아직 세부규정에 대한 일부 국가의 이견이 많고, 국가별 여건도 차이가 나 전면적 시행에는 상당 기간이 소요될 것으로 예상된다. 각국은 장외파생상품 규제 합의안 이행을 위한 세부기준을 조속히 마련해야 할 것이다. 또한 국제공조체제를 구축함으로써 국가 간 규제차이로 인한 규제 사각지대가 발생하지 않도록 해야 한다.

∷ 한국 파생상품시장 현황

헤지펀드와 마찬가지로 국내 파생상품시장은 아직 발전단계에 있다. 금융감독원[23]에 따르면 2002년 말 불과 549조 원에 불과하던 금융회사의 파생상품 총 거래잔액이 2013년 말에는 6,904조 원으로 증가했다. 이중 장외파생상품이 6,821조 원(98.3%)으로 대부분을 차지한다. 장외파생상품은 2002년 515.6조 원에서 2010년 6,933조 원으로 최고를 기록한 후 약간 감소하여 2013년 6,821조 원을 기록하고 있다. 장외파생상품거래는 2000년대 초 이후부터 비교적 빠른 성장세를 보여, 2002~2013년 동안 약 13배 이상 증가하였다.[24] 그러나 국내 장외파생상품거래 잔액은 미국달러화 기준으로는 불과 6조~7조 달러 수준으로 전 세계 시장의 1%에도 못 미치는 수준이다.

전통적으로 국내 장외파생상품시장은 통화파생상품과 금리파생상품의 규모가 절대적 비중을 차지하고 있다. 특히 거래량에 있어서는 통화파생상품이 전체 거래량의 약 80%를 차지하고 있다. 대외무역에 대한 의존도가 높은 경제특성상 통화파생상품은 국내 장외파생상품시장에서 제일 활발히 거래되는 상품이다. 두 번째로 활발히 거래되는 것은 금리파생상품으로 전체의 17%를 차지하고 있다. 그 다음으로는 주식파생상품거래, CDS거래가 있다. 그러나 잔액별로는 2013년 말 기준 금리파생상품이 68%, 통화 관련 파생상품이 약 30%를 차지하고 있다.

---

23 금융감독원 (2014. 4. 2). "2013년 금융회사 파생상품거래 현황" 참조.

24 2002년 515.6조 원에서 2008년 6,009.7조 원으로 연평균 약 20%씩 증가했으나, 2010년 6,932.7조 원을 최고치로 2011년 6,910.9조 원, 2012년 6,781.7조 원, 2013년에는 6,820.7조 원에 머무르고 있다.

표 6-4 국내 장내·장외파생상품 잔액규모

(조 원)

	2002년	2004년	2006년	2008년	2010년	2013년
장내	28.4	34.7	78.9	71.7	89.4	83.2
장외	515.6	1,264.5	2,551.5	6,009.7	6,932.7	6,820.7
주식 관련	12.6	29.8	89.7	65.8	146.0	74.6
금리 관련	283.4	536.7	1,397.5	3,415.8	4,693.8	4,648.9
통화 관련	248.0	731.6	1,138.4	2,586.5	2,171.8	2,025.3
기타 관련	–	1.2	2.2	6.9	3.5	8.3
신용 관련	–	–	2.7	6.4	8.1	42.1
계	544.0	1,299.3	2,630.4	6,081.4	7,022.1	6,903.9

자료: 금융감독원, 파생상품 관련 자료

우리나라의 경우 장외파생상품시장이 발달되어 있지 않아 규제 강화 시 이 분야 산업이 위축될 우려가 있는 점도 고려할 필요가 있다. 당장 미국이나 유럽 수준의 규제를 시행하기보다는 홍콩, 싱가포르와 같이 파생상품시장을 발전시키면서 동시에 위험 관리 시스템도 갖추어나갈 필요가 있다.

파생상품거래에 대한 국제적 규제 논의를 의식하면서 시장 친화적 제도와 인프라 구축을 통해 파생상품시장을 선진국 수준으로 발전시켜나가야 한다. 앞으로 우리나라 파생상품시장 육성을 위해서는 국채선물시장을 활성화하는 한편, 탄소배출권, 금 등 실물 관련 파생상품거래소도 개설하고, 시카고상품거래소(CME), 유럽파생상품거래소(EUREX) 등 해외거래소와의 연계도 강화해야 한다.

아울러 건전한 파생상품시장을 육성하기 위해 투자자 보호 강화 및 투자자들의 자체 리스크 관리 시스템도 함께 정비해야 한다. 수년 전 '키코' 사태[25] 등 파생상품 관련 불완전판매 문제가 사회적 물의를 일으킨 적이 있는바 투자자 보호 관련 장치를 강화하고 파생상품시장 활성화에 따른 리스크도 실시간으로 파악해 대처할 수 있는 금융감독체계를 구축해야 한다.

---

25 환율이 일정 범위 안에서 변동할 경우, 미리 약정한 환율에 약정금액을 팔 수 있도록 한 파생금융상품이다. 약정환율과 변동의 상한(knock-in) 및 하한(knock-out)을 정해놓고 환율이 구간 안에서 변동한다면 약정환율을 적용받는 대신, 하한 이하로 떨어지면 계약을 무효로 하고, 상한 이상으로 올라가면 현재 환율보다 낮은 가격에 2배의 외화를 팔아야 하기 때문에 큰 손실을 입게 된다. 환율이 하한과 상한 사이에서 변동한다면 기업에게 유리한 상품이지만, 환율의 등락폭이 큰 시기에는 손실의 위험도 커질 수 있는 금융상품이라 할 수 있다. 많은 수출 중소기업이 2007년 말부터 2008년 초에 집중적으로 가입했다. 환율 예측능력이 떨어지는 중소기업들이 특히 많이 가입했는데, 2008년 달러 환율이 10% 이상 급등하면서 키코에 가입한 중소기업들은 막대한 손실을 입었다. 환차손으로 흑자 도산한 사례도 있다(기획재정부 시사경제용어).

03
그림자금융의
실체와 관리방향

:: 그림자금융의 순기능과 역기능

그림자금융(shadow banking)[26]은 2007년 PIMCO의 폴 매컬리(Paul McCulley)가 처음 사용한 용어이며, 이에 대한 개념은 아직까지 명확하게 정립되어 있지 않다. 그림자금융은 전통적인 은행 시스템 밖에서 이루어지는 각종 자금중개 등을 통해 사실상 신용을 공여하거나 유동성을 공급하는 금융 시스템을 말한다. 복잡한 금융거래와 금융상품을 통해 은행과 유사한 기능을 수행하지만 은행과 달리 엄격한 감독과 규제를 받지 않는 금융활동을 통칭한다.

---

26 은행과 달리 엄격한 규제를 받지 않는 금융중개(financial intermediation) 활동으로서 비(非)은행 금융회사를 가리키거나 이런 금융회사에서 취급하는 비은행 금융상품을 말한다. 그림자금융은 금융의 본래 모습과 유사하지만 눈에 잘 띄지 않는 특징을 지니고 있고, 따라서 금융감독규제의 사각지대에 놓이게 된다. 대표적인 그림자금융 상품으로는 은행예금에 적용되는 금리나 지급준비금 규제, 예금보장 같은 장치가 없는 머니마켓펀드(MMF), 환매조건부채권(RP), 신용파생상품, 자산유동화증권(ABS), 자산유동화기업어음(ABCP), 헤지펀드 등을 들 수 있다.

그림자금융의 탄생에 대해서는 1980년대 새롭게 도입된 은행의 BIS 자기자본 규제를 피하기 위해 생겨났다는 설, 이른바 규제차익설(regulatory arbitrage)이 널리 퍼져 있다. 은행들은 BIS 비율을 준수하기 위해 위험자산을 줄여야 하기 때문에 이를 위해 대출자산을 증권화하여 제3자에게 판매하는 증권화 영업을 확대하고, 이를 통해 그림자금융이 증가했다는 것이다.

그림자금융으로는 머니마켓펀드(MMF: Money Market Fund)[27]를 비롯한 펀드와 환매조건부채권(RP: Repurchase Agreement)[28] 등 금융상품, ABCP Conduit[29] 등의 증권화 관련 기구, 은행 수준의 규제를 받으면서 만기 또는 유동성을 변환하거나 신용 또는 신용보증을 제공하는 투자회사, 신용금융상품을 발행하거나 보증하는 보험사 및 재보험사 등이 있다. 그림자금융은 비은행 금융회사의 중요한 자금조달수단이 되고 있으며 자산유동화,[30] RP 거래 등이 대표적인 예이다.

그림자금융은 은행이 제공하지 못하는 다양한 금융 서비스의 제공, 자산유동화 등을 통한 금융자원의 효율적 활용과 위험의 재배분, 새로운 부가가치 창출로 금융산업 및 연관산업 발전에 기여하는 순기능이 있다. 그러나 그림자금융을 통해 금융회사 간 위험이 상호

---

27 고객의 돈을 모아 기업어음(CP), 양도성 예금증서(CD), 콜론, 1년 이하 채권 등 단기금융상품에 투자해 수익을 얻는 초단기금융상품.

28 '환매채'라고도 한다. 일정 기간이 지난 후에 다시 매입하는 조건으로 채권을 매도함으로써 수요자가 단기자금을 조달하는 금융거래방식의 하나이다.

29 자산유동화를 위해 설립된 특수목적법인(Special Purpose Company)으로 타사의 대출채권, 매출채권, 회사채 등 자산을 매입하고 이를 위한 자금은 이 자산들을 근거로 자산유동화기업어음(ABCP: Asset Backed Commercial Paper)을 발행하여 판매한 자금으로 조달한다.

30 매출채권, 금융회사 대출금, 부동산 등 유동성이 낮고 수익성이 높은 여러 형태의 자산을 담보로 유동화증권을 발행해 자금을 조달하고 유동성을 확보하는 행위를 말한다.

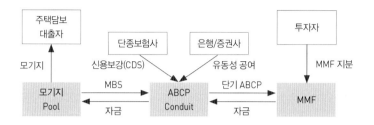

- 단종보험사(monoline Insurer) : 단 하나의 산업에만 서비스를 제공하는 보험사를 의미하며, 채권발행자가 파산할 시 채권의 원리금과 이자의 적시 지불을 보증
- CDS(Credit Default Swap) : 대출이나 채권의 형태로 자금을 조달한 채무자의 신용위험만을 별도로 분리해 시장에서 사고파는 금융파생상품의 일종
- MBS(Mortgage Backed Securities, 모기지담보부증권) : 저당대출업무를 취급하는 금융회사가 토지·건물 등의 부동산을 담보로 자금수요자에게 자금을 대출한 후 갖게 되는 모기지를 근거로 발행된 증권

자료: 한국금융연구원

전이되고, 레버리지 확대에 따라 금융 시스템이 불안정해질 수 있다. 아울러 규제 차익거래 등에 대한 우려도 그림자금융의 역기능이다.[31]

:: 그림자금융의 규모와 세계적 추세

2012년 7월 FSB가 25개국[32]을 대상으로 조사한 바에 따르면, 광의의 그림자금융은 2002년 26조 달러에서 2007년까지 급증하다가 금융위기 이후 소폭 감소하였으나, 이후 다시 증가하여 2013년 75.2조 달러로 급증한 것으로 나타났다.[33]

---

31 KB금융지주 경영연구소 (2012. 8. 22), "그림자금융 동향과 규제방향".
32 FSB 24개국과 칠레를 포함하여 총 25개국을 대상으로 그림자금융을 모니터링한 결과이다.
33 그림자금융규모 추이(달러): 2002년 26조 → 2007년 62조 → 2008년 59조 → 2011년 67조 → 2013년 75.2조

이에 따르면 그림자금융 자산규모는 2013년 말 현재 전체 금융자산의 25%, 은행자산의 절반, GDP의 121% 수준을 차지하는 것으로 조사되었다.

개별 국가가 차지하는 비중은 2012년 말 기준 미국(37%), 유로 지역(31%), 영국(12%), 일본(5%) 등의 순으로 나타났다. 한편 개도국 중에서는 중국(3%), 한국(2%), 브라질(2%), 홍콩(1%) 등의 순으로 나타났다. 이들 신흥국은 전체 점유 비중은 낮으나 증가세가 매우 빠르다. 특히 중국, 아르헨티나, 인도, 남아프리카공화국의 경우 2011년 말 대비 증가율이 20%를 상회하고 있다.[34]

미국의 경우, 주택모기지 시장 성장, 저금리 및 유동성이 풍부한 금융 환경 등을 바탕으로 금융위기 이전까지 그림자금융규모가 급성장하였으나 금융위기 이후에 급격히 위축되었다. 2007년 들어 부동산가격 하락과 모기지 연체율이 증가하면서 손실을 우려한 머니마켓펀드, 헤지펀드 투자자들이 대규모 자금을 인출했다. 이에 따라 관련 금융회사의 건전성이 위협받고 자산가격이 추가로 하락하며 그림자금융규모가 급격히 위축되었다.

특히 그림자금융은 금융위기 당시 베어스턴스와 리먼브러더스를 파산에 이르게 하고, 씨티그룹과 AIG그룹 등의 파산 위험을 높이는 주요 원인으로 작용했다.

유럽은 미국보다 그림자금융규모와 비중이 크지 않지만 금융위기 이후 규모가 급감한 미국에 비해 완만한 감소 추세를 보이고 있다.

---

34 한국은행 자료에 따르면 2010년 말 기준 주요국의 GDP 대비 그림자금융규모는 선진국 중에는 영국(476.8%)이 가장 높고, 다음이 유로존(175.4%), 캐나다(160.4%), 미국(460.1%), 일본(65.3%) 등이고, 한국도 102.3%에 이르고 중국은 49.7% 수준이다.

표 6-5 주요국의 그림자금융 점유 비중 변화

	미국	유로존	영국	일본	브라질	중국	한국
2005년 말	44	31	9	7	0.8	0.3	1.4
2011년 말	35	33	13	6	1.6	1.1	1.7
증감(%p)	-9	2	4	-1	0.8	0.8	0.3

(%)

자료: 금융감독원

국가별로는 네덜란드(27%), 룩셈부르크(22%), 아일랜드(12%)가 전체 금융자산 대비 그림자금융 자산 비중이 특히 높은 편이다.

국내의 그림자금융은 금융 선진국에 비해 규모는 작으나, 향후 자본시장 고도화 및 기관투자자의 성장에 따라 규모가 증가하고 금융 시스템에 대한 영향력도 점차 커질 것으로 예상하고 있다. 현재 국내 그림자금융규모가 작은 이유는 금융 선진국 대비 유동화, 구조화 증권시장과 기관투자자의 발달이 다소 뒤쳐져 있고, 은행 예금에 대한 선호도가 아직 높으며 비교적 금융 규제가 엄격하기 때문이다. 미국, 유로존, 일본 등 타 국가들은 금융위기 이후 그림자금융규모가 감소세로 전환된 것에 비해 국내의 경우 증가세를 지속하고 있다.

∷ 그림자금융에 대한 규제 논의

2010년 11월 서울 G20 정상회의에서 그림자금융에 대한 감독규제 안이 마련되었다. 그리고 FSB에게 2011년 중반까지 그림자금융의 감시와 규제를 강화하는 권고안을 제출하도록 요청하였다. 이에 따라 2011년 10월 FSB는 그림자금융 5대 주요 분야별 규제 권고안을 마련하여 제출하였다.

표 6-6 FSB의 그림자금융 5대 분야별 규제권고안

구분	규제내용
은행, 그림자금융 상호 작용	• 은행과 그림자금융 간 상호연계성을 낮추기 위해 은행의 그림자금융 관련 리스크 축소방안 마련(2015년 예정)
MMF	• 위기 시 MMF 환매 요청 피해를 최소화하기 위해 적립금 보유 등 은행과 유사한 수준의 규제 적용(2012년 말 완료)
기타 그림자금융	• MMF를 제외한 기타 그림자금융 기관의 기능별 규제 마련(2013년 9월 완료)
증권화	• 증권화 참여자의 도덕적 해이 방지(자기보유의무), 증권화 상품의 투명성·표준화 증대방안 마련(2012년 말 완료)
증권대차 및 레포(Repo)	• 증권대차 및 Repo거래의 투명성 제고, 부적절한 거래 관행 개선을 통한 시스템 리스크 축소방안 마련(2014년 예정) • 증권대차 및 Repo거래의 최저할인율 규제방안 마련(2015년 예정)

자료: 기획재정부

주요 내용

그림자금융에 의한 은행 리스크 방지를 위해 상호연계성을 축소하기 위한 조치

첫째, 은행의 그림자금융 거래한도를 규제하고 투자규모와 유형을 제한하기로 하였다. 둘째, 은행 재무제표에 그림자금융 관련 리스크를 반영하기 위해 은행과 그림자금융 간 재무제표 연결기준을 마련하기로 하였다. 셋째, 은행의 펀드투자에 대한 규제를 마련하기로 하였다. 즉, 은행이 펀드에 투자할 때 이에 따른 위험에 대비해 일정한 자기자본을 적립하도록 기준을 마련하기로 했다. 넷째, 은행의 거액 익스포져 제한을 위해 새로 도입한 레버리지 비율 규제에 그림자금융의 특성을 반영하여 시행하기로 하였다

머니마켓펀드 규제(완료)

기업의 단기자금 조달창구인 MMF의 대량 환매(펀드 런)에 대비하여 고유동성 자산을 보유하는 동시 MMF 환매에 대비하여 준비금 적립을 의무화하기로 했다. MMF의 대규모 환매 시 일시적 지급 보류 제도도 마련하였다.

기타 그림자금융 규제(완료)

MMF 이외의 기타 그림자금융인 사모펀드, 증권브로커 및 딜러, 유동화 전문회사 등에 대한 규제방안도 마련하였다. 또한 기능별로 단기투자, 신용공여, 자금중개, 신용창출, 유동화에 대한 규제수단도 마련해 각국 감독당국이 선택하여 적용하도록 했다. 2015년에는 FSB 회원국의 그림자금융 규제 현황과 모범관행을 공유할 예정이다.

증권화 규제(완료)

자산매각사로 하여금 유동화증권의 일부를 자기보유(retention)하도록 의무를 부과하고, 자산유동화 계획 공시 등을 통해 투명성을 제고하는 방안도 마련하였다.

증권대차 및 환매조건부채권 거래 규제

그림자금융의 거래 투명성 제고를 위해 글로벌 증권대차 및 환매조건부채권 매매 현황을 집계하고, '레포(Repo)거래정보저장소' 설립을 검토할 예정이다. 또한 증권대차 시 최저 담보할인율 기준을 마련하는 등 규제방안을 마련하기로 하였다.

규제이행 현황

FSB 등 국제기준 제정 기구는 G20 정상회의 지시에 따라 머니마켓 펀드, 기타 그림자금융, 증권화 분야에 대한 감독·규제 권고안 마련을 완료하였다. 나머지 과제에 대한 규제방안도 2015년까지 완료할 계획이다. G20은 2013년 9월 정상회의에서 "그림자금융감독·규제 로드맵'을 채택하고, 이 로드맵에 따라 규제를 이행해나가기로 하였다. 앞으로 각국은 이 로드맵에 따라 규제를 이행해나가게 될 것이다.

그러면 국내 그림자금융에 대한 규제 현황은 어떠한가? 국내의 그림자금융은 선진국에 비해 아직 발전이 느린 편이다. 한국을 포함한 신흥국들의 증가세가 매우 빠르다 하나, 한국의 그림자금융이 차지하는 비중은 전체의 2% 수준으로서 아직 작다. MMF, 레포(Repo) 거래 등이 미국, 유럽에 비해 활성화되지 않고, 기타 그림자금융도 단기간에 미국이나 영국과 같이 발달하기는 쉽지 않다. 따라서 헤지펀드나 파생금융상품에 대해서와 같이 G20 차원에서 국제적으로 논의되는 그림자금융 규제방안을 그대로 수용하기는 적절하지 않은 측면이 있다.

그림자금융은 금융시장 발전 및 금융고도화 등 금융시장에 미치는 여러 가지 순기능도 보유하고 있으므로, 정부와 금융회사들이 국내 그림자금융시장을 발전시켜나가면서 동시에 국제적으로 합의된 규제를 단계적으로 국내에 적용해 그림자금융으로 인한 시스템 리스크에 적절히 대응해나가야겠다.

제 7 강

국제금융체제 개편의
올바른 방향은 무엇인가?

G20의 금융규제감독 개혁 논의

2008년 금융위기를 증폭시킨 원인은 무엇인가?

2008년 금융위기를 초래한 부적절한 금융감독규제는?

G20의 금융감독규제 개혁, 성공할 것인가?

이제 더 이상의 위기는 없는가?

안정되고 지속가능한 국제금융질서, 가능한 꿈인가?

G20체제의 성과와 전망, 그리고 한계는?

01

G20 정상회의 출범과
국제금융체제 개혁을 위한 합의

2008년 9월 세계금융의 중심지인 미국 월스트리트에서 대형 글로벌 금융위기가 발생했다. 급속히 냉각되는 세계경제와 금융시장 혼란으로 전 세계는 순식간에 패닉 상태에 빠졌다. 당면한 세계경제와 금융위기에 대처하기 위해 범세계적 공조체제 구축의 필요성을 느낀 당시 조지 W. 부시 대통령은 2008년 11월 15일 기존 G20 재무장관회의 회원국 정상들과 워싱턴에 모여 제1차 G20 정상회의를 개최했다. 아시아 외환위기 이후 국제금융체제 개편을 논의하기 위해 출범한 G20 재무장관회의가 미국발 금융위기 이후 G20 정상회의로 격상되어 위기 극복을 위한 논의의 중심에 서게 되었다. 국제금융시장이 광범위하게 통합되고 글로벌화된 상황에서 금융위기가 선진국뿐만 아니라 신흥국으로까지 급속하게 전이되고 세계경제가 동반 침체되고 있었기 때문에 주요 신흥국이 모두 포함된 G20체제가 가장 적절한 논의기구로 등장하게 된 것이다.

전 세계 금융시장의 급속한 붕괴와 세계경제의 동반 침체로 위기감이 팽배한 가운데 정상들은 주요국의 성장동력 약화와 세계경제 둔화에 적극적으로 대응하기 위해 우선 각국이 과감하고 즉각적인 통화 및 재정완화 정책을 통해 돈을 풀기로 결의했다. 금융시장의 신용경색으로 유동성 위기에 빠진 국가들을 위해서는 IMF 등 국제금융기구 자금도 대폭 지원하기로 결의하였다.[1]

그리고 금융위기의 원인이 그간의 지나친 금융자유화로 인한 금융규제 완화와 이로 인한 금융회사들의 리스크 관리 부족에 있다고 진단한 뒤, 불안정한 국제금융체제 개혁을 위한 기본 원칙에 합의하고 구체적인 개편 방향을 마련하기로 하였다. G20 정상들은 제1차 정상회의에서 금융위기의 주요 원인 세 가지를 지적했다. ① 위험에 대한 적절한 평가 없이 고수익을 추구한 투자자들의 위험 관리 부실 및 복잡하고 불투명한 신종금융상품 등장, ② 금융시장 위험을 충분히 인식하지 못하고 금융혁신을 따라가지 못한 정책결정자와 감독당국, ③ 일관된 거시경제정책 및 적절한 구조개혁의 부족이 그것이다. 이러한 분석 위에서 정상들은 국제금융체제 개혁을 위한 5개 공통 원칙과 47개 중단기 실천과제[2]를 정하고 이에 대한 구체적 개혁방안을 마련할 것을 G20 재무장관회의에 지시했다.

2008년 11월 제1차 회의에서 확정된 5개 원칙은 다음과 같다. 첫

---

1 ① 국내 여건을 감안해 적절한 통화정책 운용, ② 지속가능성을 고려한 재정정책으로 내수 진작, ③ IMF의 단기유동성 지원제도(Short-term Liquidity Facility) 등을 통해 신흥시장국에 유동성 지원, ④ IMF, 세계은행 등 국제금융기구가 위기 극복을 위해 지속적인 역할을 할 수 있도록 이 기구들에 대한 재원 확충 노력 강화 등이다.

2 단기과제는 우선순위가 높은 과제로서 사태의 시급성을 감안하여 2009년 3월 31일까지 실천하도록 시한을 제시했으며, 중기과제는 그 이후 계속 추진할 구조적 과제로 구분했다.

째, 투명성 및 책임성 강화이다. 이를 위해 복잡한 금융상품 및 금융 회사들의 재무 상황에 대한 공시를 강화하고, 과도한 위험 추구를 방지하기 위해 잘못된 금융회사 보상체계를 개선하기로 하였다. 둘째, 금융감독규제 개선이다. 모든 금융시장, 금융상품 및 금융회사를 규

표 7-1 G20의 5개 분야 47개 금융개혁 실천과제

■ 단기과제 □ 장기과제

투명성 책임성 강화	1	가치평가 기준개선(복잡한 금융상품 등)
	2	부외상품 회계 및 공시기준 개선
	3	복잡한 금융상품 공시개선
	4	국제회계기준 제정기구 지배구조 개선
	5	민간기구들이 헤지펀드 등에 대한 모범기준 제시
	6	양질의 단일회계기준 수렴작업 추진
	7	당국과 회계기구는 양질의 기준 채택 위해 민간과 지속작업
	8	금융회사: 위험, 손실공시, 당국: 정확한 B/S 적기제공 노력
금융감독·규제개선	규제체계	9	경기순응성 완화 권고사항 도출(IMF, FSF 등)
		10	각국은 자국 규제체계 검토, G20은 FSAP 참가
		11	업권 간 규제차이 및 규제미흡 제도, 기관검토, 권고사항 도출
		12	다국적 금융회사 단계적 축소 위한 파산법 검토
		13	자본 정의 조화 필요(자본적정성에 대한 일관성 있는 측정)
	건전성감독	14	CRA: 이해상충방지, 공시강화, 복잡한 상품: 차별화된 평가
		15	국제증권기구: CRA 준법 감독 위해 채택한 기준, 체제 검토
		16	충분한 자본유지 유도, 구조화된 신용, 증권화활동 관련 자본기준 강화
		17	당국: CDS 및 OTC 상품의 시스템 감소 위한 조치 마련
		18	신용평가기관 등록
		19	국경 간 은행 유동성 감독 관련, 국제적 일관성 있는 접근방식 개발
	위험관리	20	당국은 은행 리스크 관리 강화 위해 개선된 가이드라인 개발
		21	유동성 위험을 보다 잘 관리할 수 있는 절차 개발
		22	금융사의 위험집중도 및 거래상대방 위험 측정할 수 있는 절차 개발
		23	금융사는 위기 상황 대체 모델을 재검토하고 당국에 보고
		24	BIS는 새로운 위험측정 모델 개발 필요 여부 검토 및 지원
		25	금융사는 과도한 단기이익추구를 회피하기 위한 내부 인센티브 마련
		26	은행은 구조화, 증권화 상품에 대한 효과적 위험 관리 추진
		27	금융혁신에 대응가능토록 국제기준기구들은 다른 기구들과 협력
		28	당국은 자산가격의 심각한 변동, 거시경제, 금융 모니터링

금융 시장 신뢰성 제고	29	지역적, 국제적 수준의 정책당국 간 규제 협력 강화
	30	각국은 시장위험요소에 대한 정보공유 촉진 및 법규 정비
	31	불법행위로부터 국제금융 시스템 보호 위한 협력 강화
	32	불법행위 위험 있는 제도로부터 국제금융체제 보호 위한 조치 시행
	33	FATF는 자금세탁 근절업무 지속, WB·UN의 자산회수 제안 지지
	34	과세당국은 OECD 등 활용 지속적 과세정보 교환 촉진
국제 협력 강화	35	당국은 다국적 금융회사 감시강화 및 이들과 정기적 교류 추진 필요
	36	당국은 국제적 금융위기 효과적 관리 위한 협의 등 모든 조치
	37	당국은 회계기준, 예금보호 등 조화 필요 분야 진전 노력 강화
	38	당국은 시장안정 위한 일시적 조치 부작용 최소화 노력
국제 금융 기구 개혁	39	FSF는 회원국을 주요 신흥경제국으로 확대
	40	IMF와 FSF 간 협력강화(거시정책대응, 조기경보기능 제고)
	41	IMF는 회원국을 기반으로 FSF 등과 협력 통해 현 위기 교훈 도출
	42	IMF, WB 등 기타 국제기구 재원 적정성 검토, 필요 시 확대 준비
	43	신흥국의 신용시장 접근성 회복 통해 지속가능성장 기반 지원
	44	시장 상황 악화 시 국제기구지원은 건전정책 추진 국가에 지원
	45	브레턴우즈체제 포괄적 개혁, 국제기구에 신흥국 참여 확대
	46	IMF는 모든 국가 경제 상황 감시체계 강화, 특히 금융분야
	47	선진국, 국제기구는 신흥국 능력 배양 프로그램 제공

자료: 기획재정부

제 대상으로 포함하여 금융시장의 건전성 및 리스크 관리 기능을 높이고 신용평가사에 대한 관리, 감독 등을 강화하기로 하였다. 셋째, 금융시장의 신뢰성 제고이다. 투자자 및 금융소비자 보호, 금융시장 참여자들의 이해상충(conflict of interest)과 시장조작 행위를 방지하고 정보공유를 강화하기로 하였다. 넷째, 국제협력 강화이다. 금융감독규제의 국제적 협력과 공조 및 국경 간 자본거래에 대한 협력 기능을 강화하기로 하였다. 다섯째, 국제금융기구 개혁이다. 신흥국의 경제적 여건 변화에 맞춰 IMF, 세계은행 등 국제금융기구의 지배구조를 개선해나가기로 하였다.

G20 재무장관들은 국제금융체제 개혁을 위한 정상회의의 결의와

지시에 의거하여 6가지 개혁안을 마련하기로 했다. 이는 ① 금융규제정책에서 경기순응적(pro-cyclicality)[3] 요소를 완화하는 방안, ② 복잡한 증권상품 등에 대한 전 세계적 회계제도 정비, ③ 신용파생시장의 투명성과 건전성 강화 및 시스템 위험 축소, ④ 금융회사의 위험부담 및 혁신과 관련해 왜곡된 보상체계 검토, ⑤ IMF 등 국제금융기구의 임무, 지배구조, 재원 필요성 검토, ⑥ 시스템적으로 중요한 대형 금융회사(SIFI: Systemically Important Financial Institution)[4]의 범위 및 이들 기구의 적절한 규제감독 수준 마련이다. 이와 같은 원칙과 과제, 체계 아래 금융규제를 개혁하는 작업이 추진되고 있다.

이들 글로벌 금융규제 개혁은 크게 세 분야에 중점을 두고 진행되어왔다. 첫째 위기를 대비하여 금융회사들의 복원력(resilience)을 제고하는 것이다. 금융회사들이 외부 환경 악화에도 불구하고 핵심적인 금융 서비스를 제공할 수 있도록 충분한 자본과 유동성을 보유하도록 하는 것이 핵심과제이다. 둘째, 대형 금융회사들이 위기 시 정부가 구제해주리라는 것을 과신하고 고위험·고수익을 추구하는 '대마불사(too-big-to-fail)' 문제를 해결하는 것이다. 시스템적으로 중요한 금융회사들을 선정하여 추가 자본 적립의무를 부과하고 부실화되었을 때 부작용을 최소화하면서 정리할 수 있도록 절차를 마련하

---

3 은행의 최소자본금 규제 등이 경기가 호황일 때는 대출을 늘리고 불황일 때는 대출을 줄여 자금시장의 거품을 일으키기도 하고, 유동성 경색을 일으켜 경기침체를 가속화하기도 하는 특성을 말한다.

4 이들에 위기가 발생할 경우 체계적인 회생과 정리에 실패하면 금융 시스템 및 경제 전반에 악영향을 미쳐 쉽사리 정리할 수도 없는(소위 대마불사, too-big too-fail) 시스템적으로 중요한 대형 금융회사를 말한다. G20에서는 이들에 대해 더욱 강하게 규제하기로 했다. 전 세계 금융 시스템 측면에서 중요한 금융회사는 G(Global)-SIFI, 각국의 국내금융 시스템 측면에서 중요한 금융회사는 D(Domestic)-SIFI이며, 분야별로는 은행(Bank, SIB), 보험(Insurer, SII), 비보험 G-SIFI로 구분한다.

는 작업을 추진하여왔다. 셋째, 그동안 규제에서 벗어나 있었으나 글로벌 금융위기 시 시장 불안을 촉발·확산시키는 역할을 수행했던 헤지펀드, 장외파생금융상품, 그림자금융시장의 투명성 및 안정성을 높일 수 있도록 하는 방안이다.[5]

5 한국은행 (2014. 6). "글로벌 금융위기 이후 금융규제 개혁 논의" 머리말 참조.

02

G20 금융규제감독 개혁의
내용과 추진 현황

:: 추진 체계의 정비

2008년 11월 제1차 워싱턴 G20 정상회의는 금융위기의 원인을 분석하고 재발을 막기 위해 그간 지나치게 완화해온 금융회사와 시장에 대한 규제감독을 대폭 강화하기로 결정했다. 총괄 작업은 G20 재무장관회의가 담당하고, 규제감독과 관련하여 구체적인 기준제정과 실무 작업은 아시아 외환위기 이후 국제금융체제 개편 논의를 위해 G7 산하에 설치했던 금융안정포럼(FSF: Financial Stability Forum)[6]을 금융안정위원회(FSB: Financial Stability Board)[7]로 확대·개편하여이 기구가 총괄하도록 했다. 여기에는 바젤은행감독위원회(BCBS:

---

6 1999년 설립된 FSF는 G7과 5개국(호주, 싱가포르, 홍콩, 스위스, 네덜란드) 금융당국으로 구성되어 G7 중심으로 운용되었다.

7 G20 중 FSF 비회원이었던 11개 국가 및 스페인과 유럽공동체(EC)를 신규회원으로 가입시켜 FSF의 기능을 확대 개편한 조직이다.

Basel Committee for Banking Supervision), 국제증권감독기구(IOSCO: International Organization of Securities Commissions), 국제보험감독자협의회(IAIS: International Association of Insurance Supervisors) 등 금융업권별 국제기준 제정기구와 IMF, 각국 금융감독기구가 총동원되었다.[8]

국가별 금융감독기구는 FSB 주도하에 재개정되는 국제기준을 반영하여 집행하며, IMF는 국가별 기준 반영 및 이행 상황을 감시하고, 그 결과를 G20 재무장관회의와 정상회의에 보고하는 체제로 구성되었다. 이와는 별도로 FSB와 IMF가 공동으로 '금융위기 조기경보 시스템'을 구축하여 상시 운영하고, 그 결과를 또한 G20 재무장관회의와 정상회의에 보고하도록 하고 있다.

FSB가 수행하고 있는 과제는 ① 금융 시스템 취약성 평가 및 대응, ② 각국 금융당국 간 정책조율 및 정보공유 촉진, ③ 각종 감독규제 기준을 충족시킬 수 있는 모범사례 파악 및 조언, ④ 국제기준 제정기구의 작업과정에 참여해 조정, ⑤ 시스템적으로 중요한 대형 금융회사(SIFI)에 대한 국제 감독자협의기구 설립과 감시 가이드라인 설정 및 지원, ⑥ 이들 회사에 대한 국가 간 위기 관리 비상계획 수립 지원 등이다.

FSB는 총회, 운영위원회와 4개 상임위원회[9] 등으로 구성되었으며, 위원회별로 G20 정상회의와 재무장관회의에서 부여한 업무를 추진하고 있다.

---

8 은행 분야 제도개혁은 BCBS, 증권 분야는 IOSCO, 보험 분야는 IAIS가 담당하기로 했다.

9 취약성평가상임위원회(SCAV: Standing Committee on Assessment of Vulnerabilities), 규제감독협력상임위원회(SCSRC: Standing Committee on Supervisory and Regulatory Cooperation), 국제기준이행상임위원회(SCSI: Standing Committee on Standard Implementation), 예산상임위원회(SCBR: Standing Committee on Budget and Resources).

그림 7-1 G20 정상회의 프로세스 및 금융규제감독 개혁 추진 체계

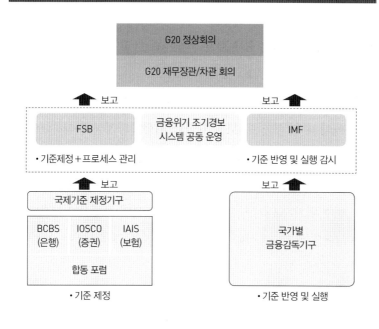

그림 7-2 금융안정위원회(FSB) 구성

자료: 금융감독원

G20 금융규제감독 개혁의 내용

은행자본금 및 유동성 규제 강화: 바젤(BASEL) III[10]

은행자본의 양과 질 강화

은행의 BIS 자기자본비율[11]은 위험자산 대비 은행자본금비율이다. 즉 은행의 대출, 투자 등 모든 자산에 위험가중치를 부여하여 부실 가능한 자산규모를 추정하고, 이 위험가중자산의 8% 이상 자기자본을 확보하도록 하는 규제이다. 이러한 은행의 8% BIS 자기자본비율로는 현재 위기가 닥치면 은행의 손실을 충분히 보전하기 어렵고, 오히려 규제의 경기순응성을 심화시켜 위기를 더 확대시키는 역효과가 나타난다고 분석했다.

따라서 위기가 발생했을 때 은행의 손실흡수 능력을 높이고 경기순응적인 속성을 개선하기 위해 은행의 자본금 규제를 강화하고 새로이 레버리지와 유동성 규제를 신설했다. 즉 ① BIS 자기자본비율의 상향 조정 및 자기자본 질의 향상, ② 레버리지 비율에 대한 규제 신설, ③ 은행의 유동성비율 규제 신설, ④ 대출채권 등의 증권화 관련 새로운 자본규제 등이 신설되었다.

기존 은행의 8% 자기자본은 보통주 2%와 이익잉여금 2%(제1선 자본금)로 하고, 나머지 4%는 우선주 등(제2선 자본금)으로 인정해주었다.

---

10 바젤 III란 2008년 글로벌 금융위기 이후 은행의 건전성을 강화하기 위해 기존의 국제결제은행(BIS: Bank for International Settlements) 자본요건을 강화하고 완충자본을 도입하는 한편, 유동성 및 레버리지 비율 규제를 추가로 도입하기로 한 것을 말한다.

11 자기자본/위험가중자산 = 8% 이상: 1988년 BIS 산하 바젤은행감독위원회가 은행의 건전성 유지를 위해 제정한 위험자산 대비 최소자본금 기준. 즉 위험가중자산의 8% 이상 자기자본 보유를 의무화하는 기준이다. 이후 수차례 개정되어 현재는 바젤 III가 시행되고 있다.

그림 7-3 경기순응성의 개념과 발생원인

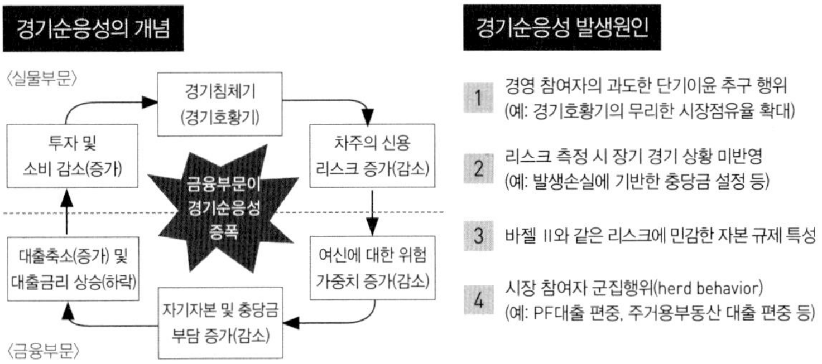

경기순응성의 개념	경기순응성 발생원인

자료: 기획재정부

그러나 제2선 자본금인 우선주 등은 위기 상황에서 실질적인 손실 부담 능력이 현저히 떨어진다. 따라서 앞으로는 보통주는 4.5%까지, 이익잉여금을 포함한 자본은 6%까지 확보하도록 하여 이를 은행의 기본 자본으로 하고, 우선주 등 보완자본은 2%만 인정하기로 하여 은행의 자본충실도를 높이도록 했다. 우리나라는 2013년 12월부터 바젤 Ⅲ 자본 기준을 시행 중이다.

완충자본의 도입

그리고 금융위기에 대비하여 경기호황기에 은행의 완충자본(capital buffer)[12]을 최고 5%까지 추가로 쌓도록 했다. 추가로 적립해야 하는 완충자본을 규제하여 호황기에는 대출여력을 제한하고[13] 불황기에는 완충자본 기준을 일부 낮춰줌으로써 급격한 대출회수를 완화하도록

---

12 완충자본은 자본보전완충자본 2.5%와 경기대응완충자본 0~2.5%로 구분된다.

13 이번에 신규로 도입하기로 한 레버리지 규제와 함께 은행의 과다한 레버리지 축적을 억제할 수 있는 수단이다.

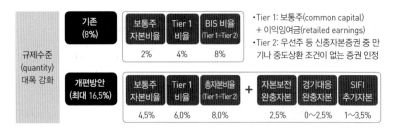

그림 7-4 BIS 최소자기자본비율 규제 개혁 일정과 추진 일정

규제수준
(quantity)
대폭 강화

기존 (8%)	보통주 자본비율	Tier 1 비율	BIS 비율 (Tier 1+Tier 2)
	2%	4%	8%

- Tier 1: 보통주(common capital) + 이익잉여금(retailed earnings)
- Tier 2: 우선주 등 신종자본증권 중 만기나 중도상환 조건이 없는 증권 인정

개편방안 (최대 16.5%)	보통주 자본비율	Tier 1 비율	총자본비율 (Tier 1+Tier 2)	+	자본보전 완충자본	경기대응 완충자본	SIFI 추가자본
	4.5%	6.0%	8.0%		2.5%	0~2.5%	1~3.5%

유형별 자본비율	2013년	2014년	2015년	2016년	2017년	2018년	2019년	2020년~
최저보통주자본 (A)	3.5%	4.0%	4.5%					
최저 Tier 1 자본 (B)	4.5%	5.5%	6.0%					
최저 총자본 (C=B+Tier 2)	8.0%							
자본보전 완충자본(D)				0.625%	1.25%	1.875%	2.50%	
경기대응 완충자본(E)				0.625%	1.25%	1.875%	2.50%	
총자본 (F=C+D+E)	8.0%	8.0%	8.0%	9.25%	10.5%	11.75%	13.0%	
SIFI 추가자본 (F+최대 3.5%)	8.0%	8.0%	8.0%	12.75%	14.0%	15.25%	16.5%	

자료: 금융감독원

했다. 이를 통해 은행 위기가 실물부문으로 전이되는 경기순응성을 완화할 수 있도록 했다.

위기 상황에서 파급효과가 큰 SIFI들에는 완충자본에 더하여 1~3.5%의 자본을 추가로 쌓도록 했다. BIS 자기자본규제 강화는 2015년까지 모든 은행이 이행하도록 하고, 완충자본과 SIFI 추가자본 등은 2016년부터 2019년까지 단계적으로 이행하도록 했다.

총 여신한도 규제 신설: 레버리지 비율

이번 금융위기 과정에서 BIS 자기자본규제만으로는 은행의 외형성장을 통한 과도한 위험선호 행위를 통제할 수 없다는 사실이 드러났다. 은행의 지나친 외형성장 경쟁을 차단하기 위해 은행의 총 자산규모 대비 자기자본, 즉 레버리지 비율을 제한하는 규제를 신설하기로 했다.

레버리지 비율 규제에서는 기존에 위험가중치 환산에서 제외되거나 일부만 포함되어온 자산, 즉 현금 및 현금성 자산, 증권화 또는 재증권화를 통해 유동화시킨 자산, 파생상품 등 부외계정에 표시되는 자산 등도 총 자산규모에 포함하여 규제하기로 했다.

레버리지비율은 총자산 대비 제1선 자본금으로서 모든 은행은 이 비율을 3% 이상 유지하도록 했다. 레버리지 규제는 과거 일부 국가에서 금융회사 경영평가지표로만 활용되었고, 국제결제은행 차원에서의 통일된 규제는 없었다. 그러나 이제는 2011년부터 각국 감독당국이 모니터링을 시작하고, 2015년부터 은행들이 대외 공시하도록 하며, 2018년부터는 전면 적용하기로 했다.

유동성 비율 규제 신설

은행위기는 일반적으로 은행의 부실자산이 증가하면서 자본잠식이 일어나 발생하지만, 금융시장 신용경색으로 시장의 유동성이 부족해져 자금을 일시적으로 확보하지 못할 때에도 나타난다. 금융시장에 자금경색이 발생했을 때에는 아무리 높은 금리를 지급해도 자금을 확보하기가 어려워진다. 결국 건전성이 크게 훼손되지 않은 상황에서도 유동성 부족으로 은행이 파산할 수 있다.

그림 7-5 베어스턴스의 단기유동성 부족 사례

현황

(십억 달러) 베어스턴스의 유동성 현황(2008년 3월)

자료: 미국 증권거래위원회(SEC)

- 2007~2008년 서브프라임 모기지 투자와 관련된 손실 확대
- 미국 5위 투자은행인 베어스턴스의 유동성 상황 급격히 악화(181억 달러(2008. 3. 10)→124억 달러(2008. 3. 12)→20억 달러(2008. 3. 13))
- 2008년 3월 16일 이 은행은 유동성 부족으로 JP 모건체이스에 피인수(2008년 2월 말 자본 비율 13.5%)

위기 발생 원인

베어스턴스는 담보부 단기 자금조달수단에 대한 의존도가 높았으나, 유동성 위기 관련 루머가 확산되면서 시장의 신뢰가 추락하여 단기유동성 확보에 실패했다.

※ 상기 사례가 LCR 비율 도입의 배경

자료: 금융감독원

이번 금융위기 직전인 2007년 9월 영국 노던록은행의 파산이나, 2008년 3월 미국 내 5대 투자은행인 베어스턴스가 JP모건체이스에 인수된 사례들은 모두 BIS 자기자본비율이 크게 떨어지지 않았음에도 단기유동성을 확보하지 못해 발생한 경우로 보고 있다.

과거에는 BIS 차원의 은행 유동성 규제가 없었고 일부 개별 국가별로 규제하는 사례만 있었으며 국가별 규제방식도 상이했다.[14] BCBS는 2009년 12월 위기 상황을 반영하는 단기유동성비율인 유동성커버리지비율(LCR: Liquidity Coverage Ratio)[15]과 중기유동성비율

---

14 영국, 독일, 프랑스는 7일, 1개월, 3개월 등 기간별 유동성비율을 규제했고, 한국은 은행의 유동부채 대비 1개월 내 만기가 도래하는 유동자산비율(1개월 원화 유동성비율)로 유동성 규제를 해왔다. 미국과 일본의 경우에는 질적 유동성 리스크 관리가 규제의 핵심이었다.

15 고유동성자산(Level i + Level ii) / 향후 30일간 순현금유출 ≥ 100%. Level i은 현금, 현금성 자산, 시장성 있는 국채이며, Level ii는 AA−등급 이상의 회사채이다.

그림 7-6 노던록의 유동성 부족 사례

현황

노던록 레버리지비율

	2004년	2005년	2006년	2007년	(국내 시중은행)
Leverage on total equilty(배수)	42.2	31.7	31.5	40.5	11.1
Leverage on common equilty(배수)	42.2	52.5	56.8	86.3	14.4
BIS ratio	14.0	12.3	11.6	7.7	12.0

자료: 노던록 연차보고서

• 1998~2007년 노던록의 총자산은 8배 증가

• 2007년 9월 이 은행은 과도한 외형성장에 따른 유동성 부족으로 파산 (2006년 말 BIS 비율 11.6%)

위기 발생 원인

① 노던록은 고성장을 지속하면서 필요한 자금의 대부분을 대출자산 유동화 및 은행차입 등 금융시장 차입(wholesale funding)에 크게 의존

② 유동성 리스크 관리 시 유동자산으로 분류되었던 상당수 자산이 신용경색 등으로 시장 상황이 어려워진 상황에서 실제 현금화할 수 없었던 사례가 다수 발생하는 등 유동성 리스크 관리가 미흡

※ 상기 사례가 NSFR 비율 도입의 배경

자료: 금융감독원

인 순안정자금조달비율(NSFR: Net Stable Funding Ratio)[16]을 은행의 유동성 규제 기준으로 도입하기로 했다.

LCR은 2015년부터 단계적으로 적용하여 2019년 완전히 시행하고, NSFR은 2018년부터 규제비율로 적용하기로 했다. 은행의 유동성비율 규제는 레버리지비율과 함께 은행의 건전성 유지를 위해 매우 중요한 규제라고 할 수 있다.

---

16 안정자금인정금액(부채 및 자본) / 안정자금필요금액(자산) ≥ 100%. 안정자금필요금액은 보유자산 중 1년 이상 현금화되지 않는 금액(대출의 롤오버, 유가증권 판매 불가능규모 등)이고, 안정자금인정금액은 자본 및 부채(예금, 도매자금 등) 중 1년 이상 이탈되지 않고 유지되는 금액이다.

위험자산 포괄범위 확대 및 자산평가 방식 강화

은행의 BIS 자기자본비율은 위험자산 대비 은행자본금비율이다. 그런데 은행이 단기매매차익 목적으로 취득하여 보유하고 있는 투자자산에 대해서는 상대적으로 낮은 위험가중치를 적용하도록 하여 위기 시 리스크가 제대로 반영되지 않았다. 또한 금융회사가 대출이나 투자자산을 증권화 또는 재증권화하여 자회사인 구조화투자회사(SIVs) 등에 이전할 경우 본사의 재무제표에 나타나지 않게 된다. 특히 파생상품 거래는 부외거래로 표시되기 때문에 위험자산 평가에서 누락되는 결과를 가져온다.

그리고 자산가치 평가에 활용되는 위험노출가치(VaR: Value at Risk)[17] 모델도 위기 시 정확한 자산가치를 산출하는 데 한계가 있는 것으로 나타났다. 즉 VaR은 정상적인 시장 조건에서의 리스크를 반영한 평가 모델이므로 시장이 심각한 유동성 경색에 처하거나 실제로 위기가 발생한 비정상적인 상태에서는 리스크를 적절히 측정해낼 수 없게 되어 자산가치가 과대평가될 수 있게 되는 것이다.

단기투자자산이나 증권화 거래는 일반대출이나 투자자산보다 자본금 적립의무가 없거나 낮기 때문에 규제 사각지대에 놓이게 된다. 자본금 부과의무가 낮고 높은 레버리지 효과로 인해 단기수익이 많

---

17 정상적인 시장 여건에서 일정 기간 발생할 수 있는 최대 손실금액을 주어진 신뢰 수준에서 통계적 방법을 이용하여 측정한 수치이다. 예를 들어 어떤 은행의 일별 VaR이 99% 신뢰 수준에서 5억 원이라면, 이 은행이 정상적인 시장 여건에서 향후 하루 동안 5억 원 이상의 손실이 발생할 확률은 1%라는 의미이다(100일에 한 번 정도 5억 원 이상의 손실 발생). VaR은 위험을 금액으로 측정하기 때문에 누구나 쉽게 이해할 수 있다. 또한 기존의 위험 관리 기법들은 특정 자산의 위험 관리에 한정되는 데 비해 VaR은 주식, 채권, 외환, 파생상품 등 여러 자산으로 구성된 은행 전체 포트폴리오의 위험을 관리하는 데 유용하다. 1995년 4월 BIS가 새로운 자기자본비율 규제를 도입할 때 은행 투자자산의 포트폴리오 위험을 평가하는 방법으로 제시했다.

이 나기 때문에 금융회사는 자연히 이러한 거래를 선호하고, 당연히 금융회사의 리스크도 커지게 된다. 따라서 단기매매자산(trading book)과 증권화 또는 재증권화된 파생상품거래도 은행의 자기자본 계산 때 위험자산에 포함하고, 이들에 대한 위험가중치를 상향 조정하기로 했다. ABS, MBS 등 1차 증권화된 상품과 이를 다시 재증권화한 CDO, CLO 등에 대한 투자 익스포저에 대해서 위험가중치를 일반 투자자산보다 높게 적용하기로 한 것이다.[18]

앞으로 은행 자기자본규제 강화와 레버리지 규제 및 유동성 비율 규제 신설 등으로 은행의 대출이나 투자 여력은 작아지고, 고수익 고위험 영업도 상당히 제한을 받을 것으로 예상된다. 이 때문에 선진국 은행들은 G20의 자본금 등 규제 강화가 결국 은행의 여신활동을 제한하여 세계경제 회복에 걸림돌이 될 것이라는 불평과 함께 이러한 규제가 특히 장기투자(long-term investment)를 저해하지 않도록 보완하는 방안을 모색하고 있다.

대형 금융회사에 대한 추가적 규제: SIFI 규제

그간의 금융규제제도는 금융회사의 규모와 관계없이 획일적으로 적용하는 방식이었다. 그러나 대형 은행이 부실화될 경우에는 바로 시스템 위기로 확산되고 정부의 공적자금 투입이 불가피해지는 사태가 일어난다. 즉 대형 은행은 죽지 않는다는 '대마불사' 문제와 이로 인한 대형 은행들의 도덕적 해이가 나타나는 것이다. 따라서 부실화되

---

18 그 외 은행의 자기보증 잔액이나 단순 유동성 지원 약정(commitment)에 대해서도 위험가중치를 상향 적용하여 더 많은 자본금을 쌓도록 했다.

어도 쉽게 부도 처리할 수 없고, 부도 처리하면 그 후유증이 심각한 글로벌 주요 대형 은행에 대해서는 일반 은행보다 차별적으로 엄격하고 강한 규제를 적용하기로 했다.

첫째, SIFI에는 더욱 강화된 자본금 적립의무를 부과하기로 했다. 즉 이들은 일반 은행보다 추가로 1~3.5%의 보통주 자본금을 적립하도록 했다. 둘째, 이들에는 보다 차별화된 강도 높은 감독을 하기로 했다. 즉 일반은행보다 리스크 보고체계를 강화하고, 주기적으로 건전성 테스트를 실시하며, 문제의 소지가 발견될 경우 감독당국이 조기 개입하는 제도를 도입하기로 했다. 셋째, 대형 금융회사의 부실화에 대비하여 평소에 이들에 대한 정리 계획을 미리 마련하기로 했다. 위기에 대비하여 평소 개별 은행별로 자본 확충과 구조조정 등을 포함한 회사 정리계획을 미리 수립하고, 감독당국이 이를 지속적으로 점검하여 부실이 생겼을 때 대형 금융회사를 질서 있게 정리할 수 있도록 했다. 또한 국제적으로도 FSB의 효과적인 금융회사 정리체계의 핵심 요소[19]를 반영하여 통일된 대형 금융회사 정리체계를 구축해두기로 합의했다.

글로벌 대형 은행(G-SIBs) 규제

FSB는 2011년에 G-SIBs 선정기준[20]을 마련하고 이 선정기준에

---

19 효과적인 금융회사 정리체계의 핵심 요소(Key Attributes of Effective Resolution Regimes for Financial Institutions, 2011)는 시스템적으로 중요한 대형 금융회사를 효과적으로 정리하기 위해 각국의 법령체계가 갖추어야 할 요소들을 정의한 FSB의 국제기준으로, 정리당국의 포괄적인 정리권한, 회생·정리계획, 글로벌 금융회사의 정리를 위한 당국 간 협력 등을 규정하고 있다.

20 시스템 중요도에 따라 5개 지표(규모, 상호연계성, 대체가능성, 국제활동성, 복잡성)로 평가.

따라 2011년부터 매년 대상은행을 선정하고 있다. 2013년에는 총 29개 G-SIBs이 선정되었다(이중 국내은행은 미포함). G-SIBs에 대하여는 위기 시 손실흡수 능력을 제고하기 위해 바젤 III 자본규제에 더하여 추가자본(1~3.5%) 적립의무를 차등적으로 부과[21]하기로 하고, 2016년부터 시행하기로 했다.

그리고 위기 시 G-SIBs의 효과적 정리를 위해 G-SIBs로 선정된 은행들은 회생·정리계획을 수립하고 정리가능성 평가를 의무화하도록 했다.[22] 또한 G-SIBs들의 도덕적 해이를 예방하기 위해 리스크 관리, 내부통제체제 구축 등에 있어 엄격한 기준을 적용하는 등 감독을 강화하도록 했다.

| 글로벌 대형 보험회사(G-SIIs) 규제

FSB는 G-SIBs 선정방법론을 기반으로 보험권 특성을 반영한 G-SIIs 선정지표[23]를 확정하고 2013년 7월 최초로 총 9개 G-SIIs를 선정했다(국내 보험회사는 미포함). G-SIIs에 대하여는 위기 시 손실흡수능력 제고를 위하여 추가 자본적립 규제를 마련 중이며 2019년부터 이 규제를 도입할 예정이다. 그리고 G-SIIs에 대해서도 효과적 정리체계를 마련하여 이행하도록 할 예정이고, 감독강화 부문에서도 G-SIBs와 같은 수준의 규제체계가 동일하게 적용될 예정이다.

---

21 차등적 추가자본 부과기준: 1그룹(1%), 2그룹(1.5%), 3그룹(2%), 4그룹(2.5%), 5그룹(3.5%).

22 FSB의 정리체계 3가지 핵심 요소: ① 각국 정리체계정비: '정리체계 핵심 요소' 이행을 위한 법제화, ② 효과적인 국제공조: 효과적 정리를 위해 home/host 당국 간 협약 체결, ③ 정리계획 수립·이행: SIFI별 회생·정리계획 수립 및 정리가능성 평가.

23 G-SIBs 선정 5개 지표 중 '복잡성' 지표를 '비보험업활동' 지표로 대체·평가.

글로벌 대형 기타금융회사(NBNI G-SIFIs) 규제

FSB는 시스템적으로 중요한 비은행/비보험 금융회사도 선정하여 규제를 강화하기로 하고 이들의 선정방법론을 개발 중이다. 이 기준이 확정되어 대상회사가 선정되면 이들에 대해서도 여타 SIFI 규제체계인 추가자본 부과, 정리체계 이행, 감독강화 방안을 마련하여 적용할 예정이다.

국내 대형 은행(D-SIBs) 규제

FSB는 국제적 대형 은행뿐만 아니라 국내 대형 은행이 부실화될 경우 국내에 미치는 파급 효과를 고려하여 시스템적으로 중요한 국내 대형 은행(D-SIBs)을 규제하는 방안도 추진 중이다. FSB와 BCBS는 2012년 D-SIBs 규제체계[24]를 확정하고, 2016년부터 단계적으로 시행하기로 했다. 이에 따라 각국은 자국 경제에 미치는 영향을 고려하여 2015년 중에 D-SIBs 자체 선정기준 및 규제체계를 마련하고, 2016년부터 시행하도록 했다.

회계제도 개선과 충당금 적립 강화

이미 설명한 바와 같이 금융회사의 회계제도에도 여러 가지 문제점이 드러났다. 첫째, 공정가치(fare value)에 의한 자산평가 회계제도는 위기가 발생하면 경기순응성을 확대하여 위기를 증폭시킨다. 따라서 G20은 금융회사 자산평가 때에는 공정가치 평가를 축소하기로 했다.

둘째, 은행의 거시건전성을 강화하고 금융규제의 경기순응성을 완

---

24 12개 규제원칙: D-SIBs 선정(원칙 1~7), 추가자본규제(원칙 8~12)

화하며 부실자산에 대한 충당금 적립의무를 강화하기 위해 미래지향적 대손충당금제도를 도입하기로 했다. 기존 회계제도는 금융상품의 손상 사건이 발생한 후 손실을 객관적으로 측정할 수 있는 경우에만 재무제표에 반영하고 이에 따라 손실충당금을 쌓도록 하고 있으나, 개선방안은 손상 사건이 발생하지 않았더라도 미래 예상 현금흐름에 변동이 예상되는 경우 장부가액을 조정하고 손실충당금을 추가 적립하도록 하는 방안이다. 경기호황기에 미리 예상손실을 반영하여 충당금을 높게 쌓도록 함으로써 레버리지가 지나치게 증가하는 것을 막고, 불황기에는 호황기에 쌓은 충당금을 활용하여 부실자산을 처리함으로써 급격한 대출회수와 자금공급 축소를 완화하고자 하는 장치이다.

셋째, 파생상품 등 부외거래에 대한 회계처리 기준이 복잡하여 금융시장의 투명성이 떨어지므로 재무제표에 포함되는 부외거래를 대폭 확대하기로 했다.

넷째, 유럽의 국제회계기준과 미국의 재무회계기준이 서로 달라 국제 간 비교가 곤란하고 규제차익이 발생하므로 국제회계기준위원회(IASB: International Accounting Standards Board)와 미국 재무회계기준위원회(FASB: Financial Accounting Standards Board)의 기준을 합치하기로 했다. 현재 회계기준 합치와 관련하여 5개 장기과제[25]에 대한 논의가 진행되고 있으나, 장기과제 개혁은 해당 기준이 시장에 미칠 파

---

25 5개 장기과제: ① (금융상품 분류 및 측정) 금융상품 분류기준, 상품별 평가방법(공정가치 vs. 원가), 공정가치 변동분의 재무제표상 인식방법 등, ② (대손충당금) 현행 손실 발생 모형의 경기순응성 완화방안, ③ (리스회계) 리스계약에 따른 자산, 부채 변동 및 임차인의 손익 상황 반영기준, ④ (보험계약) 보험계약 측정 모형 등 상이한 기준 일치, ⑤ (수익 인식) 다양한 종류의 거래, 산업, 자본시장에 일관성 있게 적용 가능한 수익 인식 원칙.

급 효과에 대한 우려가 커서 진전이 늦어지고 있다.

역외금융센터에 대한 규제

2008년 금융위기 과정에서 헤지펀드뿐만 아니라 많은 제도권 금융 회사들도 역외금융센터(offshore financial centre)나 조세피난처를 이용해 감독당국의 규제나 감시를 회피한 사례들이 드러났다. 조세피난처를 통해 대규모 금융거래가 이루어지면 각국의 조세수입이 감소하여 재정 상황은 악화된다. OECD 추산에 의하면 2011년 한 해 조세피난처로 도피한 자금규모가 최소 1.7조 달러에서 최대 11.5조 달러에 이른다고 한다.

이들 지역을 통한 금융거래 규제감독의 부재로 관련 리스크 파악이 불가능하고, 역외금융센터는 국제 테러단체나 마약조직 등의 불법 자금세탁을 위한 장소로도 이용되고 있다. 이에 따라 G20은 낮은 세율 적용, 규제감독 미흡, 정보공유에 소극적인 비협조적 역외금융센터나 조세회피 지역에 대해 국제적 감시와 제재를 강화하기로 했다.

첫째, 국제적인 조세정보 교환이나 자금세탁 방지에 관한 협약 이행 또는 금융 관련 정보교환에 소극적인 역외금융센터나 조세회피 지역을 비협조적 지역으로 지정하여 공개하기로 했다.

둘째, 비협조적 지역에 대해서는 G20 차원에서 상호 점검을 실시하여 그 내용을 공표하고, 이들 지역과는 금융거래를 제한하는 조치를 취하기로 했다.

셋째, G20 차원에서 필요한 정보를 교환하거나 국제적 규정을 준수하기 위해 이들 지역의 이행 능력을 향상시킬 수 있는 지원 프로그램을 마련하여 시행하기로 했다.

현재 이러한 G20의 결정에 따라 필요한 조치들을 준비 또는 시행하고 있다.

신용평가사에 대한 규제

1997년 아시아 외환위기 이후 신용평가사들의 부적절한 신용평가와 무책임한 등급조정에 대한 비판이 있었고, 이들을 감독하고 지도하기 위한 적절한 규제가 필요하다는 개도국들의 요구가 있었다. 신용평가사들은 위기가 발생하면 신용등급을 갑자기 대폭 하향 조정함으로써 위기를 심화시키고, 이들이 평가 대상회사의 자문용역을 수주하는 경우 이해상충 문제가 생기며, 평가 직원들의 전문성 부족으로 신용평가의 정확성과 적시성이 떨어져 신뢰성에 의문이 있다는 것이다. 그러나 미국, 영국 등 주요 신용평가사 소재국들의 무관심과 반대로 정식 논의주제가 되지 못했다.

많은 금융회사들이 대출을 결정하거나 전문 투자자들이 투자를 결정할 때 신용평가사의 평가에 의존하는 사례가 많다. 그리고 이들의 평가를 믿고 투자했다가 문제가 생겨 피해를 보더라도 잘못된 평가에 대해 신용평가사들은 아무런 책임도 지지 않는다. 이번 위기 이전에도 신용평가사들이 ABS, MBS, CDO, CLO 등 구조화채권의 신용등급을 과대평가했을 뿐만 아니라 부실위험을 사전에 경고하지 못했다는 책임이 부각되었다. 부동산대출과 관련된 구조화상품에 이들이 투자적격등급을 부여하여 이를 믿고 투자한 많은 투자자들이 손해를 입었으며, 이로 인해 서브프라임 위기가 일어났다는 비판에 따라 신용평가사에 대한 당국의 규제가 필요하다는 공감대가 형성되었다.

이에 따라 G20은 신용평가사 감독규제에 대한 주요 원칙에 합의했다. 이는 ① 신용평가사에 등록의무를 부과하고, ② 신용평가사 내부의 업무절차를 개선하며, ③ 구조화상품 관련 신용평가 정보를 공개하고, ④ 감독당국이 신용평가 과정에 대해 감독권을 행사하는 한편, ⑤ 은행 등 금융회사가 외부 신용평가사의 신용등급에 의존하는 관행을 축소하도록 하는 것이다. 2010년 10월 서울 정상회의에서는 금융회사의 신용평가사 평가에 대한 기계적 의존도를 축소하고 자체 신용평가를 실시하기 위한 주요 원칙에 합의했다. 이러한 합의에 따라 FSB는 정상회의 원칙을 이행하기 위한 로드맵을 제시하고, 주요국들도 신용평가사 규제방안을 정비하고 있다.

금융회사 보상체계의 개편

금융회사 임직원에 대한 보상은 주로 1년 단위의 단기업적에 따라 결정되며, 중장기적인 실적이나 손실에 대한 고려 없이 비대칭적으로 지급되어왔다. 이런 보상 시스템이 임직원의 과도한 위험부담을 유인하고 금융 시스템의 안정성을 훼손하여 금융위기의 주요 원인이 되었다는 인식에서 비롯된 논의이다. G20의 결정에 따라 FSB가 금융회사 임직원에 대한 보상원칙과 집행기준을 마련했다.

첫째, 금융회사들은 효과적인 보상체계 결정 시스템을 마련하도록 하였다. 임직원에 대한 보상이 금융회사 CEO에 의해 단독으로 결정되지 않고, 금융회사 이사회 내에 독립적인 보상위원회를 설치, 운용하여 이사회가 이를 감독하도록 하였다. 객관적인 업적 평가가 어려운 리스크 관리 담당 직원에 대해서는 일반직과 독립된 별도의 보상체계를 구축하여 정당한 보상이 이루어지도록 하였다.

둘째, 보상구조는 단년도 실적보다는 리스크 보유기간 동안 중장기적 평가를 반영하여 결정하도록 했다. 보너스도 수년간 나누어 지급하고 전액 현금보다 일부는 주식 등으로 지급하도록 하였다. 그리고 향후 손실이 발생했을 경우는 이미 지급한 보너스도 환수할 수 있도록 하였다.

셋째, 임직원에 대한 보수 및 보너스 금액과 형태 등 보상과 관련된 정보는 대외 공개하도록 하고, 감독당국이 이들 회사의 리스크를 평가할 때 반영하도록 하였다.

이러한 보상원칙은 FSB가 2010년 이후 매년 각국의 이행 상황을 점검하여 결과를 발표하고 있다. FSB는 앞으로도 모니터링을 지속하고 그 결과를 공시할 계획이다. 대부분의 국가는 자국 금융협회나 개별 금융회사에 공문을 보내어 보상체계와 관련된 국제 원칙을 이행하도록 독려하고 있다. 한국도 금융업권별로 '성과보상체계 모범규준'을 제정하여 시행하고 있다.

금융권 손실분담 방안: 은행세 부과의 문제

금융회사가 부실화되어 금융위기가 발생하면 이를 해결하기 위해 해당 국가의 예산이나 IMF 구제금융 등 공적자금이 투입된다. 문제를 일으킨 금융회사의 주주나 임직원, 채권자 등 이해관계자 대신 일반 납세자들의 부담으로 귀결된다. G20은 이렇게 납세자들의 공적자금 부담을 일으킨 금융회사 측과 비용을 분담할 수 있는 방안을 마련하도록 IMF에 지시했다.

IMF는 ① 분담금 수입 효과, ② 금융회사의 리스크 부담행위 축소

표 7-2 IMF의 은행세 부과방안

(◎ 효과 최대, ○ 효과 대, △ 효과 중)

	부과 대상 (Tax Base)	방안에 대한 평가		
		수입	리스크 축소	실행 가능성
금융안정분담금	비예금부채	○	△	◎
금융활동세	이익, 보수규모	△	◎	○
금융거래세	금융거래	◎	○	△

자료: IMF

효과, ③ 실행 가능성과 용이성 측면에서 세 가지 형태의 방안을 제시했다.

첫째, 금융안정분담금(FSC: Financial Stability Contribution)제도로, 이는 예금 이외의 부채성 금융자산에 대해 일정 비율의 분담금을 부과하는 방안이다. 둘째, 금융활동세(FAT: Financial Activity Tax)제도로, 이는 금융회사의 이익이나 금융회사 임직원의 보수에 대해 일정 비율의 세금을 부과하는 방식이다. 셋째, 금융거래세(FTT: Financial Transaction Tax)제도로, 이는 모든 금융거래에 대해 일정 비율의 세금을 부과하는 방식이다.

IMF는 이 세 가지 중 FSC와 FAT의 조합이 가장 적절한 방안이라고 제안했다. 이와 같은 IMF 제안에 대해 G20에서는 다양한 논의가 있었으나 최종적 합의에는 이르지 못하고, 각국의 상황에 따라 다양한 방안이 선택될 수 있다는 원론적 합의를 했다. 각국은 이를 도입 시행할 때 ① 납세자 보호 문제, ② 금융 시스템의 리스크 축소 효과, ③ 경제 상황에 관계없는 신용흐름의 보호, ④ 개별 국가의 상황 및 정책 등 고려, ⑤ 공정경쟁 촉진에 기여하는 정도 등 다섯 가지 원칙에 따라 적절히 선택하여 활용하도록 하였다.

표 7-3 FSB의 주요 금융규제 개혁과제 추진 일정표(2015년 2월 20일 현재 기준)

추진 과제	주요 내용		기한	비고
1. 자본·유동성 규제강화 (바젤 III)	자본규제 강화: 자본의 양·질 강화		2019년부터 전면 적용(2013~2018년 중 단계적 이행)	2013년 12월 1일부터 국내 시행 중
	레버리지비율: 자기자본/자산규모		2018년부터 적용	기본자본(보통주+기타기본자본)기준 3%로 설정
	유동성 비율	단기유동성비율(LCR)	2019년부터 전면 적용(2015년 60%부터 단계적 이행)	고유동성자산/순현금유출≥100%
		순안정자금조달비율(NSFR)	2018년부터 적용	인정안정자금/필요안정자금≥100%
	바젤 III 이행점검	(레벨1) 국가별 적용시기 평가	진행 중	BCBS 27개 회원국 모두 시행 중
		(레벨2) 국가별 규정의 바젤 III와의 일관성 평가		2015년까지 모든 G-SIB 본국 평가
		(레벨3) 국가별 위험가중자산 산출의 일관성 평가		RWA초과 변동성 문제 해결 계획 발표(2014년 10월)
2. SIFI 규제강화	G-SIB 규제(선정기준 및 추가자본 부과)		2016~2019년까지 단계적 상향	시스템 중요도에 따라 위험가중자산 대비 1~3.5% 추가자본적립
	G-SII 규제(선정기준 및 최종 명단 확정)		2013년 7월	G-SII 선정 이후 매년 11월마다 발표 2015년 중 G-SII 선정기준 재검토 예정
	D-SIB 규제		2016년부터 적용	규제이행 시기(2016년 1월)를 앞두고 각국은 D-SIB 규제체계 마련 중
	SIFI 정리체계	회생·정리계획(RRP) 지침	2013년 말	2016년부터 IMF-WB FSAP시 핵심원칙 평가 예정
		정리체계 핵심요소(KA[1]에 대한 부문별 이행지침(FMI정리, 보험사 정리체계, 고객자산 보호)	2014년 말	
		정리를 위한 효과적인 정보공유 지침		
		핵심원칙(KA) 평가 방법론	2015년 말	
	SIFI 감독 강화	SIFI의 도덕적 해이 예방을 위해 감독강도와 효과성 제고	진행 중	주기적으로 경과보고서 발표

추진 과제	주요 내용	기한	비고
3. 그림자 금융 규제 강화	5대 분야의 최종 정책 권고안 마련(1.그림자 금융과 은행 간 거래규제, 2. MMF, 3. 여타 그림자금융, 4. 증권화, 5. 증권대차/RP 규제)	완료	그림자금융의 글로벌 트렌드 및 위험에 대한 모니터링 보고서 매년 발표
4. 장외파생상품 규제강화	장외파생상품 시장개혁 권고안 이행 모니터링	진행 중	연 2회 이행경과 보고서 발표
5. 회계기준 합치 및 외부감사	IASB와 FASB의 회계기준 합치(5개 분야: ① 금융상품 측정, ② 대손충당금, ③ 리스회계, ④ 보험계약, ⑤ 수익인식)	지연	
	대형 금융회사 외부감사의 독립성 등 강화	진행 중	
6. 신평사 의존도 축소	신평사 의존도 축소 로드맵 제시(2012년 10월) – 기준, 법, 규제상 신용평가사 부여 등급에 대한 의존도 축소 – 금융기관들의 자체 신용평가 능력 향상	진행 중	매년 이행 모니터링 시행
7. 규제 개혁 영향평가	규제 개혁안이 신흥국에 미칠 수 있는 의도치 않은 영향 분석	진행 중	2015년 중 FSB 신흥국 컨퍼런스 개최 예정
8. FSB 역량 강화	금융규제 개혁의 정당성·이행력 강화를 위한 FSB 대표성 구조개선	완료	G20 신흥국(아르헨티나, 인도네시아, 사우디, 터키, 남아공)의 의석수 (1~3석 조정논의), 한국은 2석
9. 성과보상 관행 개선	금융회사의 건전한 성과보상을 위한 FSB 원칙 이행 및 FSB의 지속적 모니터링 실시	완료	대부분의 국가에서 FSB 보상기준이 이행됨
10. FSB 회원국 국제기준 이행강화	G20에서 합의된 국제기준의 이행 점검을 위한 상호평가(Peer review) 시행 – 국가별 평가(IMF 및 WB의 FSAP 권고사항 이행) 및 주제별 평가	진행 중	2017년 상반기까지 FSB회원국 전체에 대한 상호평가 실시 완료
11. LIBOR 등 지표 금리 개선	지표금리를 대체할 수 있는 대체 지표금리의 산출 및 검증	진행 중	우리나라는 CD금리 활용성 제고, 단기 코픽스 신규도입 등 단기지표 금리 개선방안 발표 (2012년 8월)
12. 정보 격차 (Data Gap) 개선	시스템적으로 중요한 글로벌 은행(G-SIB) 정보 수집·공유	진행 중	
13. 참고 (OECD 추진): 세원잠식 (BEPS) 방지	OECD는 세원잠식 방지를 위한 글로벌 실행방안을 마련하여 보고	2013년 7월	향후 최대 2년에 걸쳐 이행완료
	역외 탈세 방지, 징수협조를 위해 다자간 조세행정공조협약 가입 촉구		43개국 서명, 한국은 2012년 7월 가입

주: 1) KA: Key Attributes
자료: 금융위원회

03

금융규제감독 개혁에 대한
우려와 전망

2008년 금융위기 이후 G20 중심으로 위기 극복과 예방을 위해 금융규제감독 시스템 개혁 논의가 계속 진행되고 있다. 앞에서 살펴본 바와 같이 은행의 손실흡수 능력을 높이기 위한 BIS 자기자본 규제 강화, 은행의 총여신을 제한하기 위한 레버리지 규제와 유동성 규제의 새로운 도입 등 미시건전성 규제뿐만 아니라 자산평가 회계제도와 은행충당금제도의 개선, 대형 금융회사에 대한 규제 강화 등 거시건전성 규제도 대폭 강화하고 있다. 헤지펀드와 장외파생상품 시장, 그림자금융과 역외금융센터 및 신용평가사에 대한 새로운 규제 신설, 금융회사 임직원에 대한 보상체계 개편, 은행세 신설 등에 대한 논의도 많이 진전되었다.

그러나 여러 가지 성과에도 불구하고 아직 합의되지 못하거나 구체화되지 못한 세부 과제들도 많다. 그리고 합의된 과제도 각국이 필요한 국내 입법조치를 완료해야 하고, 일부 과제는 제도와 시스템을 구축해야 한다. 따라서 앞으로도 금융규제감독 시스템 개혁 논의와 이행을 마무리하려면 많은 시일이 걸릴 것으로 예상된다.

1997년 아시아 외환위기 이후에도 G7과 G20이 중심이 되고 FSF, IMF 등 국제금융기구들이 총동원되어 신국제금융체제 개편 논의가 있었지만 많은 과제가 선후진국 간 의견 차이와 개혁 모멘텀의 후퇴로 제대로 마무리되지 못하고 말았다. 2008년 글로벌금융위기 이후 현재까지 위기의 원인을 분석하고 이를 개혁하기 위한 논의가 지속되고 있으나, 지난번과 같이 위기가 극복되면 금융규제감독 개혁 동력이 차츰 약화될 우려가 높다. 벌써 합의된 과제들 중 일부는 선진국과 개도국 간, 또 정부당국과 시장 간 입장 차이로 이행이 지연되고 있다.

결론적으로 금융규제감독체제 개혁에도 불구하고 크고 작은 금융위기는 계속 일어날 수밖에 없을 것으로 보인다. 앞에서 지적했듯이 글로벌 불균형 현상의 지속, 복잡다기한 국제환율제도, 빈번한 단기 투기성자금 이동, 불완전한 거시건전성 감독체계, 많은 국가들의 재정건전성 악화 등 근본적 과제들이 해결되지 않고 있다. 따라서 금융규제감독 개혁과 함께 이러한 근본 문제들이 해결되도록 국제사회의 지혜를 모아나가야 하겠다.

어떻게 동아시아
지역협력을 이끌 것인가?

동아시아 경제통합의 가능성과 해법

동아시아 경제통합은 가능한가?

아시아통화기금(AMF)은 설립 가능한가?

아시아단일통화는 이루어질 수 있는 꿈인가?

아시아 단일통화의 실효성과 한계는 무엇인가?

중국의 패권주의와 주변국의 견제 속에서 당면과제와 미래의 모습은?

한중일 간 갈등과 지역협력의 해법은 무엇인가?

동아시아인가, 동북아인가, 아시아인가?

동아시아 지역통합을 위한 한국의 역할은?

01
동아시아 지역협력의
출발

최초의 동아시아 지역협력체로는 1967년 설립된 '동남아시아국가연합(ASEAN)'이 있다. ASEAN은 출범 이후 동남아시아 정치, 경제, 외교, 군사 분야를 아우르는 지역협력체로서 많은 성과를 거두어왔다. 하지만 한중일 3국 간, 그리고 한중일과 ASEAN 간에는 정치경제체제와 경제발전 단계의 차이, 해결되지 않은 역사적 갈등 등으로 인해 다자차원의 협력체제를 구축하지 못했다.

그러나 1997년 발생한 아시아 외환위기를 계기로 위기 해결과 재발 방지를 위한 동아시아 차원의 협력 필요성이 대두됨에 따라 한중일 3국과 ASEAN이 함께 'ASEAN+3(한중일)' 지역협력체제를 구축하게 되었다. 1997년 12월 당시 말레이시아 마하티르 수상의 초청으로 ASEAN과 한중일 정상들이 말레이시아 쿠알라룸푸르에서 처음 비공식 회동을 가졌고, 이때 합의에 따라 그 이듬해 1998년부터 'ASEAN+3 정상회의'가 정례화되었다.

정상들은 당시 진행 중인 동아시아 외환위기에 공동 대응하기 위해 우선 재무장관회의를 정례화하기로 결정하였다. 1999년 4월 필리핀 마닐라에서 개최된 ADB 연차총회 시 제1차 'ASEAN+3 재무장관회의'가 개최되었고, 이후 외무장관회의, 경제장관회의를 비롯한 농업 및 노동장관회의 등으로 확대되었다. 1999년 11월 마닐라에서 개최된 제3차 정상회의에서는 '동아시아 협력에 관한 공동성명'이 채택되었으며, 이 성명에서 각 분야별 지역협력의 기본방향이 제시되었다. 2005년 12월 14일에는 ASEAN+3에 인도, 호주, 뉴질랜드가 참여하는 '동아시아정상회의(EAS: East Asia Summit)'가 출범하였다. EAS는 총 16개국으로서 확대된 동아시아정상회의의 성격을 띠고 있다.

동아시아 지역의 무역협력은 아시아 외환위기 이전에는 '일방적 또는 다자간 무역자유화 접근방식(unilateral and multilateral trade liberalization approach)'의 성격을 띠었는데, 위기 이후에는 '양자 간, 복수국가 간 자유무역 및 투자협정(bilateral and plurilateral free trade and investment agreements)' 형태로 발전했다. 일방적 접근방식이란 개별국가 차원의 정책목표에 따라 추진하는 무역자유화 조치이고, 다자간 접근방식은 국제무역기구(WTO)와 같이 국제적 차원의 무역자유화 협정을 말한다. 양자 간, 복수국가 간 자유무역협정은 양국 간 또는 다국 간에 자유무역협정(FTA)을 체결하는 방식을 말한다.

동아시아 지역의 통상 분야에서는 일찍이 ASEAN이 다자간 자유무역협정으로 존재해왔다. 그러다 2006년 11월 싱가포르, 뉴질랜드, 칠레, 브루나이 4개국 간에 상품협정인 '환태평양경제동반자협정(TPP: Trans-Pacific Partnership)'이 출범했다. 이후 미국, 호주, 말레이시아, 베트남, 페루, 멕시코, 브루나이, 일본이 참여하여 TPP 참가국은 현재 12개국으로 확대되었고, 한국도 참여하기 위해 협상 중에 있다.

2008년 금융위기 이후 동아시아 지역 경제의 취약점이 드러나면서 이 지역 국가들은 수출 감소, 금융시장 불안 등 다시 큰 어려움을 겪었으며, 이를 계기로 동아시아 지역협력 필요성이 한층 강화되었다.

02
동아시아 지역협력의
필요성

동아시아 지역협력이 필요한 이유는 크게 세 가지이다. 첫째, 세계경제의 글로벌화와 지역 차원의 블록화에 대응하기 위해서 필요하다. 1980년대 이후 신자유주의 영향으로 세계경제는 급속히 개방화, 자유화되었다. 이에 따라 상품·서비스 시장뿐만 아니라 금융시장도 하나로 통합되었다. 그러나 동시에 지역화·블록화 현상도 증가해왔다. 양자 간·다자 간 자유무역협정이 체결되고 지역통합도 빠르게 진전되고 있다. 세계경제권이 미국을 중심으로 한 NAFTA와 유럽 국가들이 뭉쳐서 출범한 EU로 크게 양분되고 남미, 중동, 아프리카도 지역공동체 구축에 적극 나서고 있다.

IMF 자료에 의하면 2013년 동아시아 지역의 경제규모는 전체의 27.9%로서 EU(17.2%)와 미국(16.5%) 경제규모보다 크다. 그럼에도 불구하고 동아시아 지역은 경제통합의 수준이 낮아 지역통합의 시너지를 누리지 못하고 있고, 거대경제권과의 경쟁에서도 불리한 위치에

표 8-1 지역 공동체별 경제 비중

(PPP-GDP, %)

	1990년	1998년	2006년	2011년	2013년(예측)
ASEAN+3	18.7	20.2	22.9	26.5	27.9
(+3)	(14.3)	(15.4)	(17.7)	(20.9)	(22.1)
EU	27.2	23.8	21.1	18.4	17.2
US	22.5	21.1	19.3	16.7	16.5

자료: IMF, World Economic Outlook

놓여 있다. 1997년 외환위기를 계기로 동아시아 지역에서도 다양한 지역협력이 추진되고 있으나 여러 가지 제약 요인으로 인해 아직 지역통합을 위한 가시적인 성과를 거두지 못하고 있다. 아시아가 앞으로 미국을 중심으로 한 NAFTA, 또는 미주연합과 EU 등 거대 경제권과의 경쟁에서 살아남고, 세계경제 발전에도 기여하기 위해서는 아시아 역내 경제협력을 강화해야 한다.

둘째, 외부충격에 대한 지역 차원의 안전망 확충을 위해서 동아시아 지역협력이 필요하다. 글로벌화되고 개방화된 국제금융시장은 이제 하나로 통합되었다. 금융시장 개방 및 자본자유화와 외환자유화로 국가 간, 지역 간 자금이동이 크게 확대되었고 이에 따라 금융위기가 주기적, 반복적으로 되풀이되고 있다. 아시아 외환위기가 발생한 지 불과 10여 년 만인 2008년에 미국발 서브프라임 위기가 발생했으며, 2010년에는 유럽발 재정위기가 발생하여 세계경제와 국제금융시장에 먹구름을 드리우고 있다.

1997년 동아시아 국가들은 개별국가의 대처만으로는 자국 금융시장과 외환시장 안정을 유지할 수 없었기 때문에 외환위기를 겪게 되었다. 이때 얻은 교훈은 아시아 국가들이 금융 시스템 취약이라는 과제를 근본적으로 해결하지 않고는 미래의 잠재적인 위기로부터도 결코 자유로울 수 없다는 것이다. 이제 금융위기도 글로벌화, 대형화되어 IMF의 한정된 재원만으로는 수습할 수 없는 상황에 이르렀다.

이번 유로존 위기 때에도 IMF 재원만으로는 문제를 해결할 수 없어 신설된 구제금융기구인 유럽재정안정기금(EFSF)와 유럽안정화기구(ESM)에서 수조 달러를 지원받아 사용했고, 그것으로도 부족해 유럽중앙은행(ECB)의 무제한 양적완화 지원까지 받고 있다. 그 외에도 경기부양과 부실금융회사 지원을 위해 유럽 각국이 막대한 자금을 쏟아 부었다.

아시아 지역도 금융위기에 대비하여 자체 금융안전망 구축과 재원확보가 긴요하게 되었다. 그러나 금융 시스템 강화는 개별국가 차원의 노력만으로는 쉽게 이루어질 수 없으므로 지역 공동의 노력을 통해 만들어갈 필요가 있다. 이에 부응하여 아시아 외환위기 이후 ASEAN+3(한중일)은 '치앙마이 이니셔티브(CMI: Chiang Mai Initiative)' 등 지역 차원의 금융안전망을 구축해왔다. 또한 2008년 금융위기를 계기로 '치앙마이 이니셔티브 다자화(CMIM: CMI Multi-lateralization)'와 대규모 재원확대에 합의하는 등 지역 차원의 금융안전망을 대폭 강화하였다.

셋째, 아시아 지역의 공동번영뿐만 아니라 세계경제 발전에 기여하기 위해서도 동아시아 지역협력이 필요하다. 지난 수십 년간 아시아 국가들은 수출지향형 경제발전 전략을 추진해왔다. 그 결과 대외의존도가 타 지역에 비해 높고, 역내 교역 비중이 상대적으로 작다. 이에 따라 세계경제 침체 및 국제금융시장 불안과 같은 대외충격에 매우 취약하다.

2013년 기준 동아시아 지역의 무역의존도는 69.5%로서 세계 무역의존도 59.4%에 비해 매우 높다. 특히 2013년 기준으로 ASEAN의 무역의존도는 무려 124.4%에 달하고 한국의 무역의존도 역시 106.5%에 이른다. 그러나 IMF 자료에 의하면 아시아 지역의 역내 교역 비중은 2013년 42.4%로서 EU의 63.8%보다 훨씬 작다. 이는 앞으로 아시아 지역 역내 교역량이 더 크게 증가할 여지가 있음을 보여준다.

한편 중국과 일본을 비롯한 많은 아시아 국가들은 막대한 외환을 보유하고 있으나 역내에 적절한 투자기회와 투자 상품이 부족하여 대부분 미국 등 선진국 국공채나 안전자산에 투자하고 있다. 이런 자금은 선진국 은행이나 금융회사 손을 거쳐 다시 아시아시장으로 환

표 8-2 동아시아 국가 무역의존도(2013년)

(%)

	세계	동아시아	ASEAN	일본	한국	중국
무역의존도	59.4	69.5	124.4	36.3	106.5	49.6

자료: UNCTAD

그림 8-1 아시아 역내 교역 비중

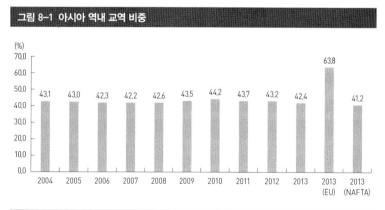

자료: IMF Direction of Trade Statistics: KIEP

그림 8-2 아시아 외환보유액 수준	그림 8-3 자본이동: 아시아신흥국

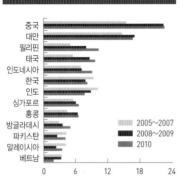

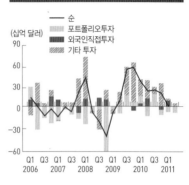

자료: IMF (2011, 10); ADB (2011, 12)　　　자료: Computed from CEI (2011, 8)

류되어 막대한 투자이익을 창출하고 있다. 특히 주목해야 할 것은 이런 자금이 수시로 드나들면서 금융시장 불안을 야기하고, 위기 시에는 일시에 이탈하여 개도국 시장의 금융위기를 불러일으키고 있다는 점이다.

아시아 국가 간 무역협력을 통해 역내 교역을 늘리면 역내 경제성장을 높이고 세계경제 전체의 발전에도 도움이 된다. 그리고 아시아 지역의 자금을 아시아 역내에서 활용한다면 아시아 각국이 필요한 개발재원이나 투자자금을 확보할 수 있고, 결국 선진자본의 빈번한 유출입으로 인한 이들 금융시장의 불안을 줄이고 안정적 발전도 기대할 수 있다.

NAFTA와 EU 통합도 역내 교역 신장과 소득증가 등 긍정적 효과를 가져온 것으로 입증되고 있다. NAFTA는 출범 이후 미국, 캐나다, 멕시코 등 모든 회원국에서 역내 교역이 증가하고 경제성장률이 상승하는 효과를 이루어냈다. 특히 멕시코는 외국인직접투자가 증가하고 산업구조가 고도화된 것으로 조사되었다. NAFTA 이후 회원국의

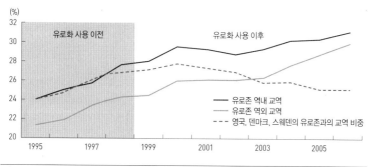

그림 8-4 유로 지역 역내 교역 비중의 변화(GDP/수출입총합 비중)

(%)

유로화 사용 이전 / 유로화 사용 이후

── 유로존 역내 교역
── 유로존 역외 교역
---- 영국, 덴마크, 스웨덴의 유로존과의 교역 비중

1995 1997 1999 2001 2003 2005

자료: European Commission: 대외경제정책연구원

분배 상황도 개선되고 실업률도 하락했다.[1]

유럽도 EU 출범 이후 유로 지역 가입국 확대와 단일통화 사용으로 교역여건이 안정되면서 경제성장과 교역이 증가했다. 특히 유로화 출범 이후 환율 변동 리스크가 제거되고 거래비용이 감소하면서 유로 지역 국가들의 역내 국가 간 교역뿐만 아니라 유로 지역 역외 국가와의 교역 비중도 계속 증가한 것으로 분석되었다. 유로 지역 경상 GDP는 1999년 6조 2,589억 유로에서 2008년 약 9조 2,584억 유로로 47.9% 증가하고, 대외거래규모는 1999년 1조 6,055억 유로에서 2006년 2조 7,905억 유로로 73.8% 증가했다. 가입국 간 역내 교역규모도 1999년 9,070억 유로에서 2006년 1조 4,008억 유로로 54.4% 확대되었다.[2]

---

1 NAFTA 이후 GDP 성장률: 1980~1993년, 평균 2.5% → 1994~2000년, 3.2%
　외국인직접투자: 1980~1993년, 연평균 407억 달러 → 1994~2000년, 1,728억 달러
　교역: 멕시코 수출증가율이 OECD 평균을 크게 상회
2 김갑식, 고승환 (2008. 1. 25). "유로 지역 가입국 확대와 경제적 효과". 한국은행, p. 4~6 참조.

03

금융과 통상으로 보는
동아시아 지역협력

:: 동아시아 금융협력을 위한 정책협의체제

아시아통화기금(AMF)

1997년 9월 19일 일본은 동남아 외환위기와 유사한 사태의 재발에
대비하고, 역내 국가 간 통화협력을 위해 '아시아통화기금(AMF: Asia
Monetary Fund)'의 설립을 제안했다. 기금규모는 1,000억 달러로 조성
하고 이 중 일본이 2분의 1 이상을 출연한다는 제안이었다.[3]

하지만 미국과 IMF가 IMF 기능과의 중복 문제, 위기국의 도덕적
해이 유발 등 이유를 들어 반대함으로써 무산되었다. 유럽에 이어 동
아시아에도 지역 통화체제가 설립되면 IMF 중심의 국제통화 질서에

---

3 일본은 동아시아 위기 시 긴급 유동성을 지원하고 회원국의 경제정책을 협의하기 위한 AMF 설
   립을 제안하였다. 회원국은 일본과 중국, 한국, ASEAN 국가, 환태평양 국가들을 대상으로 구
   성하고자 하였다.

혼란을 초래하고, 국제금융질서를 주도하고 있는 미국과 IMF의 영향력과 위상이 상당히 훼손될 수 있기 때문이다. 일본이 당시 AMF 설립이라는 사실상 실현이 어려운 거대한 제안을 들고 나온 것은 일본 엔화의 저평가가 아시아 외환위기의 원인을 제공했다는 일부 비판에 대한 선제적 대응전략이었다는 의혹도 제기되었다.

마닐라프레임워크 그룹(MFG)

1997년 11월 18~19일 필리핀 마닐라에서 미국을 비롯한 아태 지역 14개국[4] 재무차관과 중앙은행부총재, IMF, WB, ADB 대표들이 모여 아태 지역 금융안정 증진을 위한 새로운 지역감시체제인 MFG(Manila Framework Group)회의를 출범시켰다. 이 회의는 미국이 AMF 설립 대신 IMF 신용대여제도 확충과 아태 지역 차원의 경제 감시체제를 구축하자는 제안에 따라 소집된 것이다. MFG는 위기 시 IMF의 일반적 자금지원제도로 부족할 때 공여규모를 대폭 늘릴 수 있는 '보완신용제도(SRF: Supplemental Reserve Facility)'를 신설했고, 그 첫 번째 수혜국이 한국이 되었다.

그러나 MFG는 동아시아 역내 국가 외에도 미국, 캐나다, 호주, 뉴질랜드 등 다수의 역외 국가가 참여함으로써 동아시아 차원의 지역협력에 대한 동질성과 공감대가 부족했다. 따라서 역내 국가들이 소극적으로 참여하고 외환위기도 극복됨에 따라 2001년 이후 사실상 폐지되었다.

---

4 한국, 중국, 일본, 홍콩, 싱가포르, 말레이시아, 인도네시아, 필리핀, 태국, 브루나이, 호주, 뉴질랜드, 미국, 캐나다를 말한다.

ASEAN+3(한중일) 재무장관회의

앞에서 설명한 바와 같이 1998년 12월, 'ASEAN+3(한중일) 정상회의'에서 정상들은 외환위기 대응을 위해 'ASEAN+3 재무장관회의'를 설치하기로 합의했다. 이에 따라 1999년 4월 마닐라 ADB 연차총회시 제1차 'ASEAN+3재무장관회의'가 출범되었다.

1999년 11월 마닐라에서 개최된 제3차 ASEAN+3 정상회의에서는 동아시아 차원의 포괄적인 금융협력 강화를 주요 내용으로 하는 공동성명[5]을 채택·발표하였다. 이로써 동아시아 지역협력은 새로운 전기를 맞게 되고, 이후 ASEAN+3 재무장차관회의는 동아시아 금융협력의 중심적 역할을 수행하게 된다.

한중일 재무장관회의와 재무당국 간 협의체제

한중일 3국 재무당국 간 협의체제는 아시아 외환위기 이후 출범한 'ASEAN+3 재무장관회의' 체제 속에서 자연스럽게 탄생했다. 1999년 초 한중일 3국 재무당국은 실무협의를 거쳐 같은 해 8월 한국 제주에서 '제1차 한중일 3국 국제국장회의'를 개최했다.[6] 이 회의는 ASEAN+3 재무장관회의 체제 내에서 한중일 3국 재무당국 실무자 간 협력과 공조방안을 협의하는 기구이다. 이 회의는 ASEAN+3

---

5 성명서에 명시된 금융·통화·재정분야의 공통 관심사로는 거시경제 위험 관리, 기업 지배구조 강화, 역내 자본이동 모니터링, 은행 및 금융 시스템 강화, 국제금융체제 개혁과 역내 자구 및 지원 메커니즘 강화에 대한 정책 대화, 조정과 협력 강화 등이다.

6 한중일 3국 재무부 국제국장회의는 1999년 초 서울에서 개최된 한일정상회의 시 한국 재무당국 대표로 참석한 저자(당시 재정경제부 국제금융국장)가 일본 재무부 대표로 참석한 당시 구로다 하루히코(黑田東彦) 국제국장(현 일본은행 총재)에게 개최를 제의하여 구체화되게 되었다. 이어 1999년 3월 호주 멜버른에서 개최된 제4차 MFG 회의에 한국대표로 참석한 저자는 중국 대표인 진리쿤(金立君, 현 중국투자공사감독위원회 의장) 재정부차관과 최종 협의하여 1999년 8월 제주에서 1차 3국 국장회의가 정식 출범하게 되었다.

재무장관회의의 최초 가시적 성과물인 CMI를 탄생시키는 모체 역할을 하였다. 1999년 8월 제주 1차 한중일 3국 국제국장회의에 이어 2000년 2월 일본 벳부에서 개최된 3국 국제국장회의에서 ASEAN+3국 중앙은행 간 통화스와프협정을 추진하기로 처음 협의하였다. 이어 2000년 5월 태국 치앙마이에서 개최된 ASEAN+3 재무장관회의에서 CMI가 정식 합의되어 공표되었다. 이때에 한중일 3국의 재무당국 간 최고협의체인 '한중일 재무장관회의'도 개최되고, 이후 매년 정례화해나가고 있다.

∷ 동아시아 금융협력 현황

치앙마이 이니셔티브(CMI)

| CMI의 창설

ASEAN+3 재무장관회의 출범 이후 동아시아 금융협력 중 가장 가시적이고 핵심적인 성과물 중 하나가 CMI(Chiang Mai Initiative)이다. CMI체제는 ① 한중일 3국과 ASEAN이 참여하는 '10+3' 양자 간 통화스와프 협정과 ② 회원국 간 '경제 상황 점검 및 정책협의(ERPD: Economic Review & Policy Dialogue)'라는 두 가지 요소로 구성되어 있다.

CMI는 앞에 설명한 바와 같이 2000년 2월 일본 벳푸에서 개최된 2차 한중일 국제국장회의 시 3국 중 유일하게 외환위기를 겪은 한국이 역내 위기 재발 시 한중일 3국 간에 보유외환의 일부를 서로 빌려주는 정부 간 스와프협정 체결을 제안한 데서 비롯되었다. 이에 중국과 일본이 동의하고 3국 간 협약을 ASEAN까지 확대하여 추진하

1. 마닐라에서 개최된 ASEAN+3 정상회의에 참석한 브루나이, 캄보디아, 중국, 인도네시아, 일본, 한국, 라오스, 미얀마, 필리핀, 싱가포르, 태국, 베트남 정상들과 말레이시아 총리의 특별대표는 그들 국가들 간의 관계가 빠르게 발전하고 있는 데 대해 만족을 표하였다.

2. 정상들은 동아시아 지역에서 상호교류와 밀접한 연계가 더욱 증진될 수 있다는 밝은 전망에 주목하고, 이러한 점증하는 상호 교류가 동아시아 국가 간 협력 및 협조 기회를 증진시킴으로써 이 지역 평화, 안정과 번영의 증진에 필요한 제반 요소를 강화하고 있다는 점을 인식하였다.

3. 정상들은 새 천년의 도전과 기회, 그리고 세계화·정보화 시대에 있어서 지역 차원의 상호 의존성 증대에 유념하면서, 동아시아 및 전 세계에서의 상호 이해, 신뢰, 선린, 우호, 평화, 안정 및 번영의 증진을 위해 대화를 촉진하고 공동노력을 심화·강화해나가기로 합의하였다.

4. 이러한 맥락에서, 정상들은 유엔헌장, 평화공존 5원칙, 동남아 우호협력조약 및 보편적으로 인정된 국제법의 제 원칙에 따라 동아시아 국가 간 상호관계를 다루어나가야 한다는 점을 강조하였다.

5. 정상들은 ASEAN 및 한중일 지도자들이 1998년 12월 하노이 제6차 ASEAN 정상회의에서 이 회의의 정례적 개최의 중요성에 관해 내린 결정을 상기하고, 또한 현재 활동 중인 동아시아 비전그룹의 노력을 인정하면서, 미래의 도전에 직면하여 우선적으로 이해와 관심을 가지고 있는 분야에서의 동아시아 협력을 증진하기 위해 대화 과정을 더욱 촉진하고 협조를 강화해나가기로 합의하였다.

6. 이러한 맥락에서, 정상들은 다양한 수준에서 그리고 특히 아래와 같은 다양한 분야에서 공동 노력하며 이미 진행되고 있는 여러 협의 및 협력 과정을 발전시켜나가야 한다는 점을 강조하였다.

　가. 경제 및 사회분야

　－ 정상들은 경제협력 분야에서 통상, 투자, 기술이전, 정보기술 및 전

자상거래에 있어서의 기술협력 진흥, 산업 및 농업협력 증진, 중소기업 강화, 관광 진흥, 메콩강 유역 등 동아시아 성장지역 개발에의 적극 참여 촉진 등의 가속화를 위한 노력 강화 및 동아시아 기업협의회와 업종별 민간협의회와 같은 네트워크 구축 조치를 통해 경제협력 활동에 대한 민간 부문의 광범위한 참여를 촉진키로 합의하고, 또한 동아시아에 있어서의 지속적인 경제성장과 경제위기 재발을 방지하기 위한 필수불가결한 안전조치로서 구조개혁을 지속 추진하고 이와 관련한 협력을 강화하기로 합의하였다.

- 정상들은 통화·금융협력 분야에서 공통의 이익이 있는 금융·통화·재정 현안 관련 정책협의, 조정 및 협조를 강화함으로써 거시경제 위험 관리에 초점을 맞추어나가며, 기업 경영행태를 제고하며, 역내 자본이동을 감시하며, 은행·금융제도를 강화하며, 국제금융체제를 개편하며, 진행 중인 ASEAN+3 재무부 및 중앙은행 지도자와 관리자들 간 협의 및 협력 메커니즘을 포함한 ASEAN+3 틀을 통한 동아시아 지역의 자구 및 지원 메커니즘을 제고해나가기로 하였다.

- 정상들은 사회 및 인적자원개발 분야에서 동아시아 국가 내 그리고 국가 간 경제·사회적 격차해소를 통한 동아시아의 지속성장을 위해 사회 및 인적자원 개발이 중요하다는 데 동의하였다. 이러한 점에서 정상들은 인적자원개발기금 그리고 사회안전망을 위한 ASEAN 행동계획 등을 통한 ASEAN 인적자원 개발 계획의 이행과 같은 분야에서의 협력 노력을 제고시켜나가기로 합의하였다.

- 정상들은 과학 및 기술 분야에서 동아시아의 경제발전 증진과 지속적 성장을 위한 능력 배양을 위한 협력을 강화하기로 하였다.

- 정상들은 문화 및 정보 분야에서 동아시아 문화의 장점과 미덕에 초점을 맞추면서 이 지역의 강점이 문화의 다양성으로부터 나온다는 인식하에, 아시아적 관점의 여타 지역으로의 투영, 인적 접촉 증진과 문화적 이해, 우의 및 평화 증진을 위한 지역협력을 강화해나가기로 하였다.

- 정상들은 개발협력 분야에 있어 이 지역의 장기적인 경제 및 정치적 안정을 달성하기 위하여 지속적인 경제개발, 기술능력 그리고 국민들의 생활수준 증진 등 하노이 행동계획의 이행을 위한 ASEAN의 노력에 대한 지지의 천명과 확산이 중요하다는 데 대하여 의견을 같이 하였다.

나. 정치 및 기타 분야

- 정상들은 정치 안보 분야에서 동아시아 지역의 항구적 평화와 안정을 이룩하기 위한 상호이해 및 신뢰 증진을 위해 대화, 조정 및 협력을 계속해나가기로 합의하였다.
- 정상들은 초국가적 문제에서 동아시아 지역의 공동 관심사를 다루는 데 있어 협력을 강화해나가기로 합의하였다.

7. 정상들은 동아시아 국가들의 공동 노력과 협력 과제를 통해 각종 다자 무대에서의 제반 활동들을 어떻게 지지하고 보완해나갈 것인지에 유념하면서, UN, WTO, APEC, ASEM, ARF 등 다양한 국제적, 지역적 협의체 그리고 지역 및 국제금융기구에서의 조정 및 협력을 강화하기로 합의하였다.

8. 정상들은 다양한 분야에서의 동아시아 협력의 실현을 위해, 관계 장관들에게 기존의 각종 기구 특히 고위관리들을 통해 본 공동성명의 이행 상황을 점검하도록 하는 과제를 부여하였다. 정상들은 아울러 본 공동성명 이행의 진전 상황을 검토하기 위해 2000년 태국 방콕에서 개최되는 ASEAN 확대 외무장관회의 기간 중에 ASEAN+3 외무장관 회의를 개최하기로 합의하였다.

9. 끝으로, 정상들은 동아시아 국민들의 삶의 질과 21세기 이 지역의 안정에 실질적인 영향을 줄 수 있는 구체적 결과를 가져올 수 있도록 동아시아 협력을 보다 심화·확대시키기 위한 확고한 결의와 신념을 표시하였다.

기로 논의가 진전되어, ASEAN 측에 이 구상이 전달되고 이들도 동의함에 따라 추진이 최종 합의된 것이다.[7]

이 구상은 기본 프레임워크에 대한 실무 합의를 거쳐 같은 해인 2000년 5월, 태국 치앙마이에서 개최된 제1차 ASEAN+3 재무장관회의에서 공식 합의 안건으로 채택되고 대외 공표되었다. CMI는 출범 초기 한중일과 ASEAN 주요 5개국[8] 간 양자 간 통화스와프(bilateral currency swap)[9]로 출범하였다.

다자간 CMI로의 전환

2006년 ASEAN+3 재무장관회의에서 CMI를 ASEAN+3 전체 회원국으로 확대하기로 하고, 양자 간 통화스와프인 CMI를 다자간 계약인 CMIM(CMI Multi-lateralization)로 전환하는 방안을 검토하기로 하였다. 이어 2007년 5월 교토 재무장관회의에서 CMIM의 기본방향에 대해 합의가 이루어지고, 2008년 5월 마드리드 재무장관회의에서 기존의 CMI규모를 400억 달러에서 2배로 늘려 800억 달러로 하고, 다자간 계약인 CMIM에 대한 ASEAN과 한중일 간 분담비율을 2:8로 하기로 기본합의가 이루어졌다.

---

7 2000년 2월 일본 벳부에서 개최된 제2차 한중일 국제국장회의에서 당시 한국 재무부 국제금융국장인 저자의 3국 중앙은행 간 위기 시 상호 자금지원 제안에 따라 일본 재무부 국제국장인 미조구치 젬베이(溝口善兵衛, 현 일본 시마네현 지사), 중국 재정부 국제국장 주광야오(朱光耀, 현 중국 재정부 부부장), 중국 인민은행 국제담당부총재 리뤄구(李若谷, 현 중국수출입은행 총재) 간에 논의되고 합의되었다.

8 ASEAN 빅(Big) 5는 태국, 말레이시아, 인도네시아, 싱가포르, 필리핀이다. ASEAN 스몰(Small) 5는 베트남, 캄보디아, 라오스, 미얀마, 브루나이이다.

9 중앙은행 간 통화스와프로 외환위기가 발생하면 자국 통화를 상대국 중앙은행에 맡기고 외국 통화(달러화)를 단기 차입할 수 있도록 하는 계약이다.

2008년 금융위기 직후인 2009년 2월 태국 푸켓 재무장관회의에서는 CMIM의 위기대응 능력을 더 키우기 위해 규모를 800억 달러에서 1,200억 달러로 확대하기로 하고, 같은 해 5월 발리 재무장관회의에서 참가국별 분담금, 인출배수 등 주요 쟁점에 대해 합의[10]가 이루어지고, 2010년 3월 24일 CMIM 협정이 각국의 국내절차를 거쳐 최종 발효되었다.

▎CMIM의 효과성 제고: 규모 확대 및 위기예방 기능 추가 등

2010년 유로존 위기 이후 역내 금융안전망인 CMIM의 추가 강화가 필요하다는 공감대가 형성되었다. 2012년 5월 마닐라 재무장관회의에서 CMIM의 효과성을 더욱 제고하는 방안에 합의가 이루어졌다. 즉 ① CMIM규모를 2,400억 달러로 2배 확대하고, ② 위기 해결을 위한 자금뿐만 아니라 사전에 위기 예방을 위한 자금지원기능도 추가하기로 하고, ③ 동시에 지원자금의 IMF 연계 비중도 축소하기로 합의하였다.

[규모 2배 확대] CMIM규모를 기존 1,200억 달러에서 2,400억 달러로 확대하기로 하였다. 2010년에 CMI를 다자화하면서 800억 달러에서 1,200억 달러로 50% 확대한 데 이어, 2년 만에 100%를 추가 확대하기로 한 것이다. 회원국의 분담비율과 분담금 대비 인출배수는 기존과 동일하게 유지하기로 했다.

---

10 분담금은 한국 16%, 중국 32%, 일본 32%, ASEAN 20%이고, 인출배수는 분담금 대비 한국 1.0배, 중국 0.5배, 일본 0.5배, ASEAN 빅(Big) 5국 2.5배, ASEAN 스몰(Small) 5국 5.0배이다. 위기 시 인출가능금액은 분담금×인출배수(Borrowing Multiple)이다.

표 8-3 CMIM규모 2배 확대에 따른 회원국별 분담금규모

	한국	중국	일본	ASEAN	계
분담금규모 (비중)	384억 달러 (16%)	768억 달러 (32%)	768억 달러 (32%)	480억 달러 (20%)	2,400억 달러 (100%)
분담금 대비 인출배수	1.0	0.5	0.5	(Big5) 2.5 (Small5) 5.0	–

[위기예방프로그램 도입] 위기 발생 시 자금지원을 하는 위기해결기능만 갖고 있던 CMIM에 IMF에 있는 것과 같은 위기예방프로그램도 도입하기로 했다. 기존 위기해결기능인 'CMIM 안정화지원제도(CMIM-SF: CMIM Stability Facility)'와 별도의 위기예방프로그램 'CMIM 예방적지원제도(CMIM-PL: CMIM Precautionary Line)'를 신설하기로 하였다.[11]

[IMF 자금 연계 비중 하향 조정] CMI체제는 출범 당시 IMF처럼 위기국의 경제 상황을 정확히 진단하여 지원 자금규모를 산출하고 동시에 위기극복 프로그램을 설계할 시스템이 없었다. 이러한 시스템이 없이 자금만 지원하면 위기국의 도덕적 해이를 불러올 수 있다며 미국이나 IMF가 반대하면 CMI 출범 자체가 어려워질 수 있었다. 따라서 CMI 자금 지원은 위기국에 IMF 지원이 확정되었거나 지원이 임박한 경우로 한정하기로 하고, IMF 프로그램이 발동되기 이전에 지원할 수 있는 금액은 전체 지원대상자금의 20%로 제한하기로 했다.

그러나 2012년 5월 마닐라 재무장관회의 시 CMIM 효과성 재고

---

11 IMF의 위기예방프로그램에는 탄력대출제도(FCL: Flexible Credit Line), 예방적 유동성 지원제도(PLL: Precautionary and Liquidity Line), 예방조정특별권리(HAPA: High Access Precautionary Arrangement) 등이 있다.

를 위하여 기존 IMF 자금 연계비율을 20%에서 30%로 상향 조정하기로 하고, 2014년에는 40%까지 확대키로 합의했다. 결국 언젠가는 CMIM 지원과 IMF 지원 간 연계를 해소하고 독자적인 역내 위기대응 시스템으로 발전해나갈 것으로 기대된다. CMIM이 유럽의 ESM과 같이 자율적이고 독립적으로 운용되는 가운데 IMF와 긴밀한 협조와 역할 분담을 통해 지역금융기구로 발전하는 방안을 모색해야겠다.

아시아채권시장이니셔티브(ABMI)

역내 채권시장 육성 필요성

[채권시장을 통한 자본의 역내 환류] 아시아 지역은 자본시장 특히 채권시장 발달이 저조하여 채권발행을 통한 직접금융보다 은행차관 중심의 간접금융이 활발했다. 장기투자자금을 주로 단기해외차입이나 은행차관 등에 의존함으로써 만기불일치와 통화불일치라는 이중불일치[12]가 발생하고, 이것이 외환위기의 주요 원인으로 지적되었다.

실제로 외환위기를 겪은 아시아 4개국의 2000년도 자본조달 형태를 보면 은행차입이 회사채 발행에 비해 월등히 크나, 자본시장이 발달한 미국은 은행차입과 회사채 발행이 비슷한 수준이었음을 알 수 있다. 한국은 은행차입을 통해 GDP 대비 60%에 달하는 자금을 조달하고 회사채발행을 통한 조달은 26%에 불과했다. 이에 비해 미국은 은행차입 비중이 GDP 대비 39%에 불과하고 45%인 거의 절반을 회사채 발행을 통해 조달한 것이다. 그리고 주식시가 총액도 한국

---

12 만기불일치란, 아시아 역내 국가들이 해외에서 빌려온 단기자금을 국내에서 장기투자자금에 활용함에 따라 나타나는 문제를 말한다. 통화불일치란, 해외에서 조달한 외채가 아시아 역내 통화가 아닌 대부분 달러화표시 부채임에 따라 발생하는 문제를 말한다.

표 8-4 동아시아 국가들의 자본조달 형태(2000년)

(GDP 대비 %)

	은행 차입(A)	회사채 발행(B)	A/B(배)	주식시가총액
한국	59.6	25.9	2.30	36.4
인도네시아	60.2	1.7	35.41	20.1
말레이시아	122.7	9.2	13.33	83.6
태국	99.2	4.2	23.61	26.6
미국	38.9	45.4	0.85	178.9

자료: 기획재정부

은 GDP 대비 36%에 불과하나 미국은 180%에 가깝다. 이는 기업들이 기업공개(IPO) 등 주식시장을 통한 자금조달규모가 신흥국들보다 훨씬 크다는 것을 의미한다.

[외환보유액의 역내 활용] 외환위기 이후 동아시아 국가들은 대규모 경상수지 흑자를 시현하면서 외환보유액을 크게 확충해왔다. 일본을 포함한 동아시아 국가의 외환보유액은 1991년 말 2,500억 달러로서 전 세계 외환보유액의 19.2%에 불과했으나, 2013년 12월 말에는 총 7조 190억 달러로서 세계 외환보유액의 55.6%에 이르게 되었다.

그러나 이렇게 축적된 대규모 외화자금은 아시아 역내에서 활용되지 못하고 뉴욕, 런던 등 선진 국제금융시장으로 유출되었다가 다시 아시아시장으로 유입되는 행태를 보이고 있다. 이렇게 재유입된 자금은 금융 불안 시 일시에 빠져나가 지역 금융시장을 교란시키는 주요 요인이 되고 있다. 그러므로 아시아 역내 채권시장을 육성해서 역외로 빠져나가는 자금이 역내에 공급·활용될 수 있다면 역내 자금조달 다변화뿐만 아니라 금융시장 안정과 경제발전에도 기여하는 효과를 기대할 수 있다. 이러한 인식을 바탕으로 ASEAN+3 역내 채권시

표 8-5 동아시아 국가 외환보유액 추이				

(억 달러)

	1991년	2011년	2012년	2013년
중국	482	32,547	33,875	38,804
일본	806	12,958	12,681	12,669
대만	–	3,906	4,032	4,168
한국	138	3,069	3,277	3,457
홍콩	289	2,854	3,174	3,112
ASEAN	459	5,539	8,263	7,980
동아시아	2,516	63,314	65,302	70,190
세계 전체	13,081	118,316	123,672	126,199
동아시아 보유비율(%)	19.2	53.5	52.8	55.6

자료: 세계은행

장 발전을 위한 아시아채권시장이니셔티브(ABMI: Asian Bond Markets Initiative) 논의가 시작되었다.

추진 경위 및 현황

2002년 하반기 한국은 CMI 후속과제로서 동아시아 채권시장 활성화 방안을 추진할 것을 제안하고, 이어 2003년 2월 일본 동경에서 개최된 ASEAN+3 실무회의에서 한국은 아시아 채권시장 발전 추진을 위한 기본 제안서를 발표했다.[13] ABMI는 동아시아 국가들의 국경

---

13 ABMI는 2002년 7월 초 덴마크 코펜하겐에서 개최된 ASEM 재무장관회의 차석대표(Deputy)로 참석했던 저자가 귀국 시 일본 차석대표인 구로다 하루히코 당시 재무부 재무관과 동석한 기내에서 CMI 후속 프로젝트를 논의하던 중 추진하기로 합의한 과제이다. 일본이 ABMI 추진을 위한 ASEAN+3 실무회의를 2003년 초 동경에서 개최하고, 이 회의에서 한국 측이 추진 기본계획을 마련하여 제안하였다. 이후 ABMI가 ASEAN+3 정식의제로 채택되고 구체적인 작업계획 등이 마련되어 추진되어오고 있다.

표 8-6 2008년 뉴 로드맵상 태스크포스 과제 및 담당 태스크포스 현황

태스크포스	의장국
TF1: 역내 통화표시 채권 공급 활성화(supply—side) (Facilitating Issuance of Local Currency—Denominated Bonds)	태국 중국
TF2: 역내 통화표시 채권 수요 촉진(demand—side) (Promoting Demand of Local Currency—Denominated Bonds)	싱가포르 일본
TF3: 규제체계 개선 (Improving Regulatory Framework)	말레이시아 일본
TF4: 역내 채권시장 인프라 개선 (Improving Related Infrastructure for the Bond Markets)	필리핀 한국

간(cross border) 채권거래 활성화를 위해 역내국 채권의 수요 및 공급 확대방안과 역내 기관투자자 육성, 그리고 채권시장 인프라 구축 등을 세부과제로 선정하였다.

2003년 초 ABMI이 출범한 이후 국가별로 6개 주요 과제별로 실무그룹을 설치하여 분담하여 작업을 추진해왔다. 2008년 2월에는 그간의 작업 결과를 평가하고, 일본이 4개 태스크포스체제하에서 추가적으로 작업할 과제를 선정하여 이를 'ABMI 뉴 로드맵(New Roadmap)'으로 제안하여 작업이 진행되었다.

[뉴로드맵 플러스(New Roadmap+)] 2011년에는 한국이 기존의 뉴 로드맵을 보완 개편하여 향후 10년간 아시아 채권시장 발전의 비전과 추진과제를 정리한 '뉴로드맵 플러스'를 제안하여 채택되었다. 뉴로드맵 플러스는 기존의 ABMI 기본방향을 재정립하고, 실현가능한 과제별로 우선순위를 정하여 보다 체계적으로 추진하고자 하는 방안이다. 우선 실현가능하고 역내 협력에 실질적으로 도움이 되는 총 12개 과제를 선정하고, 이중 9개 우선순위 과제를 중점 추진키로 했다. 그리

그림 8-5 뉴로드맵 플러스 3개 기본방향 및 우선 추진 과제

기본방향1		기본방향2		기본방향3
가시적 성과물 도출을 위해 추진할 기존 이슈	+	ABMI 모멘텀을 살리기 위한 추가 과제	+	글로벌 금융시장 변화에 대응한 신규 과제
① CGIF 신용보증 성과 ② 인프라 파이낸싱 ③ 역내 기관투자자 육성 ④ ABMF 과제 활성화 ⑤ RSI 설립 가속화		① 국채시장 발전방안 ② 중소기업, 소비자 금융 　발전 ③ 역내 신용평가사 협력 　및 역량 제고		① 금융시장이해도 제고

고 매 3년마다 중간 점검을 통해 뉴로드맵 플러스의 실행력을 제고해나가기로 했다.

[역내 신용보증투자기구(CGIF)] CGIF(Credit Guarantee and Investment Facility)는 ASEAN+3 역내 국가들이 발행하는 채권에 대한 수요를 제고하기 위해 신용보강을 제공하는 기구이다. 2010년 5월 타슈켄트 재무장관회의에서 이 기구 설립이 확정되고, 2011년 11월부터 마닐라에 설립되어 운영되고 있다.

[역내 증권결제기구(RSI)] 채권시장 활성화를 위해서는 채권매매에 따른 결제기구가 필수적이다. RSI(Regional Settlement Intermediary)를 설립하면 증권거래 시 거래위험과 거래비용이 줄어들고, 증권 예탁 및 결제기능을 통합하여 결제의 편의성과 안전성을 높일 수 있다. 이러한 필요성에 의해서 역내 채권거래 활성화를 위한 주요 인프라인 RSI를 설립하기 위한 논의가 진행되고 있다.

역내 경제 상황 점검 및 정책협의(ERPD) 강화

ERPD는 동아시아 지역 경제 동향과 금융시장 상황에 대해 체계적으로 상호 평가하고 감시하는 시스템이다. 그간 ERPD는 연 2회씩 개최되는 ASEAN+3 재무장관회의와 재무차관회의를 통해 이루어져 왔다.

ADB 등 역내 국제금융기구가 세계경제와 지역경제 상황에 대해 보고하고, 회원국도 자국의 경제와 금융 현황에 대한 국별 보고서를 제출하여 함께 토의하는 형식으로 운용해왔다.

ERPD의 일환으로 외환위기 이후 ① 단기자본이동에 대한 공동 모니터링 시스템 구축과 ② 외환 및 금융위기를 조기에 탐지할 수 있는 조기경보장치(EWS: Early Warning System)도 설치하여 역내 회원국 간에 운용해오고 있다.[14]

ASEAN+3 거시경제 감시기구 AMRO의 출범

ASEAN+3체제 출범 이후 일찍부터 역내 경제 동향 점검 및 정책협의 시 재무장차관회의 업무를 보조하고, 위기 발생 시 CMI 사무국 기능을 담당할 상설기구 설치가 필요하다는 논의가 제기되어왔다. 그러나 그간 회원국 간 합의부족으로 설립이 지연되다가, 2011년 5월 하노이 재무장관회의에서 CMIM의 진전을 바탕으로 'ASEAN+3 거시경제 감시기구'인 AMRO(ASEAN+3 Macroeconomic Research Office)의 출범이 확정되었다.

---

14 동아시아 단기자본이동 모니터링 시스템과 조기경보체제(EWS) 구축도 2000년 CMI 출범 직후 아국의 제안과 기술제공 등을 통해 구축되었다. 실무 작업에는 한국의 국제금융센터와 ADB, ASEAN 사무국 등이 참여해왔다.

AMRO는 역내 거시경제 및 금융 상황을 상시 감시하고, 필요한 정책 권고를 하며, 정기적으로 재무장차관회의에 보고서를 제출하게 되어 있다. 위기 발생으로 CMIM 자금지원이 요청되면 자금인출 및 관리 업무 등도 담당한다.

그간 ASEAN+3 장차관회의에서 수행되던 단기자금이동 모니터링이나 조기경보체제 운영 및 경제정책협의(ERPD)를 공식적으로 뒷받침하고, CMIM의 사무국 역할을 수행할 공식 조직이 발족된 것이다. CMIM의 위기예방기능 도입 등에 맞추어 AMRO의 역내 경제금융 감시기능을 강화하고, IMF 등 다른 국제기구와의 협력 확대도 추진하고 있다.

1997년 아시아 외환위기를 계기로 시작된 동아시아 금융협력은 그간 CMI, ABMI, ERPD 모두 일정한 성과를 거두었다. 즉 CMI는 CMIM으로 다자간기금으로 발전하여 운용을 개시하였으며, ABMI는 역내 채권 발행국에게 신용보증을 제공하는 기구인 CGIF를 설립하였고, ERPD도 역내 감시기구인 AMRO의 설립으로 다자간 동아시아 금융위기 대응기능이 크게 보강되었다.

그러나 이러한 성과가 달성된 이후 앞으로 지역금융협력의 모멘텀이 약화되지 않도록 새로운 과제(future priorities)의 발굴 및 보다 견고한 동아시아 협력체제로의 발전을 위한 각국의 노력이 필요하다. 여기에는 지금까지 본격적으로 논의되지 못한 역내 환율안정을 위한 동아시아 차원의 통화협력 및 환율안정 메커니즘 구축 과제가 포함되어야 할 것이다. 이하에서는 이에 대해 살펴보고자 한다.

아시아 통화협력에 대한 고민

역내 환율안정 논의

아시아 외환위기 이후 역내 환율안정과 안정적 환율제도가 필요하다는 인식이 확산됨에 따라 학계나 연구기관에서는 이에 대한 논의가 꾸준히 진행되어왔다. 이는 아시아 외환위기가 역내국들의 경직적 환율운용과 경쟁적 평가절하에 기인한다는 비판에서 비롯되었다. 미국달러 등 역외 통화뿐만 아니라 역내 각국 통화 간의 안정적 환율운용은 불안정한 역내외 교역 환경을 개선하기 위해서도 매우 중요하다.

이 지역 외환시장의 안정을 기하고 안정적인 교역 환경을 조성하려면 유럽과 같이 지역통화동맹을 추진하는 것이 유효한 대안의 하나이지만, 현재 동아시아 지역 내 국가 간 경제력 격차나 일본과 중국 간의 역학관계, 한중일 간의 미묘한 외교적 갈등 등을 볼 때 조만간 이러한 구상이 구체적으로 논의되고 진전되기는 쉽지 않아 보인다. 역내 유일의 교환성 통화국인 일본의 지도력 수준으로 볼 때 일본 엔화를 중심으로 한 '동아시아 엔 블록' 형성도 어려울 것으로 보인다.

현재로서는 우선 ASEAN+3 재무당국 간 정책협의를 통해 자국 경쟁력 위주로 환율을 운용하는 것을 자제하도록 하고, 지역 통화가치 안정을 위해 중장기적 협력방안을 추구해나가는 것이 바람직하다. 아시아에도 과거 유럽의 유럽통화단위(ECU: European Currency Unit)와 같은 별도의 아시아통화단위(ACU: Asian Currency Unit)를 개발하여 이를 중심으로 지역 내 통화가치를 안정시키는 제도를 구상해볼 수 있다. 그런 다음 유로와 같은 아시아공동통화 창출과 독립된 아시아중앙은행 설립 등 아시아 지역 통화통합 방안을 설계해볼 수 있다. 그런 연후에 달러, 유로, 아시아단일통화의 세계 3대 기축 통화권 간에 환율안정을 도모해나가는 방안을 구상해볼 수 있을 것이다.

첫째, 지역 공동통화 바스켓제도에 대해 살펴보자. 이는 주요 국제 통화인 달러, 유로, 엔으로 통화 바스켓을 구성하되, 주요 통화 간 가중치는 교역 비중 등을 고려하여 결정하는 방안이다. 역내 각국 통화를 3개 기축통화 공동 바스켓에 고정시키거나, 바스켓 변동의 일정 범위 내에서 환율을 움직이도록 하는 제도이다. 이는 아시아 외환위기 이후 역내 통화협력에서 유로화와 엔화의 영향력을 제고하고자 하는 독일과 일본이 적극 주장했다.

미국달러, 유로화와 함께 일본 엔화를 주요 바스켓 통화로 제안하고 있는 공동통화 바스켓제도는 아쉽게도 중국, 한국 및 여타 동아시아 국가들이 관심을 표명하지 않음으로써 사실상 논의가 진전되지 못했다.

둘째, AMS제도 도입에 대해 살펴보자. 이는 ECU[15]를 창출하여 역내국 간 환율안정을 도모했던 EMS를 모델로 하는 방안이다. 즉 동아시아 지역 통화로 구성되는 '공동화폐 계산단위'인 'ACU'를 창출하여 이를 중심으로 각국 통화의 환율을 운용하자는 안이다.

ACU는 역내국 통화로 구성된 통화군 단위를 의미한다. 구체적으로는 가맹국 통화의 가중평균 환율인 ACU를 중심환율로 하고, 이를 기준으로 일정 범위 내로 역내국 통화 환율 변동을 제한하되, 달러,

---

15 ECU는 창출 시 '0.62DM(30.1%)+0.088£(13%)+1.332FF+⋯' 등 12개 참여국 화폐로 구성되었다.

표 8-7 공동통화 바스켓제와 AMS제 비교

공동통화 바스켓제	AMS: Asian Monetary System
공동 바스켓(유로, 달러, 엔 등)을 기준으로 일정 범위 내로 각국 통화의 변동을 제한한다. * 바스켓: 달러, 유로, 엔으로 구성	ACU(Asian Currency Unit)를 창출하여 이를 기준으로 역내 통화의 변동 범위를 제한한다. * ACU: 역내국 통화로 구성
유사사례 : SDR 창출	유사사례 : EMS
역내 통화 간 가치안정 주요 통화와 역내 통화 간 가치안정	역내 통화 간 가치안정 주요 통화와 역내 통화 간 변동 허용

자료: 기획재정부

유로 등 역외 통화에 대해서는 자유변동을 허용하는 방안이다. 이 방안과 공동통화 바스켓제도의 차이점은 ① 역내국 간 통화가치의 안정을 외부 통화가 아닌 역내 통화를 기준으로 한다는 점과 ② 역내 통화와 외부 통화 간의 환율 변동을 허용한다는 점에서 차이가 있다.

최근에는 중국이 위안화의 국제화와 기축통화화를 추진하고 있어 ACU라는 별도의 아시아통화단위 도입을 통한 역내 공동통화 시스템의 구체화도 쉽지 않아 보인다.

셋째, 동아시아 단일통화 창출에 대해 살펴보자. 이는 로버트 먼델 (Robert Mundell)의 최적통화지역(optimum currency area)[16]이론에 기초하고 있다. 최적통화지역은 단일통화를 사용하기에 가장 적합한 범위의 지역을 의미한다. 최적통화지역이 성립되기 위해서는 일반적으로 몇 가지 요건이 충족되어야 한다. 즉 경제적 충격의 보편성과 동

---

16 1961년 로버트 먼델에 의해 정리되어 유럽의 유로화 탄생의 이론적 배경이 되었다. 이 이론은 어떠한 지역이 단일 통화를 사용하기에 최적의 조건을 만족하는지를 분석하고 단일 통화의 이점을 극대화시키고자 한다. 환율 변동성 제거, 환전비용 제거, 무역의 거래비용 감소 등의 이점이 있으나 자국의 통화정책, 환율정책을 포기하고 단일중앙은행의 통화, 금리정책을 따라야 하는 비용이 발생한다.

질성이 유지되고, 자본과 노동 등 생산요소의 자유로운 이동성이 보장되어야 한다. 또한, 대외교역의 비중이 크고 경제가 개방되어야 하며, 충분한 수준의 생산 다변화 및 경제정책 목표가 일치해야 한다.

동아시아 지역은 아직 단일통화 사용을 위한 최적통화지역 여건이 성숙되어 있다고 보기 어렵다. 게다가 단일통화에 대한 역내 공감대와 정치적 합의도 부족한 상황이다. 특히 2010년 유로존 재정위기 발생 이후 지역 단일통화 도입에 따른 문제점이 크게 부각되면서 보다 신중하게 검토해야 할 과제로 인식되고 있다. 장기적으로 역내 무역 자유화의 촉진, 노동 등 생산요소의 보다 자유로운 이동, 경제구조와 발전수준의 동질성 제고 등 제반 여건이 조성된 이후에 추진 가능한 과제이다.

향후 아시아 환율협력체제 전망

아직 역내 각국이 서로 다른 환율제도를 운용하고 있고, 환율운용의 독자성을 선호하고 있기 때문에 조만간 동아시아 통화협력에 있어 가시적인 성과를 기대하기는 어렵다. 그러나 결국 동아시아 국가들이 미국달러화와 유럽의 유로화 블록에 맞서 경쟁적 환율절하를 자제하고, 역내외 안정적인 무역 환경과 지역 통화가치의 안정을 기하기 위해서는 역내국 간 통화협력 강화가 필수적이다.

유럽처럼 역내 공동통화를 지금 당장 창출할 수는 없지만, 그래도 ASEAN+3 재무장차관회의를 통해 역내 통화가치의 안정을 위한 대화와 협력은 강화해나갈 수 있다. 현재 주요국 간 대립적 갈등관계가 해소되고 지역협력에 대한 공감대가 제고되면 아시아통화단위인 ACU를 창설하여 과도한 환율 변동을 제한하는 아시아통화 시스템

(AMS) 구축을 적극적으로 검토해볼 필요가 있다.

EU와 같은 지역 단일통화 창출은 현재로서는 매우 요원한 과제이다. 지역 단일통화체제를 구축하기 위해서는 무엇보다 역내 국가들의 경제수준이 어느 정도 비슷해지고, 각종 생산요소의 자유로운 이동이 가능해져야 한다. 그리고 통화금융정책과 거시정책 등에 있어서 초국가적 자세가 견지되어야 한다. 아시아에 이러한 여건이 조성되기에는 아직도 많은 시간이 필요하다.

그러나 CMI와 같은 지역 금융협력의 성과물을 바탕으로 지혜를 모아 나간다면 장기적으로 유럽과 같은 아시아 공동시장과 공동통화의 창출도 결코 불가능한 일은 아닐 것이다. 그런 차원에서 유럽의 단일통화 협력과정을 잘 연구하여 동아시아도 지역통화체제에 대한 논의를 꾸준히 발전시켜나가야 한다. 우선 재무장관회의 프로세스 아래 '동아시아 통화협력 및 공동통화 협의기구'를 구성하여 구체적인 논의를 시작하고, 여기에서 지역 통화통합을 위한 중장기 로드맵을 마련하여 단계적으로 추진해나갈 필요가 있다.

∴ 통상협력: 다양한 시장통합 논의의 진행

최근 동아시아를 포함한 아시아·태평양 지역에는 다양한 형태와 범위의 시장통합 논의가 진행 중이다. 이 논의를 크게 ① 한중일 3국 중심의 논의[17]와 ② 미국 등이 참여하는 환태평양 차원 논의,[18] 그리

---

17 한중일 3국 간 양자 및 다자 FTA, EAFTA(ASEAN+3 FTA), CEPEA(ASEAN+6 FTA)
18 TPFTA: 미국·호주 등 환태평양 12개국 FTA, FTAAP: 아시아태평양 자유무역지대

고 ASEAN 주도의 논의로 구분하여 살펴보자.

한중일 중심

한중일 자유무역협정(FTA)

2009년 10월 한중일 3국 정상회의에서는 각국 정상들이 한중일 FTA 공동연구를 진행하기로 합의했다. 이에 따라 2009~2011년간 한중일 FTA 산관학(産官學) 공동연구가 진행되어왔다. 또한 2012년 5월 13일 3국 정상회의에서는 한중일 FTA의 연내 개시를 위한 국내 절차 추진 및 사전 실무협의에 즉시 착수한다는 공동 선언을 발표했다. 만약 한중일 FTA가 타결된다면 3국의 밀접한 경제협력 관계와 세계경제 속에서의 비중으로 봤을 때 역내 시장 확대와 같은 긍정적인 효과가 매우 클 것으로 기대되고 있다.

2012년에는 협상구조, 기본원칙, 포괄범위 등 3국 간 한중일 FTA 개시에 필요한 사항에 대해 사전 실무협의가 3차례 있었다. 한국은 사전 실무협의와 병행하여 국내절차[19]를 개시하고 공식 협상 준비과정을 거쳤으며, 2013년 3월부터 2014년 3월까지 4차례의 실무협상을 진행해왔다. 하지만 한중일 FTA는 3국 간 경제발전 단계 및 산업구조의 차이, 정치·외교적 현안 등 때문에 최종 합의까지는 아직도 극복해야 할 과제들이 많이 남아 있다.

한일 FTA

2003년 10월부터 한일 FTA 협상을 위해 양국 간 6차례 실무협상

---

19 경제적 타당성 검토→관보 게재→공청회→FTA 추진위원회→대외경제장관회의→국회 보고

을 진행했으나, 농수산물 개방 수준 등에 대한 입장 차이로 2004년 11월 이후 협상이 중단되었다. 2008~2012년간 협상 재개를 위한 실무협의를 개최하였으나, 추가 진전이 거의 없는 상황이다.

한·일 FTA는 양국 경제협력 관계를 한 단계 발전시킬 수 있는 계기가 될 것이다. 또한 한국의 입장에서 봤을 때는 FTA 허브국가를 완성하고 동아시아 경제통합 논의에 기여할 수 있는 기회가 될 것이다. 다만, 관세철폐에 따른 부품소재 등 국내 제조업에 미칠 피해와 대일(對日) 무역역조 심화에 대한 우려가 걸림돌이 되고 있다.

2012년 6월 한일 FTA 협상재개를 위한 우호적 환경조성과 상호이익의 확보방안에 대한 의견 교환을 위해 3차 과장급 회의가 개최되었으나, 이를 끝으로 현재 한일 간 정치·외교관계 악화로 당분간 협상재개를 기대하기는 어려운 상황이다.

한중 FTA

한중 양국은 2004년부터 한중 FTA 추진을 위한 정부 간 사전협의를 추진해왔다. 2005~2006년에는 민간 공동연구를 시행했고, 2007~2010년간 산관학 공동연구를 거쳐 정부 간 사전협의를 수차례 추진해왔다. 2012년 1월 9일에는 한중 정상회의 시 양국 간 FTA 협상을 개시한다는 정상 간 합의가 이루어졌다. 이후 국내에서는 공청회, 대외경제장관회의 의결 등 절차[20]와 110여 회에 걸친 범정부 의견수렴 및 국회보고(4월 23일)를 거쳐 2012년 5월 2일 한중통상장

---

20 FTA 체결절차 규정(대통령 훈령): 관보게재(2월 8일)→공청회 개최(2월 24일)→FTA추진위원회(4월 13일)→대외경제장관회의 의견(4월 16일)

관회의에서 한중 FTA 협상 개시를 선언하였다.

1차 한중 FTA 협상이 2012년 5월 북경에서 개최된 이후 2014년 11월까지 모두 14차례의 협상이 진행되었다. 2014년 11월 10일 북경에서 개최된 한중 정상회의 기간 중 양국은 협상 타결을 선언했다. 한중 FTA는 이후 실무협상을 마치고, 2015년 2월 25일 가서명을 완료하였다.

중국은 세계 2위의 경제대국이자 한국의 최대 교역상대국[21]으로서, 한중 FTA가 체결되면 한미 FTA, 한EU FTA에 버금가는 경제적 효과가 나타날 것으로 기대된다. 즉 한중 FTA 체결 시 한국은 세계 3대 경제권 및 ASEAN과 FTA를 체결한 유일한 국가가 된다. 중국으로서는 한중 FTA를 통해 한미 FTA, 한EU FTA와의 연계 효과, 즉 미국 및 EU와 간접적 FTA 체결 효과를 누릴 수 있다. 그리고 미국, EU 등의 중국 진출을 위한 투자확대, 중국의 미국, EU 진출을 위한 투자 확대 등의 FTA 허브 효과도 기대된다.

환태평양 차원

환태평양경제동반자협정(TPP: Trans-Pacific Partnership)

TPP는 2006년 11월 칠레, 뉴질랜드, 싱가포르, 브루나이의 아태지역 4개국이 체결한 상품협정인 FTA 형태로 발효되었다. 이후 미국, 호주, 페루, 베트남, 말레이시아, 브루나이, 멕시코, 일본 등이 참여하여 12개 회원국이 되었다.

미국은 2009년부터 향후 TPP를 확대·발전시켜 '아태자유무역지

---

21 교역규모(2011년): 대 중국 2,206억 달러, 대 미국 1,008억 달러, 대 EU 1,031억 달러

대'를 구축하기 위한 구상을 가지고 공식 참여했다.

최근 TPP는 일약 '아태 지역 경제협력공동체'의 유력한 모델로 부상했다.[22] 하지만 일각에서는 TPP가 미국과 중국의 대립구도 속에서 미국이 중심이 되는 중국 포위용 지역협력체제로 발전할 것이라는 해석도 나오고 있다.

현재 TPP는 상품, 서비스, 투자, 정부조달, 원산지 규정, 동식물 위생 및 무역 장벽,[23] 규제협력 및 조화, 통관 등 총 25개 분야에 대해 포괄적인 협상을 진행하고 있다. 첫 번째 목표로는, 2015년까지 협정국 간 모든 상품에 대한 관세 및 비관세를 철폐하는 것이다. TPP는 2014년 말까지 7개 분야 협상을 완료했으며, 계속해서 지적재산권, 농산물 등과 관련한 협상을 진행 중이다. 미국은 2015년 안에 TPP를 발효시키기 위해 지금까지 협상이 완료된 부분에 대한 법률 검토를 시작했다.

한편 중국은 TPP에 맞서기 위해 2014년 베이징에서 개최된 아시아태평양경제협력체(APEC) 정상회의에서 '아시아태평양자유무역지대(FTAAP)' 구상 로드맵을 마련해 참가국의 동의를 얻어냈다. FTAAP는 APEC 21개 회원국[24]을 포괄하는 APEC 차원의 FTA이다.

한국은 TPP 회원국 중 이미 7개국과 TPP보다 개방도가 높은 FTA를 체결했다는 점을 표면적 이유로 들며 그간 TPP 참여 여부를 공

---

22 TPP는 미국, 일본, 오스트리아, 베트남 등 12개국이 협상에 참여하고 있다. 협상이 완료되면 8억 명 이상의 인구에 27조 달러가 넘는 경제권이 형성된다.

23 SPS(Report on Sanitary and Phyto-sanitary Measures): 동식물위생 및 검역, TBT(Report on Technical Barriers to Trade): 무역에 대한 기술 장벽

24 아시아태평양자유무역지대(FTAAP): 참가국은 21개국(중국, 호주, 브루나이, 일본, 말레이시아, 뉴질랜드, 싱가포르, 베트남, 캐나다, 칠레, 멕시코, 페루, 미국 등이고, 역내 무역액은 5조 1,520억 달러, 역내 GDP는 42조 5,255억 달러, 인구는 28억 6,120만 명이다.

식 결정하지 않았다. 그러나 TPP 참여국이 계속 늘어나자 2013년 11월 제143차 대외경제장관회의에서 한국도 TPP에 관심을 표명하기로 결정했다. 이는 한국이 TPP 참여 가능성을 타진하기 위해 기존 참여국들과 참여조건에 대하여 '예비적 양자협의'에 들어가게 됨을 의미한다.

한편 2014년 11월 중국이 제시한 APEC 차원의 FTAAP에는 한국도 지지한다는 입장을 밝혔다. 정부는 앞으로 TPP 참여국과의 '예비 양자협의' 결과와 TPP에 대한 산업별·분야별 영향분석[25] 결과 및 이해관계자별 의견수렴 등을 종합 평가하여 TPP 공식 참여 여부를 최종 결정할 예정이라고 한다. 그러나 정부가 미국 주도의 TPP 참여와 중국이 제시한 FTAAP에 함께 지지 입장을 밝혔기 때문에 환태평양 차원의 블록구축이라는 주도권 경쟁에서 어떤 입장을 취해야 할지 민감한 상황에 놓일 수도 있다.

▎RCEP(Regional Comprehensive Economic Partnership)

RCEP는 동아시아 경제통합과 관련해 2000년대 들어 중국이 제안한 EAFTA(East Asia Free Trade Area),[26] ASEAN+3과 일본이 제안한 CEPEA(Comprehensive Economic Partnership in East Asia),[27] ASEAN+6 등을 중심으로 한 동아시아 경제통합에 대한 주도권 경쟁 속에서 ASEAN의 대응전략으로 추진되었다. ASEAN은 2011년 11월 동아시아정상회의에서 ASEAN과 FTA를 기체결한 6개국(한, 중,

---

25 대외경제정책연구원(KIEP) 등 관련 연구기관이 합동해서 분석했다(2013. 10~2014. 6).
26 ASEAN, 한국, 중국, 일본.
27 ASEAN, 한국, 중국, 일본, 호주, 뉴질랜드, 인도.

일, 호주, 뉴질랜드, 인도)이 우선 참여하되 이를 확대할 수 있는 RCEP 협상을 추진하기로 결의하였다.

2012년 8월 ASEAN+6 통상장관회의 시 RCEP 협상지침을 확정하고 상품, 서비스, 투자 작업반을 설립하여 연내 협상개시를 추진하기로 했다. 2012년 11월 20일 동아시아정상회의 시 RCEP 협상참여국 정상 간 협상개시를 선언하고 협상에 들어갔다. RCEP는 2013년 5월 1차 협상을 시작으로 2014년 12월까지 6차 협상을 진행하고 있다.

한국은 그간 ASEAN+6(한중일+호주, 인도, 뉴질랜드) 차원의 지역협력에 원칙적으로 동의해왔다. 따라서 ASEAN 주도의 RCEP 협상에 참여하고 있다. 동아시아의 경제적 위상이 점증하는 가운데 GDP 기준으로 EU를 능가하는 지역경제통합체로서 RCEP의 중요성을 감안, 이에 참여함으로써 경제적인 이익을 얻는 것과 동시에 동아시아 공동체 구축에도 기여할 수 있을 것으로 보고 있다.

한국의 FTA 추진 현황 및 계획

경제의 대외의존도가 높은 한국경제의 특성상 안정적 해외시장 확보와 새로운 성장 동력 확충, 해외자원 확보와 취약한 국내 서비스산업의 경쟁력 강화 등을 위해 FTA 추진이 필요하다. 특히 한국정부는 세계적인 FTA 확산 추세에 발맞추어 2004년 한·칠레 FTA를 시작으로 FTA를 적극 추진해왔다.

한국정부의 FTA 추진 정책은 2003년 참여정부에서 마련된 '동시 다발적 FTA 추진 로드맵'에 따라 추진되어왔다. 2003년 2월 15일 정식 서명된 한·칠레 FTA 타결을 시작으로 2014년 12월 총 11건,

48개국과 FTA가 체결되어 발효[28]되었다. 4건이 타결[29]되었고, 10건은 협상[30] 진행 또는 준비[31] 중에 있다.

정부는 기발효된 한·미, 한·EU FTA에 대해서는 양국 간 이행위원회[32]를 통해 FTA 활용도를 높이는 노력을 기울이고 있다. 동북아 지역 차원에서는 한중 FTA 타결에 이어 한일·한중일 FTA를 추진하고, 동아시아 차원에서는 RCEP 참여를 통해 동아시아 경제통합의 대열에 동참하고 있다. 최근에는 TPP 참여의사를 표명하고 미국 주도의 아시아태평양 자유무역지대 움직임에 합류할 기회도 모색하고 있고, 동시에 중국이 최근 제시한 FTAAP에도 지지의사를 표명했다. 기타 주요 신흥국 및 자원부국과의 FTA도 지속 추진해나가고 있다.

우리 기업의 해외진출과 교역 증진을 위해 다각도의 자유무역협정을 추진하는 것은 필요한 정책이다. 그러나 여기에서 간과하지 말아야 할 것은 현재 우리나라의 산업구조가 지나치게 수출 제조 대기업 위주로 치우쳐 있다는 점이다. 이를 감안하여 FTA 체결과정에서 경쟁력이 취약한 국내 서비스업이나 농수축산업 등 1차 산업에 감당할 수 없는 피해를 초래하지 않도록 이들 산업의 경쟁력 강화방안과 병행하여 신중하게 추진해야 한다는 점이다. 즉 국내 서비스산업의 경쟁력을 제고하고, 1차 산업의 피해에 대한 지원 대책을 실효성 있게 보완하면서 추진하도록 해야 하겠다.

---

28 발효(11건, 48개국): 칠레, 싱가포르, EFTA, ASEAN, 인도, EU, 페루, 미국, 터키, 호주, 캐나다

29 타결(4건, 3개국): 콜롬비아, 중국, 뉴질랜드, 베트남

30 협상 중(3건): 한중일, 인도네시아, RCEP

31 준비(7건, 19개국): 일, 멕시코, GCC, Mercosur, 이스라엘, 중미, 말레이시아

32 한미 공동위원회(2012년 5월 16일 1차, 2013년 10월 2차 개최), 한EU 공동위원회(2011년 10월 1차, 2012년 10월 2차, 2013년 10월 3차 개최)

04
동아시아 경제통합의
실현 가능성과 미래

▪▪ 시장통합에서 경제통합으로

특정 지역의 경제가 통합된다는 것은 지역적으로 인접한 국가들이 협정이나 동맹을 결성하여 경제적 국경을 점차 사라지게 하여 최종적으로는 동맹국들의 경제가 하나로 통합되는 것을 말한다. 일반적으로 경제통합 단계는 두 부분으로 구분할 수 있다.

첫째는 시장통합이다. 이것은 자유무역지대, 관세동맹을 거쳐 공동시장을 형성하는 것을 말한다. 둘째는 경제통합이다. 이것은 통화동맹, 경제동맹, 경제통화동맹으로 구분된다.

이렇게 통합이 경제적인 범위까지 넘어서면 그 다음으로 정치적 통합으로 나아간다.

현재 세계의 경제통합으로는 크게 미주의 NAFTA와 메르코수르 (Mercosur),[33] 유럽의 EU와 아시아의 ASEAN체제가 있고 그밖에 다양한 수준의 협력체제가 병존하고 있다.

표 8-8 경제통합의 단계

①자유무역지대 (Free Trade Area)	②관세동맹 (Customs Union)	③공동시장 (Common Market)	④경제통화동맹 (Eco. & Monetary Union)	⑤완전경제통합 (Complete Eco. nomic Integration)
관세철폐 (ex: ASEAN)				
역외 공동관세(ex: MERCOSUR)				
생산요소 자유이동(ex: GCC)				
공동경제정책, 단일통화(ex: EU)				
초국가적 정부·의회, 주권이양(ex: EU 추진 중)				

① 회원국 간 관세철폐
② 회원국 간 관세철폐 + 역외국에 대한 공동관세율 적용
③ 역외 공동관세율 적용 + 회원국 간 생산요소의 자유로운 이동 보장
④ 경제, 사회, 복지 등 분야에서 회원국 간 공동정책 실시 및 단일통화 도입
⑤ 초국가적 정부 및 의회를 설치하고 회원국은 주권을 이양

자료: 기획재정부

EU는 자유무역지대, 관세동맹, 공동시장 단계를 넘어 공동통화 출범, 단일중앙은행인 ECB 발족, 신재정협약 등을 통해 경제동맹 단계에 이르렀다.

2008년 금융위기가 2010년 유로존 재정위기로 비화되면서 한때 유로존 붕괴 시나리오까지 등장하였다. 그러나 위기를 계기로 현재 유로존 차원의 단일은행감독기구(SSM) 및 공동예금보장제도를 포함하는 금융통합까지 진전되고 있다. 앞으로 신재정협약을 발전시켜 실질적으로 각국의 재정자율권을 중앙 통제하는 통합재정부 설치

---

33 스페인어인 'Mercado Común del Sur'를 줄인 말로 '남미공동시장'이라는 뜻이다. 남미의 대표적인 경제연합체로 1991년 브라질, 아르헨티나, 우루과이, 파라과이 등 남미 4개국이 결성키로 협의했으며 2012년에는 베네수엘라가 다섯 번째 회원국으로 가입했다. 1995년 1월 1일부터 모든 관세를 철폐하는 자유무역협정(FTA)보다 한 단계 발전한 관세동맹을 체결하고, 공동시장 단계에 이르렀다. 메르코수르는 2013년 기준으로 인구 수 2억 7,000만 명, 국가 면적 1,270만km², GDP 합계 3조 3,000억 달러(약 3,700조 원)의 경제규모를 가지고 있다(매일경제).

등 재정통합에 대한 논의도 진행되고 있다. EU의 미래가 아직 불확실하지만 현재까지는 가장 앞서 있는 지역통합 모델이다. 그리고 이번 재정위기를 슬기롭게 극복하면 유럽 통합을 한 단계 더 앞당기는 계기가 될 수 있다. 한편 ASEAN과 NAFTA는 다자간 자유무역지대 단계에 있고, 메르코수르는 공동시장 단계에 이르고 있다.

그런데 경제 및 통화통합을 위해서는 몇 가지 전제조건이 필요하다. 먼저 EU의 경험에서 알 수 있듯이, 자유로운 교역이 가능한 단일시장을 조성하는 것이 우선이다. 먼저 동아시아 역내 국가 간 관세·비관세 장벽을 해소하고 역내 자유무역협정을 확대하여 지역 전체를 하나의 단일시장으로 통합하는 단계를 거쳐야 한다.

동아시아 지역은 역내 국가 간 경제발전 단계가 일정 수준으로 수렴될 때까지는 공동통화 창출과 같은 EU 수준의 경제통합을 이루기는 어려울 것으로 보인다. 앞으로 CMIM이 잘 발전하고, AMRO가 역내 독립적인 감시기구로서, 그리고 CMIM의 사무국으로서 역량이 갖추어지면 아시아통화기금(AMF) 형태의 독립적 지역 통화기구 설립도 검토할 수 있을 것이다.

AMF는 위기 시 역내 최종대부자로서의 기능을 담당하는 한편, 회원국에 대한 주기적인 정책 심사 및 자문을 실시하고 개별국가들에 적합한 정책조정 프로그램의 설계 및 감독업무도 담당해야 할 것이다.

향후 역내 무역시장 통합과 각국의 경제여건 수렴도가 충족되는 단계에서는 EU처럼 역내 경제 및 통화통합이라는 목표를 구체화해 나갈 수 있을 것이다.

:: 통합의 장애 요인

경제력 격차와 다기화되어 있는 경제 시스템

첫 번째 장애 요인은 동아시아 역내 국가들 간 경제력 격차가 크고 경제 시스템이 서로 다르다는 점이다. 이들 국가들은 서로 경제규모, 발전 단계, 소득 격차가 매우 크다. 중국과 일본은 세계 2~3위 경제 대국이다. 그러나 ASEAN '스몰(Small) 5' 중에는 아직 세계 최빈국 수준에 머물러 있는 나라도 있다.[34] 참가국 간 경제규모와 발전 단계의 차이가 크면 각 국가의 정책상 우선순위가 달라 지역 경제통합의 조화로운 추진이 어려워진다. 특히 환율, 통화정책, 재정정책의 운용에 있어서 국가별 정책목표가 상이하기 때문에 공동의 정책을 수용하기 어렵다.

또한 역내 국가들 간 경제 시스템이 다르고, 대부분의 국가들이 서로 경쟁적 교역관계에 있다. 일본, 한국, ASEAN '빅(Big) 5'는 자본주의 시장경제체제이나, 중국을 비롯하여 일부 '스몰(Small) ASEAN'은 아직 사회주의적 시장경제체제에 머물러 있다.

또한 수출 위주의 동아시아 13개국은 교역관계에서도 서로 이해를 달리하는 부분이 크다. 일본은 선진경제 수출 강국으로서 각종 고부가가치 첨단제품과 부품·소재를 이들 지역에 수출하면서 역내 모든 국가로부터 무역수지 흑자를 기록하고 있다. 아직까지 동아시아 국가들에게 일본은 미국을 대체할 만한 수출시장으로서의 역할을 기대하기 어렵다.

---

34 2011년 기준 중국의 GDP는 7조 2,981억 달러로서 라오스 GDP 79억 달러의 824배에 달한다.

한편 중국, 일본, 한국 3국은 상호보완적 무역관계에 있다. 즉 한국과 중국은 일본으로부터 기계, 부품류를 수입하여 최종제품을 생산하여 미국, 유럽 등에 수출하고 있고, 일본은 이들에게 고부가가치 제품을 수출하고 이들로부터 저렴한 경공업 완제품을 수입하는 보완적 교역관계를 유지하고 있는 것이다. 그러나 중국은 ASEAN과는 경공업제품 수출에서 경쟁적인 관계에 놓여 있다. 따라서 이들 ASEAN 국가들의 수출에 적지 않은 영향을 미치고 있다.

또한 각국 간 경제자유화 수준도 차이가 크다. 역내 각국은 시장개방, 자본자유화, 외환자유화와 외국인투자자유화 등 통상 및 금융자본자유화 수준이 서로 다르다. 중국과 일부 ASEAN 국가들은 아직 높은 규제수준을 유지하고 있다. 노동시장의 경우 대부분의 국가에서 노동력 이동을 제한하는 경제적, 정치적, 법적 장벽이 높다.

지역패권주의와 리더십 부족

두 번째 장애 요인은 지역협력을 주도할 리더십이 부족하다는 점이다. 현재 중국과 일본은 동아시아 역내 지역협력에 있어서 주도권 경쟁이 심하다. 이로 인해 1997년 외환위기 이후 위기의식에서 출발한 ASEAN+3 지역협력에 대한 공감대가 지금은 많이 약화되고 있다.

그리고 정치, 외교, 안보 측면에서도 해결해야 할 과제들이 많다. 일본은 과거 대동아 전쟁에서 주변국들에게 입힌 피해에 대해 아직 진정한 사과와 배상을 하지 않고 있다. 역사교과서와 위안부 문제에서 볼 수 있듯이 과거사를 왜곡하고 있고, 이에 대해 역내국들로부터 많은 비난을 받고 있다. 일본은 한국 영토인 독도가 아직도 자기네 땅이라고 주장하고 있다.

중국은 역내 경제 강국을 넘어 이제 군사, 외교 강국으로 부상했지만 지난 수년간 주변국과 크고 작은 마찰을 빚고 있다. 중일 간에는 조어도(釣魚島; 중국명 댜오위다오, 일본명 센카쿠열도) 갈등, 남사군도(南沙群島), 서사군도(西沙群島)에서의 필리핀, 베트남 등과의 분쟁 등 정치적·군사적 갈등이 지속되고 있다. 중국의 동북공정(東北工程), 서북공정(西北工程) 정책도 인근국에 막대한 물리적, 심리적 압박감을 주고 있다.

지난 수년 동안에는 중국의 부상과 지역 패권주의적 팽창주의에 대응하여 미국이 '아시아 재개입정책(re-engagement policy)'으로 중국을 견제하고 나서 동아시아 지역의 국제적 긴장도 고조되고 있다. 특히 미국과 일본이 손을 잡고 동아시아에서 중국의 팽창을 견제하고 있고, 이 와중에서 일본의 우익정권이 군국주의적 성향으로 회귀하는 모습을 보이면서 동아시아 지역에서 새로운 국제적·국지적 갈등이 증폭되고 있는 상황이다.

이러한 정치 외교적 움직임이 동아시아 지역 경제협력과 금융협력에 커다란 걸림돌이 되고 있다. 이로 인해 아시아 외환위기 이후 10여 년간 발전해오던 지역협력의 모멘텀은 상당 부분 후퇴하고 있는 느낌이다.

구체적 비전과 실천방안 부재

마지막으로 지역통합을 위한 구체적 비전과 실천방안이 아직 마련되지 않았다. 현재 미국과 유럽을 중심으로 한 양대 경제체제 속에서 아시아 지역이 이들과의 경쟁에서 살아남기 위해서는 역내 경제협력의 강화와 통합은 매우 중요하다. 그러나 이미 언급한 바와 같이 여러 가지 제약 요인으로 인해 동아시아 경제협력은 아직 '총론찬성, 각론부재(總論贊成 各論不在)' 상태에 머물러 있다. 즉 협력 원칙에는 모두 공감하면서도 구체적인 장기비전과 실천방안은 마련되지 않고 있다. 아울러 지난 수년 동안에는 지역 내 정치·외교적 갈등으로 인해 지역 경제협력 아젠다는 우선순위에서 밀리고 있다.

그리고 지역통합을 추진해나갈 중심기구도 아직 없다. ASEAN의 경우 'ASEAN 사무국'이 있으나, 동아시아 협력에는 실질적인 집행수단이나 권한을 갖춘 기구가 없다. 최근 ASEAN+3 프레임워크 아래 AMRO가 설치되었으나 아직 초기단계로서 동아시아 지역협력의 사무국 역할을 수행하기에는 미흡한 수준이다.

ASEAN+3 혹은 동아시아정상회담(EAS)도 실질적인 경제통합의 실현을 담보할 수 있는 역할 및 권한을 지닌 제도적 기구가 아니고, 정상이나 각료의 회의체 기구이기 때문에 향후 보다 권한 있는 통합 논의기구 설치가 필요하다.

∵ 통합을 위한 과제와 역할

지역통합을 위한 로드맵과 구체적 실천방안 마련

EU가 탄생하기까지에는 1952년 '유럽석탄철강연맹(ECSC: European Coal & Steel Community)'의 출범으로부터 약 50~60여 년의 세월이 걸렸다. 단일통화인 유로의 탄생도 1968년 '베르너 보고서'로부터 30여 년, 1989년 '들로르 보고서'로부터 수년의 시간이 소요되었다.

이제 동아시아 국가들도 지역통합의 구체적 청사진을 그릴 때가

되었다. 지난 십수 년간의 경제금융협력 경험을 바탕으로 '아시아경제연합(AU: Asia Union)'을 위한 장기 로드맵을 마련할 때가 된 것이다. 예를 들면 앞으로 2040년까지 동아시아 지역의 무역, 투자, 상품 시장을 하나로 통합하고, 2050년까지 통화, 금융, 재정을 하나로 묶어 경제공동체를 만들겠다는 구상이 나와야 한다. 그리고 여건이 성숙되면 정치, 외교 분야까지 통합하는 '대아시아구상(大亞細亞構想, Grand Asia Plan)'도 설계해볼 수 있다.

이를 위해서는 동아시아 각국의 적극적 이해와 노력이 필요하다. 지역 통합이라는 큰 목표를 위해 지역 내 크고 작은 국가 간에 호혜와 협력(互惠, 協力), 공생과 공영(共生, 共榮)의 분위기가 조성되고, 이를 바탕으로 각국이 여러 가지 제약 요인들을 대승적으로 해결해나가야 한다. 동아시아 경제통합을 성공시키기 위해서는 역내 국가 간의 경제적 격차 해소는 필수적이다. 이를 위해 역내 모든 국가들이 상호 지원과 협력을 강화해나가야 한다.

지역 경제통합을 실현시키기 위해서는 자유무역지대를 구체화시켜 성공적으로 운영해야 한다. 또한 금융·통화협력 등에서 구속력 있는 의사결정 권한이 부여된 시스템도 구축해야 한다. 그리고 역내에 포괄적인 지역협력을 다루는 기구를 설립하고, 이 기구에 개발도상국 개발지원 사업을 전담하는 역할도 부여하여 국가 간 경제력 격차를 해소하기 위한 경제개발 지원도 적극 추진해야 한다.

한중일의 역할

성공적 동아시아 지역협력체제 구축을 위해서는 무엇보다도 한중일 3국의 역할이 중요하다. 3국이 지역 내 영향력을 확장하고 헤게모니를 장악하기 위해 서로 불필요한 신경전을 벌이거나 상호 견제하는 방향으로 나아간다면 동아시아 지역 내 협력 증진과 지역 경제통합은 요원한 일이 될 것이다. 중국과 일본은 특히 지역협력에 있어서 지도력을 발휘하면서 동아시아 경제협력과 통합의 장을 열어가기 위해 대승적으로 나서야 한다.

일본과 중국은 동아시아 지역 구도에 있어서 리더십 경쟁을 중단해야 한다. 일본은 과거사에 대한 진지한 반성과 사과, 배상을 해야 하고, 중국은 지역 패권주의적 사고에서 벗어나야 한다. 일본과 중국 간의 호혜적 관계 정립이 향후 역내 지역통합을 이루는 데 결정적 관건이 될 것이기 때문이다.

한중일 3국은 ASEAN 지역의 경제발전을 적극 지원하여 이들 지역과의 경제력 격차를 조기에 축소하고 경제운용 시스템을 통합하는 데 지원을 아끼지 말아야 할 것이다. 한국은 앞으로 중일 간 갈등과 ASEAN과 한중일 간의 이해를 조정하는 중간자적 역할을 담당해야 한다.

PART 3

한국경제의 길

제 9 강

한국경제,
무엇이 문제인가?

한국경제의 구조적 문제와 지속가능한 성장 전략은?

한국경제, 이대로 주저앉을 것인가?

한국경제는 일본식 장기불황에 빠지나?

한국경제의 단기적 위험요인과 대응방안은?

한국의 금융위기는 재발할 것인가?

잠재성장률 하락을 막고 내수진작과 고용창출을 이끌기 위한 대책은?

성장이냐 분배냐? 무엇이 옳고 그른가?

선진 한국경제, 해결해야 할 과제는?

수출이냐 내수냐? 서비스산업이 대안이 될 수 있는가?

01
한국경제 50년의
회고

한국경제 과거 50년을 가장 상징적으로 표현할 수 있는 단어는 '한강의 기적'이다. 또 다른 이들은 '아시아의 4마리 용' 중 선두라며 찬사를 보내기도 했다. 하지만 한국은 20세기 초 열강의 세력 각축 속에 주권을 잃고 독자적인 경제개방과 산업화 기회를 놓쳤다. 게다가 일본 제국주의의 식민지배를 36년 동안 겪으며 주권을 잃고 착취적인 경제체제하에 놓여 있었다. 1945년 해방 이후에도 남북이 분단되어 사실상 미소(美蘇)의 신탁통치하에 놓여 있었고, 1950년 한국전쟁을 겪으며 그동안 미약하게나 남아 있던 사회간접자본과 산업시설을 모두 잃어 세계 최빈국 중에 하나가 되었다.

하지만 전후 상처를 딛고 1960년대부터 산업화와 근대화를 이루기 시작하여 불과 50~60년 만에 세계 15위권의 경제력을 달성하고 세계 7위의 수출대국이 되었다. 2013년 한국의 GDP는 1조 3,043억 달러로 세계 15위이고 1인당 국민총소득(GNI)은 2만 6,205달러로 세

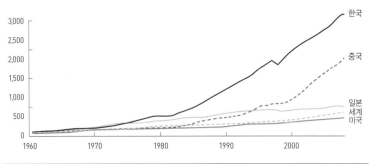

그림 9-1 주요국의 실질 GDP 추이

주: 1960년 GDP=100으로 하여 각국 실질 GDP의 추이를 표시

자료: Anus Maddison(2010), Historical Statistics of the World Economy; IMF(2012, 4), World Economic Outlook 참조

계 33위이다.

그야말로 지난 50년간 한국경제는 세계에서 가장 빠르게 성장했다. 실질 GDP 기준으로는 1960년 20억 달러에서 2013년 1조 3,043억 달러로 약 35배 성장했고, 1인당 GNI 기준으로는 1960년 79달러에서 2012년 2만 2,708달러로 약 18배 성장했다.

1970년 8.4억 달러에 불과하던 수출은 1977년에 처음 100억 달러를 달성했고, 2013년에는 5,596억 달러로 연평균 약 19%씩 증가하여 세계 7대 수출국이 되었다. 세계시장 점유율도 1970년에는 0.3%에 불과했으나 최근에는 3%를 넘어서고 있다. 2011년에는 세계에서 아홉 번째로 무역규모 1조 달러를 돌파했다. 우리 경제의 주력 수출상품들의 세계시장 점유율은 최상위권이다. 반도체 디램(DRAM), 휴대폰, TV, 조선, 철강 등이 세계 1위권을, 자동차도 세계 5위권을 기록하고 있다.

우리나라가 불과 반세기 만에 이처럼 괄목할 만한 경제발전을 이룬 데에는 정부 주도의 성공적인 경제개발 정책이 기여한 바가 크다.

2014년 한국의 국가경쟁력은 총 60개 대상국 중에서 26위로 전년보다 4단계 하락했다. 이는 아시아권에서도 싱가포르(3위), 홍콩(4위), 말레이시아(12위), 대만(13위), 일본(21위), 중국(23위)보다 낮은 최하위 수준이다.

2014년 평가결과를 4대 분야별로 보면, 경제성(20위)과 인프라(19위)는 전년도와 동일한 수준이고, 정부효율성(20→26위), 기업효율성(34→39위)은 하락했다. 20개 중간부문별로는 국내경제(13위), 고용(7위), 기술 인프라(8위), 과학 인프라(6위) 분야가 우수한 반면, 물가(50위), 기업 관련 법규(42위), 사회적 여건(36위), 노동시장(36위), 경영활동(56위) 분야는 취약한 것으로 나타났다.

자원과 돈이 부족한 나라에서 단기간에 경제부흥을 이루기 위해서는 한정된 재원을 특정부문에 집중 투자하여 성장의 물꼬를 트고, 이를 바탕으로 다른 분야로 성과를 파급시켜나가는 불균형성장 전략[1]이 효과적이다.

정부는 1960년대 초 착수한 제1차 경제개발 5개년 계획부터 모든 국가 재원과 역량을 수출 진흥과 수입대체에 맞추고 일차적으로 경공업 중심의 발전전략을 수립·추진했다. 경공업 발전전략의 성공을 바탕으로 1970년대 중·후반 들어서는 중화학공업 육성계획을 마련하여 추진함으로써 오늘날과 같은 세계 속의 한국경제 위상을 세울 수 있게 된 것이다.

그러나 이러한 성공의 이면에는 여러 가지 문제점도 있다.

---

1 경제학자 앨버트 허쉬만(Albert O. Hirschman)이 주장한 이론이기도 하다.

우리나라 전체 국가경쟁력 순위를 보면 아직도 매우 미흡한 수준이다. 스위스 IMD의 2014년 국가경쟁력 평가에 의하면 한국의 국가경쟁력은 총 60개 대상국 중에서 26위에 불과하다. 그러면 전체적인 국가경쟁력은 왜 이렇게 낮은 수준에 머물러 있는가? 이하에서는 한국경제의 성공 이면에 감추어진 문제점과 우리 경제의 자화상을 살펴보도록 하자.

02
산업화 이후
한국경제의 3대 사건

∴ 민주화

1960년대 이후 1980년대 중반까지 한국경제의 고도성장은 정부 주도의 경제개발계획에 의해 체계적으로 추진되었다. 국가의 모든 가용자원이 정부에 의해 동원되어 성장성과 효율성이 높은 분야에 집중 배분되었다. 당시 한국경제는 전후 복구도 되지 않은 채 많은 국민들이 기본적인 의식주조차 해결하지 못하고 있는 상태였다. 절대빈곤으로부터 탈출하고자 하는 국민들의 의지가 강렬했으며, 이러한 욕구를 한데 모아 정부 주도의 경제개발계획을 성공시킬 수 있었다. 이렇게 한국의 경제 기적은 많은 국민과 근로자들의 빈곤탈출 의지와 근면, 그리고 희생 위에서 이루어졌다.

그러나 경제가 발전하고 국민들이 절대빈곤 상태에서 벗어나면서 사회 전반에 탈권위의식이 높아지고 국민들의 민주화 욕구가 분출하기 시작했다. 근로자들의 권리의식이 높아지면서 노동 3권에 대한 요구도 거세졌다. 권위주의 군사정권에 대한 저항이 시민과 학생들의 민주화 운동으로 비화되었고, 산업 현장에서 노동쟁의도 격렬해졌다.

1979년 10월 26일 박정희 대통령 시해 사건 이후 1980년 5월까지 장기 집권한 군사정권을 청산하고자 하는 민주화 시위가 전국적으로 확산되었다. 이른바 '서울의 봄'[2]이라고 불렸던 시기였다. 1980년 '5.18 광주민주화 운동'이 전두환 신군부에 의해 무력 진압되면서 그 후 약 10년 동안 민주화 운동이 지하로 숨어들었다. 그러나 1980년대 후반 민주화 열기는 다시 폭발하여 결국 30년 군사정권을 종식시키고, 1990년대 초 문민정부를 탄생시켰다.

그 후 약 20년간 국민들의 직접선거로 정권이 수차례 평화적으로 교체되고 국민들의 자유와 권리가 크게 신장되었다. 한국 국민은 이제 세계로부터 최단기간 내에 경제성장과 민주화를 성공적으로 이루어낸 국민으로 칭송받고 있다. 그러나 권위주의 시대에 억눌렸던 국민들의 자주 의식과 근로자들의 권리 욕구가 분출하면서 각종 시위와 노동쟁의가 계속되고 있다.

특히 경제개발 과정에서 소외된 저소득층과 근로자들이 기득권 세력과 충돌하면서 사회 전반에 갈등과 반목이 고조되고 있다. 지역 간, 보수와 진보 간, 소득계층 간 첨예한 대립 현상은 지금 한국경제 발전에 심각한 장애요인이 되었다. 앞으로 이 같은 계층 간 갈등, 노사 간 대립을 원만하게 조정하고 해결하지 못하면 한국경제의 선진

---

2 1979년 10월 26일~1980년 5월 17일 사이 벌어졌던 수많은 민주화 운동을 가리켜 '서울의 봄'이라고 일컬었다. 이는 1968년 체코슬로바키아의 '프라하의 봄'에 비유한 말이다. 서울의 봄은 5·18 광주민주화 운동이 신군부가 투입한 계엄군에 의해 229명의 사망자 및 실종자와 3,000여 명의 부상자를 남긴 채 무력 진압되면서 종결되었다.

화는 요원할 뿐만 아니라 성숙한 선진사회로 발돋움하는 데에도 커다란 걸림돌이 될 것이다.

∷ 신자유주의[3]와 대외개방

경제개발 초기인 1960년대 초부터 1980년대까지 20여 년 동안 우리나라는 무역 분야를 제외하고는 대외개방 수준이 매우 낮았다. 하지만 경제규모가 커지고 대외무역과 금융거래가 활발하게 이루어지면서 개방은 피할 수 없는 흐름이 되었다. 특히 1980년대 초 이후 미국 등 선진국에서 일어난 신자유주의 물결은 우리나라에도 영향을 미쳐 금융시장 개방과 자본자유화, 외환자유화의 파고가 거세게 밀어닥쳤다.

우리나라는 1995년 1월 10일 WTO에 가입했고, 1996년 12월 12일에는 OECD 회원국이 되면서 시장개방과 금융 및 자본자유화가 대폭 확대되었다. 이로 인해 과거 폐쇄된 경제체제하에서 가능했던 각종 국내 산업 보호와 정책적 지원이 어려워졌고, 한국 기업들도 본격적인 국제경쟁에 나서게 되었다. 특히 신자유주의에 의한 정부의 금융시장 개방과 자유화 조치는 정부가 모든 금융자원을 장악하고 배분하던 과거 관치금융 시대의 종말을 가져왔고, 국내금융이 국

---

3 1970년대 석유파동 이후 전 세계는 급격한 물가상승으로 인해 심각한 타격을 입었고, 세계경제는 스태그플레이션(stagflation)에 빠지게 되었다. 이때 나타난 것이 신자유주의이다. 시카고학파의 거두인 밀턴 프리드먼이 대표적인 학자이다. 세계 대공황 이후 자본주의의 모순을 해결하기 위해 정부의 시장 개입을 정당화한 케인스의 수정자본주의의 문제점을 지적하고 정부의 개입을 줄이고 시장의 역할을 강조하여 경제위기를 극복하는 해법을 제시한 것이 신자유주의이다.

제금융과 하나로 통합되는 계기가 되었다. 외국자본이 자유롭게 드나들고, 외국투자자들이 우리 주식시장과 외환시장에 막강한 영향력을 행사하는 세력으로 등장하게 되었다.

:: 1997년 외환위기

한국경제 근대사에서 가장 중대하고도 큰 상처를 남긴 단일 사건은 1997년 말 발생한 외환위기 사태라고 할 수 있다. 정부의 보호 아래 성장한 대기업들이 외형경쟁을 하면서 대규모 외자도입과 은행대출을 통해 과잉투자가 이루어졌고, 그 결과 경제 전반에 거품이 크게 형성되었다. 1990년대 중반 들어 세계경제 상황이 어려워지자 외부 차입을 통해 덩치를 키우던 대기업들의 수익성이 크게 떨어지고 손실이 발생하여 대규모 부도 사태가 발생하기 시작했다.

그간 한국정부의 '사실상의 보증(de-facto guarantee)[4]'을 믿고 돈을 빌려주었던 외국 금융회사들이 일시에 자금을 회수해가자 국가부도 위기에 몰려 결국 IMF 긴급 구제금융을 받게 되었다. 외환위기 사태는 한국경제에 긍정적인 측면과 함께 부정적인 그림자를 동시에 드리웠다.

IMF 구조개혁 프로그램에 의해 그간 한국경제의 구석구석에 쌓여 있던 비시장적·비효율적 요소들이 일시에 대거 제거되었다. 기업

---

4 1990년대 중반까지는 한국의 대기업이나 금융회사가 부도가 나더라도 주거래은행이나 국책은행인 산업은행이 나서서 외채를 우선 해결해주던 관행에서 비롯된 용어이다. 이로 인해 해외 은행들이 철저한 심사 없이 한국에 차관을 제공해주는 도덕적 해이가 발생한 것으로 알려지고 있다.

및 금융 구조조정을 통해 부실기업과 금융회사를 정리하고, 부실회사에 대한 상시 구조조정제도가 도입되었다. 정부의 각종 산업지원제도도 폐기되었으며, 일부 규제가 남아 있던 자본, 외환시장도 완전자유화되었다. 정부가 입김을 행사하던 환율제도도 시장의 수급에 맡기는 자유변동환율제로 이행되었다. 기업의 효율성 제고를 위해 노동시장 유연성도 본격 추진되어 정리해고, 비정규직제도와 시간제임금제 등이 도입되었다. 이로 인해 기업은 해고가 자유로워지고 비정규직을 많이 채용함으로써 인건비를 최소화하는 등 기업 수익성을 높일 수 있게 되었다.

그러나 외부차입과 외형경쟁 위주의 기업경영 행태가 수익성과 안정성을 중시하는 보수적 경영방식으로 바뀜에 따라 과거와 같은 경제 역동성과 높은 성장은 기대하기 어렵게 되었다. 노동쟁의가 늘어나고 일부 대기업 근로자들의 임금이 지나치게 높아지자 기업들은 임금이 낮고 해고가 자유로우며 노조가 없는 비정규직 중심으로 고용을 늘리게 되었다. 이로 인해 전체 근로자의 고용 안정성과 근로조건도 많이 악화되었다. 또한 기업들이 대거 해외로 공장을 이전하고, 해외투자를 늘리는 현상이 나타났다. 이로 인해 '고용 없는 성장' 시대로 접어들게 된 것이다.

이처럼 외환위기 이후 한국경제는 한편으로는 기업 지배구조와 경제 관리체계가 선진화되는 계기가 되었으나 다른 한편으로는 소득계층 간 갈등과 부의 양극화, 그리고 저성장과 청년실업이 고착화되었다. 이런 현상은 저출산·고령화 등으로 이어져 사회경제 전반에 걸쳐 심각한 구조적 문제점들이 발생하게 되었다.

03

한국경제의
장단기 도전과 대응책

:: 구조적 과제

경제산업구조의 3가지 불균형

1960년대 이후 50여 년간 정부 주도의 불균형성장 정책 추진 결과 자연스럽게 수출산업과 내수산업, 제조업과 서비스업, 대기업과 중소기업 간 불균형이 심화되었다.

▎수출산업과 내수산업의 불균형

한국경제는 높은 무역의존적 경제구조를 갖고 있다. 그간 수출부문은 정부의 각종 금융, 세제 등 정책지원을 바탕으로 성장하여 삼성전자, 현대자동차와 같은 세계적인 수준의 기업이 등장했다. 그러나 내수산업은 고부가가치나 저부가가치 분야 모두 국제경쟁력을 갖춘 세계 일류기업이 아직 없고, 상대적으로 수익성이 낮고 영세한 수준

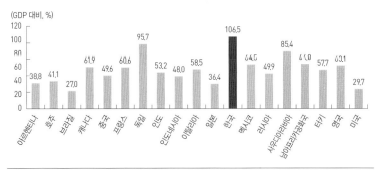

그림 9-2 주요국별 대외의존도(2013년 기준)

(GDP 대비, %)

자료: UNCTAD

에 머물러 있는 형편이다.

우리나라의 대외무역의존도[5]는 매우 높은 수준이다. 수출입이 GDP에서 차지하는 비율이 2013년 현재 106.5%로서 주요국 중 최고 수준이다. 주요 선진국 중에서는 독일이 90%대로 제일 높고 영국, 프랑스는 60% 수준, 미국, 일본은 30%대에 불과하다. 2006년에는 80%대에 머물렀으나 내수부문의 성장기여도가 낮고, 수출중심으로 경제가 성장하다 보니 이 비율이 계속 높아지고 있는 것이다. 특히 교역상대방 중 중국 의존도가 매우 높아 지역적 편중도 심하다. 우리나라 총수출의 약 25%는 대중국 수출이 차지한다.

따라서 국제경제 상황 변화에 따라 국내경제가 매우 민감하게 영향을 받는다. 세계경제가 흔들리거나 미국, 중국 등 주요 교역대상국 경제가 어려움을 겪으면 우리나라 수출도 바로 영향을 받는다. 또한

---

5 한국은행에 따르면 수출입 총액을 국민총소득으로 나눈 대외무역의존도가 지난 2011년 역대 최고인 113%를 기록한 뒤 2012년 112%, 2013년 105% 등 3년 연속 100%를 넘고 있다. 글로벌 금융위기 전에는 90% 이내였고, 2000년대 초반에는 60~70%대에 머물렀다.

내수규모가 작고 생산성이 낮기 때문에 실물경제가 바로 악화될 수 있다.

한국의 경상수지는 최근 글로벌 경제위축과 저성장 속에서도 계속 흑자폭이 늘어나고 있다. 2014년 경상수지 흑자규모는 894억 달러로서 사상 최대를 기록한 것으로 집계되었다. GDP 대비 7~8%대에 이르는 대규모 흑자이다. 이 중 상품수지가 929억 달러에 이른다. 특히 삼성전자의 휴대폰, 현대자동차의 자동차 등 일부 경쟁력 있는 대기업의 고품질 상품 수출의 증가에 힘입은 바 크다.

이러한 대규모 흑자는 신흥시장 불안 속에서도 한국경제의 저력을 보여주는 결과라고 평가할 수 있으나, 이는 내수부진과 국제유가 하락 등으로 인한 불황형 흑자라고도 할 수 있다.[6] 국제수지가 흑자를 보이는 것은 바람직한 일이지만 과다한 국제수지 흑자는 환율절상 압력과 무역마찰을 유발할 수 있고, 일부 대기업 주력 수출품에 대한 국제 수요 감소 시 흑자규모가 크게 줄어들어 거시경제에 오히려 불안 요인이 될 수 있다.

결국 내수 진작 등을 통해 경상수지 흑자규모를 적정 수준으로 관리하고, 흑자재원의 해외포트폴리오 투자를 늘려야 한다. 해외포트폴리오 투자는 국내 외환의 수급 균형을 유도하여 과도한 환율절상을 억제할 뿐만 아니라 해외투자 수익도 벌어들여, 상품 수출이 아닌 자본수출을 통해 우리 경제를 선진형 경제모델로 탈바꿈시킨다. 한마디로 '돈으로 돈을 버는' 경제모델로 변하는 것이다.

---

6 2013년 수출은 전년 대비 3.0% 증가했으나 수입은 0.8% 줄어들었다.

제조업과 서비스산업 간 불균형

1960년대 이후 정부의 지속적인 제조업 우대정책과 1970년대 중반 이후 중화학공업 육성정책의 결과 제조업의 국제경쟁력은 이제 상당 수준에 이르렀다. 우리나라 제조업규모는 2010년 현재 2조 8,000억 달러로서 세계 7위에 이른다. 지난 40년간 제조업 성장률은 GDP 1조 달러 이상 국가 중에서 중국에 이어 세계 2위로 높다. 산업별 평균성장률은 1997~2011년까지 제조업 10.5%, 서비스업 6.1%, 건설업 5.5%로서 제조업이 단연 앞선다.

이는 수출제조업에 대한 정부의 특혜적 지원에 힘입은 바 크다. 제조업에 대한 정부 지원에는 세제 및 금융상 우대 조치뿐만 아니라 국내외 차별적 가격정책도 포함된다. 즉 국산 공산품에 대해서는 국내가격을 수출가격보다 높게 책정할 수 있도록 인정해주어 수출품 생산업체들이 국제경쟁력을 키울 수 있게 해준 것이다.

그러나 제조업 평균 성장률이 1970년대 16.2%에서 2000년대에는 6.4%로 줄었고, 제조업 고용증가율도 1970년대 3.6%에서 2000년대 0.6%로 줄어들었으며, 제조업 부가가치율도 같은 기간 중 31.6%에서 22.3%로 줄었다.

한편 서비스산업의 발전은 매우 저조하다. 음식, 숙박, 도소매, 관광 등은 생산 활동이 아니라 사치향락성 소비산업이라는 인식 때문에 정부 지원보다는 각종 규제를 받아왔다. 금융, 법률, 회계, 지적재산권 등 고부가가치 지식서비스산업도 정부의 각종 진입규제와 과잉보호로 인해 대외경쟁력이 매우 낮다. 그 결과 전체 서비스산업의 국제경쟁력이 매우 취약하다.

국가경제에서 차지하는 서비스업 비중과 부가가치 비중, 고용창출

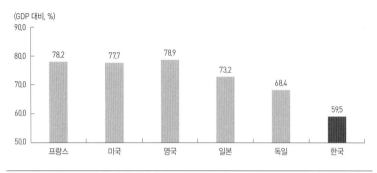

그림 9-3 주요국 서비스산업 비중(2012년 기준)

(GDP 대비, %)

프랑스 78.2 / 미국 77.7 / 영국 78.9 / 일본 73.2 / 독일 68.4 / 한국 59.5

자료: World Bank

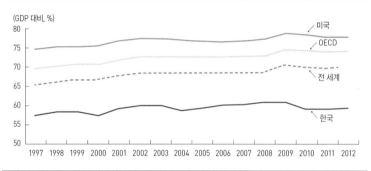

그림 9-4 서비스업 부가가치 비중 추이

(GDP 대비, %)

미국 / OECD / 전 세계 / 한국

자료: World Bank

효과 등이 선진국에 비해 크게 낮다. 국내 서비스업의 1인당 노동생산성도 제조업에 비해 뒤진다. 우리나라의 GDP 대비 서비스산업 비중은 2012년 기준 59.5%에 불과, 영국 78.9%, 프랑스 78.2%, 미국 77.7%, 일본 73.2%, 독일 68.4% 등에 비해 현저히 낮다. GDP 대비 서비스업의 부가가치 비중도 2010년 기준 한국이 58.2%로서 전 세계 평균 70.9%, OECD 국가 평균 74.4%에 크게 못 미친다. 특히 서비스업 중에서도 금융, 법률 등 고부가가치 서비스업의 GDP 내 부가

가치 비중이 낮고, 도소매, 음식숙박업 등 부가가치가 낮은 서비스업 비중이 높다.

우리나라 서비스업의 고용도 다른 나라에 비해 낮은 수준이다. 전체 고용 중 서비스업 고용 비중은 68.8%로서 OECD 34개국 중 22위이며, 미국과 영국 80%, 독일 71%에 비해 매우 낮은 수준이다. 그럼에도 서비스업의 고용창출 효과는 제조업에 비해 높다. 2000~2009년 중 서비스업의 고용은 연평균 2.4% 증가했으나, 제조업의 고용은 오히려 0.9% 감소한 것으로 나타났다.

서비스업의 1인당 노동생산성도 제조업과 격차가 계속 확대되고 있다. 2011년 우리나라 서비스업의 1인당 노동생산성은 3,860만 원

표 9-1 1인당 노동생산성

(만 원)

	2004년	2008년	2011년
서비스업(A)	2,950	3,500	3,860
제조업(B)	4,930	6,470	8,510
제조업 대비 서비스업 비율(A/B)	0.60	0.54	0.45

자료: 기획재정부

표 9-2 분야별 서비스수지

(억 달러)

	1990년	1995년	2000년	2005년	2010년	2012년
서비스수지[1]	−5	−27	−28	−137	−183	−141
운송	−8	−3	−36	37	93	105
사업서비스	3	9	−31	−61	−135	−152
지적재산권	−13	−20	−25	−26	−58	−49
여행(교육)	4	−12(−9)	−3(−9)	−96(−33)	−84(−44)	−58(−43)

주: 1) 국제수지 통계에서 건설수지(산업분류상 서비스업에 미포함)를 제외
자료: 기획재정부

으로 제조업 8,510만 원의 45%에 불과하고, 2004년의 60%에 비해 더 악화되었다. 이것이 고용 없는 성장이라는 현재 한국경제의 문제를 해결하기 위해서 반드시 서비스업을 육성해야 하는 이유이다.

서비스업의 대외경쟁력이 취약하여 대외수지에서 큰 폭의 적자를 시현하고 있다. 특히 사업 서비스, 여행, 지적재산권 분야를 중심으로 적자폭이 크다. 2012년 기준 우리나라 경상수지 중 서비스수지는 무려 141억 달러의 적자를 보이고 있다.

대기업과 중소기업 간 불균형

제조업과 수출산업 위주로 경제성장 전략을 추진해온 결과 정부의 지원하에 수출 제조업은 대기업으로 크게 성장했다. 결과적으로 세계적인 경쟁력을 갖춘 재벌기업을 탄생시킨 것이다. 반면에 중소기업은 대기업의 하청업체로 전락하여 자체적인 경쟁력을 키우지 못했다. 이로 인해 대기업과 중소기업 간 격차가 크게 벌어졌다.

2010년 현재 사업체 기준으로는 중소기업이 약 312만 개로 전체 기업의 99.9%를 차지하고 있고, 고용에서도 중소기업 종사자는 약

그림 9-5 대기업과 중소기업의 매출액 세전 순이익률 추이(제조업 기준)

자료: 한국은행, "기업경영분석"

표 9-3 중소기업과 대기업의 부채비율 추이(제조업 기준)

(%)

	2006년	2007년	2008년	2009년	2010년
중소기업	132.59	146.98	147.03	136.89	134.41
대기업	85.49	88.79	111.46	96.14	86.32

자료: 한국은행

1,226만 명으로 전체 종사자의 86.9%를 차지하고 있다. 그러나 중소기업은 대기업에 비해 기업 활동으로 인한 이익이 낮고 재무 상태도 취약하다.

2002~2011년까지 10년간 대기업의 매출액 세전 순이익률은 평균 7.57%로서 중소기업 3.23%와 4.34%p의 격차를 보이고 있으며, 그 격차가 줄어들지 않고 있다.

중소기업의 1인당 부가가치비율도 1994년까지는 대기업의 40%대를 유지하다가 점차 줄어들어 2010년에는 26.8%에 불과했다. 중소기업의 1인당 급여수준도 1988년에는 대기업의 78.1%에 달했으나, 이도 점차 줄어들어 2010년에는 제조중소기업의 종사자 급여가 대기업의 46.9%(1인당 약 2,500만 원)에 불과한 형편이다. 중소기업의 재무구조도 대기업에 비해서 취약하다. 차입금의존도가 여전히 높아 금융비용 부담이 크다. 중소기업 부채비율은 2010년 134.4%이고 대기업은 86.3%로서 48.0%p 차이가 난다.

양극화와 중산층의 몰락

사회 양극화 현상은 현재 전 세계적인 추세이다. 1980년대 이후 노동시장 유연성이 증가하였고, IT를 비롯한 첨단산업과 금융 등 고부가가치 산업이 발달하면서 고용형태와 임금구조도 크게 바뀌었다. 첨

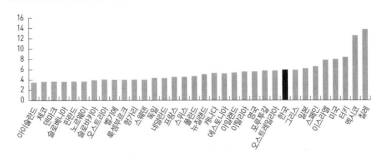

그림 9-6 소득 5분위 배율 국제비교(2010년 기준)

주: 칠레, 터키, 일본, 아일랜드, 뉴질랜드, 스위스, 헝가리는 2009년 자료
자료: OECD

단산업과 고부가가치 서비스업 이외 전통 제조업과 일반 서비스업의
고용과 임금 사정은 상대적으로 악화되어 산업 간, 계층 간 임금과
소득 격차가 확대되었다. 최근 OECD가 발표한 자료에 의하면 "글로
벌 경제위기가 발생하기 이전 20여 년 동안 대부분의 주요 선진국에
서 소득 상위 10%의 소득이 하위 10%에 비해 빠르게 증가하는 현
상이 나타났다"고 지적하고 있다.[7]

또한 노동시장의 이중구조로 인해 정규직과 비정규직 간 근로조
건에 차이가 크게 벌어졌다. 동일 업체 근로자들 중 성별, 학력, 근속
년수, 직종 등이 비슷하고 하는 일도 별 차이가 없음에도 불구하고
정규직과 비정규직 간 시간당 임금총액이 크게 차이가 나고 있다. 사

---

7 미국 MIT의 경제학자인 데몬 아제몰루(Damon Acemoglu) 교수는 소득 양극화 현상에 대해
다음 세 가지 원인을 들어 설명했다. 즉 기술발달(technology), 글로벌화(globalization), 외주
화(outsourcing)가 그것이다. 기술발달로 인해 고기술 제품과 저기술 제품 간 제품가격과 종사
자 간의 임금에 차이가 커지고, 글로벌화로 인해 선진국과 개도국 간 생산성 차이 및 임금격차
가 발생했으며, 생산과 서비스의 외주화로 인해 발주처와 납품업자 간의 소득격차가 벌어졌다
는 것이다.

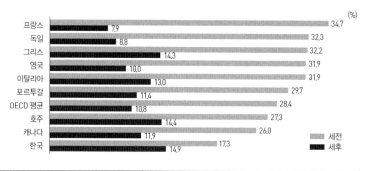

그림 9-7 OECD 주요국 세전-세후 빈곤율(2010년 기준)

프랑스	7.9	34.7 (%)
독일	8.8	32.3
그리스	14.3	32.2
영국	10.0	31.9
이탈리아	13.0	31.9
포르투갈	11.4	29.7
OECD 평균	10.8	28.4
호주	14.4	27.3
캐나다	11.9	26.0
한국	14.9	17.3

세전 / 세후

자료: OECD

업장규모가 클수록 고용형태별 임금격차는 더 크게 나타난다.[8]

우리나라는 특히 외환위기 이후 이러한 현상이 두드러져 사회 양극화가 급속하고 심각하게 진전되었다. 우리나라의 2010년 '소득 1분위 대비 소득 5분위 배율'은 5.66이다. 이는 상위 20%에 속하는 고소득층의 소득이 하위 20%에 속하는 저소득층 소득의 5.66배라는 의미다. 이는 OECD 34개 국가 중 아홉 번째로 높은 수준이다.

소득 양극화 현상은 정부 조세정책의 소득재분배 기능을 통해 조정될 수 있으나 우리나라의 경우는 그 조정 효과가 매우 미약하다. OECD 통계에 따르면 2012년 한국의 세전 빈곤율[9]은 17.3%로 OECD 27개국 가운데 가장 낮았다. 이는 인구 100명당 빈곤인구가 17.3명으로 우리나라 빈곤인구비율이 OECD 다른 나라에 비해 제

---

8 우리나라의 정규직과 비정규직의 시간당 임금격차는 2012년 기준 4,100원 수준이므로 8시간 근무 기준 하루 3만 2,800원에 이른다.

9 빈곤율이란 중위소득(소득 순으로 순위를 매겨 정확히 가운데를 차지한 가구의 소득)의 절반도 못 버는 빈곤층 인구가 총 인구에서 차지하는 비율을 의미한다. 빈곤율이 0.173이라 함은 중위소득의 절반도 못 버는 인구가 인구 1,000명당 173명이라는 의미이다.

일 낮다는 의미이다. 그러나 세후 빈곤율은 14.9%로 OECD 국가 중 이스라엘, 칠레, 스페인에 이어 네 번째로 높게 나타났다. OECD 평균은 10.8%였다. 프랑스는 세전 빈곤율이 17.3%로 OECD 국가 중 제일 높았으나 세후 빈곤율은 7.9%로 제일 낮았다. 이는 조세를 통한 소득 불평등 개선 효과가 OECD 회원국 중 우리나라가 최하위 수준[10]이라는 의미이고, 반면에 프랑스는 제일 높다는 의미이다.

이보다 더 심각한 것은 65세 이상의 노인 빈곤율이다. OECD 발표에 따르면 2011년 기준 우리나라 65세 이상 인구의 49%가 상대적 빈곤 상태이며(OECD 평균 13%)[11] 의식주가 해결되지 않는 절대빈곤층 노인 수가 2013년 기준 150만 명 수준에 달하는 것으로 추정하고 있다.[12] 한국의 노인 빈곤율은 OECD 국가들에 비해 크게 높은 수준이며, 국민연금, 기초연금 등을 통한 노인층 지원도 취약하다고 평가했다.

이에 따라 우리나라 중산층[13]은 지속적으로 감소추세에 있다. 소득수준이 중위소득의 50~150%에 해당하는 가계인 중산층은 1990년 전체의 75.4%에서 2011년에는 67.7%까지 줄어들었다. 특히

---

10 2012년 기준 한국의 세전 빈곤율(17.3%)과 세후 빈곤율(14.9%)의 차이는 0.24%p로 OECD 회원국 중 제일 낮다.

11 절대적 빈곤은 의식주 등 기본적 욕구를 해결하지 못하는 상태로, 절대빈곤선 개념을 토대로 생존의 의미를 강조한다. 상대적 빈곤은 동일 사회 내의 다른 사람과 비교하여 적게 갖는 것을 말하는데, 불평등의 개념을 중시한다. 따라서 상대빈곤선은 특정 사회의 구성원 대다수가 누리는 평균적 생활수준에 못 미치는 수준을 말한다.

12 2010년 기준 OECD 노인 빈곤율 평균은 12.4%이고, 일본 19.4%, 미국 14.6%, 재정위기에 처한 스페인 12.5%, 독일 10.5%, 프랑스 5.4% 수준이다. 노인 빈곤율에 있어서 한국은 타국과 비교할 수 없을 정도로 높다.

13 OECD의 정의에 따르면 가구를 소득 순으로 나열했을 때, 소득이 중위소득(전체 가구를 소득 순으로 한 줄로 세웠을 때 한가운데 있는 가구의 소득)의 50~150%인 가구를 말한다. 빈곤층은 중위소득의 50% 미만인 가구, 부유층은 중위소득의 150% 이상인 가구를 말한다.

그림 9-8 중산층 비중 추이

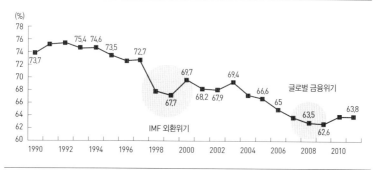

주: 도시 2인 이상 가구, 시장소득 기준
자료: 통계청, 동양증권 리서치센터

2012년 현대경제연구소의 조사에서 '스스로 중산층'이라고 응답한 사람은 46%에 불과하다고 발표되었다.[14] 소득 양극화 현상이 심화되고 중산층이 줄어들면서 빈익빈 부익부 현상이 빠르게 진행되고 있다. 빈곤층은 1990년대 7.8% 수준에서 2011년에는 15%로 증가했고, 부유층은 같은 기간 중 18.5%에서 21.2%로 증가했다.

최근 우리 사회의 양극화와 중산층 감소 현상은 개발연대 이후 수출 대기업을 우대하는 정책과 1998년 외환위기 이후 시장중심적이고 경쟁우선적인 정책으로 인해 더욱 심화되었다. 그리고 경제구조의 불균형에 따른 제조업과 서비스업, 수출산업과 내수산업, 그리고 대기업과 중소기업 간 생산성과 순이익 차이로 인한 소득 격차, 그리고 정규직과 비정규직 간 임금격차와 노동소득에 대한 분배율 하락 등이 가져온 결과이다.

---

14 유병규, 김동열 (2012. 8. 17). "중산층의 자신감이 무너지고 있다". 현대경제연구원 경제주평 참조.

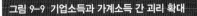

그림 9-9 기업소득과 가계소득 간 괴리 확대

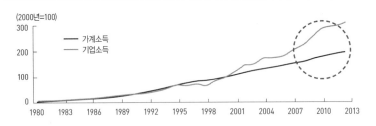

그림 9-10 임금상승세 둔화

자료: 기획재정부

2011년 기준 전체 임금근로자 대비 비정규직 비중은 한국이
23.8%이고, OECD 평균이 11.9%이다. 비정규직 대비 정규직의 임금
은 2004년 1.54배에서 2010년 1.82배로 확대되었다. 수출증대로 인
한 경제성장에도 불구하고 임금근로자의 소득은 상대적으로 하락하
고 있다. 경제성장에 따른 과실이 노동보다 자본 쪽에 더 많이 배분
되고 있는 것이다. 이러한 이유로 고소득층과 저소득층 간 소득격차
는 계속 확대되어 사회 양극화 현상이 심화되고 중산층의 붕괴가 빠
르게 진행되고 있다. 이러한 현상은 현재 우리사회의 최대 불안 요인
으로서 국민적, 사회적 통합을 저해하는 가장 큰 문제점이다.

저출산·고령화

우리나라는 국민들의 평균 수명이 증가하는 한편, 젊은이들의 결혼 연령이 늦어지고 출산율이 저하되면서 OECD 국가 중 가장 빠른 속도로 고령화가 진행되고 있다. 65세 이상 노령인구 비중이 2011년 이미 11%에 달하였고, 2018년에는 14.0%로 고령 사회에 진입하며, 2030년에는 24.3%로 초고령사회로 들어설 것으로 예상하고 있다. 고령사회에서 초고령사회로의 진행 소요기간이 한국은 26년에 불과할 것으로 예상되어, 일본 36년, 미국 94년, 프랑스 154년에 비해 매우 빠른 속도로 진행되고 있다.

급속한 고령화의 첫 번째 원인은 바로 낮은 출산율이다. 여성들이 경제활동에 참여하는 경우가 많아졌고, 취업난으로 결혼이 늦어지고 있으며, 매해 미혼여성도 증가 추세에 있다. 2011년 기준 우리나라의 출산율은 여성 1명당 1.24명으로 OECD 최하위를 기록하고 있다. 2013년 통계청이 발표한 자료에 의하면 1.18명에 불과하다.

인구고령화로 생산가능인구(15~64세)가 지속적으로 감소할 전망이다. 2017년부터 생산가능인구가 감소하기 시작하고, 2030년부터는 전체 인구가 감소하게 된다. 또한 25세에서 49세의 핵심 생산인구 비율은 2013년 기준 39.4%로서 2006년 대비 이미 3.4%p가 하락했다. 생산가능인구 감소는 경제 활력을 떨어뜨려 잠재성장률을 끌어내리는 가장 핵심적 요인이 된다.

또한 인구고령화로 인해 2012년 현재 11.8%인 노인 비중이 2040년에는 32.3%, 2060년에는 40.1%로 증가하여 인구 10명 중 4명이 노인인구가 된다. 지금은 생산가능인구 6~7명이 노인 1명을 부양하고 있지만, 2060년에는 생산가능인구 1.2명이 노인 1명과 어

표 9-4 주요 국가의 고령화 진행 속도			
	도달연도		소요기간
	고령화 (7%)	고령 (14%)	초고령 (20%)	7→20%
한국	2000	2017	2026	26년
일본	1970	1994	2006	36년
프랑스	1864	1979	2018	154년
미국	1942	2015	2036	94년

자료: 통계청; 기획재정부

그림 9-11 연령별 인구구성비 전망

자료: 통계청; 기획재정부

린이 0.2명을 부양하는 '1대 1 부양시대'가 될 것으로 전망하고 있다. 급속한 인구 고령화는 성장 잠재력을 훼손할 뿐만 아니라, 사회보장비용 지출증가 등으로 재정건전성을 크게 악화시킬 우려가 높다.[15]

일자리 부족과 청년실업

우리 경제의 활력이 떨어지고 저성장 시대에 접어들면서 일자리가 늘지 않고 있다. 정부의 공식 통계에 의하면 2014년 6월 실업률은 3.5%이나, 15~29세의 청년실업률은 9.5%이고, 25~29세 청년실업률은 8.8%에 달한다. 공식 실업률만 보면 미국 6.3%, 일본 3.6%, 독일 5.0%, 프랑스 9.9%로서 우리나라가 양호한 것으로 나타났다.

그러나 실업률 통계에서 빠지는 비경제활동인구가 전체 인구 약

---

15 2060년까지 GDP 대비 국가채무는 가속적으로 증가할 것으로 예상하는데, 우리나라가 고령사회에 진입하는 2018년에는 GDP 대비 재정수지가 −1.9%에서 2024년에는 −3.0%를 상회하고, 2035년에는 −5.0%를 넘어서는 것으로 추정하고 있다[박종규 (2012. 10. 26), 〈2018년 고령사회 진입과 차기 정부의 역할〉. 참조)].

표 9-5 취업률 추이

(%)

	2008년	2009년	2010년	2011년	2012년	2013년	2014년 6월
실업률	3.2	3.6	3.7	3.4	3.2	3.1	3.5
청년층 (15~29세)	7.2	8.1	8.0	7.6	7.5	8.0	9.5
(25~29세)	6.0	7.1	7.0	6.5	6.6	7.1	8.8

자료: 통계청

표 9-6 취업애로계층 추이

(만 명)

	2007년	2008년	2009년	2010년	2011년[1]
취업애로계층[2]	183.7	189.2	211.9	215.2	196.3
공식 실업자	78.3	76.9	88.9	92.0	85.5
구직단념자	10.8	11.9	16.2	22.0	21.1
불완전취업자[3]	42.8	42.5	51.0	41.9	35.8
취업준비자	54.6	59.8	59.1	62.5	57.2

주: 1) 1~10월 중 원계열 월평균

　　2) 취업준비를 위한 구직단념자는 중복계산되지 않도록 합산에서 제외

　　3) 주당 36시간 미만 취업자 중 추가 취업희망자

자료: 통계청

4,250만 명의 36.6%에 이른다. 여기에는 학생, 주부, 연로자뿐만 아니라 구직 단념자, 취업준비생, 기타 취업 무관심자 등이 모두 포함된다. 특히 취업준비, 진학준비, 군 입대대기, 단순 '쉬었음' 등으로 나타나는 사실상 실업자는 2014년 6월 말 199만 명에 이른다고 한다.

청년실업률도 9.5%라고 하나 현대경제연구원이 2011년 12월 조사한 바에 따르면 사실상 청년실업자는 2011년 10월 말 기준 이미 110만 명에 이르고, 이를 반영한 청년 체감실업률은 22.1% 수준에 이른다고 한다. 청년실업은 이제 우리 사회의 구조적인 문제가 되었다. 졸업 후 구직을 포기한 이른바 NEET(Not in Education,

표 9-7 청년층 취업준비자 및 '쉬었음' 인구 추이

(천 명)

	2008년	2009년	2010년	2011년	2012년 1~8월
청년층 전체 (15~29세)	453	429	442	410	402
(25~29세)	249	297	274	309	330

자료: 통계청

Employment or Training)족[16]도 계속 증가하고 있다. 청년실업 문제가 지속될 경우 이같이 구직활동을 포기하는 사람들의 수도 계속 늘 것으로 전망된다. 구직단념자는 계속 증가하고 있음에도, 이들은 취업 의사가 없는 것으로 간주되어 실업자 통계에서도 제외된다.

고용 없는 성장으로 경제성장에 따른 새로운 일자리 창출이 크게 감소한 것이다. GDP 1% 성장 시 창출 일자리 수가 2000년대 초반에는 9만 개 내외에서 2000년대 후반에는 4만 개 내외로 줄어들었다. 이같이 '고용 없는 성장'이 장기화된 것은 우리 경제의 고용탄성치가 크게 떨어졌기 때문이다. 고용탄성치가 2004~2011년간 평균 0.29 수준으로 31개 OECD 회원국 중 20위 수준이다. 영국(0.42), 프랑스(0.47), 독일(0.93) 등 유럽 국가들보다도 낮고, 일본(0.70)에도 크게

표 9-8 역대정부의 고용탄성치

김영삼 정부	김대중 정부	노무현 정부	이명박 정부
0.294	0.517	0.237	0.003

자료: 강병구 인하대 경제학부 교수

---

16 15~34세 중 졸업 후 독신으로 실업자이면서 취업준비도 하지 않는 계층을 말한다.

표 9-9 산업별 고용유발 효과(2010년 기준)

농림어업	서비스업	건설업	제조업	전체 평균
37.3명	16.6명	13.7명	9.3명	13.9명

자료: 한국은행

미치지 못한다. 문제는 역대정부의 고용탄성치[17]를 보면 시간이 갈수록 점점 악화되고 있다는 점이다.

그러면 현재 한국경제의 고용 없는 성장의 주요 요인은 무엇인가? 첫째 고용유발 효과[18]가 낮은 제조업 위주로 성장이 지속되고, 고용 효과가 높은 서비스업 비중은 낮기 때문이다. 2010년 우리나라 제조업의 고용유발 효과는 9.3명으로 서비스업 16.6명의 거의 반 정도에 불과하다. 경제 전체에서 차지하는 제조업 비중은 계속 확대[19]되고 있으나, 고용유발 효과가 낮은 제조 대기업 중심으로 성장하고, 고용유발 효과가 높은 서비스업 발전이 늦다 보니 경제가 성장해도 고용이 잘 늘지 않는다. 서비스업 비중이 낮다 보니 서비스업 비중이 높은 미국 등 선진국에 비해 전체 고용 중 우리나라 서비스업의 고용 비중도 낮다.

대기업 위주의 경제구조로는 이제 고용을 늘리는 데 한계가 있다. 중소기업은 전체 기업 수에서 99.9%, 종업원 수에서 86.2%를 차지하고 있다. 그러나 기업 수 0.1%, 종업원 수 13.2%인 대기업 위주로 경제성장이 이루어지고 있고, 대기업은 공장 해외이전, 공장설비 기계화·자동화, IT기술 활용 등을 통해 고용을 최소화하고 있다. 때문

---

17 고용탄성치='취업자 증가율／GDP 증가율'이다. 고용탄성치가 높을수록 산업성장에 비해 취업자 수가 많은 것을 의미하고, 낮을수록 산업성장에 비해 취업자 수가 적은 것을 의미한다.

18 불변가격 산출액 10억 원당 소요되는 피용자 수: 피용자 수(명)÷산출액(10억 원)

19 한국은행에 따르면 제조업의 비중은 2009년 47.7%에서 2010년 50.2%로 확대되었다.

에 대기업 위주의 성장이 이루어지더라도 고용이 잘 늘어나지 않는 '고용 없는 성장'이 고착화되고 있다.

둘째, 낙수 효과(trickle-down effect)[20] 메커니즘 상실이다. 경제가 성장하면 고용이 따라서 늘어나는 전통적 투자와 고용 간 공식이 무너졌기 때문이다. 종전에는 수출 대기업에서 이익이 발생하면 국내투자를 늘려 경제성장과 고용측면에서 국민경제 모두가 그 효과를 향유했다. 그러나 이제 대기업들은 제품의 품질 경쟁력 향상, 환율 효과 등으로 막대한 이익을 실현하고 있으나 국내 재투자보다는 해외투자로 눈을 돌리고 있다. 회사이익이 내부유보나 주주배당 등으로 이전되어 경제가 성장하면 바로 고용증대와 저소득층 소득증가로 연결되던 과거의 낙수효과 메커니즘이 상실된 것이다.

셋째, 우리나라 근로자의 장기간 근로시간이다. OECD 통계에 의하면 우리나라 근로자의 노동시간이 세계 최장인 것으로 조사되었다. 우리나라 근로자의 연간 노동시간은 2012년 기준 2,092시간으로 OECD 국가 중 멕시코 다음으로 가장 길다. 경제가 좋아지더라도 고용을 늘리기보다는 잔업을 늘리는 등으로 대처하여 고용증가로 연결이 되지 않고 있다.

넷째, 낮은 직업 안정성이다. 우리나라의 직장인 퇴직연령은 평균 53세로, 미국(66세)과 유럽(62세)보다 훨씬 낮고, 정년 이전에도 정리

---

20 대기업, 재벌, 고소득층 등 선도 부문의 성과가 늘어나면 연관 산업을 통해 후발 또는 낙후 부문에 유입되는 효과를 의미한다. 컵을 피라미드같이 층층이 쌓아놓고 맨 꼭대기의 컵에 물을 부으면 제일 위의 컵부터 흘러들어간 물이 다 찬 뒤에야 자연스럽게 아래쪽으로 넘쳐 내려간다는 이론이다. 이 이론은 나라의 부의 증대에 초점이 맞춰진 것으로 분배보다는 성장을, 형평성보다는 효율성을 우선시한다.

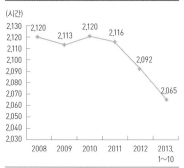

그림 9-12 연간 근로시간 추이

(시간)

- 2008: 2,120
- 2009: 2,113
- 2010: 2,120
- 2011: 2,116
- 2012: 2,092
- 2013. 1~10: 2,065

자료: 고용부, 사업체 노동력 조사

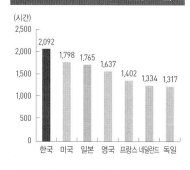

그림 9-13 OECD 연간 근로시간(2012년)

(시간)

- 한국: 2,092
- 미국: 1,798
- 일본: 1,765
- 영국: 1,637
- 프랑스: 1,402
- 네덜란드: 1,334
- 독일: 1,317

자료: OECD, Employment outlook

해고, 희망퇴직 등으로 일자리 안정성이 매우 낮은 형편이다.[21] 한편 국민연금 수령 나이는 2012년 60세에서 2013년 61세로 늦춰지고, 2033년이 되면 65세로 늦어진다. 현재도 정년 후 국민연금을 받을 때까지 최소 7년의 시차가 존재한다. 게다가 조기퇴직 후 생활안정도 보장되어 있지 않다.

이러한 여러 가지 이유로 새로운 일자리가 늘지 않고 늘어나는 일자리도 비정규직이나 임시직 위주이다. 이와 같이 실업률이 높고 근로시간도 길지만 정년이 짧고 잘 보장되지도 않아 직업 안정성이 매우 낮다. 조기 은퇴자와 부모 세대들의 노후 준비는 제대로 되어 있지 않아, 고령자들의 취업은 오히려 늘고 청년실업은 줄지 않고 있다.

전투적 노사관계

2012년 말 기준 우리나라의 전체 조직 노동자 수는 178만 명으로

---

21 최근 주요국 평균 퇴직연령(기획재정부): 한국 53세, 미국 66세, 일본 63세, 유럽 62세, 싱가포르 62세.

표 9-10 노동 관련 통계

	2008년	2009년	2010년	2011년	2012년
노조조직률(%)	10.5	10.1	9.8	10.1	10.3
조합원 수(천 명)	1,666	1,640	1,643	1,720	1,781
노사분규(건)	108	121	86	65	105
근로손실 (각 10월 말, 일)	774,923	522,528	429,918	319,837	842,843

자료: 한국경영자총협회

노조조직률은 10.3%이다.[22] 노조 가입비율이 낮은 데도 불구하고 우리나라의 노사분규비율은 매우 높다. 노사분규로 인한 사회적 갈등과 경제적 손실이 심각하다. 생산과 수출 차질액, 경제적 손실은 심각한 수준이다.[23]

세계경제포럼(WEF: World Economic Forum)이 발표한 '2014년 국가경쟁력 평가'에 의하면 우리나라의 국가경쟁력은 26위이지만 노사협력 평가는 148개국 중 132위로 꼴찌나 다름없다. 우리나라의 노사갈등 문제가 얼마나 심각한지 보여주고 있다. 우리나라의 노사관계는 상호 불신, 극한적 투쟁, 연례적 파업 등으로 국가적인 최대 현안이 되었다. 건전한 노사문화가 정착되지 못하고 일부 강성노조나 노동단체의 불법 또는 정치성 파업이 연례행사처럼 반복되는 것은 한국경제 선진화의 걸림돌이자 우리 사회 최대 불안 요인이다. 근로 환경 개선이나 임금인상 등 근로조건에 대한 합법적인 쟁의는 법적으

---

22 노동조합 조직률은 1989년(19.8%) 이후 계속 하락추세를 보여 2010년 최초로 한 자릿수 (9.8%)까지 떨어졌다. 그러나 2011년 복수노조제도 시행 등의 영향으로 10%대를 회복한 후 2012년에도 증가추세를 이어가고 있는 것으로 나타났다.

23 노사분규 발생 건수는 2012년 105건으로 매년 100여 건에 달한다. 이로 인한 근로손실일수도 2012년 84만 일에 달한다.

로 보호받아야 할 근로자의 권리다. 그러나 10% 수준에 불과한 조직근로자들 중심으로 극단적인 노동활동을 벌이는 것은 노사 간 갈등과 분쟁을 지속시킬 뿐이다.

우리나라 노사관계의 또 다른 문제점은 비정규직 등 '노동 3법' 보호 범위 밖에 있는 근로자들이 많다는 것이다. 이들은 대기업 노조에 가입된 근로자들에 비해 많은 차별을 받고 있다. 반면 대기업 노조에 가입된 근로자들은 높은 직업 안정성과 고임금 등 상대적으로 우월한 근로조건을 보장받고 있다. 그러나 노조가 없거나 노조의 힘이 미약한 기업체에 종사하는 근로자와 다수의 비정규직들은 매우 낮은 임금과 열악한 근로 환경 속에 방치되어 있다.[24] 비정규직에 대한 차별은 임금 외에도 사회보험 적용과 각종 수당 및 상여금 등에서도 일어나고 있다. 이들은 경제 상황 악화 시 가장 먼저 구조조정의 대상이 되는 등 고용의 안정성 또한 매우 취약하다.[25] 게다가 베이비 붐 세대의 은퇴가 본격화되면서 50~60대 이상 고령층의 비정규직이 크게 증가하는 추세이다.

비협력적이고 전투적인 노사관계로 인한 기업의 투자 기피, 해외 생산기지 이전, 기업의욕 저하 등은 더 큰 문제이다. 일부 노조의 과도한 임금인상 요구와 전투적 노동쟁의로 인한 생산 차질로 생산원가가 높아지고, 이로 인해 많은 기업들이 투자를 꺼리거나 해외로 생산기지를 옮기고 있다. 특히 노조의 극렬한 투쟁으로 인해 기업인들

---

24 비정규직의 월평균 임금(2012년 1~3월 평균)은 정규직(211.3만 원)의 67.7%인 143.2만 원 수준에 불과한 것으로 조사되었다(통계청).

25 정부 통계에 의하면 2013년 8월 말 기준 비정규직 근로자는 전체 근로자의 32.4%인 607.7만 명으로 처음 600만 명을 넘어섰다. 비정규직 근로자 중 40대 이상이 60%를 넘어서고 있다.

이 경영하려는 의지를 접는 경우도 적지 않은 실정이다.

이는 노사 양측에게 모두 책임이 있다고 본다. 서로를 생산 활동과 분배의 건전한 파트너로 인정하지 않고 상호 의혹과 불신으로 대립하고 있기 때문이다. 결국 우리 경제 전체의 투자와 소비, 고용을 저해하고 경제 활력을 떨어트려 한국경제의 성장 잠재력을 훼손하는 심각한 요인이 되고 있는 것이다.

잠재성장률 하락

한국경제도 이제 과거와 같은 고도성장을 기대하기는 어렵게 되었다. 실질 성장률은 1970년대 평균 10.3%에서 1980년대에는 8.6%, 1990년대에는 6.7%로 하락했고, 2008년 금융위기 이후에는 2.9%에 머무르고 있다.

국내외 주요 기관에 따르면 우리나라 실질성장률뿐만 아니라 잠재성장률도 그간 지속적으로 하락해왔고 앞으로도 하락세가 지속될 전망이다. KDI는 우리 경제의 잠재성장률이 2011~2020년간 연평균 3.8%에서 2021~2030년간에는 2.9%로, 2031~2040년간에는 1.9%로 떨어질 것으로 예상하고 있다. OECD도 2011~2030년간 연평균 2.7%에서 2031~2060년간에는 1%로 하락할 것으로 분석하고 있다.

이대로 가면 한국경제가 일본식 장기불황에 빠질 것이라는 우려도 배제할 수 없다. 앞으로도 저출산 고령화로 경제활동인구가 계속 감소하고, 투자와 소비 부진이 지속되면서 생산성 향상도 뒤따르지 않는다면 저성장 기조가 고착화될 위험이 매우 높다. 이는 무엇보다도 저출산 고령화 현상으로 노동인구가 감소하고, 피부양인구가 늘어남에 따라 경제활동 참가율이 크게 떨어지기 때문이다. 수명 연장

표 9-11 기관별 잠재성장률 전망

	KDI	삼성연구소	LG연구소	OECD (%)
2011~2020년	3.8	3.6	3.4	2.7(2011~2030년)
2021~2030년	2.9	2.8	2.8	
2031~2040년	1.9	2.2	2.5	1.0(2030~2060년)

자료: KDI

으로 인한 고령화는 불가피한 현상이나 젊은이들의 혼인연령이 늦어지고, 기혼부부의 출산기피 현상 등으로 출산율이 크게 감소하고 있는 것이 제일 큰 문제이다.

젊은이들의 혼인연령이 늦어지고 출산을 기피하는 것은 무엇보다도 높은 청년실업률로 인해 경제적 자립능력이 떨어지고, 결혼 후 주거 마련이 어려우며 출산 후 육아와 교육비 부담 등이 크기 때문이다.

∷ 단기적 리스크

가계부채의 확대

우리나라는 외환위기가 극복된 이후 1999~2010년 사이 가계부채가 명목 GDP 성장률보다 빠르게 늘어났다. 또한 2008년 금융위기 이후 위기를 겪은 국가들은 가계부채를 줄여왔는데 우리나라는 경기부양을 위해 계속 늘려왔고, 이로 인해 가계부채가 주요 선진국들보다 더 심각한 수준에 도달했다. 2013년 말 기준 우리나라의 가계부채(한국은행 가계신용 기준)는 1,021.3조 원으로 이미 1,000조 원을 넘어섰다. 이 중 부동산담보대출이 527.6조 원으로 약 52%이고 나머지는 신용대출, 신용카드 사용으로 인한 판매신용 등이다.

1999~2010년 중 우리나라 가계부채 연평균 증가율은 11.7%로서 명목 GDP 증가율 7.3%와 가처분소득 증가율 5.7%를 훨씬 앞서고 있다. 이에 따라 2011년 우리나라의 가처분소득 대비 가계부채비율은 163.7%로서 미국 119.6%나 OECD 평균 136.5%보다 훨씬 높다. 그리고 은행권보다 조건이 나쁜 비은행권의 가계대출이 빠르게 증가하고 있다. 장기 고정금리 대출보다 단기 비거치식 변동금리 대출 비중이 높아서 차입자의 일시적 상환부담과 금리 변동에 따른 리스크 부담이 높은 것이 특징이다. 소득분위별로도 저소득층의 가구당 부채증가비율이 높기 때문에 경기 악화 시 가계부채 문제가 우리 경제의 커다란 잠재적 불안 요인이 될 수 있다.

가계부채의 소득계층별 구성을 보면 70%는 고소득가구가 차지하나, 실제 위험군은 저소득층 중심의 자영업자, 다중채무자, 하우스푸어 등이다. 자영업자의 가처분소득 대비 가계부채비율과 DTI는 일반 가계의 2배이고, 금융회사 4군데 이상의 다중채무자는 무려 150만 명에 달하는 것으로 정부는 추정하고 있다.

2013년 8월 말 은행의 원화대출 연체율은 0.96%대로서 아직 심각한 정도는 아니나, 연체율이 줄지 않는다는 점이 큰 문제이다. 금융위기 이후 가계대출이 크게 늘어나자 은행권 중심으로 리스크 관리를 강화했고, 그로 인해 은행권 비중은 줄고 조건이 불리한[26] 비은행권 가계부채 비중이 확대[27]되고 있는 것이 또한 문제다. 결과적으로

---

26 금융권별 가계대출 금리(2013년 4월 말, 신규취급액 기준): 은행 4.4%, 신협(일반대출) 6.0%, 상호저축은행(일반대출) 14.8%, 대부업체 27.1%(2012년 6월 말, 잔액 기준)

27 가계대출 중 비은행권 비중: 2010년 45.6%→2011년 47.1%→2012년 48.4%→2013년 49.1%

표 9-12 가계부채 증감 및 잔액

(조 원)

	2012년 중 증감	(증감률)	2012년 말 잔액	2013년 중 증감	(증감률)	2013년 말 잔액
가계부채	47.6	(5.2%)	963.8	57.5	(6.0%)	1,021.3
주택담보대출	26.8	(5.7%)	497.1	30.5	(6.1%)	527.6
(전세대출)	5.5	(28.4%)	24.9	5.6	(22.5%)	30.5
신용대출 등	17.8	(4.5%)	408.8	26.6	(6.5%)	435.4
판매신용	3.1	(5.6%)	57.9	0.5	(0.8%)	58.3

자료: 기획재정부

저소득·저신용층의 원리금 상환부담이 가중되고 있고, 과다채무가구, 자영업자, 다중채무자 등 특정 부문의 가계부채가 빠르게 증가하고 있는 것도 우려가 된다.

향후 실물경제 침체가 지속되고, 주택의 주 구매층인 베이비붐 세대의 은퇴와 함께 주택경기도 활성화될 기미가 없기 때문에 가계부채 부실이 더욱 커질 우려가 있다.

과거 일본, 미국 등 선진국도 35~54세의 주택매입 세대 비중이 감소하면서 주택시장 버블이 붕괴되었던 사실을 감안하면 한국의 가계부채 부실은 앞으로 눈여겨봐야 할 위험 요소이다. 특히 한국은 주택의 주매입 세대 비중이 2012년에 이미 정점에 달했다고 하기 때문에 주택가격 추이를 계속 지켜봐야 할 것이다.

대외충격에 민감한 금융시장

우리나라는 대외의존도가 높은 나라이다. 1997년 외환위기 이후 금융시장은 완전 개방되었고, 자본자유화와 외환자유화도 전면 시행되었다. 자본시장, 외환시장, 장단기 자금시장의 완전 개방과 자유화로 국내금융시장은 이제 뉴욕, 런던 등 주요 국제금융시장과 하나로 통합되어 있고, 대규모 해외자금이 수시로 드나들고 있다. 국제금융시장의 변화에 따라 국내금융시장에 대규모 자금이동이 실시간으로 일어나고 있고, 이 때문에 국내 주식시장과 외환시장이 주기적으로 충격을 받고 있다.[28]

2015년 2월 말 외국인이 보유하고 있는 상장주식은 437.5조 원(전체 시가총액의 30.7%), 상장채권은 101.1조 원(전체 상장채권의 6.8%)으로 총 538.5조 원에 이르고 있다. 특히 외국인 상장채권 보유 비중은 2006년 말 0.65%에서 2015년 2월 말 6.8%까지 급격하게 상승했다. 특히 주요 상장사들의 외국자본 지분율이 매우 높다. 이로 인한 외국인투자자에 대한 배당금 지급도 작지 않다. 2013년 중 외국인 배당금 지급은 전체 배당금 중 38% 수준으로 무려 4조 6,301억 원에 달한 것으로 알려졌다.[29]

외국인증권투자 이외에도 우리나라는 장단기외채가 많다. 2014년 9월 말 현재 총외채는 4,291억 달러이고, 이중 단기외채는 1,261억 달러이다. 단기외채의 많은 부분이 은행들의 외화영업용 차입으로서 해외금융시장에 자금경색이 발생할 경우에는 언제라도 은행의 외환 부족 사태를 유발할 수 있는 자금이다. 2008년 말 금융위기 시에는 우리 은행들이 단기외화유동성 위기에 직면했으나, 2009년에는 이들 외국투자자금이 32.3조 원이나 다시 순유입되어 환율과 주가가 급등락하는 등 금융시장이 크게 흔들렸다.

---

28 금융위기가 한창이던 2008년에는 수개월 만에 외국인주식투자자금이 35조 9,000억 원이나 국내에서 빠져나가 환율이 폭등하고 은행들이 외화자금 부족 사태에까지 직면했다.
29 배당수익률을 1% 올리면 계산상 외국인들은 2조 6,000억 원의 추가 자본이득을 얻게 된다.

표 9-13 외국인 상장증권 순투자 및 보유 현황

(십억 원, 결제 기준)

	2014년	12월	2015년	1월	2월	보유잔고	
주식	6,285	−1,932	−376	−949	573	437,475	(30.7%)
채권	5,167	−117	697	55	642	101,062	(6.8%)
합계	11,452	−2,049	321	−894	1,215	538,537	

주: 순투자 : 상장주식은 장내거래 기준, 상장채권은 장내·장외거래 기준
자료: 금융감독원

표 9-14 2010년 주요 상장사 외국자본 지분율

시가총액 순위	금융회사		비금융회사	
	회사	외국인 총지분율(%)	회사	외국인 총지분율(%)
1	국민은행	82.3	삼성전자	47.4
2	신한금융지주	58.1	POSCO	49.8
3	우리금융지주	13.8	현대중공업	19.7
4	삼성화재	57.2	한국전력	28.8
5	하나금융지주	78.3	SK텔레콤	47.5
6	외환은행	80.6	LG필립스 LCD	10.9
7	기업은행	22.9	SK에너지	44.4
8	삼성카드	6.3	현대자동차	34.4
9	삼성증권	14.8	LG전자	26.9
10	미래에셋증권	9.4	KT	47.1
11	대우증권	9.3	두산중공업	10.6
12	한국금융지주	47.1	신세계	43.2
13	우리투자증권	18.2	LG	20.2
14	동부화재	23.4	KT&G	51.7
15	현대증권	8.7	하이닉스	24.1

자료: 우리경제연구소

향후 선진국의 양적완화 정책 종료나 이로 인한 국제금융시장 불안, 그리고 반도체, 휴대폰 등 주력수출 상품의 수출에 차질이 발생할 경우 외환시장의 변동성이 크게 확대되고, 다시 외화유동성 위기를 맞을 수 있다.

04
경제위기의
재발 가능성

2008년 금융위기 이후 은행의 단기외화유동성 부족으로 우리나라는 많은 어려움을 겪었다. 이후 은행의 단기외채를 줄이고 외환보유액도 상당 수준 확보했다. 한국이 여러 차례 위기를 겪으면서 당국의 위기 대응 능력도 많이 제고되었다. 그러나 개방도와 대외의존도가 높은 경제구조상 대내외 상황 변화에 따른 리스크 발생 요인은 항상 잠재해 있다.

한국에 금융위기가 발생한다면 위기는 3단계로 진화되어 발생할 것으로 예상할 수 있다. 그 경로는 첫 번째, 가계부채가 더욱 증가하고, 재무 상태가 취약한 기업의 구조조정이 지연되며, 은행의 부실채권비율이 상승하는 경우를 예상할 수 있다. 두 번째로는 미국 금리 인상으로 인한 국제투자자금 이동 시 외국인투자자금 한국 이탈, 정부나 기업의 불투명한 정책이나 반시장적 행태의 등장으로 외국인투자자들의 신뢰가 하락하는 상황이 초래될 수 있다. 마지막 단계에서는 다가오는 총선이나 대선 과정에서 정치적·사회적 혼란이 발생하고, 이 와중에서 국제신용평가사들이 한국의 국가신용등급을 하향 조정하면 외국자본의 이탈이 급속하게 발생하면서 은행의 단기유동성 악화 사태가 발생하고, 이로 인해 제2의 외환위기 또는 금융위기가 발생할 수도 있다. 따라서 이러한 위기 시나리오가 현실화되지 않도록 거시경제 리스크를 잘 관리해나가야 한다.

현재 우리나라의 가계부채 수준은 이미 분석한 바와 같이 심각한 수준이다. 2014년 금리인하와 정부의 주택담보인정비율(LTV)·총부채상환비율(DTI) 등 부동산대출 규제 완화의 영향으로 2014년 하반기 주택담보대출이 크게 늘어났다.

주택담보대출 급증으로 2014년 한 해 은행대출을 통해 늘어난 가계 빚은 총 37조 3,000억 원으로 전년(23조 3,000억 원)의 1.6배에 달하고, 연간 증가폭이 역대 최고 수준이었다. 은행과 비은행권(예금취급기관)을 합한 가계대출은 2014년 1~7월만 해도 월평균 3조 4,000억 원 수준으로 증가했으나, 2014년 8월 초 정부의 DTI, LTV 규제 완화와 한국은행의 기준금리 인하를 기점으로 급증하기 시작해 8~11월엔 월평균 6조 8,000억 원이 늘었다. 증가 속도가 2배로 빨라진 것이다.

경기를 부양하기 위해 금리나 재정 등 거시경제정책수단을 활용하는 것은 타당하나, 부동산 경기활성화를 통해 경기를 부양하기 위해 DTI, LTV와 같은 금융건전성수단을 사용하는 것은 매우 위험하다고 생각한다. 결국 은행대출을 늘려 경기를 살려보겠다는 것인데, 정작 경기는 회복되지 않고 가계부채와 은행건전성만 악화시킬 수 있기 때문이다.

아울러 신용도가 낮은 기업들의 실적이 개선되지 않고 구조조정도 지연되고 있어 기업부실이 계속 증가할 것으로 예상된다. 최근 2~3년간 국내 주요 기업들의 재무 상황이 나빠지고 있다. 한국은행에 따르면 국내 상장기업 1,519개와 비상장기업 151개의 평균 매출액 증가율은 2014년 1/4분기 1.5%에서 3/4분기에는 -3.2%로 떨어졌다. 같은 기간 매출액 영업이익률은 5.2%에서 4.2%로, 이자보상비율은 477.7%에서 389.4%로 하락했다. 특히 이자보상비율[30]이 100% 이하인 기업 수가 급격히 늘어나고 있어 가계대출 못지않게 큰 우려의 대상이 되고 있다. 국내기업의 재무지표가 나빠지고 있어 앞으로 부실기업 구조조정이 중요한 과제로 등장할 것이다.

그러므로 가계대출이 계속 증가하면 우선 금융건전성 관리수단인 DTI와 LTV를 다시 환원하여 가계부문의 부실 가능성을 사전에 차단해야 한다. 신용등급이 낮은 기업들은 채권은행들이 선제적인 워크아웃을 통해 채무재조정을 추진하고 회생 가능한 기업은 신규자금을 지원하여 회생시키고 회생 가능성이 낮은 기업은 과감히 정리해야 한다.

정부의 모든 정책은 글로벌 스탠더드에 맞게 추진하고, 정치 사회적 혼란이 발생하지 않도록 정치권이 협력해나가야 한다. 단기외화 유동성을 충분히 확보하고, 외국인투자자와 국제신용평가사에 대한 경제설명회도 수시로 개최하여 대외신인도를 유지하는 데 힘써야 한다.

---

30 이자보상배율이라고도 한다. 기업이 영업활동을 통해 벌어들인 영업이익으로 금융비용(이자비용)을 어느 정도나 부담할 수 있는지를 평가하는 재무비율이다. 이자보상배율이 1(=100%) 이하이면 영업이익으로 금융비용조차 충당할 수 없는 상태를 의미한다.

05

한국경제가
가야 할 길

:: 균형성장 전략으로의 패러다임 전환

과거 50년간 한국경제 성공 신화를 가능케 해주었던 불균형성장 전략으로는 이제 한국경제가 당면하고 있는 저출산, 고령화, 고용 없는 저성장의 고착화, 양극화와 이로 인한 사회경제적 갈등 같은 구조적 문제점을 해결할 수 없다.

한국경제의 성장 잠재력을 높이고 고용을 증진시켜 지속가능한 안정 성장 기반을 마련하기 위해서는 기존의 불균형성장 정책에 기초한 경제발전 전략 패러다임을 바꿔나가야 한다.

실물부문에서는 기존의 제조업 중심, 수출기업 및 대기업 위주 성장정책에서 제조업과 서비스업, 수출기업과 내수기업, 대기업과 중소기업의 균형발전 전략으로 전환해야 한다. 이를 통해 성장과 분배가 조화를 이루고 대·중소기업이 상생하는 공정한 선진형 경제체제를 구축해야 한다.

이것은 대기업에 대한 지원을 줄이고 대기업에 대한 차별적 정책을 추진하자는 뜻이 아니다. 현재 국제경쟁력을 갖추고 있는 대기업들이 공정한 룰 속에서 자유로운 경제활동을 하도록 보장해주면서, 대·중소기업이 서로 건전한 경쟁을 펼칠 수 있는 토대를 마련해주어야 한다는 말이다.

반면에 경쟁력이 취약한 서비스업과 내수·중소기업들에게는 정부가 적극적으로 육성 정책을 펼쳐, 거시경제의 취약점인 산업별·규모별 불균형을 시정해나가자는 의미이다.

고용 효과가 높은 서비스업과 중소기업을 육성해야 내수기반을 강화하고 일자리를 늘려나갈 수 있다. 제조업과 수출산업에 대한 각종 조세 및 금융 지원을 서비스업과 내수산업에 대해서도 확대해야 한다. 현재 근로자 수, 매출액 등으로 되어 있는 중소기업 기준도 보다 완화하여 서비스업종이 중소 제조기업처럼 각종 혜택을 받을 수 있게 해줄 필요가 있다.

특히 관광, 의료, 교육, 금융 등 고부가가치 서비스업의 생산성을 증가시키고 경쟁력을 강화시키려면 각종 경쟁 제한적인 정부 규제의 완화가 필요하다. 최근 한류 등으로 각광을 받고 있는 연예, 관광, 의료, 유통, 물류 등을 육성 지원해야 하며, 특히 고용 효과가 큰 유망 서비스업을 집중적으로 지원해야 한다.

대표적 서비스업인 통신, 금융보험, 부동산, 광고, 사업 서비스 등 생산자 서비스업, 교육, 의료보건, 사회복지 등 사회 서비스업, 영화 및 연예, 기타 오락 서비스, 문화 서비스 등 개인 서비스업에 대해 정부가 체계적 육성방안을 만들어 추진해야 한다.

:: 안정적 거시경제 운용

대내외 경제 및 금융시장 불안에 대처하여 적절한 위기 관리 시스템을 상시 가동하는 것이 필요하다. 소규모 개방경제체제인 한국경제는 세계경제와 국제금융시장 움직임에 따라 언제라도 위기를 맞을 수 있다. 따라서 정부는 상시 위기 관리 모니터링 시스템을 가동하고 글로벌 경제와 금융시장 동향을 면밀히 점검하여 위기 징후가 있을 때에는 즉각 대응해야 한다. 단기외채를 적정 수준으로 관리하고 투기성 외화자금의 유출입에 대해서는 사전에 대비해야 한다.

지나친 성장 위주의 정책보다는 기술개발, 생산성 향상 등을 통해 잠재성장률 제고에 힘쓰고, 특히 낙후한 서비스산업이나 내수부문을 활성화하여 새로운 일자리를 만들고, 성장률도 높이는 균형 발전 전략을 추구해야 한다.

경상수지 흑자나 외국인투자로 인해 국내로 외환이 과잉 공급되면 자연스럽게 원화 환율이 절상 압력을 받게 된다. 이러한 환율절상 압력은 별도의 외환수급 조절 대책 없이 정부의 외환시장 개입만으로 막기에는 한계가 있다. 정부가 계속 외환시장에 개입하면 외국으로부터 환율조작국이라는 비난을 받고 통상압력이나 무역보복을 당할 수 있다. 또 지나친 환율방어는 정부의 외평채(외국환평형기금채권) 발행과 한국은행 통안채(통화안정채권) 발행에 따른 막대한 비용 부담을 초래한다.

그리고 고환율정책은 결국 수입물가 상승을 통해 국내 소비자에게 손해를 끼치고, 수출상품의 원가 상승으로 인해 환율 인상 효과도 결국 상쇄된다. 따라서 경상수지 흑자도 적정 수준으로 관리하고, 외국인투자자금의 급속한 유입으로 인한 외환의 과잉공급 시에는 적극적인 해외 자본투자를 통해 국내시장에 넘치는 외화자금을 해외로 유도하여 외환수급을 조절하는 정책을 펴나가야 한다.

　대외개방도가 높아 외부 환경에 취약한 우리나라는 외환보유액을 다소 넉넉하게 비축해두어야 한다. 특히 통일 이후를 대비해서라도 충분한 외환보유액을 유지할 필요가 있다. 대내외 균형이 상충될 때에는 그 영향을 종합적으로 고려하여 정책조합을 추구하되 항상 대외균형이 무너지지 않도록 주의해야 한다.

∷ 사회구조 부문 개혁

양극화 문제의 해결

한국경제의 양극화 문제를 해결하기 위해서는 우선 경제 활성화를 통해 내수를 회복시키고 양질의 일자리를 많이 만들어야 한다. 이를 위해서는 소비와 투자가 부진하게 된 요인을 찾아서 해결해야 한다. 민간소비가 부진한 이유는 과다한 가계 부채로 인한 소비여력 부족, 반복되는 금융위기, 불확실한 미래와 노후에 대한 부담 때문이다. 기업투자 역시 불확실한 대내외 경제 환경으로 인한 보수적 기업경영 행태, 전투적 노사관계로 인한 기업의 국내투자 회피, 소비와 고용을 유발할 수 있는 각종 서비스업의 낙후 등이 원인이다.

　이러한 장애 요인을 극복하기 위해서는 기업투자와 민간소비를 진작시키기 위한 정부의 적극적 거시경제정책과 재정금융정책이 필요하다. 일자리 창출과 고용안정을 위해서는 서비스업 활성화를 적극 추진하고, 비정규직의 점진적인 정규직화 정책 등이 필요하다. 임금

피크제를 잘 활용하여 기업의 부담을 크게 늘리지 않으면서 조기퇴직을 억제하고 정년연장을 통해 직업의 안정성을 높여야 한다.

2015년 2월 9일 OECD가 발표한 우리나라에 대한 '구조 개혁 평가 보고서(Going for Growth 2015)'에 의하면 정규직과 비정규직의 격차가 성장을 방해하고, 소득 불평등을 야기하며, 여성의 경제 활동 참여를 줄인다고 지적하였다. 이를 바로잡기 위해서는 정규직과 비정규직 일자리로 뚜렷이 양분된 우리나라의 노동시장 이중 구조를 허물어 뜨려야 한다고 권고했다. 보고서는 "정규직에 대해선 부당 해고인지 여부를 판단하는 절차를 명확하게 해 정규직 보호 수준을 낮춰야 하며, 비정규직에 대해선 사회보험을 더 많이 적용하는 한편 직업훈련 기회를 더 늘려야 한다"고 지적하고 있다. 특히 기업구조조정에 따른 전직과 재취업을 용이하도록 특단의 프로그램을 만들어야 한다.

소득 불평등과 양극화를 완화하기 위해서는 조세와 재정지출제도를 통한 재정의 소득재분배 기능을 높여나가야 한다. 고소득층에 대한 적절한 증세와 세금 탈루 방지 등의 정책을 추진해 재정을 확충해야 한다. 특히 정권 차원의 불요불급한 '보여주기식' 재정사업과 지출을 엄격히 통제하여 재정의 낭비가 없도록 감시해야 한다. 이렇게 확충된 재원으로 각종 긴급한 재정지출 사업과 취약계층에 대한 사회안전망을 확충함으로써 재정의 경기조절과 소득재분배 기능을 활성화하고 소비를 진작해야 한다. 또한 국민연금 등 각종 연금제도를 보완하여 퇴직 후 생활이 보장되도록 해야 한다. 그래야 소비도 늘어나고 안정된 선진 사회로 나아갈 수 있다.

저출산·고령화 문제의 해결

급속한 저출산, 고령화로 인한 노동력 부족과 생산성 저하는 한국경제의 잠재성장률 하락의 가장 직접적인 요인이다. 저출산, 고령화로 경제활동인구가 급감하면 성장여력이 감소하고, 집값 등 자산가격이 하락하며, 각종 복지비용 증가로 재정지출이 증가하게 된다. 이는 재정부실과 전체적인 경제활동의 위축을 가져오고 결국 저성장의 늪에 빠지게 된다.

출산율을 높이기 위해서는 출산과 육아에 따른 부담을 줄이는 정부의 획기적인 대책이 요구된다. 여성의 혼인과 출산에 따른 직장 내 경력개발상의 불이익을 줄이고, 임대주택 정책을 적극 추진하여 신혼부부의 내 집 마련 부담을 줄여주어야 한다. 그리고 우리 사회의 결혼 및 출산과 관련한 가부장적 가족문화도 바꾸어나가고, 동거와 혼외출산에 대한 전통적 사회통념도 전향적으로 접근해나가야 한다.

고령화에 따른 생산가능인구 감소에 대해서는 여성과 고령층의 경제활동 참가를 촉진하고, 필요 시 해외인력도 적절히 활용해야 한다. 우선 고령인구의 활용방안을 적극 강구할 필요가 있다. 정년연장을 통해 고령인구의 노동력을 활용하고, 현재 65세인 우리사회의 고령자 기준도 일본 등과 같이 점진적으로 연장하는 방안을 검토할 필요가 있다.

그리고 노후생활 보장을 위해 기초노령연금 등 각종 소득보장제도를 확충하고, 평생교육과 노인 일자리 확대를 위한 노력도 필요하다.

∷ 미래 성장동력 확충

한국경제는 그간 제조업 중심으로 성장해왔으나 이제 제조업 성장세가 둔화되고 있다. 그간 한국의 제조업은 완제품에서 출발하여 중간재, 기초소재 쪽으로 발전해왔으나, 이제 완제품과 중간재 부분은 중국이 우리를 무섭게 따라오고 있고, 기초소재 부분에서는 우리가 독일, 일본, 미국 등 선진국을 따라가지 못하고 있다. 중국 등 신흥시장국의 거침없는 추격으로 한국 제조업이 설 자리가 점점 좁아지고 있는 것이다.

따라서 한국경제가 계속 발전하여 선진국으로 발돋움하기 위해서는 신성장 동력을 찾아나가는 새로운 전략이 필요하다. 제조업은 선진국 '따라하기', '베끼기'에서 벗어나 중국 등과는 확실히 차별화되는 원천기술을 확보하고 디자인과 IT 등을 접목하여 고부가가치 쪽으로 나아가야 한다. 혁신형 중소기업과 중견기업을 세계적인 강소기업으로 육성하기 위한 정책도 필요하다. 이를 위해 각종 금융세제, 재정지원 방안을 정교하게 다듬어 시행해야 한다.

창의적인 중소 중견기업이 성장하기 위해서는 정부 지원과 함께 공정한 시장 경쟁질서의 확립이 무엇보다 긴요하다. 창의적이고 혁신적인 아이디어로 무장한 젊은이들의 시장진입이 용이하도록 적극 권장하고 지원해야 한다. 이들이 대기업들과 공정하게 경쟁하여 미국의 구글이나 마이크로소프트사, 페이스북과 같이 당대에 국내 굴지의 기업으로 성장하고, 나아가 세계적인 기업으로 커나갈 수 있는 기업 생태계를 조성해야 한다. 대기업들의 불공정한 대우와 횡포로 인해 유망 중소기업가가 중도에 사업을 접거나 대기업에 흡수·합병되어 사라지지 않도록 공정한 경쟁질서를 확립해야 한다.

:: 재정건전성 유지

외환위기 이전 흑자를 유지해오던 우리나라의 재정은 외환위기를 계기로 적자로 돌아선 후 재정건전성이 지속적으로 악화되어왔다. 특히 2008년 금융위기 이후 위기 극복과 4대강 사업, 해외자원개발 사업 등에 막대한 재원이 투입과 함께 복지지출 증가로 우리나라 재정 구조는 더욱 악화되었다.

관리대상수지[31]는 2004년 GDP 대비 -0.4%에서 2007년 말 0.7%로 개선되었으나, 2008년 -1.1%, 2009년 -3.8%로 다시 크게 악화되었다. 재정수지는 위기 극복 이후에도 크게 개선되지 않고 2013년에도 -1.5%를 기록하고 있다. 이에 따라 국가채무[32]도 크게 늘었다. 2005년 GDP 대비 27.0%이던 국가채무가 2009년 31.2%로 30%대에 들어선 다음 지속적으로 늘어나 2013년에는 33.8%에 이르고 있다. 아직 선진국에 비해서는 낮은 수준이라 하지만, 2007년 말 299.2조 원으로 300조 원 미만이던 국가채무가 2013년 말에는 489.6조 원으로 지난 6년 동안 거의 100조 원이 늘었다.

중앙정부의 부채만을 기준으로 할 때 이러하고, 그 외 공기업이나 공적기금 등 공공부문 채무를 포함할 경우에는 훨씬 심각하다. 최근 10년간(2000~2012년) 국가채무 증가율을 보면 연평균 12.3%에 달해 포르투갈(10.5%), 스페인(7.4%), 그리스(6.7%), 이탈리아(3.6%) 등 재정위기를 겪는 남유럽 PIIGS 국가들보다 높고, OECD 34개국 가운데서

---

31 재정건전성 여부를 명확히 판단하기 위해 통합재정수지에서 사회보장성기금 흑자와 공적자금 상환소요를 제외한 수지이다.

32 국가채무는 중앙정부의 국채와 차입금 그리고 국고부담행위에다 지방순부채만 합산한 것이다. 이 계산에서 연기금, 공기업부채는 제외되어 있다.

표 9-15 주요 재정지표

(GDP 대비, %)

	2007년	2008년	2009년	2010년	2011년	2012년	2013년
관리대상 수지	0.7	-1.1	-3.8	-1.0	-1.0	-1.3	-1.5
국가채무	28.7	28.0	31.2	31.0	31.6	33.3	34.3

자료: 기획재정부

일곱 번째로 높다.

국가재정은 한 번 어려워지면 다시 회복하기 어렵다. 결국 정부지출을 줄이거나 세금을 더 걷어 재정건전성을 회복해야 하나 지출을 줄이기도 세금을 더 걷기도 모두 쉽지 않기 때문이다. 앞으로 우리 사회는 저출산, 고령화와 양극화 현상으로 재정지출이 계속 증가할 것이다. 경제가 저성장 기조로 들어가면서 재정수입이 더 늘어나기도 어렵다. 혹시 통일이 실현될 경우 막대한 통일비용 등으로 잠재적인 재정부담도 가중될 것으로 예상된다.

따라서 정부는 중장기 재정건전성을 회복하기 위한 대책을 마련하고 실천해야 한다. 재정건전성을 회복하기 위해 일정 기간 정부의 총지출 증가율을 총수입 증가율보다 일정 비율 낮게 유지하여 균형재정을 달성하도록 재정규율을 강화해야 한다. 유사·중복사업은 과감히 통폐합하여 정리하고, 재정집행의 투명성과 책임성을 높여 정부의 씀씀이를 줄여나가야 한다. 과다한 비과세·감면을 축소하고, 불법 탈세와 과세회피 등을 철저히 조사하여 조세탈루가 없도록 해야 하겠다. 아울러 새로운 세원발굴에도 적극적으로 나서야 한다.

그리고 현재 국가채무에 포함되지 않으나 사실상 국가가 책임질 수밖에 없는 보증 등 우발채무와 공기업, 연금 등 공공부문의 채무도 더 늘어나지 않도록 적극 관리해나가야 한다.

:: 한국경제를 위한 제언

지금 우리 경제는 중진국과 선진국의 경계선에 놓여 있다. 국민소득 2만 달러 시대에 진입한 지 8년째 아직 3만 달러의 벽을 넘지 못하고 있다. 왜 그럴까? 한국경제는 언제쯤 3만 달러의 벽을 넘고 4만 달러 국가가 될 것인가? 이 벽을 깨고 3만~4만 달러 시대를 열기 위해서는 무엇을 해야 할까? 8년 동안이나 2만 달러 수준에 머물고 있는 한국경제가 당면하고 있는 가장 심각한 문제는 무엇인가?

많은 정치인과 전문가들이 이에 대한 해법을 제시하고 있다. 이명박 정부의 '747정책', 박근혜 정부의 '창조경제' 등 역대 정부에서 3만 달러 벽을 넘기 위한 다양한 정책들이 제시되고 추진되었다. 그럼에도 불구하고 이런 정책들이 아직까지는 우리 경제의 선진화 시대를 열지 못하고 있다.

이는 무엇보다 과거 한국경제의 성공신화를 가능케 했던 정책 환경과 정부의 정책수단이 이제 새로이 개방되고 글로벌화된 생태계 속에서 더 이상 잘 작동하지 않는다는 것을 의미한다. 정부주도의 '요소 투입형' 성장 모델, 원천 기술 없이 '따라하기식 카피 경제', 국가가 정한 목표를 위해 모든 국민들이 자신을 기꺼이 희생하던 '잔 다르크 방식'의 성장 모델은 이제 잘 작동하지 않게 되었다.

국민들의 개인주의 성향과 자기 몫에 대한 의식이 뚜렷해졌기 때문에 공정성과 합리성에 기반한 경제구조를 갖기 원하며, 경제적 약자에 대한 일방적 희생 요구도 받아들여지지 않게 되었다. 과거 '한강의 기적', '4마리의 용', '고도성장', '성공적 산업화', '최단시간 내 외환위기 극복' 등 화려한 훈장은 '민주화', 'IMF 외환위기', '신자유주의'라는 다리를 건너면서 모두 강물에 빠트려버렸다.

한국경제의 생태계가 매우 척박해졌다. '노사 간 갈등', '대·중소기업 간 불평등 관계', '불공정한 시장경쟁 질서', '사회 양극화', '청년실업과 비정규직 문제', '불안전한 고용구조', '부족한 연금과 불안한 노후', '저출산·고령화', '잠재성장률 하락' 등 새로운 도전과 구조적 과제들이 한국경제 앞에 가로놓여 있다.

5년마다 정권이 바뀌면서 경제정책도 일관성이 없이 보수와 진보를 오락가락하며 갈피를 못 잡고 있다. 어느 상황에나 만병통치약인 경제정책은 없다. 경제는 살아 움직이는 생명체이기 때문에 평소에 병에 걸리지 않도록 기초체질을 강화하는 것이 중요하다. 그리고 일단 어려움이 닥칠 때에는 그때그때 상황에 맞는 처방을 적기에 실시하는 것이 중요하다.

선진국을 보면 이제 경제정책에 대해서만큼은 보수와 진보 간에 뚜렷한 차이가 없다. 보수 진보 모두 국민의 삶의 질을 높이기 위해 모든 국민이 자기능력 범위 안에서 열심히 일하고, 일한 만큼 보상을 받고, 각자 행복을 누리며 살게 하는 것이 현대 국가의 경제정책 목표다. 능력이 부족하고 병든 사람은 국가가 나서서 보살피고, 정상인이거나 장애인이거나 모든 국민이 최소한의 존엄성을 지키며 인간답게 살 수 있도록 보장하는 것이 현대 국가와 정부의 궁극적인 존재이유이고 사명인 것이다.

그러므로 이제 성장과 분배, 생산과 복지는 서로 다른 둘이 아니고 함께 가져가야 할 하나의 지향점인 것이다. 이 2개의 축이 서로 어긋나기보다는 나란히 함께 가야 현재 한국경제가 당면한 복잡한 과제들을 해결할 수 있다. 양쪽의 대립과 갈등, 반목과 투쟁으로는 지금 꼬여 있는 문제들 중 어느 하나도 쉽게 풀 수 없고, 대화와 타

협, 양보와 협력을 통해 공동선을 찾아내야만 한다.

예를 들면 대·중소기업과 노사가 서로 이해하고 상생하는 기업생태계가 조성되어야 경제 활력이 살아난다. 중소기업이 국제경쟁력을 갖기 위해서는 기술개발과 우수한 인재의 확보가 필요하고, 이를 위해서는 대기업과 중소기업 간 최소한의 공정한 이익배분이 필요하다. 약탈적 원·하청업체 관계 아래서는 중소기업의 기술개발 투자와 근로자 처우 개선은 불가능하다. 중소기업도 유능한 청년, 우수 근로자가 취업을 기피하지 않도록 작업 환경을 개량하고, 근로조건도 개선해야 한다.

대기업과 중소기업이 상생하는 동반성장 생태계를 조성하는 것이 매우 중요하다. 이를 위해서는 한국경제와 시장 전반에 공정경쟁과 공정거래 질서가 확립되어야 한다. 공정거래 질서 확립을 통해 경제적 강자와 약자가 공정하게 경쟁할 수 있는 장을 마련해주어야 창의적이고 생산적인 기업생태계가 조성된다.

재벌 등 부자들의 소득과 상속, 증여에 대한 공평과세와 정직한 납세 풍토를 조성하여 조세정의를 실현하는 것도 우리 경제의 선진화를 위해 꼭 필요한 과제이다. 현재와 같은 정책 환경과 시장 질서로는 결코 선진국이 될 수 없기 때문이다.

한국금융의
글로벌화를 위한
과제는 무엇인가?

한국금융에 대한 국제평가, 왜 이렇게 낮은가?
한국에는 왜 국제적인 금융플레이어가 없는가?
정부의 금융정책과 금융감독, 무엇이 문제인가?
대기업의 은행 소유와 금산분리 문제, 누구의 주장이 맞나?
한국금융의 구조적 문제들은 무엇인가?
동북아 금융허브, 금융강국은 실현가능한 목표인가?

01

한국금융의
회고

한국금융산업은 1960년대 이후 경제개발과 중화학공업 발전과정에서 부족한 국내외 저축을 동원하여 산업발전을 뒷받침하는 주요한 역할을 담당해왔다. 일제 식민지배 36년 동안 착취를 당하고 1950년 한국전쟁으로 황폐화된 국가경제를 일으켜 세우는 데는 막대한 자금이 필요했다. 이렇게 부존자원과 축적된 부가 부족한 상황에서 한국금융산업은 정부 지도하에 저축을 증진하고 외자를 도입하여 한국경제가 오늘날과 같이 성장하는 데 결정적인 기여를 했다.

이제 한국은 반세기 만에 세계 최빈국에서 선진국 진입을 눈앞에 둘 정도로 초고속으로 성장한 국가가 되었다. 한국은 남한 기준 세계 108위의 작은 국토면적, 26위의 인구규모에도 불구하고 세계 15위의 경제규모와 7대 수출국으로 성장한 나라이다. 반도체, 휴대폰, 자동차, 선박 등 주요 제조업 생산 분야에서는 세계 최고수준에 이르고, 자동차, 선박, 철강 등 중후장대(重厚長大)한 중화학공업에서부터

반도체, 휴대폰 등 경박단소(輕薄短小)한 첨단산업에 이르기까지 고르게 발전해왔다.[1]

서비스산업 부문에서도 최근의 한류 열풍 등으로 케이팝(K-Pop), 드라마 등이 동남아를 넘어 유럽과 미주대륙까지 진출하고 있고, 관광, 의료, 게임, 오락산업 등에서 빠른 발전을 보이고 있다. 그러나 서비스산업 중 부가가치가 높고 고급인력을 필요로 하는 금융, 법률, 컨설팅 등 지식산업 분야는 국제화 수준이 낮고 대외경쟁력도 매우 취약하다. 특히 금융산업은 양적인 측면에서는 꾸준히 성장해왔지만 질적인 측면에서는 발전이 더디어 우리 경제규모나 다른 산업에 비해 경쟁력이나 국제화 수준이 매우 낮고 취약하다.

1960년대부터 1970년대까지는 우리나라 금융은 모든 금융자원을 정부가 통제하고 배분하던 '개발금융기'였다. 이때는 정부가 금리나 신용공여규모를 직접 규제하던 이른바 관치금융시대이다. 다음 1980년대부터 1990년대까지는 금융개방과 자유화가 단계적으로 추진되던 '금융자유화 추진기'였다. 이때는 시중은행 민영화와 금리자유화, 제2금융권 회사들이 신설되던 시기였다. 경제가 성장하고 개방화되는 와중에서 금융업은 독자적인 발전의 기반을 확보하지 못하고 외형성장 위주의 방만 경영, 리스크 관리 역량 부족으로 1997년 말 IMF 구제금융 사태까지 불러오게 되었다.

그리고 외환위기가 발생한 1998년 이후는 위기를 극복하고 금융시스템이 글로벌화되는 '금융 자율성장 발전기'라고 할 수 있다. 외환위기 이후 많은 부실금융회사가 정리되고, 금융의 자율성과 독립성

---

1 김용덕 (2010), 《반복되는 금융위기》, 삼성경제연구소 참조.

이 강조되었으며, 금융경영도 수익성과 안정성 위주로 바뀌기 시작했다.[2] 금융산업의 안정을 기하기 위한 각종 건전성 관련 국제기준도 도입되고, 금융의 양적성장과 함께 금융회사와 감독당국의 리스크 관리 능력도 과거에 비해서는 많이 향상되었다.

그러나 금융산업은 아직도 실물부문의 발전과 성장에 비해서는 크게 부족하다. IMF 구제금융 사태 이후 금융시장이 완전 개방되어 외국인자금이 수시로 드나들고 있으나 금융산업의 충격흡수 능력이 취약하여 글로벌 경제와 국제금융시장이 불안할 때마다 국내금융시장이 크게 흔들리고 있다. 특히 지난 6~7년 동안 정치권과 외부의 부단한 인사 개입과 간섭으로 금융산업의 대외경쟁력은 외환위기 이전으로 오히려 후퇴하고 있다. 우리나라 금융산업은 아직도 실물부문의 보조 산업으로 인식되고 있다.

외환위기 이후 주요 금융부문 개혁조치

첫째, 금융산업 선진화와 금융구조조정을 위한 제도적 장치를 정비했다. ① 은행 경영의 자율성을 확립하기 위하여 '은행장후보추천위원회'제도를 도입하고, 독립적 여신심사위원회를 설치하여 은행대출에 외부 입김이 작용하지 못하도록 했다. 금융회사의 경영투명성과 내외부 감시를 강화하기 위해 사외이사제도와 감사위원회, 준법감시인제도 등을 도입했다.

② 금융감독을 선진화하기 위해 1998년 4월 통합 금융감독기구인 '금융감독위원회'와 '금융감독원'을 설치했다. 1998년 6월 부실

---

2 (2013. 11. 27). "창조경제 구현과 일자리 창출을 위한 금융업 경쟁력 강화방안". 금융위원회 참조.

표 10-1 금융구조조정 관련 주요 제도 개선 조치

구분	조치 내용
은행경영의 자율성 확립	행장후보추천위원회 도입 등 인사의 투명성 제고 독립적인 여신전문위원회 등에 의한 여신 결정 정부가 대주주인 은행에도 일상적인 경영활동 불간섭
금융감독 선진화	금융감독위원회를 설립하고(1998년 4월) 금융감독기구를 금융감독원으로 통합 (1999년 1월) 재정경제부, 금융감독위원회, 한국은행 등 금융정책의 3권 분립체계 구축 적기시정조치제도의 도입(1998년 6월) '금융산업의 구조개선에 관한 법률' 제정(1998년 9월) 국제기준의 자산건전성 분류기준(FLC)제도 도입(1999년 12월)
예금보장제도 도입	예금전액보장→부분보장제도로 전환(2001년 1월부터) 금융기관 파산 시 금융기관별로 예금자 1인당 최고 5,000만 원까지 보호

자료: 재정경제부

금융회사에 대한 '적기시정조치'제도를 도입하여 부실금융회사의 구조조정 기반을 마련했다. 부실금융회사의 체계적인 정리를 위해 1998년 9월 '금융산업의 구조개선에 관한 법률'을 제정하고, 1999년 12월 국제기준의 금융회사 자산건전성 분류기준(FLC: Forward Looking Criteria)제도를 도입 시행했다.

③ 위기 초기 은행으로부터 대규모 예금인출 사태(Bank Run)를 예방하기 위해 예금전액보장제도를 시행했다. 그러나 위기가 어느 정도 수습되고 나서 2001년 1월부터 예금부분보장제도로 전환, 금융회사 파산 시 예금자 1인당 최고 5,000만 원까지 보호하기로 하였다.

둘째, 부실금융회사를 대대적으로 정비했다. 부실금융회사 구조조정 및 퇴출제도를 마련하여 부실금융회사를 정리하였다. 회생 가능성이 희박한 회사는 퇴출 또는 자산부채이전(P&A: Purchase & Assumption) 방식[3]으로 정리하거나 우량회사와 합병시키는 방식으로 처리했다. 나머지는 공적자금을 투입해 부실채권을 정리하고 자본금을 확충하여 우량회사로 전환시킴으로써 금융중개 기능을 정상화하도록 했다.

2000년 6월까지 총 33개 은행 중 30.3%에 해당하는 10곳이 정리되었다.[4] 1997년 말 기준 총 2,103개의 금융회사 중 2007년 2월 말 남아 있는 회사는 1,313개로서 790개, 38%의 금융회사가 정리되었다. 이로 인해 금융회사 직원의 약 25% 이상이 정리해고, 조기퇴직 등으로 직장을 잃었다.[5]

정부는 금융산업 구조조정 과정에서 금융회사 부실채권 정리, 자본금증자 지원 및 예금대지급 등을 위해 1차 공적자금 64조 원, 2차 공적자금 25.8조 원을 조성하여 사용하고,[6] 그간 회수된 자금도 구조조정에 재투입하였다.[7]

---

3 자산·부채 인수(P&A)는 우량 금융회사가 계약에 의해 부실금융회사의 우량 자산과 부채를 인수하는 방식이다. 정부는 부실은행의 우량·부실 부분을 분리하여 우량 부분은 인수은행에 넘기고, 인수되지 않는 부실채권은 부실채권전담은행(배드 뱅크)이 인수토록 한다. P&A 방식의 장점은 부실은행 정리가 수개월 내에 신속히 이루어질 수 있고, 고용승계 의무가 없어 부실은행의 종업원들은 인수은행이 원할 경우에만 재고용되고 주주들도 감자를 통해 소유권을 잃게 되므로 사실상 부실은행은 완전 해체된다.

4 시중은행 중 동남은행, 동화은행, 충청은행, 경기은행, 대동은행이 퇴출되었다. 그리고 인수 또는 합병된 은행은 상업은행과 한일은행, 하나은행과 보람은행, 국민은행과 장기신용은행, 조흥은행과 충북은행 및 강원은행, 국민은행과 주택은행, 하나은행과 서울은행 등이 있다.

5 은행원은 1997년 말 14만 5,530명에서 1999년 말에는 9만 7,730명으로 2년 만에 무려 4만 7,800명(32.8%)이나 감소되었다. 전체 금융회사 종사자는 1997년 말 31만 7,623명에서 1999년 말 23만 9,155명으로 7만 8,468명(24.7%)이 감소했다.

6 총 64조 원 중 20.5조 원은 자산관리공사의 부실채권정리기금채권 발행으로, 나머지 43.5조 원은 예금보험공사의 예금보험기금채권 발행으로 조달했다.

7 지금까지 조성 사용된 공적자금은 총 168.3조 원이고 이중출자금 회수, 부실채권 매각 등으로 회수된 자금은 총 96.2조 원이고, 아직 72조 원이 회수되지 않고 있다.

02

외환위기 이후
한국금융산업의 발전

외환위기 이후 한국의 금융산업은 양적인 면과 재무건전성 측면에서 크게 발전했다. 첫째, 위기 이후 약 15년 동안 금융산업 및 자본시장은 경제규모보다 빠르게 성장했다. 금융산업 총자산은 1999년 말 975조 원에서 2013년 말 3,120조 원으로 3.2배 증가했고, 주식시장규모는 1999년 말 456조 원에서 2013년 말 1,325조 원으로 2.9배 성장했으며, 채권시장은 361조 원에서 1,396조 원으로 약 4배 증가했다. 금융부문의 취업자 수도 지난 9년 동안 17% 증가, 2004년 말 73만 7,000명에서 2013년 말 86만 4,000명에 이르고 있다.

둘째, 금융회사 재무건전성이 크게 개선되었다. 은행 BIS 비율은 1999년 말 11.7%에서 2013년 말 14.53%로, 은행의 부실채권비율[8]은 1999년 말 12.9%에서 2013년 말 1.79%로, 생명보험사 지급여력비율[9]은 2001년 3월 말 236%에서 2013년 말 286%로, 생보사 대출채권 연체율은 2003년 말 6.5%에서 2013년 말 0.6%로 각각 개선되었다. 서울 외환시장의 일평균 외환거래량규모는 최근 10년간 약 5배 성장, 2001년 92억 달러에서 2012년 462억 달러로 증가했다.

셋째, 금융의 국제화도 꾸준히 진행되어왔다. 자본시장이 개방되면서 외국인의 한국금융시장 진출이 본격화되었고, 이에 따라 외국 자본의 국내증권시장 투자 비중이 증가했다. 외국인주식투자 비중은 1999년 말 18.9%에서 2013년 말 32.6%로 증가했고, 외국인채권투자 비중은 1999년 말 0.3%에서 2013년 말 6.8%로 증가했다. 아울러 해외투자도 활발해졌다. 외환위기를 겪은 이후 꾸준히 외환보유액을 증가시켜왔으며, 2014년 말에는 그 규모가 3,636억 달러로서 세계 7위의 외환보유국이 되었다. 외환보유액 증가를 바탕으로 국내 금융주체의 해외자산투자는 계속 증가 추세다. 급속하게 축적되는 연기금의 해외증권투자도 확대되는 추세다.

---

8 고정이하여신비율을 말한다. 금융회사의 부실채권은 부실대출금과 부실지급보증액을 합친 것을 뜻한다. 은행대출의 건전성은 정상, 요주의, 고정, 회수의문, 추정손실 등 5가지로 구분된다. 고정이상여신은 담보를 확보해둔 상태로 돈을 회수할 가능성이 있는 대출금이다. 보통 3개월 이상 연체된 여신을 고정이하여신으로 분류한다. 정상여신은 말 그대로 충분히 회수가 가능한 양호한 대출을 뜻한다. '요주의' 여신은 1개월 이상 3개월 미만 연체된 여신이다. 반면 고정이하 연체 중 담보가 있어 회수가 가능하면 '고정', 담보가 없어 돈을 떼일 우려가 크면 '회수의문', 사실상 회수가 불가능해 손실처리하는 여신은 '추정손실'로 분류된다(매일경제).

9 위험기준 지급여력제도(RBC: Risk-Based Capital): RBC제도란 보험회사에 내재된 각종 리스크를 체계적으로 파악하여 이에 상응하는 자본을 보유하게 함으로써 보험회사의 재무건전성을 높이고 미래의 불확실성에 대비할 수 있도록 하는 것을 말한다. RBC제도는 예상하지 못한 손실 발생 시 이를 보전하여 지급능력을 유지할 수 있도록 하는 가용자본(Available Capital)과 보험·금리·시장·신용·운영 리스크 등의 규모를 측정하여 산출된 필요 자기자본인 요구자본(Required Capital)으로 구성된다. 금융감독원은 2009년 4월부터 RBC제도를 시행하였다(금융감독원).

03
한국금융산업의 당면과제와
고질적인 문제들

우리나라 금융산업이 당면한 고질적인 문제를 살펴보면, 첫째 전체 산업에서 차지하는 금융산업의 위상 및 경쟁력 취약, 둘째 좁은 국내 시장에서의 지나친 과당경쟁 및 쏠림현상과 낮은 국제화 수준, 셋째 금융회사와 감독당국의 취약한 위험 관리 역량, 넷째 보다 근본적인 문제로서 금융사의 지배구조의 취약성 등을 들 수 있다.

∷ 취약한 금융산업 경쟁력

그간의 양적 성장에도 불구하고 한국금융산업이 전체 산업에서 차지하는 비중이나 고용기여도, 국제경쟁력 등은 금융선진국들에 비해 많이 떨어진다. GDP 대비 금융산업의 부가가치 비중인 부가가치 창출능력이 2000년 말 5.8%에서 2011년 말 7%까지 상승했다고 하나 미국(8.4%), 영국(9.4%), 스위스(12.6%) 등에는 훨씬 못 미친다. 그

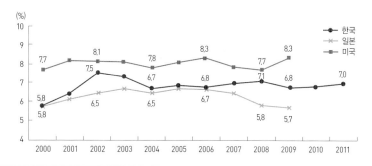

그림 10-1 주요국 금융산업 부가가치 비중 추이

자료: 금융감독원

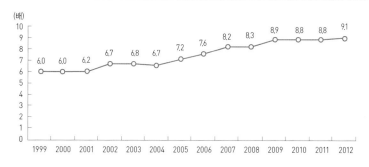

그림 10-2 한국의 금융연관비율

자료: 금융감독원

리고 경제성장과 금융구조와의 관계를 표시하는 지표인 금융연관비율[10]도 1999년 6배에서 2012년 9.1배로 증가했으나, 미국(9.6배), 영국(17.2배), 일본(12.3배) 등에 비해 아직 낮은 수준이다.

국내금융업의 고용기여도는 2013년 말 기준 3.5%로서 미국(4.5%),

---

10 금융연관비율은 골드스미스(Goldsmith, R. W.)가 창출해낸 개념으로서 금융자산(무형자산)/실물자산(유형자산) 또는 금융자산잔액/명목 GNI이다.

영국(4.0%), 스위스(5.5%)에 못 미친다. 국내 1,308개 전 금융회사 직원 수가 26.1만 명으로 삼성그룹 직원 수(29개 기업, 25.7만 명)와 유사한 수준이다.

∷ 국제화 수준 저조

국내금융회사는 국제화 수준이 낮고, 그간 주로 국내에서의 양적성장, 외형경쟁에 치중하는 영업 전략을 추구해오다 보니 국내시장은 이미 과열경쟁, 포화 상태에 이르렀다. 양적성장이 한계에 도달했고, 금융회사의 수익성도 글로벌 금융회사에 비해 매우 낮은 수준에 머물러 있다.

국제화 수준을 평가하는 기준인 은행들의 '초국적 지수(TNI)'[11]는 2012년 하반기 3.8%로서 글로벌 투자은행인 UBS(76.5%), 도이체방크(Deutsche Bank)(75.2%), HSBC(64.7%) 등에 비해 현격하게 낮은 수준에 머물러 있다. 국내은행의 해외총자산은 2013년 말 778.4억 달러이고, 이는 국내은행 총자산의 4.4%에 불과하다. 또한 국내은행의 해외점포수는 2012년 말 139개로서 외환위기가 발생했던 1998년 말 수준에 머물러 있고, 해외영업에서 발생하는 순이익 비중도 매우 낮다.

국제화와 관련하여 전문인력 부족 문제도 심각하다. 국내영업 중심 경영, 외부인력 채용에 대한 노조의 반대, 계약직 중심의 전문 인

---

11 해외자산, 해외창출이익, 해외영업직원 비중을 평균한 지수. 국내은행은 2012년 하반기 기준, 해외은행은 2006년 말 기준.

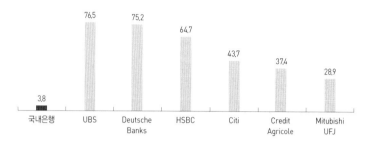

그림 10-3 국내 및 세계 주요 은행의 초국적 지수

주: 초국적 지수=해당기업의 해외자산/총자산, 해외수익/총수익, 해외직원 수/총직원 수 등 세 지표의 산술평균
자료: 금융감독원

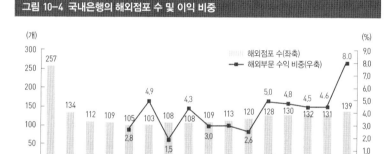

그림 10-4 국내은행의 해외점포 수 및 이익 비중

주: 2012년 해외수익 비중 증가는 국내영업 감소의 반사 효과
자료: 금융감독원

력채용 등으로 인력의 다양성과 전문성, 국제적 역량이 확충되지 않고 있다. 2011년 기준 우리나라의 금융부문 전문인력은 8.9%에 불과하며, 싱가포르(51.3%), 홍콩(42.8%), 영국(16.4%)에 비해 매우 부족한 상황이다. 이는 국내금융회사들의 전문성과 글로벌 경쟁력을 저해하는 중요한 요소이다.

2013년도 세계경제포럼(WEF: World Economic Forum)이 발표한 우

리나라 국가경쟁력은 148개국 가운데 25위인데 비해 금융시장 성숙도는 81위이다.[12] 부문별로 보면 148개 대상국 중에서 ① 금융 서비스 이용 가능성은 92위, ② 금융 서비스 가격 적정성은 69위, ③ 주식시장을 통한 자본조달은 42위, ④ 대출의 용이성은 118위, ⑤ 은행 건전성은 113위, ⑥ 증권거래 관련 규제는 94위이다. 2014년 IMD 발표에 의하면 우리나라 국가경쟁력은 60개 대상국 중 22위이고 금융 부문 경쟁력은 29위에 머물러 있다. 이 두 기관 평가 기준의 적정성과 신뢰성을 전적으로 믿을 수는 없겠지만, 한국금융산업에 대한 국제평가는 이렇게 초라하다.

∷ 금융회사 규모와 수익구조 취약

한국금융회사는 규모와 수익구조가 선진국에 비해 아직 취약하다. 먼저 은행의 총자산규모가 선진국 은행의 10분의 1수준인 국내 은행들은 '규모의 경제'를 확보하는 데 어려움이 있다. 2013년 《더뱅커(The Banker)》가 발표한 세계은행 순위에 의하면 우리나라 최대 은행 그룹인 4대 금융지주사는 기본자본 기준 68위에서 73위 사이에 놓여 있다. 6대 금융지주사의 평균 자본은 175억 달러로서 세계 25대 은행 평균 자본 986억 달러의 6분의 1 수준에 불과하다. 4대 금융지주사의 총자산 합계가 겨우 1조 달러 수준으로 세계 10위권 은행 자산의 절반에도 못 미치고 있다.

다음으로 우리나라 금융산업은 수익구조가 단순하고 수익률도 낮

---

12 2013년 WEF 자료이다.

표 10-2 《더뱅커》 선정 세계은행 순위

(억 달러)

순위	은행명	국가	기본자본	총자산
1	ICBC	중국	1,606	27,889
2	JP Morgan Chase&Co.	미국	1,600	23,591
3	Bank of America	미국	1,555	22,120
4	HSBC Holdings	영국	1,510	26,925
5	China Construction Bank	중국	1,376	22,214
6	Citigroup	미국	1,365	18,647
68	KB지주	한국	192	2,634
69	산은지주	한국	188	1,792
72	우리지주	한국	181	3,042
73	신한지주	한국	179	2,810

자료: 《더뱅커》 (2013. 7)

다. 그나마 최근 저성장, 저금리 여파로 수익률이 크게 하락하고 있다. 은행권은 수익의 대부분을 이자이익에 의존하고 있어 은행권 비이자 이익 비중은 2013년 6월 말 9%에 불과, 미국 37%(2012년), 영국 53%(2011년)에 크게 못 미친다. 은행권 당기순이익은 2011년 11.8조 원에서 2012년 8.7조 원으로 감소했다.

증권사의 경우에도 선진금융기법을 이용한 고수익 업무 비중이 낮은 것은 마찬가지이다. 수익성이 높은 M&A, 자기매매, 투자자문 업무보다 위탁매매 수수료 위주의 영업에 지나치게 의존하고 있다. 증권회사 위탁매매 수익 비중이 2013년 35%에 달해 미국 22%, 일본 16%(2011년)에 비해 매우 높다. 주식거래량 감소로 증권회사의 순이익도 2011년 2.2조 원에서 2012년 1.2조 원으로 반감되었다.

보험사도 생명보험의 경우 저금리 여파로 일부 자산조달금리가 운

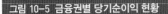

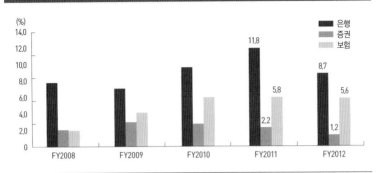

그림 10-5 금융권별 당기순이익 현황

자료: 금융감독원

용자산이익률을 초과하는 역마진 상태가 발생하고 있다. 보험사 순이익도 2011년 5.8조 원에서 2012년 5.6조 원으로 정체 상태에 있다.

이와 같은 후진적 수익구조는 국내금융시장의 성격과 관련이 높다. 금융시장과 자본시장규모가 작고, 국제화 수준이 낮아서 금융회사들이 주로 국내에서 진입장벽이 낮은 전통적 금융업무 위주로 치열한 경쟁을 하게 된다. 그러다 보니 필연적으로 출혈경쟁을 할 수밖에 없으며, 이로 인해 수익성도 낮아지게 된다. 다른 산업과 달리 국내금융산업에는 특출한 선도 기업이 없고 금융혁신이 일어나지 않는 것도 수익성이 낮은 이유이다. 금융회사의 수익성 악화가 지속될 경우 금융회사들의 건전성과 금융 시스템의 안정성까지 훼손될 우려가 있다.

:: 리스크 관리 역량 부족

국내금융회사들의 리스크 관리 능력 또한 미흡한 수준이다. 외환위기를 겪었음에도 불구하고 리스크 관리 능력 면에서 여전히 취약하다. 빈번한 해외자금의 유출입에 따라 주가나 환율이 심하게 출렁이고, 금융회사들의 과당경쟁이 유동성 쏠림현상을 자주 불러일으킨다. 은행의 지나친 외형경쟁은 과도한 대출증가와 신용창출을 통해 자산버블을 유발하게 된다. 즉 은행의 외형경쟁으로 인해 가계신용, 주택담보대출, 중소기업대출, 외화대출 등에 과잉대출과 쏠림현상이 주기적으로 발생한다. 격변하는 국제금융시장에 맞춰 나가기에는 금융회사도 금융당국도 아직 역량이 부족하다고 하지 않을 수 없다.

기준금리 조절을 통한 물가안정을 1차적인 목표로 하는 인플레이션 타깃팅 위주의 한국은행 통화정책[13]도 금융시장의 과당경쟁으로 인한 유동성 증가와 버블형성을 사전에 억제하지 못한다는 비판을 받고 있다.

금융감독당국도 금융회사의 과당경쟁, 이로 인한 경제전반의 버블형성과 시스템 리스크 발생에 대한 사전적 건전성 감독을 제대로 하지 못한다는 지적을 받고 있다. 감독기관의 거시건전성 감독 역량 부족으로 앞으로 금융위기가 언제라도 재발할 수 있는 위험을 가지고 있다.

∷ 금융기업 지배구조의 후진성

우리나라는 은행지주사의 회장, 은행장 등 CEO 선발 시스템이 제대

---

[13] 인플레이션 타깃팅 중심 통화정책은 2008년 금융위기 이후 과잉유동성으로 인한 부동산 거품을 억제하지 못했다는 비판과 함께 통화정책에 관한 다양한 개편방안이 논의되고 있다.

로 정착되어 있지 않다. 과거 관치금융 시절에는 정부에서 곧 은행장을 낙점해왔다. 1990년대 들어 금융자율화를 추진하면서 '행장추천위원회'제도를 도입하여 운용했으나 오히려 정치권의 실세들을 업고 로비를 잘하는 인사들이 '행추위'라는 제도를 악용하여 행장자리를 차지하는 사례도 많았다. 은행 경영이 눈에 보이지 않는 막후의 실세들에 의해 좌지우지되고, 그 결과 1997년 외환위기 사태까지 불러오게 된 것이다.

외환위기 이후 많은 은행장들이 책임을 지고 물러났고, 일부는 형사 처벌까지 받았다. 그리고 이후 약 10여 년간 시중은행장 인사에 정부가 직접 관여하지 않았고, 정치권 인사들도 감히 인사와 대출에 개입하지 못했다. 그 결과 은행들은 독자적인 CEO 선정과 후계자 양성구도를 발전시켜왔다.

그러나 일부 금융지주 회장들의 장기 연임과 절대적 권한행사에 대한 부정적 여론이 형성되면서 지난 6~7년간 금융지주 회장이나 은행장 선임에 다시 정치권의 입김이 작용하고 있다는 비판이 일고 있다. 금융지주 회장이나 행장 선임이 보이지 않는 정치권의 영향을 받으면서 조직 내 파벌과 '줄 세우기'가 등장하고, 외부세력의 인사 개입이 도를 넘어선 것으로 알려지고 있다. 은행의 지배구조가 이러해서는 경영의 독립성과 지속성, 전문성이 보장될 수 없고 은행산업의 발전도 기대할 수 없다.

제2금융권도 사정은 비슷하다. 대부분의 회사들이 은행의 자회사이거나 아니면 재벌을 비롯한 대기업 계열사이다. 그렇다 보니 이들 회사의 CEO도 모(母) 은행의 임원이나 대기업 지주사의 간부였던 인사들로 채워지고 있다. 그러다 보니 제2금융권도 전문성을 키워 국제경쟁력을 갖춘 회사로 발전하는 데 한계가 있다. 재벌들의 주력사업은 세계 일류로 도약하고 있지만, 이들이 지배하고 있는 금융사들은 아직도 국내에서 모기업 계열사와 '도와주기 밀어주기식' 영업에 안주하고 있는 사례를 흔히 볼 수 있다.

대기업들이 계열금융사를 국제경쟁력을 갖춘 주력 기업으로 키울 의사가 있는지 불분명하다. 만약 그들이 금융업에서 더 많은 역할을 하려고 한다면 현재 보유하고 있는 금융회사부터 금융전문 CEO의 기용, 그룹으로부터의 독립적·자율적 경영보장 등을 통해 국제적인 기업으로 키워나가야 하지 않을까 하는 생각이 든다.

04
한국금융의 미래

2008년 금융위기 이후 이제 금융산업의 국제적 패러다임이 크게 바뀌고 있다. 금융산업은 과거 규제 완화, 자율경쟁, 고속성장 산업에서 이제 규제강화, 경쟁제한, 성장정체 산업으로 변모해가고 있다. 앞으로 2007년 이전과 같은 실물경제와 금융산업 호황은 상당 기간 기대하기 어려울 것이다. 금융은 이제 규제시대로 접어들었고, 세계경제의 장기침체와 함께 저금리 시대를 맞아 수익은 줄어들고 있다. 한편 선진국 양적완화 정책으로 풀린 과잉유동성이 선후진국을 드나들며 주가와 환율의 변동성이 커지고 금융시장의 불확실성도 과거 어느 때보다 높아졌다.

G20 정상회의 중심으로 금융규제감독 강화작업이 지난 수년간 지속되어왔고, 앞으로도 이 추세는 지속될 것으로 예상된다. 특히 금융소비자 보호가 주요 과제로 등장하면서 금융회사 영업 환경에도 많은 변화가 예상되고, 금융산업 전체적으로 역동성이 저하될 것으

로 보인다.

한국금융도 이 추세에서 크게 벗어날 수 없다. 그러면 한국금융은 그간 타 산업에 비해 상대적으로 낙후된 상태에서 더 이상 발전하지 못하고 주저앉고 말 것인가? 한국금융산업이 꽃을 피울 기회는 없는 것인가? 이에 대한 대답은 쉽지 않다. 현재 여러 가지 주변 여건으로만 보아서는 국내금융산업은 현 상황이 지속되면서 지금까지와 같이 실물산업을 보조 지원하는 산업 수준에 머물 가능성이 높다.

한국경제 상황을 보면 그간 성장을 견인해온 제조업만으로는 국민소득 4만~5만 달러 수준의 선진경제로 도약하기는 쉽지 않아 보인다. 선진경제로 도약하기 위해서는 고용을 늘리고 새로운 성장 동력을 찾아야만 한다. 이를 위해서는 서비스업 발전이 관건이고, 그 중심에 금융업이 있다. 그리고 세계적인 기업으로 성장한 한국기업들의 해외 비즈니스 지원을 위해서도 한국금융이 현재 수준에 머물러 있어서는 안 되겠다.

그럼 한국금융산업의 선진화와 지속가능한 발전을 위해서는 어떻게 해야 할까?

∷ 금융산업 경쟁력 확보와 국제화 전략 추진

첫째, 금융산업의 총체적 경쟁력을 강화하는 노력이 필요하다. 먼저 금융을 미래 성장 동력산업으로 육성하기 위한 정부의 치밀한 계획과 금융사들의 혁신 노력, 감독당국의 선진화된 지도와 감독이 요구된다. 정부는 여러 차례 '금융산업 선진화 계획'을 마련하여 발표해왔다. 참여정부는 '동북아금융허브 육성방안', 이명박 정부는 '금융

중심지 조성과 발전 계획', 이번 정부도 '10-10 금융경쟁력 강화방안' 등을 수립하여 추진해오고 있다.

그러나 과거의 계획들은 대부분 포괄적이고 백화점식인 정책들로 구성되어 있고, 그것도 5년마다 정부가 바뀌면서 연속성을 유지하지 못하다 보니 계획이 제대로 실행되지 못하고 있다. 이제는 정치사회적 공감대 위에 보다 현실적인 금융산업 발전계획을 수립하고, 핵심역량을 집중하여 지속성 있게 추진해나가야 하겠다.

둘째, 금융의 국제화 작업을 꾸준히 추진해나가야 한다. 이제 국내 금융사들도 좁은 국내시장에만 머물 것이 아니라 해외로 적극 진출하여 우리의 금융영역을 넓혀나가야 한다. 우리나라 금융의 지속적인 성장과 경쟁력 확보를 위해서는 금융의 국제화가 필수적이기 때문이다. 금융 국제화도 우리 현실에 맞게 맞춤식 장기 전력을 수립하여 추진해야 한다. 대형 금융사들은 국제화를 통해 세계시장에 진출하도록 유도하고 중소형 금융사들은 비교우위에 있는 금융 분야에 특화하여 질적인 경쟁력 제고를 해나갈 필요가 있다.

한국적 현실에 맞는 국제화 전략도 수립해야겠다. 금융의 국제화는 무엇보다 고도의 금융기법과 전문 인력의 확보, 그리고 회계, 법률, 결제 시스템 등 관련 인프라 발전이 선행되어야 한다. 그렇기 때문에 선진국 중에서도 이러한 여건이 갖추어진 미국, 영국, 독일, 스위스, 네델란드 등 일부 국가만이 국제적인 경쟁력을 갖고 글로벌 금융시장을 장악하고 있다.

홍콩, 싱가포르는 도시국가라는 특수성과 작은 국토면적과 인구로 제조업 중심의 성장에 한계가 있었기 때문에 금융업을 전략산업으로 육성해온 것이다. 파격적인 조세혜택과 규제 완화를 통해 외국금융사들을 유치하고, 이들이 중심이 되어 아시아의 대표적 금융허브로 발전해왔다.

그러나 우리는 금융업에만 파격적인 조세혜택을 제공하거나 외국금융사들에게 국내시장을 내주고, 이들 중심으로 금융산업을 이끌고 갈 수는 없는 상황이다. 그렇기 때문에 홍콩, 싱가포르와는 달리 호주나 스위스, 네덜란드와 같이 해외로 진출하여 금융영역을 확장하는 전략이 필요하다.

금융은 고부가가치 전문분야이기 때문에 전문 인력 확보가 필수적이다. 우수 전문 인력을 확보하기 위해서는 유연한 채용 시스템과 개방적인 기업문화, 성과에 따른 보상체계 등을 정착시켜나가야 한다. 전문 인력을 확보하기 위해서는 직원 채용과 임금 시스템 등 전반적인 고용조건에 대해서 노사가 서로 머리를 맞대고 해법을 찾도록 해야 한다.

정부는 우리 금융회사들이 새로운 영역과 시장을 개척하도록 해외진출을 권장 지원하는 시스템을 갖추고, 해외진출에 따른 불필요한 규제를 제거하여야 한다. 은행, 증권, 보험 등 각 금융업권별로 해외진출 가이드라인을 마련하여 장기적인 안목을 갖고 추진해나가야 한다. 각 금융회사들은 자체 중장기 진출 전략을 내실 있게 마련하여 해외영업을 확대해나가도록 해야겠다. 각자 비교우위가 있는 분야와 지역부터 진출 전략을 마련하여 접근해야 한다. 한두 차례 시도해보고 잘 안 되면 책임이나 묻고, 철수해버린다면 언제까지나 제자리걸음일 수밖에 없다.

지역적으로는 선진금융시장보다 동아시아나 중앙아시아 지역부터 진출하여 차근차근 성공사례를 쌓아가면서 점차적으로 글로벌화를 추진해나가는 것이 바람직할 것으로 보인다. 금융국제화를 위해서는 금융 CEO들이 해외시장 개척에 직접 나서야 한다. 수시로 해외시장 방문, 현지조사를 통해 해외에서 금융의 신성장 동력을 찾아나서야 하겠다.

금융의 글로벌화를 위해서는 금융회사의 자본력과 투자여력이 매우 중요하다. 그러나 아직 국내금융회사들은 자본력과 투자여력이 글로벌 대형 금융회사들과 비교해 매우 취약하다. 따라서 이제 세계적인 규모로 성장한 국민연금, 그리고 각종 연기금들과 함께 진출하는 방안을 추진한다면 상호 도움이 될 수 있을 것이다.

우리나라의 국민연금과 각종 연기금들은 이제 세계적인 규모로 성장했다.[14] 2013년 말 현재 국민연금만 427조 원으로서 세계 4위 수준에 달하고, 매년 30조~40조 원씩 기금이 증가하고 있다. 이제 이 막대한 자금을 국내시장에서만 운용하는 데에는 한계가 있다. 따라서 연기금의 해외진출도 불가피하다.

해외진출에 필요한 자본력이 부족한 우리 금융회사와 국내에 마땅한 투자대상이 부족한 이들 연기금이 연계하여 해외진출 전략을 추진한다면 상호 이익이 될 것이다. 따라서 금융 국제화 과정에서 이들 연기금과의 연대 및 활용방안을 모색해야 한다. 날로 성장하고 있는 국내 뮤추얼펀드와 국민연금을 비롯한 각종 연기금, KIC, 외환보

---

14 국민연금제도는 1988년 10인 이상 사업장 근로자를 대상으로 시작하여, 그 후 1995년 농어촌 지역과 1999년 도시지역 주민에게까지 적용 범위를 확대, 전 국민을 대상으로 연금을 실시하고 있다. 2013년 말 현재 운용중인 기금은 427조 원으로서 세계 4위 수준에 달하고 있다. 매년 30조~40조 원씩 기금이 증가하고 있다. 퇴직연금도 현재 약 80조 원에 이르고 있고 2020년 말에는 170조 원으로 늘어날 전망이다. 개인연금도 2013년 9월 말 217조 원에 달하는 것으로 조사되었다.

유액 등 거대 공적자금을 금융선진화와 국제화를 추진해나가는 데 잘 활용하도록 해야겠다.

특히 연기금을 활용한 호주의 금융발전 사례를 벤치마킹할 필요가 있다. 호주는 1992년 도입된 퇴직연금제도가 호주 금융발전의 견인차 역할을 했다. 제도 도입 이후 연금은 매년 12%씩 성장하여 2012년 말 1조 4,060억 호주달러로 성장했고, 이를 배경으로 호주 자본시장이 크게 발전했다. 호주의 뮤추얼펀드 순자산규모는 세계 3위로, 아시아태평양지역 시장의 36%로 성장했다.[15] 호주의 맥쿼리(Macquarie)은행은 이 자금을 이용하여 해외 인프라투자 금융시장에 진출하여 아시아 최대 투자은행그룹으로 성장했다.[16]

∷ 금융기업 지배구조 확립

은행을 비롯한 금융회사의 독립적 지배구조를 확립해야 한다. 은행은 산업을 지원하는 속성상 기업과 이해를 달리하는 경우가 많다. 따라서 은행은 독립적이고 책임 있는 인사들로 이사회를 구성하고 이들의 감시체제하에서 유능한 전문 경영진이 선임되어 책임경영을 할 수 있도록 지배구조가 정착되어야 한다. 이사회제도는 각 은행의 특

---

15 한국과 호주 금융산업의 대 GDP 비중은 1995년에 한국 6.1%, 호주 6.8%로 큰 차이가 없었으나, 2012년 말에는 각각 7.0%, 10.2%로 격차가 크게 벌어졌다.

16 맥쿼리 금융그룹은 1969년 설립된 호주의 대표적 IB은행으로 금융자문, 채권인수, M&A 등의 투자은행 업무와 소매금융, 자산 관리 등 금융 서비스를 제공하는 대표적인 호주의 국제 투자은행이다. 대형 IB에 비해 자산규모는 크지 않으나 성장 잠재력이 높은 지역을 중심으로 전문성이 뛰어난 기반기금(Infrastructure fund)을 바탕으로 해외 진출에 집중하고 있다. 호주시장에서의 성장을 바탕으로 동사가 전문성을 지니는 기반기금을 핵심성장 전략으로 채택했다. 2009년 영국의 《이코노미스트》가 170명의 패널을 대상으로 아시아 리딩 금융회사에 대한 조사를 한 결과 1위를 차지했다.

성에 맞게 구축하되, 각계의 신망이 높은 비정치적 인사들로 구성하고 이사회의 기능과 역할, 권한과 책임을 명확히 해야 한다.

이를 통해 정권의 교체와 무관하게 금융그룹 회장과 은행장을 선임하고 이들의 임기와 은행 경영의 독립성이 보장되도록 해야겠다. 금융 지주회사 회장이나 은행장이 정치적으로 임명되면 은행이 정치권의 눈치를 보게 되어 은행 경영의 전문성, 지속성과 책임성을 확보하기 어렵다. 은행 경영에 도덕적 해이가 발생하기 쉽고 잘못하면 IMF 외환위기와 같은 사태를 불러올 수 있다.

또한 감독당국은 금융그룹들이 CEO 선발과 후계자 양성 및 승계 시스템을 확실하게 구축하여 운용할 수 있도록 지도하고 감시해나가도록 해야겠다. 제2금융권 CEO도 각 분야에 전문성 있는 인사들이 선임되도록 모범규준을 만들어 제시하고 관행화해나갈 필요성이 있다.

그리고 한국금융의 국제화를 위해서는 국제 업무에 대한 경륜이나 국제적 감각을 보유하고 있는 인사들을 CEO로 선임하거나, 이들이 국제 업무에 힘을 기울여나가는 관행이 정착되도록 해야겠다.

∴ 금융규제의 효율적 개선

1998년 외환위기 이후 우리나라 금융감독제도는 선진제도를 도입하여 글로벌 스탠다드에 맞게 개편되었다. 금융시장 개방이 확대되고, 금융회사의 자율성과 경쟁이 대폭 향상되었다. 과거 정부의 관치금융 관행도 대부분 자취를 감추었다.

그리고 감독방식도 종전의 규정 준수 여부에 대한 미시적 사후 감독 위주에서 금융회사와 금융시장 시스템의 안정을 목표로 하는 거시건전성 감독 위주로 발전되어왔다.

그러나 지난 수년간 빈발하는 각종 금융 사건사고에 대처하다 보니 금융감독도 사건 수습과 사후처리에 급급하는 미시적 감독방식에서 벗어나지 못하고 있다. 아직도 공급자 위주의 금융정책과 경직적인 감독정책으로 금융 부문의 창의와 혁신이 발휘되지 못하는 경향이 있다. 앞으로 금융정책과 금융감독규제 패러다임이 공급자 위주에서 소비자 위주로 바뀌고, 금융혁신을 유도하는 방향으로 개혁해야겠다.

감독당국은 지나친 규제와 과잉감독을 자제하고 거시건전성 감독 위주로 감독관행을 발전시켜나가야 하겠다. 금융 시스템의 건전성 유지를 위해 필요한 감독규제는 철저히 시행하되, 과도한 규제는 합리적인 방향으로 개선하여 규제의 효율성을 제고해야 한다. 일상적인 영업에 대해서는 자율성을 최대한 보장함으로써 금융산업에 혁신이 일어나고 건전한 경쟁이 확산되어 금융산업이 발전하도록 해주어야겠다.

과도한 칸막이식 규제, 사실상 인허가제도와 같이 운용되고 있는 각종 행정지도나 하위규정들은 대폭 개선해야겠다. 현재와 같이 금융회사의 모든 활동에 대해 규제당국에 일일이 양해를 구하거나 사전 협의해야 하는 포지티브 방식의 규제로는 금융선진화를 기대하기 어렵다. G20에서 주도하고 있는 금융감독규제 개편방안 등 국제적 변화를 적절히 수용하면서 한국금융 현실에 맞게 적용해나가야겠다.

:: 리스크 관리 역량 제고와 소비자 보호

금융업은 리스크 산업이다. 따라서 세계경제와 금융시장의 불확실성에 대비하여 금융회사와 감독당국의 선제적 위험 관리 역량을 향상시켜야 한다. IMF 프로그램에 의해 금융회사 리스크 관리제도와 감독 시스템이 많이 개선되었으나, 아직도 국내금융회사들은 외형경쟁 위주의 단순한 영업방식을 지속하고 있다. 주택담보대출 등 시장의 쏠림현상이 심하고, 이로 인해 금융시장 불안도 반복적으로 발생하고 있다.

1997년 말 외환위기 이후에도 2002~2003년 신용카드 남발과 이로 인한 신용불량자 사태, 2005~2006년 부동산대출 증가와 집값 폭등 사태, 2010년 저축은행 사태 등이 연이어 발생하고, 그 이후에도 대량 외환파생상품거래로 인해 발생한 키코 사태, 동양증권의 CP 부당매출 사건 등 사건사고가 그치지 않고 있다.

먼저 금융회사부터 자체 리스크 관리 시스템을 확실히 구축하고 내부 통제 전문가를 확보하여 리스크 관리 역량을 제고해야 한다. 정부 차원에서는 감독당국의 금융위기 관리 역량을 제고하는 것이 매우 긴요하다. 정부가 금융시장 불안 등 다양한 위기 발생 요인을 사전에 감지할 수 있도록 상시 모니터링 시스템을 가동하고 위기 발생 시 신속히 대응하는 첨단 위기 관리체제를 구축해야 한다. 해외로부터 발생하는 금융시장 충격에 대비하여 위기대응을 위한 국제적 공조체제도 함께 구축해야 한다. 금융회사와 정부의 위험 관리 시스템 구축을 위해서는 위기 관리 전문 인력의 육성과 이들의 역량 강화도 절대적으로 필요하다.

2000년대 후반 들어 금융소비자의 권리의식이 제고됨에 따라 금융상품 완전판매(Complete Sales)와 소비자보호(Consumer Protection)가 금융시장 발전에 주요한 과제가 되었다. 앞으로는 금융상품 판매나 투자자 유치에 있어서 고객에게 충분한 상품설명을 하고 리스크가 큰 상품을 일반 고객에게 무책임하게 팔지 않도록 하는 관행이 정책되어야 한다. 지난 수년간 금융회사와 고객 간에 금융상품 불완전판매에 관한 분쟁이 그치지 않는 것은 매우 우려스러운 일이다. 이제 금융회사와 감독당국은 이를 염두에 두고 금융시장의 판매질서를 바로잡고 소비자 보호에 만전을 기하도록 힘을 기울여야 한다.

G20의 금융감독규제 개편방안에서도 금융소비자 보호가 주요과제로 검토되고 있다. G20은 금융소비자 보호 원칙을 천명하고, 3개 우선이행 원칙을 제시했다. 3가지 이행 원칙이란 '공시와 투명성 강화', '금융회사의 책임경영 행위 강화', '민원처리 및 피해구제 절차 접근성 제고'이다.[17]

우선 판매 전 단계에서는 금융회사와 소비자 간에 정확한 정보가 교환되어 금융소비자에게 적합한 상품이 판매되도록 해야 한다. 이를 위해 공시와 투명성이 강화되어야 한다. 판매 단계에서는 금융소비자의 처지를 이해하고 소비자에게 알맞은 금융상품을 판매하도록 해야 한다. '금융회사의 책임영업 행위'가 바로 이것이다. 판매 후에 금융소비자의 불만이 발생했을 때는 이를 합리적으로 구제하고 처리하여 금융소비자 권익 보호를 강화해야 한다. '민원처리 및 피해구제 절차'가 바로 이것이다.

우리나라에서는 첫째, 공시와 투명성 강화를 위해 금융소비자 보

---

17 노형식 (2014. 6. 28). "G20 금융소비자보호 원칙과 국내금융소비자 보호의 과제". 금융연구원

호에 관한 모범규준을 개발하고, 금융상품에 관한 설명 자료를 소비자가 알기 쉽게 개선하는 것이 필요하다. 둘째, 금융회사의 책임 영업행위 강화를 위해서는 판매직원에 대한 철저한 사전 교육과 함께 상품 판매 시 위험성에 대한 사전고지 의무를 철저히 이행하도록 하고, 판매 실적만을 위주로 하는 보상체계도 합리적으로 개선해야 한다. 금융소비자 보호 의무를 철저히 이행하는 직원에 대해서 회사 내부적으로 적절한 보상을 해주는 시스템을 마련해야 한다. 셋째, 민원처리 및 피해자 구제와 관련해서는 먼저 금융회사 내부 분쟁해결 절차를 확립하도록 해야 한다. 그리고 불이익을 당한 금융소비자들이 감독기관의 분쟁조정 절차에 손쉽게 접근할 수 있도록 하고, 금융 분쟁조정이 균형 있게 이루어지도록 해야 한다. 금융소비자 분쟁과 관련한 집단소송과 국제분쟁 가능성에 대해서도 미리 대비할 수 있도록 준비해야 한다.

| 참고자료 |

강민석 (2009. 9. 12). "DTI 규제 완화와 시사점". KB금융지주경영연구소.

강순삼 (2011. 12). "금융거래세 논의 동향". 한국은행.

강유덕 (2012. 6. 7). "유럽 재정위기의 추이와 해결방안". 대외경제정책연구원.

강환구, 장정식 (2011. 1). "물가안정목표제하에서의 금융안정 도모방안". 한국은행 Monthly Bulletin.

국제금융센터 (2012. 3. 8). "SIFIs 규제의 주요 논의 내용과 시사점".

_____ (2013. 9. 10). "리먼 사태 5주년: 평가 및 전망".

_____ (2014. 9. 19). "유로존 TLTRO 평가 및 대규모 자산매입(QE) 가능성 점검".

금융감독원 (2014. 4). "IMF 이후 주요 지표로 보는 금융산업 변화".

_____ (2014. 12. 18). "국내 헤지펀드 도입 3년 평가 및 시사점".

금융감독원 은행감독국 (2012. 3. 30). "글로벌 금융규제안의 도입현황 및 향후 추진방향".

금융위원회 (2013. 11. 27). "창조경제 구현과 일자리 창출을 위한 금융업 경쟁력 강화방안".

기영도 (2013. 10). "장외파생상품 규제환경 변화와 국내시장의 영향". 한국금융연구원.

기획재정부 (2010. 3. 24). "2010년 3월 24일 CMI 다자화(CMIM) 협정 발효".

_____ (2012. 5. 10). "최근 G20 내 글로벌 불균형 논의 동향 및 전망".

_____ (2012. 9. 11). "2060년 미래 한국을 위한 중장기 적정인구 관리방안(중장기 전략보고서 인구구조 부문 중간보고서)".

_____ (2013. 7. 4). "서비스산업 정책 추진방향 및 1단계 대책".

_____ (2013. 12). "2013~2017 국가재정운용계획".

_____ (2014. 5. 22). "IMD의 2014년 국가경쟁력 평가 결과 및 분석".

_____ (2014. 6. 17). "OECD 한국경제보고서 발표".

_____ (2014. 8. 12). "투자활성화 대책-서비스산업 육성 중심".

김병기, 송승주 (2010. 11). "인플레이션 타게팅에 관한 최근 논의". 한국은행 금융경제연구원.

김선태 (2014. 3. 24). "한국 국제수지의 발전단계와 시사점". KB금융지주 경영연구소.

김영철 (2011. 11. 16). "미혼율의 상승과 초저출산에 대한 대응방향". 한국개발연구원.

김용덕 (2007). 《아시아 외환위기와 신국제금융체제》. 박영사.

_____ (2010). 《반복되는 금융위기-두 개의 위기, 하나의 교훈》. 삼성경제연구소.

김윤경, 윤인구 (2014. 10. 28). "미국 출구전략 관련 해외시각". 국제금융센터.

김융백 (2009. 7. 8). "미 헤지펀드 규제 논의 본격화". 국제금융센터.

김위대 (2012. 3. 31). "유로존 구제기금 확대 및 재정위기 극복 가능성 평가". 국제금융센터.

김주환 (2012. 11. 8). "최근 국제자본이동 규제 논의". KB금융지주 경영연구소.

박성욱 (2014. 5. 24). "지속적 경상수지 흑자의 배경과 시사점". 한국금융연구원.

박성욱, 박종상 (2014. 3). "비전통적 통화정책에 대한 고찰". 금융VIP시리즈, 한국금융연구원.

박수연, 권승형 (2013. 6. 5). "TPP(환태평양경제동반자협정) 추진현황과 주요국의 입장". 한국은행.

박종규 (2014. 7. 19). "한국 자본주의에 대한 아담 스미스의 메시지". 한국금융연구원.

박현웅 (2013. 2. 20). "헤지펀드 LTCM 사례연구". 국제금융센터.

서영경, 성광진, 김동우 (2011. 1). "원달러 환율 변동성이 큰 배경과 시사점". 한국은행.

신용상 (2008. 6. 2). "유동성 및 자산가격을 반영한 통화정책 운용방식 개편에 관한 최근 논의".
　　　한국금융연구원.

심수연 (2014. 5). "글로벌 헤지펀드 동향 및 시사점". 자본시장연구원 Fund Review.

안남기, 이유선 (2008. 10. 13). "IMF 주도의 국부펀드 가이드라인 최종 발표". 국제금융센터.

_____ (2010). 《IMF의 은행세 제안 내용 검토》. 국제금융센터.

양진영 (2013. 1. 15). "미 연준의 통화정책에 관한 소고". 한국자본시장연구원 자본시장 Weeky.

오영석 (2013. 1). "산업구조 변화와 일자리 창출 전략". KIET.

오정근 (2014. 4). "신 글로벌 통화전쟁의 가능성과 정책대응 방향".

우희성 (2011. 1. 13). "미 장외파생상품 규제 관련 진행사항 점검 및 시사점". 국제금융센터.

이규성 (2006). 《한국의 외환위기: 발생 극복 그 이후》. 서울: 박영사.

이동은, 박영준, 양다영, 강은정 (2013. 12). "글로벌 유동성 확대가 세계경제에 미치는 영향과 정
　　　책대응". 대외경제정책연구원.

이미진 (2013. 3. 14). "원화 국제화 현황 및 과제". KB금융지주 경영연구소.

이상원, 김용준 (2013. 7. 15). "주요국 통화정책 비동조화와 외환시장 영향". 국제금융센터.

이승호, 이제훈 (2013. 1). "헤지펀드 전략 Primer". 대신증권 리서치센터.

이윤석 (2012. 5). "위안화 국제화 현황과 향후 전망". 한국금융연구원.

이윤재 (2012. 5). "헤지펀드 운영전략과 한국형 헤지펀드의 성공조건". KB금융지주경영연구소
　　　KB CEO Report.

이종은 (2012. 12. 4). "장외파생상품시장 관련 G20 합의안 이행 현황". 자본시장연구원.

이창재, 방호경 (2011. 12). "동아시아 경제협력에서 동아시아 경제통합까지: 동아시아 시대를 향
　　　하여". 대외경제정책연구원.

자본시장연구원 (2013. 10. 29). "금융위기 이후 그림자금융 규제 변화". 자본시장 위클리.

_____ (2014. 5). "글로벌 헤지펀드 동향 및 시사점".

조석방, 홍용광 (2011. 5). "자본유출입에 대한 정책대응 사례와 평가". 한국은행.

지만수 (2014. 11. 8). "원-위안 직거래 체제의 리스크 점검". 한국금융연구원.

최성락, 우희성 (2014. 1. 10). "국부펀드 최근 동향 및 점검". 국제금융센터.

최인방, 박상우 (2012. 12. 21). "경제구조 서비스화 진전의 소득불균형에 대한 영향과 시사점". BOK이슈노트, 한국은행.

최호상 (2012. 2. 10). "최적통화권으로서 유로존의 한계와 과제". 국제금융센터.

한국금융감독원 (2013. 8. 1). "금융위기 이후 글로벌 유동성 현황 및 향후 전망".

한국금융연구원 (2005. 8. 6). "헤지펀드 발달과 영향: (2) 헤지펀드의 구조 및 상품구성".

_____ (2010. 2. 8). "우리나라의 금융비전과 발전방향".

_____ (2013. 7). "금융거래세의 해외사례와 시사점".

_____ (2014. 4. 1). "2013년 금융회사 파생상품 거래현황".

한국은행 (2006. 7). "부동산가격 변동과 통화정책적 대응". 조사통계월보.

_____ (2015. 1). "2014년 중 외환시장 동향".

한국은행 경제연구실 (201. 12). "동아시아 금융통합·협력: 평가 및 시사점".

한국은행 국제연구팀 (2010. 7). "글로벌 금융위기 이후 국제불균형 조정에 관한 논의 동향과 시사점".

함정호, 서병한 (2003). "통화정책 유효성 제고방안에 대한 연구: 자산지준제도의 도입을 중심으로".《경제분석》. 9(3). 한국은행 금융경제연구원.

현대경제연구원 (2011. 12. 9). "청년체감실업률 20% 시대의 특징과 시사점".

현석 (2013. 7. 30). "금융산업의 국제화와 해외진출을 위한 근본적 과제". 자본시장연구원.

KB금융지주 경영연구소 (2012. 4. 17). "외환보유액의 적정성 논쟁".

_____ (2012. 8. 22). "그림자금융 동향과 규제방향".

_____ (2013. 3. 14). "원화국제화 현황 및 과제".

ASEAN+3 (2007). 2007 Second Joint Statement on East Asia Cooperation Building on the Foundations of ASEAN Plus Three Cooperation, Adopted by the Heads of State/Government at the 11th ASEAN Plus Three Summit in Singapore on 20 November. http://www.aseansec.org/21099.htm

BIS (2010). "The Joint Forum of BCBS, IOSCO & IAIS, Review of the Nature and Scope of Financial Regulation, Key Issues and Recommendations".

BCBS (2009). "International Framework for Liquidity Risk Measurement, Standards and Monitoring".

_____ (2009). "Report and Recommendations of the Cross-border Bank Resolution Group".

_____ (2010). "Compensation Principles and Standards Assessment Methodology".

_____ (2010). Basel III: A global regulatory framework for more resilient banks and banking systems, December 2010(rev June 2011).

_____ (2012). Core Principles for Effective Banking Supervision, September 2012.

_____ (2013). Credit Rating Agencies: Reducing reliance and strengthening oversight:

Report to G20 Leaders on monitoring implementation of Basel III regulatory reforms, August.

_____ (2014). Reducing excessive variability in banks' regulatory capital ratios: A report to the G20, November 2014. https://g20.org/wp-content/uploads/2014/12/reducing_excessive_variability_banks_regulatory_capital_ratios1.pdf

_____ (2014). Implementation of Basel standards: A report to G20 Leaders on implementation of the Basel III regulatory reforms, November. https://g20.org/wp-content/uploads/2014/12/implementation_basel_standards.pdf

C. Fred Bergsten (2010). Correcting the Chinese Exchange Rate, PIIE, Testimony before the Hearing on China's Exchange Rate Policy, Committee on Ways and Means, US House of Representatives, September 15.

Cooper, R. (2005). "The Sustainability of the U.S. External Deficit". CESifo Forum, Vol 6(Spring), 2005, pp. 3~7.

Eichengreen, B. and M. Bordo (2002). "Crises Now and Then: What Lessons from the Last Era of Financial Globalization?". (Working Paper 8716), NBER.

Ferguson, W. (2005). "U.S. Current Account Deficit: Causes and Consequences". Remarks at the Economics Club of the University of North Carolina, Chapel Hill, 2005.

FSB (2013). Strengthening Oversight and Regulation of Shadow Banking, An Overview of Policy Recommendations, 29 August 2013.

_____ (2014). Monitoring the effects of agreed regulatory reforms on emerging market and developing economies (EMDEs), 12 November 2014. https://g20.org/wp-content/uploads/2014/12/monitoring_effects_agreed_regulatory_reforms_EMDEs.pdf

_____ (2013). Progress and Next Steps towards Ending "Too-Big-To-Fail", Report of the FSB to the G20, 30, August 2013.

_____ (2014). Jurisdictions' ability to defer to each other's OTC derivatives market regulatory regimes: FSB report to G20 Finance Ministers and Central Bank Governors, FSB, 18 September 2014. https://g20.org/wp-content/uploads/2014/12/11-Jurisdictions-ability-to-defer-to-each-others-OTC-derivatives-market-regulator-regimes.pdf

_____ (2014). Cross-border recognition of resolution action: Consultative Document, 29 September 2014. https://g20.org/wp-content/uploads/2014/12/cross-border_recognition_resoultion_action1.pdf

_____ (2014). Structural Banking Reforms: Cross-border consistencies and Global Financial Stability Implications: Report to G20 Leaders for the November, October 2014. https://g20.org/wp-content/uploads/2014/12/structural_banking_reforms_cross-border_consistencies1.pdf

_____ (2014). Financial Reforms: Completing the Job and Looking Ahead; Report To G20 Leaders, 7 November. https://g20.org/wp-content/uploads/2014/12/financial_reforms_completing_job_looking_ahead.pdf

_____ (2014). Adequacy of loss-absorbing capacity of global systemically important banks in resolution; Consultative Document, 10 November. https://g20.org/wp-content/uploads/2014/12/adequacy_loss-absorbing_capacty_global_systemically_important_banks-1.pdf

_____ (2014). Transforming Shadow Banking into Resilient Market-based Financing, An Overview of Progress and a Roadmap for 2015, 14 November. https://g20.org/wp-content/uploads/2014/12/transforming_shadow_banking_resilient_market-based_finance.pdf

_____ (2015). Updated G20 Roadmap towards Strengthened Oversight and Regulation of Shadow Banking in 2015.

_____ (2014). Overview of Progress in the Implementation of the G20 Recommendations for Strengthening Financial Stability: Report to G20 Leaders, 14 November. https://g20.org/wp-content/uploads/2014/12/overview_progress_implementation_strengthening_financial_stability-.pdf

_____ (2014). Towards full implementation of the FSB Key Attributes of Effective Resolution Regimes for Financial Institutions: Report to the G20 on progress in reform of resolution regimes and resolution planning for globally systemically important financial institutions (G-SIFIs), 12 November 2014. https://g20.org/wp-content/uploads/2014/12/towards_full_implementation_FSB_key_attributes.pdf

FSF (2000). "Report of the Working Group on Capital Flows", March 25-26.

_____ (2000). "Report of the Working Group on Highly Leveraged Institutions".

_____ (2009). "Report of the FSF Forum on Addressing Pro-cyclicality in the Financial System". April 2.

_____ (2009). "Report of the Financial Stability Forum on Provisioning".

Gavyn Davies (2011). "Thinking the unthinkable on a Euro Break-up". FT, November 27.

G20 (2008). Declaration, Summit on Financial Markets and The World Economy, November 15.

_____ (2009). Leaders' Statement: The Pittsburgh Summit, September 24-25.

_____ (2009). Leaders' Statement: The Global Plan for Recovery and Reform. April 2.

_____ (2009). Declaration on Strengthening the Financial System, April 2. London.

_____ (2009). Progress Report on The Actions to Promote Financial Regulatory Reform Issued by The U.S. Chair of The Pittsburgh G20 Summit, September 25.

_____ (2009). Communique, Meeting of Finance Ministers and Central Bank Governors, United Kingdom, November 7.

_____ (2009). Declaration on Strengthening the Financial System, London, April 2.

_____ (2013). Action Plan on the Development of Local Currency Bond Markets: Implementation Report to G20 Ministers and Central Bank Governors, July 2013.

_____ (2013). OTC Derivatives Reforms Progress: Report from the FSB Chairman for the G20 Leaders' Summit, 30 August 2013.

G20 Documents (1999~2007). Finance Ministers and Central Bank Governors Meetings.

_____ (2008~2014). Summit Declarations and Communiques of Meetings of Finance Ministers & Central Bank Governors. https://g20.org/

Haussmann, Ricardo and Federico Sturzenegger (2005). "U.S. and Global Imbalances: Can Dark Matter Prevent a Big Bang?". Working Paper, Kennedy School of Government, November.

IAIS. Insurance Principles, Standards and Guidance Papers.

_____ (2002). International Accounting Standard, January.

_____ (2014). Basic Capital Requirements for Global Systemically Important Insurers, 23 October 2014. https://g20.org/wp-content/uploads/2014/12/basic_capital_requirements_global_systemically_important_insurers.pdf

IFAC. International Standards on Auditing(ISA)

IMF (1998). Capital Account Liberalization, Seminar held at IMF Meeting Hall, Washington DC, IMF, March 10.

_____ (1999). Communique of the Interim Committee, September 26.

_____ (2008). "The Changing Housing Cycle and the Implications for Monetary Policy", World Economic Outlook, April, pp. 103–132.

_____ (2011). "Policy Response to Capital Flows in Emerging Markets", 21. April. http://www.imf.org/external/pubs/ft/sdn/2011/sdn1110.pdf

_____ (2012). "The Liberalization and Management of Capital Flows: An Institutional View", 14. November. http://www.imf.org/external/np/pp/eng/2012/111412.pdf

_____ WB (2013). Updating the Guidelines for Public Debt Management: Progress Report, October.

IOSCO (2001). Recommendations for Securities Settlement Systems, November.

_____ (2014). Peer Review of Regulation of Money Market Funds: Report of Key Preliminary Findings to the G20 Leaders' Summit, November. https://g20.org/wp-content/uploads/2014/12/peer_review_regulation_money_market_funds1.pdf

_____ (2014). Peer Review of Implementation of Incentive Alignment Recommendations for Securitisation: Report of Key Preliminary Findings to the G20 Leaders' Summit, November.

_____ (2014). IOSCO Task Force, Interim Report on Cross Border Regulation for the Meeting of G20 Finance Ministers in Brisbane 2014, November 2014. https://g20. org/wp-content/uploads/2014/12/interim_report_IOSCO_task_force_cross_border_ regulation.pdf

Joint FSF-BCBS Working Group (2009). On Bank Capital Issues Reducing Pro-cyclicality Arising from the Bank Capital Framework. March. http://www. financialstabilityboard.org/wp-content/uploads/r_0904f.pdf?page_moved=1

Joint FSF-CGFS Working Group (2009). The Role of Valuation and Leverage in Pro-cyclicality. March.

Joseph E. Gagnon (2013). Currency Wars, PIIE, 2013. 1, originally published by Milken Institute Review.

Maurice Obstfeld, Jay C. Shambaugh, Alan M. Taylor, "The Trilemma in History: Tradeoffs among Exchange Rates, Monetary Policies, and Capital Mobility". NBER Working Paper 10396, March 2004.

MOFE (1999). Korea, New International Financial Architecture-Korea's Perspective.

_____ (2000). Korea's Crisis Resolution & Its Policy Implications.

Nicolas E. Magud, Carmen M. Reinhart, Kenneth S. rogoff (2011) Capital Controls: Myth and Reality-A Portfolio Balance Approach, IMF, Feb.

ODRG (2013). Inconsistencies, Gaps and Duplicative Requirements, OTC Derivatives Regulators Group, July.

_____ (2014). Report of the OTC Derivatives Regulators Group (ODRG) to G20 Leaders on Cross-Border Implementation Issues, November. https://g20.org/wp-content/ uploads/2014/12/report_ODRG_cross-border_implementation_issues1.pdf

WB/IMF/ADB/IADB/EBRD/OECD/BIS (2013) Recent Developments in Local Currency Bond Markets (LCBMs), October 2013.

WB (2014). Overcoming Constraints to the Financing of Infrastructure: Sovereign Wealth Funds and Long-Term Development Finance: Risks and Opportunities Prepared by the Staff of the World Bank Group for the G20, February, 2014. https://g20.org/ wp-content/uploads/2014/12/WBG-Sovereign-Wealth-Funds-and-Long-Term-Development-Finance-Risks-and-Opportunities.pdf